정책학 사례연구

한국정책학회

길종백 · 김수빈 · 남태우 · 도수관
박경하 · 박치성 · 박현신 · 배수호
서혁준 · 오재록 · 오철호 · 윤남희
윤수경 · 윤향미 · 이현미 · 정주용
최성락 · 최용선 · 최진욱 · 하민철

도서출판 대영문화사

머리말

이 책은 한국정책학회의 정책사례위원회가 2014년도에 펴낸 『정책사례 연구』를 잇는 두 번째 책이다. 첫 번째 책인 『정책사례 연구』에 대한 긍정적 평가와 함께 두 번째 책에 대한 기획도 자연스럽게 이뤄졌다. 특히 대학의 정책학 강의 현장에서 첫 번째 책에 대한 긍정적 반응들이 많이 나왔다. 긍정적 반응의 가장 큰 이유는 바로 흥미로운 정책사례들을 일목요연하게 정리해 제공함으로써 강의를 듣는 학생들이 쉽게 접근할 수 있었고 그만큼 이해의 정도가 높았기 때문이다.

일반적으로 정책에 대한 이론을 체계적으로 정리해 소개하는 교과서들은 일일이 열거하기 어려울 정도로 많다. 학계에서 인정을 받는 탁월한 학자들이 저마다 정책에 대한 나름의 관점에서 좋은 책들을 집필해 내놓았고, 학계 및 정책 현장의 공직자들을 통해 좋은 책이라는 평가를 받고 있다. 그래서 정책학 강의를 위한 교재를 선택할 때, 수많은 이론서 중 어느 하나를 선택하는 것이 제법 어려운 일이라는 것을 느끼기도 한다. 하지만, 다른 한편 좋은 책들 중에서 어느 하나를 선택할 수 있다는 나름의 호사를 누리는 것이기도 한 셈이다. 이처럼 많은 이론서가 경쟁하는 상황에서 학생들에게 정책학에 대한 강의를 진행할 때 아쉬웠던 것은 학생들에게 일목요연하게 정리된 정책사례들을 보여주기 어려웠다는 점이었다.

물론 이미 많은 정책학 및 행정학 분야의 학술지 속에는 수많은 정책사례가 학술 논문의 형태로 제시되어 있다. 이 사례연구 논문들은 흥미로운 정책사례들을 대상으로 정교한 이론적 분석틀에 따라 엄격한 방법에 의해 분석한 것들이다. 이 논문들은 새로운 이론적 틀의 가능성을 제시하는 것이기도 하고, 기존의 이론에 대한 반증 사례를 제시하면서 반박하는 것이기도 하다. 또는 새로운 정책사례를 통해 기존의 이론을 좀 더 정교하게 보완해야 할 필요성을 제기하는 것이기도 하다. 여하튼 이러한 사례연구들은 이론적 분석틀을 구성하고, 해당 분석틀에 따라서 사례를 분석하고 다시 종합하는 형태를 가진다. 대부분의 학자들이 사례연구를 통해 추구하는 것은 결국 기존의 이론에 대한 반박이든 새로운 이론적 틀의 제공이든 어떤 이론적 함의를 찾아내는 데에 초점이 맞춰져 있다. 이러한 연구 성과들이 바로 정책학 및 행정학 발전의 핵심 요소이자 토대가 되는 것이다.

한국정책학회 정책교육사례위원회가 추구하는 목적은 첫 번째 책과 마찬가지로 정교한 이론적 분석을 통한 사례연구가 아니다. 정책사례에 대한 정교한 이론적 분석은 이미 많은 저명한 학술저널에 넘쳐나고 있다. 이 책이 추구하는 목적은 새롭고 흥미로운 정책사례들을 강의실에서 학생들에게 교육하거나 정책 현장의 실무자들과 공유하는 것이다. 즉, 이 책의 목적은 기존 이론의 검증이나 새로운 이론의 개발이 아니라 현장감 있는 생생한 정책사례에 대한 교육과 공유에 있다. 현재 우리에게 부족한 것은 정책학 교육 과정에서 효과적으로 활용할 수 있는 정책사례들이다. 그리고 정책 현장에서 실무자들이 다른 정책 영역에서 다뤄진 정책사례들을 쉽게 공유할 수 있도록 도와주는 것이 필요하다.

정교한 이론적 분석틀을 바탕으로 한 사례연구들 역시 교육 자료로서 매우 중요하다. 특히 엄격한 이론적 분석을 바탕으로 한 사례연구들은 논리적 흐름을 잘 유지한다는 장점을 가지고 있다. 그러나 이론의 검증과 개발을 목적으로 하는 사례연구들은 해당 이론의 타당성을 재확인하거나 이론적 한계를 제기하기 위해 정책사례의 일부분을 부각시켜서 강조하는 것이 일반적이다. 그렇지 않고서는 이론의 검증과 개발을 위한 목적을 효과적으로 달성하기 어렵기 때문이다. 이럴 경우 정책사례에 대한 이해가 특정 이론의 관점에서는 효과적으로 이뤄지지만 해당 사례에 대한 종합적이고 구체적인 이해를 어렵게 할 수도 있다.

정책사례에 대한 종합적이고 구체적인 교육과 공유를 목적으로 한다면, 해당 정책사례가 등장하게 된 배경부터 시작해 어떠한 쟁점들이 부각되고 그 결과가 어떻게 도출되었는지 과정 전반에 대해 이해를 도모할 수 있도록 구체적으로 정리하는 것이 필요하다. 이때 사례의 쟁점에서 어떤 행위자들이 어떠한 상호작용 과정을 거치면서 쟁점이 부각되고 해소되는지 혹은 더 증폭되는지 등이 포함되어야 한다. 여기에서는 엄격한 이론적 분석틀에 따른 '분석'보다는 정책사례의 과정에 대한 생생하고 빈틈없는 '집필'이 중요하다. 이를 위해 두 번째 『정책학 사례연구』 역시 첫 번째 책과 마찬가지로 정책사례를 정리하는 기본적인 틀로 사례의 배경, 사례의 전개 과정, 사례의 쟁점 순서에 따라 정리했다.

사실 오래전부터 한국정책학회는 정책사례들을 축적하고 보급하기 위해 많은 노력을 기울여 왔다. 그리고 2013년에는 한국정책학회 정책사례위원회가 주축이 되어 『정책사례 연구』의 집필을 기획했고, 각 학술대회에서 다양한 정책사례를 발표하고 토론 작업을 벌였다. 그 결과가 첫 번째 『정책사례 연구』라는 결실로 나타났다. 2014년도의 정책교육사례위원회 역시 2013년도의 정책사례위원회의 기획을 이어받아 두 번째 『정책학 사례연구』를 준비했다. 여러 연구자가 정책사례의 축적과 보급의 중요성에 뜻을 같이 하면서 참여했다. 두 번째 책에 실린 정책사례들 역시 2014년도 한국정책학회의 춘계학술대회, 하계학술대회, 추계학술대회, 그리고 동계학술대회에서 발표된 사례들이다. 발표자와 토론자들 모두 더 나은 정책사례집 발간을 위해 함께 노력해 주었다.

한국정책학회는 앞으로도 계속해서 좋은 정책사례들을 발굴해 공유하는 데 노력할 것이다. 한국정책학회가 좋은 정책사례들을 발굴하고 축적해서 학문공동체와 공유하려는 노력이 한국 정책학의 발전에 기여할 것으로 믿는다. 첫 번째 『정책사례 연구』에 이어 두 번째 『정책학 사례연구』의 발간에도 대영문화사의 임춘환 사장님의 관심과 큰 도움이 있었다. 이 자리를 빌려 감사드린다.

2015년 12월

한국정책학회

오철호 외 저자 일동

차 례

제1장

정책사례 집필의 목적

하민철 · 최진욱

책을 집필한다는 것은 매우 어려운 일이다. 어느 누구도 목적이나 이유 없이 어려운 일을 수행하지는 않는다. 즉, 책을 집필한다는 것은 어떤 목적을 달성하기 위한 것이거나 피할 수 없는 중요한 이유가 있기 때문이다. 특히 상업적으로 성공하기 어려운 학술적 성격을 갖는 책을 집필하는 것은 그만한 목적과 이유가 뒷받침되지 않고서는 달성하기 어려운 일이다.

2014년도 한국정책학회 정책교육사례위원회가 정책사례집을 기획하는 과정에서 설정한 가장 중요한 목적은 바로 정책사례에 대한 '교육'과 '공유'이다. 정책사례에 대한 '교육'을 목적으로 설정한 것은 곧 이 책의 주요 독자를 정책학 혹은 행정학을 전공하는 대학생 혹은 대학원생으로 상정했기 때문이다. 물론 교육의 대상에는 정책 현장의 실무자들도 포함될 수 있다. 한편 정책사례에 대한 '공유'를 목적으로 설정한 것은 이 책의 또 다른 주요 독자를 동료 연구자와 더 나아가

정책 현장의 실무자로 상정했기 때문이다.

왜 굳이 『정책학 사례연구』라는 책을 별도로 만들어야 하는가? 이런 질문이 자연스럽게 제기될 수 있다. 이미 수많은 연구자가 정책사례들을 발굴해 훌륭한 학술논문으로서 검증을 받아 각종 학술지에서 게재하고 있기 때문에 얼마든지 정책사례에 대한 교육 및 공유 목적을 달성할 수 있는데 굳이 별도의 책으로 펴낼 이유가 있는가의 문제이다. 즉, 별도로 정책사례들을 모아놓은 책의 효용성은 그리 높지 않다는 비판이 제기될 수 있다. 바로 여기에서 이 책을 만드는 목적과 이유가 좀 더 분명해진다.

이 책은 이미 첫 번째 저서인 『정책사례 연구』에서 새롭게 시도되었던 정책사례의 '집필' 실험을 계속 이어나가는 것이다. 첫 번째 『정책사례 연구』의 정책사례 '집필' 실험에 대한 긍정적인 평가를 바탕으로 두 번째 책의 '집필'이 기획되었다. 새로운 집필진은 이미 상당하게 축적된 '분석' 지향의 정책사례 연구들과 다른 '집필' 지향의 정책사례의 축적이 필요하다는 점에 공감했다. 정책교육사례위원회가 새로운 집필자들에게 부탁한 것은 정책사례를 집필할 때, 되도록 이론적 '분석'의 논리에서 벗어나 사례 그 자체에 초점을 맞춰달라는 것이었다(윤견수, 2008). 정책사례의 집필 기준과 원칙들은 2014년에 발간된 『정책사례 연구』에 잘 정리되어 있다(윤견수・은재호, 2014a). 집필자들은 첫 번째 책에서 제시한 정책사례의 집필 기준과 원칙을 바탕에 두고 자신들이 발굴한 사례들을 정리해서 제시했다.

한마디로 이 책은 이론적 분석틀을 제시하고 그에 따라 정책사례를 분석하고 재구성해서 이론을 검증하거나 수정 보완하는 기존의 '분석' 목적의 사례연구와 달리 '집필' 목적의 정책사례들을 묶은 책이다. 우리는 이 책이 대학의 교육 현장에서 정책학 교육의 효과성에 기여할 것으로 기대한다. 그리고 정책 현장에서 실무자들이 쉽게 공유하고, 그래서 정책 문제 해결에 좀 더 도움이 될 것으로 기대한다. 이러한 노력은 계속되어야 한다.

제 1 절 정책사례 교육에 기여하기 위한 목적

이 책이 정책사례에 대한 '교육'을 목적으로 한 이유는 정책학 교육의 효과성을 제고하는 데 도움이 되기 위해서이다. 정책학 교육의 효과성을 높이기 위해서는 '이론' 교육을 좀 더 효과적으로 수행하는 것뿐만 아니라 '사례' 교육을 더 강화하는 것 역시 중요하다고 판단했다. 즉, 이 책은 현 상태에서 정책사례 교육이 정책학 교육의 효과성을 제고하는 데 중요하다는 전제에서 출발하고 있다. 정책사례 교육을 강화하는 것이 필요하다는 주장에 대해서는 논쟁의 여지가 없다고 보아도 무방하다. 다만 과연 우리가 정책사례 교육을 효과적으로 수행하기 위해 기반을 갖췄는가에 대해서는 논쟁의 여지가 있다. 그래서 한국정책학회는 끊임없이 정책(교육)사례위원회라는 상설위원회를 통해 이 문제를 해결하고자 노력해 왔다. 그리고 그 실천적 노력으로 흥미롭고 새로운 정책사례들을 발굴해서 일관된 형식으로 정책사례들을 정리해 제시하는 노력을 기울이고 있는 것이다. 바로 이 정책사례집을 발간하는 것은 대학 강의실에서 정책사례 관련 강의에서 관련 자료로 사용할 수 있도록 하고, 더 나아가 가능하다면 각급 공무원 교육기관에서도 활용할 수 있도록 하는 것이다.

대학 강의실에서 정책학을 효과적으로 강의하기 위해서는 이론에 대한 강의와 함께 정책사례에 대한 강의를 함께 진행해야 한다. 그러나 한 학기에 한 과목으로 정책학에 대한 이론과 사례를 모두 아우를 수 있는 강의를 구성하는 것은 불가능에 가깝다. 따라서 각 대학마다 강의 내용과 시기를 고려해서 적합한 형태의 교과과정을 구성해서 운영하고 있다. 각 대학의 상황에 따라 다르겠지만 대체로 2학년 혹은 3학년 시기에는 이론 중심의 강의에 초점을 맞추고, 3학년 혹은 4학년 시기에 사례 중심의 강의에 초점을 맞추는 경우가 많다. 이때 아무리 이론 중심의 강의라고 할지라도 학생들에게 낯선 정책이론에 대한 이해를 돕기 위해서는 적절한 정책사례를 제시하는 것이 매우 중요하다. 그러므로 좋은 정책사례들을 많이 축적한다는 것은 그만큼 효과적인 정책학 교육을 가능하게 하는 것이다. 비유하자면 축적된 정책사례는 정책학 교육의 토대인 셈이다. 따라서 축적된 정책사례가 빈약할 경우, 정책학 교육의 토대가 취약한 것이다. 만일 정책학 교육 자료로 이론을 소개하는 자료는 많은데 사례를 소개하는 자료가 부족하다면 정책학 교육의 토대는 불균형적인 것이라고 말할 수 있다. 논쟁의 여지가 있을 수 있겠지만 지금 우리 정책학 교육의 토대는 '이론 편향적'이라고 할 수 있을 만큼 다소 불균형적인 모습을 보이고 있다고 판단된다.

많은 출판사가 경쟁적으로 정책학 관련 교과서들을 많이 출판해 왔고, 앞으로도 계속 출판할 것으로 예상된다. 그런데 이제까지 출판된 정책학 관련 교과서들의 거의 대부분은 이론 중심이었다. 이 교과서들은 그 내용과 체계의 논리성, 충실성, 풍부함 등에서 다양한 편차가 있겠지만 각 대학의 교수진이 학과 학생들의 욕구와 수준에 맞춰 정책학 이론을 교육시키기 위한 교과서를 선택하는 것은 어렵지 않은 일이다. 이론 강의를 위한 교과서 선택은 많은 책 중에서 단수 혹은 복수를 선택하거나 조합하는 것이기 때문에 그리 어려운 작업이 아니다. 물론 선택한 교과서에 대한 만족도는 또 다른 문제이다. 그래서 기존의 이론적 교과서들에 만족하지 못하는 경우, 비록 책의 형태로 완성된 것은 아니지만 나름의 강의안을 개발해 학생들을 교육하기도 한다.

여하튼 정책학에 대한 이론 교육을 위한 교과서들이 많은 반면, 정책사례에 대한 교육 자료들을 구하는 것은 그리 만만치 않은 상황이다. 많은 대학에서 학부의 교과과정에 정책사례 연구 혹은 행정사례 연구 등의 명칭으로 강의를 개설하고 있으나 마땅한 정책사례집을 구하기 어려운 것이 사실이다. 대학 강의실에서 정책학 강의를 진행하며 아쉬웠던 점은 학생들에게 정책사례에 대한 구체적이고 생생한 이해를 돕기 위한 정책사례 자료들을 찾기가 쉽지 않다는 것이다. 물론 현재 대학의 강의실에서 정책사례에 대한 교육 자료를 구하는 원천이 몇 가지 있는 것은 사실이다.

첫째, 정책학 및 행정학 관련 학술지에 게재된 정책사례 연구 논문들이다. 이미 많은 학술저널에 잘 분석된 정책사례 연구들이 상당히 축적되어 있으며, 대학 강의실에서는 이러한 정책사례들이 실제로 활용되고 있다. 그러나 학술지에 게재된 논문들은 이론적 분석틀을 활용해서 엄격한 절차에 따라 이론을 검증하거나 수정 또는 보완하는 것을 목적으로 한다. 이러한 정책사례 연구들이 초점을 맞추는 것은 '사례' 자체가 아니라 그 사례를 수단으로 삼아 '이론'을 검증하거나 수정・보완하는 데 있다. 연구자는 학술논문으로서 가치를 인정받기 위해 자신의 논문에서 이론적 논의를 부각시킬 수밖에 없다. 그러므로 이러한 이론 중심의 정책사례 연구는 특정 이론의 분석틀을 구성하고, 그에 맞춰 '분석'하는 것들일 수밖에 없다. 이론 중심의 정책사례 '분석'은 대학원 강의에서는 적절할 수 있지만 학부 학생을 위한 강의에서는 적절하지 않은 경우가 많다. 정책사례에 대한 학생들의 이해를 도모할 수 있고, 올곧이 정책사례 자체에 집중할 수 있는 정책사례집이 필요한 이유가 여기에 있다.

둘째, 국책연구기관 등 다양한 연구기관들이 발간한 보고서들이다. 이들 연구기관이 발간하는 보고서들은 특정 정책 영역에서 해당 정부부처들과 지방자치단체들의 정책 결정에 대한 논리적 타당성을 지원하는 내용을 담고 있다. 대부분의 보고서는 정책 문제의 발생 배경과 국내외 현황에 대한 정리를 바탕으로 앞으로 어떻게 해야 할 것인가에 대한 결정의 논리적 근거를 제시한다. 정부 부처나 지방자치단체들은 이러한 논리적 근거를 바탕으로 권고한 그대로 정책을 결정할 수도 있고, 다른 선택을 할 수도 있다. 이런 점에서 이 보고서들은 정책사례의 집필에서 사례의 배경과 현황을 정리하는 데 매우 중요한 자료가 될 수 있다. 그러나 이 역시 그 자체로 대학 강의실에서 사용하기에는 부적절하다. 이것은 정책과정에서 일부만을 다룬 것일 뿐 정책사례의 모든 과정을 다루지는 않기 때문이다. 정책사례집은 정책의 모든 과정을 다루는 것이 필요하다.

셋째, 정부부처가 발간하는 다양한 형태의 정책 자료들이다. 정부부처가 발간하는 정책 자료들은 다양한 형태로 존재한다. 법령 자료, 주요 업무계획, 종합계획 및 실행계획, 백서, 각종 현황 및 통계 자료 등 매우 다양하다. 이러한 것은 사실 정책연구자들에게는 매우 중요한 연구 자료들이다. 그러나 이것을 정책사례의 교육 자료로 활용하기에는 무리가 많다. 정책사례에서 핵심적인 내용들이 수백 쪽에 걸쳐서 분산되어 나열되어 있기 때문에 그것을 정책사례의 교육 자료로 활용하는 것은 현실적으로 타당하지 않다. 바로 이러한 자료들에서 핵심적인 내용들을 잘 간추려서 정책 과정을 잘 정리한 정책사례집이 필요한 이유가 여기에서도 발견된다.

넷째, 중앙 및 지방 공무원교육원에서 발간하는 다양한 형태의 교육 자료들이다. 여기에는 공무원교육기관의 내부 및 외부 교수진이 만든 교안들도 있고, 교육받는 공무원들이 스스로 만들어낸 정책기획안이나 정책사례 연구들도 있다. 이 자료들 중에는 대표성을 가진 주요 정책사례를 다룬 것도 있지만 대체로 매우 구체적인 사례들을 담고 있는 경우가 많다. 많은 경우 정책사례라기보다는 실무자 자신이 다루는 매우 구체적이고 기술적인 업무들을 담은 자료들이 많다. 그러다보니 대학 강의실에서 정책사례에 대한 교육 자료로 사용하기에 적절한 자료가 되지 못한다. 이 역시 대표성을 가진 정책사례들을 잘 정리한 정책사례집을 발간하는 데 근거가 된다.

다섯째, 종종 연구자들은 정책사례 연구를 위해 시민사회단체 등 제3섹터에서 발간한 자료들, 언론과 방송의 보도 자료들, 그리고 퇴직한 고위 공직자의 회고록 등을 중요한 자료로 활용한다. 이러한 자료들은 정책사례 연구에서 매우 중요한 1차 자료들이며, 정책사례의 현장감 있는 목소리를 확인할 수 있는 자료들이다. 그러나 이러한 자료들은 너무 산만하게 분산되어 있어서 그 자체를 정책사례 교육 자료로 활용하기에는 부적절하다. 이러한 자료들을 잘 정리해서 정책 과정의 흐름에 맞춰 설득력 있는 그림을 그리는 것이 필요하다. 이 역시 분석이 아니라 '집필'의 관점에서 정책사례집을 발간하는 것이 필요한 이유가 된다.

이처럼 정책사례의 교육을 위한 자료 혹은 원천들은 우리 주변에 많이 흩어져 있다. 그러나 그 자료들 중 어떤 것은 잘 분석되어 있지만 사용하기에 난해해서 부적절하고, 어떤 것은 너무 방대해서 사용하기에 부적절한 것도 있다. 그리고 어떤 것은 너무 협소한 것이어서, 어떤 것은 너무 산만해서 대학 강의실에서 사용하기에는 부적절한 것임을 알 수 있다. 지금 대학 강의실에서 정책학 교육의 효과성을 제고하기 위해 활용할 수 있는 정책사례 교육 자료는 충분치 않다. 두 번째 정책사례집은 바로 이러한 문제를 해소하기 위해 준비된 것이다. 이러한 노력은 앞으로도 계속 이어질 것이다.

제 2 절 정책사례 공유에 기여하기 위한 목적

정책사례는 대학의 연구자와 정책 현장의 실무자 모두에게 중요하다. 사실 연구자들과 정책실무자 모두 자신들에게 의미 있는 정책사례를 찾기 위해 노력하고 있다. 다만 연구자와 정책실무자가 정책사례를 찾는 목적이 다르다.

우선 연구자는 학술적으로 의미 있다고 판단되는 정책사례를 발굴하는 데 열심이다. 연구자는 정책사례를 잘 분석해 학술논문으로 발전시키는 데에 초점을 맞추고 있다. 연구자는 자신이 검증하고자 하는 '이론'의 안경을 쓰고 이론을 구성하는 개념적 요소들에 따라 정책사례의 다양한 측면을 분석한다. 관련 이론의 적실성을 논구하고, 새로운 이론 개발의 가능성을 모색하는 것이야말로 연구자의 기본 역할이다. 이를 위해 지금도 많은 연구자가 의미 있는 정책사례들을 발굴하기 위해 동분서주하면서 노력하고 있다. 그 노력의 결과물을 학문공동체에서 공유하고 동료 학자들로부터 인정받는 것을 최고의 목적으로 삼는다.

한편 정책실무자는 매일매일의 정책 현장에서 자신이 담당하는 정책 문제를 효과적으로 해결하기 위해 고심하고 있다. 이들은 경우에 따라서는 둘 이상의 정책 문제들을 동시에 다루고 있다. 계층제적 질서 속에서 자신의 직급에 따라 정책 문제 해결에 대한 책임을 져야 한다. 보통 정책실무자는 자신이 담당하는 정책 문제에 대한 보고서를 만들어서 상급자에게 보고해야 한다. 시간의 압박이 큰 상황에서 정책 문제에 대한 설득력 있는 조직의 선택 대안들을 제시해야 한다. 이때 조직의 선택 대안들은 항상 부족한 예산과 인력이라는 제약 조건을 반영해야 하고, 동시에 실행 가능한 것이어야 한다. 그래서 실무자들이 주어진 정책 문제를 해결하기 위해 찾는 정책사례들은 바로 '선례'이다. 과거에 조직이 해당 정책 문제 혹은 그것과 유사한 정책 문제들을 어떻게 해결했는가를 가장 먼저 살펴본다. 정책실무자들은 과거에 다뤘던 정책 문제에 대한 정책문서들을 검토하면서 현재의 변화된 상황에 맞춰 기존의 문제 해결 방안에 어떤 변화를 주어야 하는가 등에 대해 나름의 설득력 있는 스토리를 구성하게 된다. 스스로 설득되어야 도출하는 문제 해결 방안의 타인에 대한 설득이 가능해지기 때문이다. 만일 선임자들의 문제 해결 방안이 꽤 괜찮은 것으로 판단되면 정책실무자는 해당 문제 해결 방안을 모방해서 보고서를 작성하거나 상황 변화에 맞춰 약간의 수정을 가해 보고서를 작성한다. 작성된 보고서가 상급자에게 개연성을 갖춘 그럴듯한 것으로 수용된다면 보고서는 성공한 것이다. 이러한 점에서 전문직업으로서 행정은 일종의 '에세이 콘테스트(essay contest)' 과정을 거치는 것이다. 사실 정책실무자들은 자신의 경력 개발에 주어진 시간의 제약 속에 얼마나 정책보고서를 잘 '집필'하느냐가 매우 중요한 요소이다(Shafritz et al., 2007: 23-24).

정책실무자들이 '선례'를 정책 결정에서 중요한 버팀목으로 기대는 것에 대해 소위 보수적 결정이나 정책혁신 저해라는 부정적인 것으로만 이해해서는 안 된다. 인사 이동에 의해 새로운 정책 문제를 맡게 된 실무자들은 '정책의 일관성'을 확보하기 위해 선례를 매우 중요하게 고려한다. 정책담당자가 바뀌었다고 정책 대안의 선택을 변경할 경우, 그 변경은 정책 대상 집단에게 매우 큰 혼란을 야기할 수 있기 때문이다. 정책의 일관성은 정책의 안정성과 지속성을 가져오는 것이다. 또한 정책실무자들이 '선례'를 중요하게 고려하는 것은 그것이 나름대로 검증된 문제 해결 대안이기 때문이다. 새로운 문제 해결 대안을 선택할 경우, 정책실무자는 그것에 대한 매우 설득력 있는 논리적 근거를 제시해야 한다. 정책 결정이 미래를 상정한 것으로 가설적 지위를 가지고 있다는 것을 상기한다면, 실패할 가능성을 염두에 두어야 한다. 정책 문제의 크기가 매우 클 경우, 선뜻 선례에서 벗어나 문제 해결을 도모하기 어렵다. 과거의 선례가 이러저러한 한계를 안고 있다고 하더라도 그것에 기댈 수밖에 없는 이유가 여기에 있다.

이렇게 본다면 정책 현장의 실무자들이 찾는 정책사례는 연구자들이 학술지에 게재하는 정책사례와는 사뭇 다르다는 것을 알 수 있다. 정책 현장의 실무자들이 찾는 정책사례는 현장에서 실제로 작동하는 대안들을 선택하는 데 도움을 주는 구체적인 사례연구이다.

그렇다면 현재 연구자가 분석해 제시한 정책사례 연구가 정책 현장의 실무자들에게 활용되고 있는가? 불행하게도 정책실무자들이 학술지에 게재된 정책사례 연구를 참고하는 경우는 매우 드문 현상으로 판단된다. 정책실무자들이 학술지에 게재된 논문을 참고하지 않는 데에는 몇 가지 이유가 있다.

첫째, 학술논문은 이론 검증이나 개발에 초점이 맞춰져 있기 때문에 정작 정책실무자들에게 필요한 정책적 시사점을 얻기 어렵다는 것이다. 물론 연구자들은 논문의 결론 부분에서 종종 정책적 시사점들을 제시하는 경우가 있다. 그러나 정책실무자들의 입장에서 연구자들이 제시하는 정책적 시사점은 추상적이고 당위적인 주장에 머무르는 경우가 많다고 본다. 정책실무자들이 정책 문제를 다루는 것은 법령의 근거, 인력과 예산의 확보 가능성, 관료제 조직 내외의 미묘한 정치적 맥락 등 종합적인 것을 고려해서 문제 해결 방안을 도출하는 것으로 거의 '예술(art)'에 가깝다. 그러나 연구자들은 엄격한 방법론에 바탕을 두고 이론적 분석에 초점을 맞춰 연구 결과의 보편성 수준을 높이려는 '과학(science)'을 지향한다. 정책실무자들은 연구자들의 학술논문이 문제 제기와 현황 분석에 초점을 맞추는 반면, 현실에서 적용이 가능한 정책대안 제시에는 관심을 덜 기울인다고 인식하고 있다. 사실 연구자들은 정책대안 제시에 관심을 기울이지 않는 것이 아니라 관료제 내부의 구체적인 상황을 정확하게 파악하지 못하기 때문에 현실에서 구체적으로 적용 가능한 대안을 제시하지 못하는 것이다. 그만큼 정책실무자들이 연구자들의 학술논문을 활용하기 어렵다는 것이다.

둘째, 정책실무자는 종종 급변하는 환경에서 새롭게 부각된 문제에 대해 긴급하게 조직의 대응 방안을 마련해야 한다. 사실 문제를 해결하는 것이 필요하지만 현실적으로 해결이 난망한 경우가 많다. 이럴 경우 정부조직은 근본적인 해결은 아니더라도 최소한 적절한 수준의 조직의 대응 방안을 만들어야 한다. 그래야 정치적 비판으로부터 자유로울 수 있기 때문이다. 종종 정책실무자는 주어진 여건에서 해답은 없지만 정책을 결정하고 실행해야 하는 경우에 봉착하는 경우가 많다. 이때 정책실무자들은 과거의 문제 해결 과정에서 축적한 직관(intuition)과 판단(judgment) 등을 종합적으로 활용하는 심미안(esthetic appreciation)에 의거해 선택하고 결정한다. 그리고 경우에 따라서는 "계획 없이 그때그때 즉흥적으로(flying by the seat of your pants)"의 정책을 추진해야 하는 경우도 있다(Hummel, 1991: 32). 사실 이러한 직관과 판단 등을 아우른 심미안은 '분석'의 대상이 아니라 '집필'의 대상이다. 이러한 상황에서 정책실무자들이 처해 있는 제약 조건들을 반영하지 못한 추상화 수준이 높고 당위적인 정책적 제안이나 시사점을 제시하는 것은 별 효용이 없다.

이처럼 연구자와 정책실무자 사이에는 정책사례를 통해 추구하는 목적 사이에 상당히 큰 간격이 존재한다는 것을 확인할 수 있다. 물론 엄격한 이론적 검증을 거친 정책사례 연구가 구체적 정책 문제 해결의 토대가 된다는 주장은 얼마든지 가능하다. 그러나 말처럼 이러한 연계구조가 자연스럽게 만들어지는 것은 아니다. 정책 현장의 실무자들은 연구자의 학술논문은 문제 제기에는 도움이 되지만 문제 해결에는 도움이 되지 않는 경우가 많다고 말한다. 그러나 만일 학술논문에서 문제 해결 대안에 대한 중요한 함의를 발견할 수 있다면 분명 정책실무자들은 학술논문을 적극적으로 참고할 것이다. 분명 학술논문은 정책실무자들에게 새로운 아이디어나 영감을 줄 수 있는 가능성을 가지고 있기 때문이다. 이것은 연구자의 몫이다.

그렇다면 이러한 괴리를 어떻게 극복해야 하는가? 결국 핵심은 정책사례에 대한 다양한 접근이 필요한 셈이다. 정책사례에 대한 '분석' 지향의 사례연구는 어차피 많은 연구자에 의해 자발적으로 계속 이뤄질 것이다. 그렇다면 정책사례에 대한 '집필' 지향의 사례연구를 위한 별도의 노력이 필요한 것이다. 이 책이 지향하는 것은 바로 정책사례에 대한 '분석'이 아니라 '집필'이다. 정책실무자들이 쉽게 활용할 수 있는 정책사례를 집필하는 것이다. 물론 이 사례집에 실린 사례연구들이 당장 정책실무자들이 활용하기에는 적당하지 않을 수 있으나 연구자와 정책실무자 사이의 간극을 좁히기 위한 노력의 결과물이라는 점은 중요하다.

제 2 장

생명공학 안전성 규제정책의 형성 과정

최용선

제 1 절 들어가는 글

지난 수십 년에 걸쳐 첨단 과학기술의 발전은 생명의 창조와 연장이라는 인류의 숙원을 극적으로 진전시켜 왔다고 볼 수 있다. 특히 생명공학은 분자생물학, 생화학, 세포생물학 등과 같은 과학 분야를 기초로 하는 좀 더 진전된 현대의 과학기술로서, 조직을 세포, 염색체, 그리고 유전자 수준에서 복제 혹은 재조합하고, 높은 생산성과 스트레스에 대한 저항성을 가진 새로운 특성의 생명체 혹은 새로운 품종을 탄생시키기 위해 세포·조직 배양, 세포 융합, 유전자 재조합, 세균 발효 등과 같은 새로운 기술들을 적용함으로써 인류가 당면한 여러 문제를 해결해 줄 수 있는 복지사회의 마지막 기술이라는 평가를 받고 있다.

그러나 생명공학의 부적절한 적용은 원자력 기술과 같은 첨단기술이 그러했던 것처럼, 많은 위험과 위해를 초래한다는 평가도 만만치 않게 등장하고 있다. 예를 들어, 유전자 변형에 의해 생산된 곡물의 새로운 유전자가 알레르기 반응을 초래할 수도 있고, 오랜 시간 동안 유전자 조작식품이 투여된 조직이 암과 같은 치명적인 질병을 유발할 수도 있다는 우려가 이에 해당한다. 그뿐만 아니라 해충 저항성, 제초제 저항성, 혹은 스트레스 저항성이라는 특성이 부여된 유전자 도입 식물들은 농업 경작 시스템을 벗어나 해로운 잡초로 진화될 수도 있고, 식량사슬을 거쳐 이로운 곤충, 새, 포유류 및 미생물 등을 포함하는 기타 조직에 장기적으로 해로운 영향을 미칠 수도 있다는 의견도 제시되고 있다. 결국 많은 생명공학 산물은 스스로 재생할 수 있는 살아 있는 조직이라고 볼 수 있기 때문에 이들 조직이 일단 해로운 것으로 판명되면, 돌이킬 수 없으며, 이러한 위해는 점차로 확대되어 더욱 심각한 상황을 초래하게 될 것이라는 우려의 목소리가 높다. 따라서 현대 생명공학의 위험·재해는 원자력 기술의 그것보다 더 클 수밖에 없다는 의견이 등장하고 있다.

생명공학의 안전성에 대한 이러한 우려는 다른 한편으로 생명공학의 연구개발을 위축시켜 오기도 했다. 많은 국가에서 대중들은 생명공학 산물에 대해 혐오, 반감, 심지어 두려움을 표현하고 있다. 이러한 감정은 가두행진이나 시위, 시범경작 지역의 파괴, 생명공학 제품의 수입 저지, 그리고 생명공학 제품의 구매 거절 등을 통해 표현되기도 했다. 그 결과로, 생명공학 안전성에 대한 규제 혹은 법률이 많은 나라에서 만들어지고 있다. 이러한 안전성 문제가 지니는 중요성은 의제21(Agenda 21)과 생물다양성 협약과 같은 국제문서와 협약에서도 발견된 바 있다. 예를 들어, 「국제바이오안전성의정서」의 문안을 작성하기로 한 결정이 1995년 11월 자카르타에서 열린 제2차 생물다양성협약당사국회의에서 채택되었던 것이다. 이는 생명공학과 그 산물의 개발, 적용, 교환, 그리고 이전의 안전을 보장하기 위한 목적에서 비롯된 것이다. 이렇게 과학기술과 위험, 그리고 위험사회에 대한 논의에서 생명공학은 상당히 중요한 지위를 갖는다. 그 이유는 생명공학 문제가 오늘날 위험사회의 일부를 이루는 위험 요소들이 구조적으로 배태되어 왔음을 확인해 볼 수 있기 때문이다.

이렇게 현대 생명공학기술은 한편으로는 엄청난 사회적·경제적 편익을 제공해 줄 수 있으면서도, 다른 한편으로는 인간의 건강과 환경에 위해를 가져다줄 수 있고, 생물다양성과 전통적인 곡물다양성에 위협을 가하며, 국가 혹은 공동체의 사회경제적 복지를 훼손하고, 전통적인 윤리적·도덕적·종교적 가치를 위협하는 등 수많은 사회경제적 문제를 야기할 것으로 예상하고 있다. 이러한 상황에서 생명공학으로 하여금 인간에게 편익을 제공하면서도 이와 동시에 기술의 안전성을 보장하기 위해, 국제사회는 생명공학의 안전성 문제에 많은 관심을 집중시켜 왔다. 따라서 많은 국가에서 수많은 인력과 재정자원을 생명공학 연구 분야에 할당하고 있으며, 적절한 개발전략과 정책들을 통해 생명공학의 개발과 안전성 확보를 위한 메커니즘을 지원하고 있다. 이러한 정책적 노력을 이해하기 위해서는 안전성 문제를 둘러싸고 이뤄지고 있는 사회적 논쟁이 규제정책에 어떠한 방식으로 연결되는지를 이해할 필요가 있다. 다시 말해, 안전성 문제가 가지는 사회 구성주의적 특성을 이해하기 위해서는 다양한 이해관계자들이 안전성 문제와 관련해 가지게 되는 상이한 관점들을 파악하고, 이러한 관점들이 정책을 통해 어떻게 수용되는지를 살펴볼 필요가 있다. 왜냐하면 생명공학의 안전성 규제정책은 안전성에 대한 다양한 의미와 해석이 이뤄지는 고도의 정치적 영역이기 때문이다.

제 2 절 사례의 배경

1. 잠재적 위험성의 경고: 인체병원성과 생태계의 파괴[1)]

1990년대 중반 이후 생명공학 연구 및 응용이 대부분 유전자 재조합 기술을 근간으로 하고 있음에 따라 인공적으로 조작된 기생적 유전인자를 벡터(vector: 운반체)로 사용해 유전자를 전이시키는 기술을 사용하게 되고, 1997년 2월 윌머트(Ian Wilmut) 박사가 체세포의 핵으로 개체 발생을 성공시킴으로써, 섹스 없는 무성생식으로 생명을 탄생시킬 수 있는 복제실험을 가능케 하면서 생명공학의 안전성 문제가 본격적으로 제기되기 시작했다. 다만 당시에는 유전자 서로 간

1) 장원(1997)의 생명공학의 올바른 방향에 대한 시민·사회단체 토론회 발제문 「생명공학의 환경적 위험」을 주로 참조.

에, 그리고 환경과 어떠한 방식으로 상호작용하는지에 대한 충분한 이해가 여전히 부족해 구체적인 데이터보다는 가설의 형태로 증거의 제시가 이뤄졌다.

1) 인체병원성 발현 가능성(독소와 알레르기의 발생 가능성)

우선 생명공학의 잠재적 위험성과 관련해 유전자 변이 유기체를 이용한 식품이 인간 건강에 치명적인 독성이나 알레르기를 일으킬 가능성이 있다는 주장이 제기되었다. 일단 유전자 변이 유기체가 자연환경에 방출되면 유전자 배열에 영향을 주는 자연적인 유전적 과정을 반복함에 따라 독성과 알레르기를 일으키는 유전자가 발현될 가능성이 있다는 것이다. 이와 관련해, 미국과 유럽연합의 규제당국이 RRS[2]가 독성이나 알레르기를 유발할 위험에 대해 아무런 독립적 영향평가도 하지 않은 채 몬산토(Monsanto) 사가 제공한 정보에만 의존해 RRS의 경작과 식품에의 사용을 허용함으로써 많은 논란을 야기했던 적이 있으며, 더욱이 몬산토가 자체 실시한 안전성 평가가 제초제 처리가 되지 않은 RRS을 대상으로 삼은 매우 불충분한 것임이 드러났던 사례가 문제시되었던 적도 있다.

또한 유전자 재조합 농작물은 같은 종뿐만 아니라 종을 넘어서 모든 유전자를 이용하고 있어, 농작물을 먹는 과정에서 동물이나 미생물의 유전자도 함께 먹게 된다는 우려도 제기되었으며, 유전자 재조합체를 만들 때 유전자 재조합이 의도한대로 이뤄졌는지를 확인하기 위해 종종 항생물질에 내성을 갖는 유전자(예를 들어, 가나마이신 내성 유전자)를 함께 삽입하는데, 이러한 내성 유전자에 의해 장내에 서식하고 있는 세균 또는 환경 중에 서식하는 세균이 항생물질 내성을 지니게 되고, 병원성균도 함께 지니게 되어, 질병을 치료할 때 항생제의 치료 효과가 없어지는 것이 아닌가 하는 우려도 등장했다. 그뿐만 아니라 식품에 의한

2) RRS(Roundup Ready Soybean)는 몬산토 사(Monsanto社)가 최초로 개발해 상업화가 허용된 제초제 저항성 농작물이다. RRS는 글라이포세이트(glyphosate)에 내성을 갖는 박테리아 Agrobacterium tumefaciens의 유전자를 콩의 유전자에 접합, 콩에 피해를 주지 않으면서도 많은 제초제를 뿌릴 수 있도록 고안된 것이다. 이러한 유전적 변이 농작물을 생산하고 있는 기업들은 잡초 제거를 위해 경작을 자주 함으로써 표토 침식을 유발하는 일이 없게 되고 살충제를 사용할 필요도 없게 됨에 따라 환경친화적 방식으로 농작물을 다량 생산할 수 있게 되었다고 주장한다. 그러나 RRS가 내성을 보이는 글라이포세이트는 토양에 존재하는 박테리아, 진균류, 미생물, 지렁이 혹은 새, 물고기와 무척추동물 등에 매우 좋지 않은 영향을 미치는 것으로 알려져 있다는 주장이 제기되었다(장원, 1997).

알레르기의 관심이 높아지면서 유전자 재조합 식품에서 새로 만들어진 단백질 등과 알레르기를 일으킬 가능성에 관심도 같이 높아졌다. 해충에 강한 특성의 유전자 재조합 농작물은 유전자 재조합에 의한 새로운 물질이 해충의 소화관 내 효소에 의해 해충에 유해한 독소로 전환되어 살충 효과를 보이는데, 이들 물질을 사람이 식품으로 섭취했을 때 사람에게도 유해할지도 모른다는 것이다.

2) 자연생태계의 비가역적 파괴 가능성(유전적 변종의 지배 가능성)

유전자 변이 유기체의 자연환경 방출은 또한 심각한 생태계 교란을 유발할 수 있다는 주장이 제기되었다. 유전자 변종은 생물학적으로 가까운 자연종과의 이종 교배를 통해 의도하지 않은 유전자 전이를 일으킬 수 있으며, 이에 따라 조작된 특질을 지닌 돌연변이가 통제되지 않은 방식으로 전파될 위험이 존재한다는 것이다. 예를 들어, 유전자 재조합된 생물체로부터 병·해충에 대한 저항성 또는 환경적응력을 향상시킬 수 있는 유전자 등이 자연생태계에 존재하는 식물로 자연 전이됨에 따라 인간의 생활에 심각한 영향을 미칠 수 있는 잡초로 등장하게 될 수 있는 것이다. 게다가, 제초제와 해충에 내성을 지닌 비정상적으로 강한 잡초(super weeds)가 생겨나는 경우, 이는 결국 더 많은 농약의 사용을 불러일으키게 될 것이며, 이러한 돌연변이가 농지에만 제한되어 생성될 수 있는 것이 아니기 때문에 생태계 균형에 예상 외의 심각한 변동을 야기할 수 있다는 것이다. 이러한 상황까지 초래되면, 제초제에 의한 잡초 방재 관리 방법은 더 이상 효과가 없게 되는 것이다.

그뿐만 아니라 특정 환경에 잘 견딜 수 있도록 조작된 유전적 변종이 자연종을 대체해 생물다양성을 감소시킬 가능성도 배제할 수 없다는 의견이 제시되었다. 유전자 재조합 기술에서 활용되는 벡터는 다양한 종의 숙주세포에 혼입되어 자신을 복제하고 유전자를 전이할 수 있어야 하는데, 이것은 이종 교배를 통하지 않고도 유전자 전이가 수평적으로 일어날 가능성을 의미하는 것이며, 이러한 과정에서 새로운 병원균을 발생시킬 수 있을 뿐 아니라,[3] 항생제에 내성을 지닌 병

---

3) 예를 들어, 유전공학에서 가장 광범위하게 사용되는 벡터는 각각 종양을 유발하는 플라스미드와 다른 질병을 유발하는 것으로 알려진 RNA 종양 바이러스에서 유도된 것들이다. 어류를 이용한 실험에서 사용되는 벡터는 쥐에게 백혈병을 감염시키는 바이러스, 닭에게 육종(肉腫)을 감염시키는

균 바이러스나 박테리아를 유포시킬 위험이 있다는 것이다. 더욱이 다세포 식물이나 동물과 같은 고등 유기체에서 수평적 유전자 전이가 일어난다면 매우 중대한 생태계 교란이 일어날 수 있다고 한다.

결국 LMOs에 클로닝된 유전자가 자연적인 유전자 전이에 의해 야생원종의 원산지까지 확산될 경우, 야생원종이 보유하고 있는 유전 형질은 필연적으로 훼손되고, 이로 인한 손실은 농작물의 안정된 생산력을 유지시킬 수 있는 유전자원이 끝내는 소멸하게 된다는 것을 의미하게 된다는 우려가 제기되었다.

2. 초점 사건(focusing event)의 등장

유전자 재조합 식품과 농작물과 관련된 일련의 사건들은 생명공학의 안전성에 대한 인식의 확대를 넘어서서 본격적인 규제 방안을 논의하도록 하는 계기로 작용했다. 특히 생명공학의 안전성 문제는 '복제양 돌리의 탄생'을 계기로 인간 복제의 가능성이 예견되면서 생명공학의 윤리적 문제와 더불어 국민적 관심이 증폭되었다고 할 수 있다.[4)]

1) 미국산 유전자 조작 농산물의 유통

1998년 10월 22일 자민련의 이완구 의원은 유전자를 인위적으로 조작한 미국산 농산물이 국내에 유통 중인 사실을 처음으로 확인했다며 국내 연구소에 의뢰한 실험 결과를 공개한 바 있다. 이완구 의원 측은 1999년 8월 19일 인천항 선광사일로(silo)에서 채취한 1997년 미국산 콩을 농촌진흥청 등 연구소 2곳에 의뢰, 유전자 조작 여부를 확인한 결과 일부 콩에서 제초제에 저항성을 가진 유전자가 발견됐다고 밝혔다. 특히 농진청에서 확인한 유전자 조작 콩은 미국 몬산토 사가

Rous Sarcoma 바이러스와 소, 말, 돼지 그리고 인간에게 구내염(口內炎)을 감염시키는 바이러스 구조를 포함하고 있으며, 모든 동물세포를 감염시킬 수 있는 것으로 알려져 있다.

4) 생명공학의 윤리 문제와 안전성 논의는 그 논의의 초점이 상이하다. 즉, 생명공학 윤리는 "최근의 유전자 조작이나 세포 융합 등 생명공학의 발전에 따라 종래의 생명관만으로는 대처하게 될 수 없게 됨으로써 생명을 어디까지 인위적으로 조작해야 하는가 등 윤리상의 문제를 고려하는 분야"라고 할 수 있으며, 생명공학의 안전성 문제는 "유전자 조작 등 생명공학 기술에 의해 만들어진 생물체가 환경과 인간 건강에 끼칠 수 있는 위험성을 다루는 분야"로 구분된다. 그러나 국내에서는 이 두 가지 문제를 항상 같이 다루는 경우가 많다(장호민 외, 1998).

개발한 라운드업-레디콩으로, 이 회사가 보낸 서신에 따르면, 1998년 미국의 콩 재배 면적의 40%인 28만 에이커에서 라운드업-레디콩이 재배되고 있으며, 일반 콩과 아무런 구분 없이 수확·유통되고 있다는 내용이 포함되어 있었다. 이에 따라 우리나라가 1998년 11월 30일부터 미국에서 수입할 예정인 미국산 콩 25만 7천여 톤 중 40%가 유전자 조작 콩일 가능성이 있다고 이의원 측은 지적했다. 이러한 여론 보도는 국내에 유전자 조작 농산물이 유입되고 있다는 우려를 새롭게 각인시키는 역할을 했다.

2) 풀무원과 한국소비자보호원의 소송

한국소비자보호원은 1999년 11월 유전자 재조합 식품의 안전성에 대한 논란이 진행 중이던 상황에서 소비자의 알 권리 및 선택할 권리를 확보하기 위해 국민다소비 식품인 콩과 두부에 대한 GMO 시험검사를 실시한 결과, 미국산 수입 콩 2종에서 GMO 성분이 검출되고, 두부의 경우 시판 중인 22개 제품 중 풀무원 두부를 포함한 18종에서 GMO 성분이 검출되었다는 사실을 언론에 발표하고, 이에 풀무원이 시험검사 발표로 인해 매출 감소 및 기업 이미지 하락 등의 피해를 입었다는 이유로 106억 원의 손해배상 청구소송을 제기하는 사건이 발생했다.

풀무원의 소송 제기 후 녹색연합 환경소송센터는 "소보원 시험 결과의 공익적 가치 보호"라는 입장 표명과 함께 11명의 변호인단을 구성해 무료 변론을 자원했고, 3년 6개월 여에 걸쳐 20차례의 변론 절차가 진행되었으며, 풀무원의 신청에 의해 소보원이 보관하고 있는 1999년 당시의 미개봉 두부 시료에 대한 감정을 실시하기로 합의하고, 감정기관으로는 세계적으로 권위 있는 GMO 검사기관인 'Genetic-ID사'와 'GeneScan USA'를 선정했으며, 2003년 5월 12일 GMO 혼입 여부에 대한 감정을 실시하기로 결정했다. 그러나 감정기관의 시험과 그 결과에 따른 최종 판결을 앞두고 풀무원 측이 소송을 취하했다. 이와 관련해 소보원은 풀무원 측이 "재판 과정에서 소보원의 실험 방법이나 내용에 아무런 잘못을 발견할 수 없었고, 소보원의 공신력을 깊이 존중해 소송을 취하하겠다"는 의사를 표명했다고 밝히면서 "공신력 있는 공익기관의 시험검사 결과가 기업의 이익에 다소 불리하다는 이유로 소송을 제기한 것은 유감"이라며 "하지만 대의적 차원에서 풀무원의 소 취하를 수용하기로 결정했다"고 발표했다. 반면에 풀무원은 수입 GMO 콩을 사용하지 않았지만 소송 기간이 길어지면서 소보원의 활동이 지장을 받을 것으로 우려, 국가기관에 협조하는 뜻을 담아 소송을 취하했다고 하면서 소보원이 풀무원이 잘못을 인정한 것처럼 사실을 왜곡하고 있다고 불만을 토로하는 등 소송 취하의 이유와 관련해서도 양자 간의 첨예한 입장 차이를 드러냈다. 풀무원과 소보원의 장기간 소송 분쟁은 유전자 조작식품의 안전성 문제에 대한 사회적 관심을 촉발시킨 중요한 일대 사건이라고 할 수 있다.

한편 이와 비슷한 시기에 미국에서는 1999년 12월 14일 농민을 대표해 유전자 변형 농산물 생산업체인 몬산토 사에 대한 집단소송이 제기되었는데, 몬산토 사가 유전자 변형 옥수수의 대두시장을 독점하기 위한 생산 카르텔을 형성해 반독점법을 위반했으며, 소비자의 건강과 환경에 미칠 수 있는 안전성에 대해 충분히 검사하지 않고 판매했다는 사실에 대해 법원에 제소한 사건이었다. 이러한 사건의 소개는 국내 소송사건과 더불어 생명공학의 안전성 문제를 사회적으로 주목하게 만든 계기가 되었다.

3. 국제사회의 움직임과 규제 수단의 필요성

1) 분주한 국제사회의 움직임

유전자 변형 제품에 대한 각 국가의 서로 다른 접근법과 국제적인 규제 수단의 부재는 유전자 변형 제품의 안전성과 국제무역의 불확실성을 야기했다. 그 결과 유전자 변형 제품에 대한 분쟁은 점차 더 국제적인 성격을 지니게 되었다. 이와 같은 배경에서 1993년 12월 발표한 생물다양성협약은 생명공학의 안전성과 관련해 구속력 있는 국제적 규범 체제를 시도했다는 점에서 매우 중요한 의의를 갖는다. 우리나라에 처음으로 생명공학의 잠재적 위험성에 대한 우려가 사회적으로 나타나기 시작한 1990년대 중반은 제1차 생물다양성 협약 당사국회의(1994년 11월 28일~12월 9일), 제2차 생물다양성 협약 당사국회의(1995년 11월 4일~17일), 제1차 바이오안전성의정서 작성을 위한 실무그룹회의(1996년 7월 22일~26일), 제3차 생물다양성협약 당사국회의(1996년 11월 3일~14일), 제2차 바이오안전성의정서 작성을 위한 실무그룹회의(1997년 5월 12일~16일) 등 생명공학의 안전성을 둘러싼 굵직굵직한 국제사회의 움직임이 이뤄지던 시기였다.

한편 1996년, FAO/WHO는 로마에서 개최되었던 'FAO/WHO 합동 생명공학기법 및 식품안전성 자문위원회(Joint FAO/WHO Consultation on Biotechnology and Food Safety)'의 토의 내용을 보고서로 발표했다. 당시 회의에서는 유전자 재조합 기술을 이용해 생산된 토마토, 면실 등이 상품화됨에 따라 유전자 재조합 식품의 안전성 평가에서 실제로 평가 기준이 되는 '실질적 동등성'을 논의하면서 권고 사항을 제시한 바 있다. 이렇게 국제사회가 생명공학의 안전성 문제에 대해 본격적인 관심을 보이게 됨에 따라 국내 여론도 이러한 분주한 움직임에 촉각을 곤두세울 수밖에 없는 상황이었고, 이러한 국제사회의 분위기는 국내에서 안전성 문제에 대한 규제 논의가 본격적으로 이뤄지도록 하는 발판 구실을 했다.

2) 한국의 OECD 가입으로 인한 안전 대책 의무화

OECD(Organization for Economic Cooperation and Development)에서는 1982년부터 생명공학 기술의 산업적 이용에 따른 잠재적인 위험성을 검토하기 시작했다. 1983년 OECD 과학기술정책위원회(Committee for Scientific and Technological Policy)는 유전자 재조합 생물의 안전한 사용을 위한 과학적 원칙과 기준을 마련하기 위해 전문가 그룹인 GNE(Group of National Experts)를 창설했다. GNE는 「유전자 재조합의 안전성에 대한 고찰(Recombinant DNA Safety Considerations)」, 「생명공학기술의 안전성에 대한 고찰(Safety Consideration for Biotechnology)」, 「현대의 생명공학기술을 이용한 식품의 안전성 평가: 개념과 원칙(Safety Evaluation of Foods Derived by Modern Biotechnology: Concept and Principles)」, 「생명공학기술을 위한 안전성 고려: 작물의 대규모 환경 방출(Safety Consideration for Biotechnology: Scale-up of Crop Plants)」 등의 보고서를 발표하며 유전자 재조합 식품의 안전성에 관한 개념과 원칙을 확립했다.

또한 OECD는 1995년 생명공학의 규제 조화를 위한 실무그룹을 설립해 바이오안전성의정서 채택 전 유전자 변형 생물체에 대한 위해성 평가 기준 및 방법에 관한 국제적 논의의 장을 형성시켜 회원국 간의 상호 이해를 도모하고, 작업의 중복을 최소화함으로써 효율성을 높이고자 노력한 바 있다. 이러한 노력을 통해 OECD는 위해성 평가 기준, 방법, 제도 등의 내용을 담은 「합의보고서」를 발간했고, 우리나라의 경우 OECD에 가입하면서 OECD의 '재조합 DNA 생물체의 공업·농업·환경 분야 이용 안전 대책에 관한 이사회 권고'를 이행해야 할 의무가 생겼다.[5]

3) 바이오안전성의정서의 국내 이행 문제

1980년대 중반 이후부터는 UN 차원에서도 생명공학의 안전성 문제를 본격적으로 논의하기 시작했다. UNEP은 그 대표적인 기구이다. UNEP가 주도해 1992년 5월 나이로비에서 채택된 생물다양성협약은 생명공학 안전성 관련 국제적 질서를 확보하기 위한 구체적 절차 마련을 강조했다.[6] 아울러 UN환경개발회의(UNCED)에서 세계 환경 보전을 목적으로 제정한 '의제21(Agenda 21)'도 생명공학 기술의 안전한 이용을 위한 안전성 확보 필요성을 명기했다.[7] 특히 바이오안전성의정서(Cartagena Protocol on Biosafety)[8]는 생명공학 안전성을 국제적으로 확보하기 위한 절차를 규정하고 있는 생물다양성협약(Convention on Biological Diversity: CBD)의 당사국회의(COP)의 주도 하에 5년간의 협상 끝에 50개 조약국이 서명함으로써 2000년 1월 29일 제정되었다.[9] 바이오안전성의정서의 제정은 생명공학의 잠재적 위험성을 국제적으로 예방하고자 하는 것으로서 생명공학에 대한 포괄적이고 진보적인 관리규제 방안을 개발하는 계기로서 작용했다. 따라서 바이오안전성의정서는 상위의 법적 구속력을 갖는 세계 표준을 마련함으로써 어떤 국가에서 추진하고 있는 생명공학 관련 활동이 관할권을 넘어서 다른 국가나 지역에 위해(危害)를 끼치지 못하도록 보장하는 일종의 제어 장치의 역할을 맡게 되었다.

---

5) 이에 보건복지부는 1997년 '유전자 재조합 실험지침'을 제정했다.

6) 생물다양성협약의 합의서는 1992년 6월 브라질 리우에서 '의제21(Agenda 21)'을 채택한 UN환경개발회의(UNCED)를 계기로 각국의 서명을 받기 시작해 1993년 6월에 168개국의 서명을 받게 되어 1993년 12월에 발효했다.

7) UN환경개발회의에서 도출된 '의제21(Agenda 21)' 중에서 제15장(생물다양성 보전)과 제16장(생명공학기술의 환경친화적 관리)이 생명공학의 안전성에 직접 연관되어 있다(박용하, 1998).

8) The Cartagena Protocol on Biosafety를 '생명공학안전성의정서'로 번역하는 견해도 있고 '생물안전성의정서'로 번역하기도 한다. '유전자 변형 생물체 국가 간 이동 등에 관한 법률' 제1조에서는 '바이오안전성에 관한 카르타헤나의정서'로 규정하고 있다.

9) 우리나라는 2000년 9월 6일 유엔새천년정상회의에서 대통령이 서명했다.

바이오안전성의정서는 유전자 변형 생물체의 국가 간 이동으로 발생할 수 있는 위해성과 관련된 사전통보 동의 절차(Advanced Informed Agreement: AIA),[10) 위해성 평가·규제·통제, 용어의 정의와 적용 범위, 사전 예방의 원칙(Precautionary Principle), 표시, 책임과 보상, 기술의 이전 및 능력 형성 등의 내용들을 담고 있다.[11) 바이오안전성의정서는 생물다양성협약의 부속의정서이기 때문에 현대적 생명공학기술로 생성된 유전자 변형 생물체의 안전한 이동, 취급 및 사용을 규정하고 있다. 바이오안전성의정서의 타결로 인해 생명공학기술, 특히 유전자 변형 생물체의 국가 간 이동 등과 관련된 국제법적으로 구속력 있는 규범이 비로소 정립되었던 것이다. 따라서 개별 국가들이 얼마나 빨리 이 의정서에 비준을 해서 각 국가의 국내 이행 법률을 제정하는가 하는 문제만 남게 되었으며, 생명공학기술이나 유전공학기술의 규율에 관한 법률을 갖고 있지 않았던 우리나라도 예외는 아니었다.

---

10) 사전통보 동의 절차제도(AIA)는 수출이 금지되거나 엄격히 제한되는 제품의 경우 수입국의 동의 없이 또는 수입국의 결정에 반해서 수출이 허가되지 않는 것을 말한다.

11) 의정서 주요 쟁점 내용

주요 쟁점	조항	내용
사전 예방의 원칙	Preamble(2안)	사전적 위험 원인 제거
용어의 정의와 적용 범위	제2조~제3조(A)	용어의 정의/의정서 적용 범위
사전통보 동의와 LMOs 무역규제	제3조~제10조	AIA 절차의 적용 범위/ AIA 통보/ 통보에 대한 대답/ AIA를 위한 결정 절차/ AIA 결정의 재검토/ 통과의 통보/ 약식 절차/ 계속된 수입
LMOs 위험평가 및 관리	제12조~제17조	위험평가/위험관리/최소 국가 기준/비의도적 국경 이동과 비상 조치/취급, 운송, 포장, Labelling
표시	제18조	표시의 기술적 사항/접근 방법/저장/운반/사용의 적합한 방법
기타	제21조 및 제26조~제27조	책임과 보상/ 능력 형성/ 사회경제적 고려

제 3 절 사례의 전개 과정

1. 유전공학 정책 형성기: 유전공학육성법과 Biotech 2000

1) 추진 배경

1970년 미국 위스콘신대학의 코라나(Har Gobind Khorana) 교수가 최초의 인공유전자 합성에, 1972년 미국 스탠퍼드대학의 버그(Paul Berg) 교수 등이 유전자의 접합에, 다시 1973년 같은 대학의 코헨(Stanley N. Cohen) 교수가 유전자의 운반체인 플라스미드(plasmid)를 개발해 내는 데 각각 성공한 이래 유전자 조작기술의 눈부신 발전이 산업화 단계에 이르게 되면서, 유전공학의 활용 분야가 발효공업, 화학공업, 식품공업, 의약품산업, 에너지자원, 광업과 식량 증산, 그리고 환경 보전 등에 이르기까지 매우 광범위하게 나타나면서 유전공학 육성에 의한 파급 효과에 대해 전 세계적인 관심이 높아지기 시작했다. 우리나라의 경우에도, 유전공학 연구 촉진에 대한 의견은 이미 1980년 초부터 몇 사람의 대학교수가 중심이 되어 제기된 바 있었지만 정부와 국민이 이에 대해 관심을 갖게 된 것은 1981년 7월부터 외국의 유전공학 연구 현황을 집중적으로 보도한 매스컴에 힘입은 바 크다.

유전공학에 대한 이러한 사회적 관심은 유전공학 육성을 통해 국가의 경쟁력을 제고해 나가겠다는 정부의 의지와 결부되어 본격적인 유전공학 정책들이 구상되기에 이르렀다. 1981년 11월에 한국과학기술원이 유전공학 장기개발계획 시안을 작성했고, 1982년 1월에는 과학기술처가 유전공학을 국책 과제로 선정했으며, 농촌진흥청은 유전공학의 농업 이용 연구에 대한 방향을 설정함으로써 유전공학 연구사업을 촉진하기 위한 기반 조성이 진행되었다. 학계의 교수들과 산업계의 연구소 책임자들이 서로 모여 1982년 1월 중에 4차례에 걸친 협의 결과, 연구 촉진책의 하나로서 산업협동연구 체제의 구축이 필요하다는 데 의견을 모았다. 여기서 수렴된 의견을 종합하면 관련 연구기관을 총괄 조정하는 협의체 구성, 유전공학을 광의로 해석해 생물공학기술을 지칭하며, 정부 또는 산하기관에 유전공학연구 추진본부를 설치하고, 인력 양성 및 기초 연구를 담당하는 전문연구소의 설립 등이 필요하며, 이를 위해 정부의 강력한 지원이 있어야 한다는 요지였다(설동섭, 1982).

2) 유전공학육성법의 제정

1981년에 들어 한국과학기술원(KAIST)에서 유전공학 장기개발계획에 대한 시안이 작성되면서 유전공학 육성의 시발점이 제공되었다. 이에 과학기술처는 1982년 특정 연구개발 사업[12]에 생명공학을 포함시키면서 생명공학을 중점적으로 지원하기 시작했다. 또한 민정당의 정책연구소는 한국유전공학학술협의회, 농업진흥청, 한국과학기술원, 한국유전공학연구조합 등에서 각각 기초해 제출한 유전공학 육성안[13]을 행정부의 정책 방향에 따라 조정·정리한 유전공학육성법안을 1983년 의원입법의 형태로 이상희 의원을 통해 국회에 제출했으며, 12월에 유전공학육성법(법률 제3818호, 1995년에 생명공학육성법으로 대체)을 제정하고, 다음해 9월에 유전공학육성법 시행령(대통령령 제11512호)이 발효되었다. 동법은 국가적 차원에서의 유전공학 육성 기본계획 수립과 이의 효과적 수행을 위한 정책기구 및 연구소의 설립을 규정하고 있었으며, 유전공학과 관계있는 정부 각 부처가 부처별로 유전공학 육성을 위한 제반 시책을 청구하도록 하고 있고, 유전공학 연구기금을 조성·운용할 수 있는 법적 근거를 제시하고 있다. 이에 따라 정부 각 부처는 생명공학의 연구개발을 위한 구체적인 지원을 하게 되었다.

유전공학육성법의 제정은 장기적 안목에 의한 육성정책 의지를 수용해 발전적 계기를 이룩하는 촉진제로서의 의의가 강하게 나타났다고 볼 수 있다. 게다가 선진국에서도 입법 사례가 없었다는 사실, 첨단기술 분야에선 최초의 육성법이라는 점, 그리고 행정부가 유기적인 연관성을 갖고 적극적인 육성 시책을 펼치도록 의무화한 점 등은 이 법이 지닌 또 다른 특징이라고 볼 수 있다. 구체적으로는

---

12) 특정연구개발사업은 국책연구개발사업, 첨단요소기술연구개발사업, 첨단요소기술 연구개발 중 기업과의 공동연구, 국제공동연구사업, 기초연구사업으로 추진되었다.

13) 정부와 민정당의 협의 과정에서 제기된 의견을 요약해 보면, 종합연구 체제로서의 유전공학연구소 설립, 산학협동 연구를 촉진할 수 있는 협의체 구성, 국책연구사업의 효율적인 추진을 도모하는 데 정부의 역할을 높이기 위한 특별입법의 제정, 강력한 기술개발 정책을 구현하기 위한 정부 내의 종합 심의기구 설치 등이 필요하다고 합의한 바 있다.

범국가적인 관점에서 첨단기술 개발을 강력히 추진하기 위해서는 정책적인 지원이 필수적이며, 이를 위해 연구 투자의 극대화, 전문 인력의 양성, 연구과제의 체계화, 연구협력 체계의 확립 등을 추진할 수 있는 법적 뒷받침이 절실히 필요하다는 데 그 의의가 있었다. 유전공학육성법 제1조에도 유전공학의 육성과 산업화를 가장 중요한 목적으로 삼고 있다.[14)]

3) 생명공학 육성 기본계획(Biotech 2000)

1983년 12월에 유전공학육성법이 제정되고, 1984년 9월에 동시행령이 제정됨에 따라, 1985년 11월에 유전공학 실무추진위원회가 개최되었고, 이를 통해 유전공학 육성 기본계획 수립지침(안)에 대한 토의가 시작되었다. 그러나 후속 조치로 이어지지는 못했다. 그러다가 정부는 1990년대 들어서야 국가경쟁력을 확보하는 차원에서 새로운 지원책을 모색하기 시작했다. 1991년부터 유전공학연구소는 1980년대에 논의된 '기본계획'을 수립하기 위한 연구용역을 수행했으며, 그 결과를 토대로 1993년 7월 22일 산학연 관계 전문가 검토 회의를 거친 1차 과기처(안)으로서, 1993년 12월 'Biotech 2000'이라는 이름으로 1994년부터 2007년까지 14년을 기간으로 하는 '생명공학 육성 기본계획'을 수립했다. 이 계획에 따르면 우리나라는 2000년대 초까지 우리의 기술 수준을 G7 선진국 수준에 진입토록 해서 21세기 수출전략사업으로 육성한다는 것을 목표로, 투자 규모를 정부 5조 7,659억, 민간 10조 2,750억 총 16조 310억의 투자계획을 수립하고 과학기술부 주관으로 교육인적자원부, 농림부, 산업자원부, 보건복지부, 환경부, 해양수산부 등 7개 부처가 공동으로 추진하도록 했다.[15)] 한편 1993년에는 생명공학정책협의회 기본계획(안)의 종합 검토를 거쳐 2차 과기처(안)이 마련되었고, 1993년 11월 21일 관계 부처의 의견 수렴을, 1993년 12월 3일에는 유전공학 실무추진위원회를 개최해 생명공학 육성 기본계획(안)을 종합정책심의회에 상정하기로 심의·결정하고, 1993년 12월 13일 유전공학 종합정책심의회를 개최해 생명공학 육성 기본계획(안)을 심의, 확정했다.

---

14) 제1조(목적): 이 법은 유전학 연구의 기반 조성하여 유전공학을 보다 효율적으로 육성·발전시키고 그 개발기술의 산업화를 촉진하여 국민경제의 건전한 발전에 기여하게 함을 목적으로 한다.

15) '기본계획'이 시행되던 초기에는 추진 부처가 해양수산부를 제외한 6개 부처였다.

2. 규제정책의 형성기: 유전자 재조합 실험지침

1) 추진 배경

1990년대에 들어서면서 국제연합(UN)의 여러 산하기관은 유전자 변형 생물체(Living Modified Organisms: LMO)의 안전성을 적절히 규제해야 된다는 점을 인식하고 각국에 그 대책을 마련할 것을 요구했으며, 한국도 예외는 아니었다. 예를 들어 1993년 2월 이후 국제연합산업개발기구(UNIDO)는 LMO의 국내 규제 현황에 대해 알려줄 것을 몇 차례에 걸쳐 요청했다. 특히 한국이 1994년 10월 가입한 생물다양성협약은 각 회원국에 LMO의 안전성 대책을 마련하도록 요구했다. 생물다양성협약에는 생명공학의 응용, 발전, 그리고 LMO의 환경평가에 의한 안전성 추구 등이 명시되어 있었으며, 1995년 11월 4일~17일에 인도네시아에서 개최된 생물다양성협약 제2차 당사국회의는 생명공학 제품의 환경 및 보건안전성 확보를 위한 의정서를 만들기로 결정했다. 이 의정서는 생명공학에 의해 변형된 생물체를 취급하고 사용할 때뿐 아니라 이 생물체가 국가 간에 이동할 때 안전성을 확보할 수 있는 방안을 담고 있다. 따라서 의정서가 제정되면 국내적으로 유전자 재조합 실험이나 LMO의 환경 방출 등에 엄격한 규제가 가해질 것이고, 국제적으로는 생명공학 제품의 교역이 까다로워질 것으로 전망했다.

2) 유전자 재조합 실험지침의 제정[16]

환경부는 1993년 9월 생물다양성협약의 가입을 추진하는 과정에서 보건복지부에 '유전자 재조합 실험지침'의 마련을 검토해달라고 요구했다. 이런 분위기에서 보건복지부가 LMO에 대한 실험지침을 마련한 직접적인 계기는 한국의 OECD 가입 추진이었다. OECD 회원국은 LMO 실험의 안전성을 보장하는 실험지침을 마련하고 있어야 하기 때문이다. 1994년 7월 정부는 OECD 회원국의 과학기술정책 관련 규정을 검토하는 과정에서 LMO 실험지침에 대한 안건을 보건복지부가 처리할 것을 요구했다. 1994년 8월 대외경제조정실무위원회는 'OECD 무역의약품 관련 규정'을 원안대로 통과시키고, 보건복지부에서 최종 실험지침

16) 김훈기(2005)의 생명공학과 정치를 주로 참조.

을 작성하도록 요청했다. 그 결과물이 1997년 4월 22일 보건복지부 장관이 제정한 유전자 재조합 실험지침(보건복지부고시 제1997-22호)이다. 유전자 재조합 실험지침이 마련됨에 따라 보건복지부는 이의 세부 규정 마련을 식품의약품안전청과 국립보건원에 요청했고, 1998. 12월 말까지 유전자 재조합 의약품 안전성·유효성 평가지침, 유전자 재조합 의약품 제조지침과 기준 외 실험의 평가 및 유권적 해석 등의 유전자 재조합 실험과 관련 업무 수행을 위한 절차 및 기준을 마련할 계획으로 추진했다.[17)]

그러나 유전자 재조합 실험지침은 전면적인 변화를 지향하기보다는 점진적인 변화를 지향하는 내용으로 구성되어 있다고 할 수 있다. 예를 들어, 지침의 실효성을 뒷받침하는 안전위원회나 유전자재조합종합협의회 같은 조직이 전문적 지식과 기술을 가진 전문가 위주로 구성되어 있어 다양한 의견 수렴의 통로가 마련되어 있지 않았으며, 지침의 내용도 유전공학에 대한 포괄적인 사회적 규제를 지향하기보다는 실험실의 안전지침에 국한시킨 개별적이고 구체적인 규제 방식을 취하고 있었다. 또한 이러한 규제를 강제하기 위한 규정이 마련되어 있지 않고 자발적 준수 의지에 기대할 수밖에 없어 의무 규정이라기보다는 임의 규정으로서의 성격이 강하게 나타났다. 이렇게 유전자 재조합 실험지침은 유전공학에 대한 우리나라의 첫 번째 규제 수단으로서의 의미를 지니고 있지만 유전공학의 육성을 저해하지 않겠다는 정책적 의지가 다분히 담겨져 있는 상징정책에 가까웠다.

---

17) 이 실험지침의 추진 경위는 1994년부터 관련 전문가와 협의 등의 과정을 거쳐 다음의 추진 일정에 따라 제정 시행하게 되었다. 이 일정을 자세히 살펴보면, 유전자 재조합 실험지침의 제정 과정이 종합정책심의회와 실무위원회를 중심으로 이뤄져 관료 및 전문가들에 의해 주도되었음을 알 수 있다.

- 1994.10.19 재조합 DNA 실험지침 시안 마련(보건복지부)
- 1994.12.29 관련 부처(5개 부처) 협의 및 실무위원회 구성
- 1995.2.21~1996.3.19 4차에 걸쳐 실무위원회 개최
- 1996.4.3 재조합 DNA 실험지침(안) 확정
- 1996.8.14 생명공학종합정책심의회 심의
- 1997.1.18 입안 예고
- 1997.4.22 유전자 재조합 실험지침(보건복지부고시 제1997-22호, 1997.4.22) 제정
- 1997.7.22 시행

3. 규제 수단에 대한 본격적 갈등 시기: 표시제도와 안전성 평가제도

1) 추진 배경

우리나라 생명공학의 안전성 문제는 1990년대 중반부터 유전자 변형 생물체(LMO)에 의한 환경과 인간 건강에 대한 문제뿐만 아니라 인간 복제를 통해 야기할 수 있는 사회적 위험성 문제를 동시에 포함하는 형태로 나타났다. 특히 미국 등 선진국에서 개발된 유전자 변형 작물이 1996년부터 본격적으로 상품화되기 시작하면서 이들 농산물 개발이 우리 인류에게 미칠 여러 가지 잠재적 영향에 대한 논란이 세계적으로 계속 가열됨에 따라 유전자 변형 작물의 위해성을 우려하는 국내의 목소리가 한층 높아졌다. 문제는 유전자 조작 생물체의 안전성에 대한 과학적 증거가 마련되지 않은 상황에서 유전자 변형 제품에 엄격한 기준을 마련해야 한다는 목소리가 전 세계적으로 일고 있었다는 점이다. 이러한 세계적 흐름에 편승해 무방비 상태였던 우리나라도 상황에 대한 좀 더 정확한 이해와 선택 기준의 마련이 필요하다는 주장이 제기되기 시작했다.[18]

이러한 필요성은 안전성에 대한 좀 더 신중한 접근의 필요성과 다양한 규제 기준의 선택이라는 문제를 남겨주었다. 실제로 1990년대 중반까지만 하더라도 안전성에 대한 논의는 잠재적 위험의 가능성을 인정하고 이에 대한 엄격한 규제가 과연 필요한 것인지에 대한 논의가 주된 것이었지만, 1990년대 후반에 들어서는 안전성의 문제가 과연 어떠한 이유에 근거해서 비롯되는지에 대한 좀 더 구체적인 내용들을 가지고 논의되기 시작했다. 결국 위험의 원인이 무엇인지에 따라 그 문제 해결 방식이 달라질 수 있기 때문이다.

특히 2000년에 바이오안전성의정서가 채택됨에 따라 안전성 관리 및 안전성 확보를 위한 인프라 구축과 법과 제도의 정비 등이 중요한 이슈로 다뤄짐으로써 생명공학의 안전성 문제는 본 의정서를 국내에서 과연 어떠한 내용으로 구체화

---

18) 해외에서 1998년부터 유전자 재조합 식품(Genetically Modifed Orgaisms: GMO)의 개발과 관련한 안전성 이슈를 다룬 학회 논문과 신문기사가 점차 증가하는 추세를 보였는데, 대부분의 기사들이 GMO가 가져다주는 장점보다도 부정적인 측면들을 부각시켰으며, 우리나라의 경우에도 예외는 아니었다. 1998년 말부터 주요 일간지에는 유전자 변형 농산물과 관련된 보도가 눈에 띄게 증가해 1999년 한 해에만 주요 일간지를 통해 무려 200여건이 보도된 바 있으며, 이 중 유전자 변형 작물의 위해성을 우려하는 가사가 절반을 이뤘다.

시켜 나갈 것인가와 관련된 사회적 논쟁으로 치닫게 되었다. 더욱이 안전성의 문제가 무엇으로부터 기인하는지, 그리고 안전성 문제를 해결할 수 있는 정책적 대안에는 무엇이 있는지를 제시하는 과정에서 더욱 구체화되고 다양해진 논의가 이뤄지면서 정책 수단을 둘러싼 경쟁과 갈등이 본격적으로 나타나게 되었다. 그러나 안전성이 복잡한 인과구조를 띠고 있다는 점, 안전성 여부를 확인할 수 있는 합의된 방법이 없다는 점, 가치적인 측면을 포함하고 있다는 점, 그리고 다양한 상황적 변수들을 고려해야 한다는 점 등 생명공학 기술의 안전성에 대한 과학적 규명이 쉽지 않은 상황에서 이러한 다양한 관점들은 불확실성을 증대시키는 효과를 낳았으며, 이는 오히려 사회적 논쟁을 해결하기보다는 가중시키는 방향으로 작용했다고 볼 수 있다.

2) 표시제도와 안전성 평가제도의 추진

정부는 GMO 표시를 효율적으로 추진하기 위해 GMO 표시 담당부서인 식약청, 보건복지부, 농림부, 농촌진흥청 등으로 구성된 GMO 표시 태스크포스(task force)팀을 구성하고, 식약청은 시민단체·업계·학계·관련 부처 등 GMO 표시 전문가로 구성된 GMO 표시연구회를, 농림부는 유전자 변형 농산물 표시분과위원회를 구성해 표시제 도입을 위한 기본 방향 설정 및 그 구체적인 표시 방법과 시행 시기 등을 마련하기로 결정했다. 식약청은 GMO가 과학적으로 안전성이 입증되어 유해하지는 않지만 소비자들에게 선택권을 주기 위해 표시제도를 시행하겠다고 발표하면서, 10여 차례의 표시연구회 회의를 거쳐 작성한 유전자 재조합 식품 표시 기준(안)을 바탕으로 2000년 3월 유전자 재조합 식품 표시 기준을 입안 예고하고, 2000년 6월 이를 고시해 2001년 7월부터 GM 가공식품에 대한 표시제를 실시했다. 한편 농림부는 1999년 1월 유전자 변형 농산물 여부를 표시할 수 있도록 '농수산물품질관리법'과 유전자 변형 농산물의 표시 대상 품목, 표시 방법 등을 규정한 동법 시행령을 제정하고, 공청회를 통해 관련 부처와 업계, 소비자 등의 의견을 수렴하고 표시제를 수행 중인 일본과 EU에 대한 실태조사를 거쳐 '유전자 변형 농산물 표시 요령(안)'을 입법 예고했다. 이에 2000년 1월 '농산물 품질관리심의회' 부속 '유전자변형농산물표시분과위원회'의 심의를 거쳐 2000년 4월 22일 '유전자 변형 농산물 표시 요령'을 최종 고시했다.

이 고시에 따르면 GM 성분을 포함한 콩이나 옥수수, 콩나물 등 농수산물품질관리법에 따른 유전자 변형 농수산물을 원료로 사용해 최종 제품에 유전자 재조합 DNA나 외래 단백질이 남아 있는 경우에는 10포인트 이상의 활자로 '유전자 재조합 식품'이나 '유전자 재조합 ○○ 포함 식품'으로 표시해야 한다. 또는 원재료명 옆에 괄호로 '유전자 재조합'이나 '유전자 재조합된 ○○○'로 명시해야 한다. 만약 허위 표시나 고의로 표시를 누락할 경우 적발 횟수에 따라 최고 3개월의 제조 및 판매 정지 등의 행정 처분을 내릴 방침을 세우기도 했다. 그뿐만 아니라 수입 신고 시 원산지 구분 유통증명서 등 증빙서류 제출을 의무화하도록 함으로써 사회적 검증 조치도 병행하도록 규정했다.

한편 표시제와는 별도로 안전성 문제와 관련해, 식약청은 유전자 재조합 식품의 안전성에 대한 올바른 이해와 이들 식품의 안전성을 확보하기 위해, 1999년 4월 시민단체, 학계, 관료 등 27명으로 유전자 재조합 식품 안전성연구회를 구성해 평균 월 1회의 연구회 모임을 통해 유전자 재조합 식품의 개발 과정에서부터 제기되는 문제점, 안전성 평가 과정 등에 대해 논의했다. 원래 안전성연구회는 유전자 재조합 식품의 국내·외 개발 현황 자료와 국내·외 안전성 평가 자료, 그리고 안전성 평가에 필요한 기초 자료를 확보하고 이를 토대로 '유전자 재조합 식품 및 식품첨가물 안전성 평가자료 심사지침'을 제정함으로써 국내 유전자 재조합 식품의 안전성 확보 방안을 마련하는 데 궁극적인 목적이 있었다. 이에 따라 1999년 8월 식품의약품안전청 고시 제1999-46호로 '유전자재조합식품·식품첨가물 안전성평가자료 심사지침'이 마련되었으며, 2001년 7월부터 GMO 식품에 대한 표시제가 실시되면서 안전성 평가 자료를 의무적으로 제출하도록 했다.

이러한 조치들은 안전성 문제를 해결할 수 있는 다양한 방법론이 제시되는 상황에서, 정책결정자들이 일방적으로 정책을 추진하기보다는 학습제도를 통해 안전성 평가를 통한 과학적 검증, 소비자의 선택권을 보장하는 표시제, 원산지 구분 유통증명서를 통한 사회적 검증 등 다양한 규제 수단을 수용함으로써 사회적 합리성을 기하려는 정부의 노력이라고 할 수 있다.

제 4 절 사례의 쟁점

1. TREM에 의한 국가 간 이해 관계

생명공학 기술의 안전성에 대한 우려는 미국을 비롯한 선진 각국으로 하여금 '유전자 재조합 실험지침'을 제정하는 결과를 가져오게 되었으며, 규제제도를 도입하는 국가도 점차 증가하게 되었다. 하지만 LMOs와 환경 간의 상관 관계를 비롯한 생명공학기술의 안전성 관련 문제는 기술적으로 매우 복잡하며, 과학적 측면에서도 명확한 정립이 이뤄지지 않은 상태여서 각국이 시행하는 안전성 규제제도 간에도 상당한 차이가 발생하게 되었으며, 한편으로는 LMOs를 포함한 생명공학 제품의 국제 교역량이 증가하면서 국가 간 생명공학 관련 규제제도의 차이가 무역장벽으로 작용할 소지가 지적되기에 이르렀다.

특히 생명공학 안전성 확보를 위한 의정서의 채택은 환경 보전을 위한 무역규제(Trade-Related Environmental Measures: TREM)로 연결되어 국가 간 무역장벽으로 등장할 수 있는 측면을 배제할 수 없어 GATT/WTO에 연계될 가능성이 많았다. 구체적으로는 바이오안전성의정서가 상품의 무역과 관련되는 WTO 규정과 겹치는 측면이 있어 WTO와의 관계가 처음부터 불명확하게 이뤄졌다는 문제가 제기된 바 있다.[19]

이렇게 의정서는 생명공학기술로부터 창출되는 유전자 변형 생물체(LMOs)의 무역, LMOs의 창출에 관련된 기술의 권리 및 유전자원 등에 대한 국가의 권리가 국가의 이익과 직결되기 때문에 의정서 논의의 내면에는 생명공학으로부터의 이익을 최대화하려는 각각의 이해 관계가 걸려 있을 수밖에 없으며, 생명공학안전성의정서에 임하는 당사국들의 입장은 달라질 수밖에 없다.[20] 국가별 입장

19) 국제무역에서는 WTO 협정이 생물안전성의정서보다 우선권을 지닌다는 미국의 주장이 생물안전성의정서가 WTO와 동등한 우선권을 가진다고 주장하는 유럽연합과 후진국들의 견해와 대립되었다.

20) 생명공학 안전성에 대한 당사국들의 입장으로서 생명공학 제품의 이동 및 취급과 이용에 대한 강력한 규제를 촉구하는 부류가 있고, 당시의 생명공학 규제제도가 기본적으로는 적절하고 의정서는 주로 국가 간 조화를 이루도록 기여해야 한다고 믿는 부류가 있다. 각각의 입장을 구체적으로 살펴보

차이를 보이는 근본적인 배경에는 각 국가에서의 '산업정책 및 생명공학 경쟁력', 환경단체들의 활동을 비롯한 '생명공학에 대한 대중의 인지도', '위험평가 및 규제 능력' 등에서의 차이에 기인하는 것이다. 바이오안전성의정서는 유전자 변형 생물체의 국가 간 이동으로 발생할 수 있는 위해성과 관련해 국제 환경법상 혁신적인 내용들을 담고 있는데, 이것은 당사국들 간의 무역과 환경을 둘러싼 이해관계의 대립을 반영한 것이라고 할 수 있다.

2. 정책행위자: 철의 삼각에서 정책 네트워크로

생명공학의 안전성 규제정책은 좁게는 개인적인 수준에서 넓게는 국가 간 관계에 이르기까지 그야말로 다양한 이해관계자들의 참여가 두드러지게 나타나는 사례라고 할 수 있다. 물론 1980년대의 유전공학 육성정책은 그 첫 출발부터 과학자, 정치권, 기업, 정부 관계자들의 협력 구도 아래서 철저히 전문가 중심으로 추진되었으며, 그 결과 육성 일변도의 정책 수단들이 마련될 수밖에 없었다. 예를 들면, 학계는 한국유전공학학술협의회와 분자생물학회 등이, 정치권은 민정당 정책연구소가, 산업계는 유전공학연구조합이, 정부 당국은 과학기술처, 농촌진흥청 등이 초창기 주요 정책행위자로 참여했다.

그러나 1990년대 중반 이후부터는 생명공학의 윤리성과 안전성에 대한 사회적 여론을 환기시키기 위해 다양한 시민단체가 본격적으로 등장하면서 정책 영역은 더욱 복잡하고 역동적인 네트워크 구조로 나타나게 된다. 먼저 1997년 2월 복제양 돌리가 탄생했다는 것이 알려지면서 시민단체가 조직화되기 시작했는데, 특

면 다음과 같다.

① 규제의 강화 요구 입장: 인도와 말레이시아가 생명공학에 대한 엄격한 규제를 주장하는 국가그룹을 주도하며, 수많은 서아프리카 국가와 스칸디나비아반도의 일부 선진국도 이 그룹에 속한다. 이들이 주장하는 논리는 LMOs가 방출되었을 때 환경이나 인간에 어떠한 영향을 끼칠지에 대해 사실 알려진 것이 거의 없다는 것이다. 이들 중 대다수의 국가는 자국 농부나 의약산업이 미국 등 선진국들로부터 종자와 의약품을 수입해야 한다는 사실에 반감을 갖고 있다.

② 의정서에 대한 반대 및 규제 완화 요구 입장: 의정서에 대한 반대 내지 소극적 입장을 보이는 그룹은 미국, 호주, 뉴질랜드, 일본, 브라질, EU 등 대부분 생물산업이 선진화된 국가들로 구성되어 있다. 이들 국가는 거의 20년간 생명공학에 대한 규제 경험을 지니고 있고 그동안 생명공학의 이용으로 특별한 역효과도 없었다는 점을 지적한다. 따라서 안전성의정서의 합당한 범위는 현행 국가제도를 본질적으로 반영한 최소한의 규정으로 이뤄져야 한다고 주장한다.

히 참여연대에 과학기술에 대한 시민의 참여가 필요하다는 '과학기술민주화를 위한 모임(과민모)'이 1997년 11월 22일에 출범하면서 생명공학에 대한 시민운동으로 발전하기 시작했다. 1998년 5월 말에는 과민모를 중심으로 생명공학을 우려하는 15명 정도의 시민단체 활동가들이 '생명공학의 올바른 발전을 위한 시민·사회단체 실무자 모임'을 결성했으며, 이 모임에서 7월 말 과민모와 녹색연합은 생명공학 문제에 체계적이고 적극적인 대응이 필요함을 인식하고, 연대 기구를 공식화할 것을 제안했다. 이를 계기로 실무자모임이 시민단체들의 생명공학 관련 반대운동 네트워크인 '생명안전윤리연대모임'으로 그 명칭이 공식화되었다(이혜경, 1999).[21] 또한 2000년 5월에는 농업·소비자단체가 모여 '유전자조작식품(GMO) 반대생명운동연대'를 발족했으며,[22] 2001년 7월 19일에는 세종문화회관에서 생명윤리기본법 제정을 촉구하는 공동 기자회견을 개최하면서 69개 단체가 참여한 '조속한 생명윤리기본법 제정 공동 켐페인단'이 공식으로 출범했다.[23] 이들 세 연대모임은 공동으로 생명공학에 대한 시민사회의 우려를 대변하면서, 정부의 생명공학육성법에 대한 의견서 제출과 집회 및 시위의 조직화, 토론회 개최 등을 통해 생명공학 연구에 대한 사회적 통제를 요구했다.

3. 인과이론의 경합: 실지적 동등성의 원칙 vs. 사전 예방의 원칙

정책 논쟁은 문제를 해결한다는 개념에 의해 지배되기 때문에, 이해관계자들

---

21) 그 당시에는 9개 단체가 결합했으나, 추후에 17개 단체로 늘어났다. 그린훼밀리운동연합, 기독교환경운동연대, 녹색소비자연대, 녹색연합, 불교인권위원회, 서울YMCA, 세민재단, 소비자문제를 연구하는 시민의 모임, 지속가능개발네트워크한국본부(KSDN), 참여연대 시민과학센터(과학기술민주화를 위한 모임), 청년생태주의자(KEY), 한국농어촌사회연구소, 한국여성민우회, 한국여성환경운동본부, 한국종교인평화회의 인권환경위원회, 환경운동연합, 환경정의시민연대 등이 참여했다.

22) 8개 단체로 출발했다가 19개 단체로 늘어났다. 당시 참여단체는 가톨릭농민회, 감리교농도생협, 강화도환경농업농민회, 기독교농민회, 녹색평론사, 방주공동체(춘천), 예장생협, 우리농촌살리기운동 서울본부, 우리밀살리기운동본부, 원주생협, 21세기 영농조합법인, 인드라망생명공동체, 전국귀농운동본부, 전국농민회총연맹, 정농회, 주민생협, 한국농어촌사회연구소, 한살림, 흙살림 등이다.

23) 천주교계, 기독교계, 여성계, 농업·생협운동, 환경단체, 동물권단체, 보건의료단체, 일반시민단체 등 총 69개 단체가 참여했다. 이들 69개 단체 중 상당수는 생명안전윤리 연대모임과 유전자 조작식품(GMO) 반대생명운동연대에 소속되어 있는 단체들이 포함되어 있어 생명공학 안전성 문제에 대해 많은 단체가 공동으로 대처했음을 알 수 있다.

사이에 문제의 원인을 둘러싼 갈등과 경쟁이 이뤄지게 된다. 다시 말해, 정책행위자들은 문제의 원인과 대안에 대한 자신만의 이론 혹은 모형을 가지고 전략적으로 정책 논쟁에 참여하게 되며, 이러한 과정에서 인과이론(causal theory)은 투쟁의 대상이 되기도, 옹호의 대상이 되기도 하는 것이다. 생명공학의 안전성 문제 역시 이러한 인과이론들의 경합장이었다고 할 수 있다.

생명공학의 안전성 문제와 관련해 등장한 대표적인 인과이론으로는 실질적 동등성의 원칙과 사전 예방의 원칙을 들 수 있다. 실질적 동등성(substantial equivalence)의 원칙이란 1993년 OECD에서 유전자 재조합 식품에 대한 안전성 평가 원리의 개념으로 확립된 것으로서, GM식품에 도입된 유전자의 특성이 일반적으로 잘 알려져 있어 본래의 식품과 실제로 동일한 정도로 해가 없다는 것에 대한 과학적인 확신이 있는 경우에는 이러한 GM식품의 안전성은 본래의 식품과 동일하다고 본다는 것이다. 반면에 사전 예방의 원칙(precautionary principle)이란 과학적 불확실성이 존재하는 경우 규제 조치를 정당화하는 원칙으로, 심각하거나 또는 회복할 수 없는 피해의 우려가 있는 경우 완전한 과학적 확실성의 결여가 환경 피해를 방지하기 위한 조치를 연기하는 사유가 되어서는 아니 된다는 것을 의미한다. 달리 표현하면 환경 피해의 원인을 파악하고 대책을 마련하기 위해 원인을 사전에 제거함으로써 환경오염 및 이로 인한 피해를 방지하자는 것이다.

우리의 경우, 생명공학 안전성 규제의 방향에 대한 대안 제시가 활발하게 이뤄졌던 1990년대 후반, 이 두 가지 접근은 안전성 규제를 위한 중요한 바로미터가 되었다. 관료와 전문가들은 대체로 안전성 문제가 과학기술에 대한 근거 없는 불안감, 혹은 제어장치의 부재 때문에 나타난다고 보고, 일반인 혹은 소비자들에 대한 지속적인 홍보와 교육, 그리고 엄격한 과학적 안전성 평가제도를 마련하는 것이 가장 중요하다고 주장했다. 반면에 시민단체 활동가들이나 인문사회학자들은 안전성 문제가 과학적 불확실성과 기술의 상업적 이용에서 비롯되기 때문에 생명공학기술 자체를 거부하거나 사회적 위험관리 수단, 예를 들면 민주적인 학습과 의사 결정 메커니즘, 투명한 정보공개, 제조물 책임제도, 생산이력정보시스템(traceability), 적극적인 표시제도, 중장기적 영향평가 등 포괄적인 관점에서의 규제제도가 필요하다고 주장했다. 이 두 가지 접근은 현재까지도 생명공학의 안전성 규제를 둘러싸고 경합을 벌이고 있다.

4. 가치와 상징의 활용

이상에서 언급한 인과이론은 자신을 만족시키기 위한 것이 아니라 다른 사람에게 받아들여지도록 하는 데 목적이 있다(김영평, 1991). 이러한 목적을 위해 가치와 상징은 인과이론을 전략적으로 활용하는 데 매우 유용한 정치적 도구가 될 수 있다. 실질적 동등성의 원칙과 사전 예방의 원칙 역시 다양한 가치와 상징적·은유적 표현들을 통해 정당화되었다.[24]

실질적 동등성의 원칙에 입각해 엄격한 안전성 평가제도를 강조하는 행위자들은 생명공학이 인류가 안고 있는 숙제들을 해결해 줌으로써 인류의 복지를 향상시키고 국가의 경쟁력을 높일 수 있는 유일한 대안이라는 측면에서 생명공학의 정당성을 찾는다. 이러한 입장에서 이들은 '생명공학의 세기', '유전자 전쟁', '황금 시대의 문', '바이오 혁명', '제2의 녹색혁명', '제2의 산업혁명', '굴뚝 없는 산업', '황금의 쌀', '신의 선물', '유전자의 마술', '기적의 쌀', '네 발 달린 제약공장', '마법의 기술', '식품복음', '마법의 탄환' 등 생명공학의 기술적 편익과 새로운 가능성을 의미하는 상징들을 주로 사용했다.

반면에 사전 예방의 원칙에 입각해 전면적이고 포괄적인 규제 수단들을 마련해야 한다고 주장하는 행위자들은 지구적 규모의 생태적 환경위기에 대처하기 위해서는 인간중심주의로부터 생물권(biosphere)중심주의로의 사고의 전환이 필요하고, 위험을 감수하는 상업적 선택을 예방하기 위해서는 공공적 통제를 강화해 나가야 한다는 주장을 내세웠다. 즉, 윤리적 책임성과 공동성의 확보가 필요하다는 것이다. 이러한 입장에서 이들은 '프랑켄푸드(Frankenfood)', '벨트스빌

---

24) 생명공학의 안전성 논란을 드라이젝(John S. Dryzek)의 타이타닉 호에 대한 비유에 빗대어 표현하기도 한다. 예를 들면, 타이타닉 호에 승선한 생태학자들과 환경주의자들은 항로 가까이 있는 빙산을 발견하고 항로를 변경해야 한다고 외치는 반면, 과학자들은 최고의 기술로 건조된 타이타닉 호가 위험에 제대로 대처할 것이라고 자랑하고, 경제학자들과 기업가들은 항해의 효율성을 극대화하기 위해서는 항해를 맡고 있는 선장과 승무원들의 자유로운 판단이 존중되어야 한다고 주장하며, 정치가나 정치학자들은 불확실한 위험이 승무원과 승객의 행동에 미칠 영향에 대해 토론한다는 것이다(노철화·김정인, 1999).

돼지(Beltsville Pig),[25]' '키메라(chimera)', '인간 탐욕의 선물', '식탁의 재앙', '악마의 씨', '유전자 오염', '생물재해', '파멸의 기술', '트로이 목마', '야외공장', '하나님 놀이(신 흉내내기; Playing God)', '제2의 플루토늄', '에덴동산의 선악과', '파우스트의 선택', '생물해적질(biopiracy)', '시험관 식품', '생물 권력' 등 생명공학 기술의 위험성, 불확실성, 그리고 비윤리성을 강조하는 상징들을 주로 사용했다.

5. 다양한 사회적 학습제도

생명공학의 안전성을 둘러싼 사회적 논쟁 과정에서는 그 어느 때보다도 다양한 사회적 학습의 장이 마련되었다고 할 수 있다. 그 시발점은 1990년대 중반에 들어, 생명공학의 잠재적 위험성에 대한 공개적 토론의 장이 처음으로 형성되기 시작하면서부터이다. 예를 들어, '생명공학의 육성과 안전·윤리 정립을 위한 정책토론회'와 '생명공학의 올바른 방향에 대한 시민·사회단체 토론회'가 그것이다. 특히 1998년 이후에는 GMO의 안전성 문제와 관련된 수많은 세미나, 토론회, 공청회 등이 열렸으며, 이러한 공간에서 활발한 의견 개진이 이뤄졌다.

우선 시민단체에 의해 주도되었던 모임을 보면 유전자 재조합 식품의 안전성 평가에 관한 세미나, 유전자 조작식품의 안전과 생명윤리에 관한 합의회의, 유전자 전환작물의 안전관리 방안에 관한 세미나, 환경활동가 워크숍 생명공학 집중마당, 유전자 조작 농산물의 이해 및 환경농업 민간단체 대응을 위한 토론회, 환경 정의와 생명공학 감시운동에 관한 활동가 워크숍, GMO 농산물 및 식품의 표시제에 대한 토론회, 유전자 재조합 식품의 표시 방안 세미나, "유전자 조작 식품 대책이 필요하다" 세미나, 유전자 조작식품에 대한 문제와 대책간담회, "유전

---

25) 1980년대에 미국의 유전공학자들은 농무부의 연구소가 있는 벨트스빌이라는 도시에서 돼지에게 사람의 성장 호르몬 유전자를 이식하는 실험을 했다. 이 돼지들은 기대했던 대로 보통 돼지에 비해 성장 속도는 18%, 체중은 15% 증가했으며, 지방은 80% 감소했다. 그러나 몇몇 돼지는 절름발이 등 불구로 태어나거나 내장에 질병이 생겨 일찍 죽었고, 암컷이 발정하지 않고 수컷이 교미를 기피하는 경우도 생겼다. 이러한 사실은 TV로 미국 전역에 보도되어 유전공학이 프랑켄슈타인과 같은 괴물을 양산할지 모른다는 공포감을 유발했다. 이 일이 있는 후로 벨트스빌 돼지(Beltsville Pig)는 유전공학의 어두운 측면을 상징하는 용어가 되었다(이인식, 1999).

자 재조합 식품 표시 기준 어떻게 할 것인가" 토론회, 올바른 유전자 조작 생물체 규제법을 위한 시민사회단체 토론회, 유전자 변형 농산물의 농업환경 위해성 평가자료 심사지침안에 대한 긴급토론회 등을 예로 들 있으며, 정부 주도로 이뤄졌던 모임을 보면, GMO 표시연구회, GMO안전성연구회, 공청회, 그리고 수시로 이뤄졌던 각종 의견 수렴 절차들이 있었다. 이상은 주로 생명공학의 안전성과 관련해 개최되었던 모임의 예들이지만, 생명윤리와 관련된 모임까지 포함시키면 특정 과학기술을 둘러싸고 실로 엄청난 사회적 논의가 공개적으로 이뤄졌음을 알 수 있다. 이러한 사회적 논의는 정책 엘리트와 대안적 시각을 지닌 자들 간의 상호작용을 가능케 하고, 이를 통해 사회적 합의를 바탕으로 하는 정책 과정을 유도하는 데 중요한 역할을 담당했다고 볼 수 있다.

이러한 사회적 학습의 기회에서 특히 주목할 만한 것은 1998년 11월 유네스코(UNESCO) 한국위원회가 주최한 '유전자 조작식품에 대한 합의회의'라고 할 수 있다. 그동안 밀실에서 진행되었던 과학기술정책에 대한 시민들의 참여를 제도적으로 보완하는 성격의 장치라 할 수 있는 '합의회의'[26]가 국내에서 처음으로 실시되었던 것이다. 여기에 참석한 시민 패널들은 시민들의 건강과 우려를 고려해 정부가 정책과 제도를 마련할 것을 촉구했다. 이 최초의 합의회의는 과학기술에 대한 참여 민주주의적 제도를 우리나라에 도입했다는 점에서 의미가 크다. 농민, 주부, 학생, 교사, 노동자 등 일반 시민 14명으로 구성된 시민 패널은 전문가 패널을 상대로 유전자 조작식품의 안전성과 생명 윤리에 대해 이틀 동안 열띤 토론을 벌이고 자신들의 의견을 보고서로 제출했다. 이 합의회의는 우리나라에서도 과학기술에 대해 전혀 지식을 가지고 있지 않은 일반 시민들도 과학기술에 대해 적극적으로 학습하고 발언하는 능동적인 주체가 될 수 있음을 확인시켜 주었던 장으로 평가된다.

26) 합의회의는 통상 "선별된 일단의 보통사람들로 구성된 시민패널이 정치적으로나 사회적으로 논쟁적이거나 관심을 불러일으키는 과학적 또는 기술적 주제에 대해 전문가들에게 질의하고 그에 대한 전문가들의 대답을 청취한 다음 이 주제에 대한 내부의 의견을 통일해 최종적으로 기자회견을 통해 자신들의 의견을 발표하는 하나의 포럼(forum)"이라고 정의된다.

제 3 장

사용후핵연료 관리정책과 공론화, 그리고 정책갈등

정주용

제 1 절 들어가는 글

사용후핵연료 관리정책은 현존하는 최장기 미해결 국책사업이다. 1983년 과학기술부가 방사성폐기물관리대책위원회를 만들어 방사성폐기물의 처분 및 처리대책을 논의한 것을 시작으로 본다면 32년 동안 해결의 실마리를 찾지 못한 것이고, 1984년 제211차 원자력위원회에서 방사성폐기물관리대책위원회가 제출했던 '방사성폐기물관리종합대책(안)'을 의결해 입지 추진의 기반을 마련한 것을 시작점으로 본다면 31년 동안 표류하고 있는 국책사업이다. 또한 1986년 방사성폐기물관리사업 전담기관으로 한국원자력연구소가 지정되어 관리대책을 마련하기 시작한 것을 시작으로 보아도 거의 30년이 지나고 있다.

이처럼 사용후핵연료 관리정책이 장기간의 표류 상태를 면치 못하고 있는 것은 바로 정책갈등 때문이다. 원자력발전소를 가동하면서 필연적으로 발생할 수 있는 폐기물은 그 자체로 혐오스럽고 위험한 존재로 인식되기 때문에 어느 지역에서도 이를 쉽게 받아들이려 하지 않기 때문에 정책갈등이 발생하고 있는 것이다. 이른바 한국형 님비(NIMBY) 신드롬을 만들어낸 것도 바로 방사성폐기물관리정책이라고 볼 수 있고, 그중에서도 위험도가 높은 사용후핵연료는 아직도 갈 곳을 찾지 못하고 정책갈등을 잉태하고 있다. 특히, 2005년 중・저준위방사성폐기물처분장이 경주 일원으로 입지를 확정한 이후 정부는 정책 성공이라고 자평했지만 이후 사용후핵연료 관리대책에 대한 이렇다 할 만한 정책 결정을 내리지 못하고 있어 이로 인한 갈등은 여전히 진행형이라고 할 수 있다.

정부가 사용후핵연료 관리정책을 결정하지 못하고 있는 것은 일종의 트라우마라고 할 수 있다. 과거 심각한 정책갈등이 이념적 그리고 사회적 갈등으로 격화되었음을 잘 알고 있고, 앞으로 정책을 결정한다고 할지라도 이로 인한 갈등을 피하는 것이 거의 불가능함을 인지하고 있기 때문이다. 어떤 보상 조건을 내걸더라도 갈등을 완벽하게 제거한다는 것이 사실상 불가능하기 때문에 적극적으로 정책을 결정하지 못하는 측면도 있다. 지난 노무현 정부에서 사용후핵연료 관리정책은 국민적 공감대를 형성하기 위해 공론화(公論化) 과정을 거쳐 정책 결정을 하겠다고 공표했지만 이명박 정부에서는 출범 직전에 있던 공론화위원회가 좌초되고 말았다. 사용후핵연료 관리정책으로 인한 갈등이 사회적 갈등으로 확산될 경우 정부 불신의 단초를 제공할 수 있다는 정치적 부담이 있었던 것으로 보인다.

이 때문에 현재 우리나라 사용후핵연료 관리정책은 부재했다고 보아도 무방하다.[1] 과거 중・저준위 방사성폐기물과 사용후핵연료를 한 곳에서 관리하겠다는 대책이 심각한 주민 반발을 거치면서 상대적으로 위험성이 낮은 중・저준위 방사성폐기물 처분장만 분리해 입지를 추진했기 때문에 사용후핵연료 관리대책은 수면 아래로 가라앉은 상태이다. 그러나 이제 곧 심각한 상황에 직면할 것이 분명해 보인다. 2016년부터 원자력발전소 내의 습식 저장조 및 건식 저장시설이 순차적으로 포화되고 있다는 분석이 나와 있는 상태이고, 임시 저장시설에 조밀 저

1) 현재의 상황은 각 가정에 화장실이 있지만 국가적인 분뇨 처리시설을 마련하지 않아 더 이상 가정의 화장실을 사용하지 못하는 것과 마찬가지이다. 즉, 더 이상 사용후핵연료를 쌓아둘 여유 공간이 없어 원자력발전소를 운전할 수 없다는 급박함이 있다.

장대를 설치해 여유 공간을 확보한다고 해도 포화 시점을 늘리는 데는 한계가 있기 때문에 새로운 저장시설의 입지를 정해야만 한다. 그러나 이것이 그리 쉽게 해결될 것 같지는 않아 보인다.

이 글은 1980년대 후반부터 현재까지의 사용후핵연료 관리를 둘러싼 갈등 상황을 살펴보고, 우여곡절 끝에 시작한 사용후핵연료 공론화 과정에서 나타나고 있는 갈등의 전개 과정을 살펴봄으로써 향후 이로 인한 정책갈등이 어떻게 나타날 것인지를 예상해 보는 데 목적을 두고 있다. 아래에서는 우리나라 방사성폐기물관리정책의 변화와 그로 인한 갈등 양상을 정리하고, 공론화의 추진 배경과 공론화위원회의 출범, 그리고 공론화 과정에서 부각되고 있는 갈등 양상을 순차적으로 살펴볼 것이다. 그러나 이러한 갈등 전개 과정을 이론적으로 분석하지는 않을 것이다. 이론적인 분석은 자칫 정책사례의 온전한 설명이라기보다는 연구자의 해석적 시각이 결부되어 독자들이 다양한 시각에서 이 문제를 논의하지 못하도록 유도할 수 있기 때문이다.

제 2 절 사례의 배경

1. 초기 사용후핵연료 관리정책 결정

부존자원이 부족한 우리나라는 에너지 자립을 통해 경제 발전의 원동력을 찾고자 했고, 이 때문에 원자력 발전은 가장 획기적인 대안으로 취급받았다. 이에 따라 정부는 1981년 전체 에너지원의 6%에 불과하던 원자력 에너지의 비율을 1991년까지 42%로 끌어올린다는 계획을 발표했다. 그러나 원자력 발전은 탈(脫)석유화를 촉진시키고 에너지 자립도를 높일 수 있다는 장점이 있지만 방사성폐기물의 증가와 이에 따른 적절하고 장기적인 관리가 필요하다는 단점을 동시에 갖고 있었다.

이러한 단점은 단지 원자력발전소에 국한된 것은 아니었다. 방사성동위원소의 이용이 급증하면서 병원, 학교, 연구기관 및 산업체 등에서도 방사성폐기물 관리상의 문제점이 나타났기 때문이다. 이러한 상황으로 방사성폐기물의 안전관리는 사용기관에 국한된 것이 아니라 국가 차원의 문제로 대두되기 시작했고, 한국원자력연구소를 중심으로 방사성폐기물 처리에 대한 본격적인 논의를 시작하도록 유도했다. 당시 주무부처인 과학기술부도 방사성폐기물 종합관리대책 수립의 필요성을 인지하기 시작했고, 누가 관리 대책을 추진할 것인지, 어떻게 소요 경비를 충당할 것인지에 대해 논의하기 시작했다.

과학기술부는 1983년 방사성폐기물관리대책위원회를 설립해 처분 및 처리에 대한 논의를 시작했고, 1984년에는 방사성폐기물관리대책위원회가 원자력위원회에 방사성폐기물 관리종합대책(안)을 제출했으며, 동년 제211차 원자력위원회가 이를 의결함으로써 본격적인 방사성폐기물 관리 대책을 수립했다. 한편, 당시 원자력위원회는 사용후핵연료는 별도의 대책을 수립하자고 의결했고, 이 때문에 중·저준위 폐기물 관리가 중점 논의의 대상으로 부각되었다. 그러나 사용후핵연료에 대한 관리 문제는 관련 법령의 미비와 기술 기준이 제대로 마련되어 있지 않다는 이유로 논의가 적극적으로 진행되지 못했다.

그러나 1988년 제220차 원자력위원회에서는 방사성폐기물 관리사업의 시급성을 고려해 1998년 8월까지 사업계획을 수립하라는 기본 방침을 의결했고, 여기에는 사용후핵연료 관리 대책을 포함시켰다. 당시의 결정은 사용후핵연료는 재처리 또는 영구 처분에 대한 국가정책이 결정될 때까지[2] 중간저장 형태로 관리하고, 이를 위해 중간저장시설을 1997년 12월까지 원전 부지 이외의 장소에 집중식으로 건설하겠다는 계획이었다. 한편, 1988년 제221차 원자력위원회에서는 1988년부터 2000년까지의 방사성폐기물관리사업을 확정했는데, 사용후핵연료 중간저장시설은 3,000톤 규모의 습식 저장 방식을 채택한다는 것으로 더욱 구체화된 것이었다.

이처럼 사용후핵연료 관리 문제는 처음에는 논의하지 않는 것으로 했다가 중·저준위 방사성폐기물과 함께 동시에 관리하는 것으로 정책 방향을 선택했다. 또한 재처리 및 영구 처분에 대한 구체적인 국가정책을 확정할 수 없는 상황에서

---

2) 사용후핵연료 재처리는 물리적·화학적 방법으로 처리해 우라늄과 플루토늄 등을 추출하는 과정을 의미하는데, 핵무기의 원료물질을 추출할 수 있다는 문제가 있다. 영구 처분은 사용후핵연료를 재처리하지 않고 인간계로부터 영구적으로 격리하는 방법을 말한다.

발전소 외에 집중식 중간저장소를 건설해 안전하게 관리하는 것을 목표로 했다. 이른바 상황 변화에 따라 재처리할 수도 있고, 영구 처분할 수도 있기 때문에 인내심을 갖고 관망하는(Wait & See) 전략으로 정책 방향을 설정한 것이었다.

2. 사용후핵연료 관리정책의 변화 과정

원자력위원회의 의결에 따라 한국원자력연구소는 1986년부터 중·저준위 방폐장과 사용후핵연료 중간저장시설 입지 선정이 추진되었지만 최종 후보 부지를 마련하지 못한 채 무산되고 말았다. 최종 3개 후보지로 압축된 경북 울진군 기성면, 영덕 남정면, 영일군 송라면 등지에서 후보지 조사 작업을 비공개로 추진하면서 주민 반발을 일으켰기 때문이다. 정부 당국의 비민주적이고 폐쇄적인 행동에 격분한 주민들은 궐기대회, 가두방송, 전단지 살포 등의 적극적인 반대운동을 벌였고, 반대대책위원회를 결성하는 등 조직적으로 반대 활동을 이어갔다. 그 결과 정부는 더 이상 후보지 선정 작업을 지속할 수 없었다.

이후 정부는 제2차 후보지 선정을 위해 다양한 방법을 강구했다. 방송매체를 통한 홍보 활동, 모의사업 공청회, 초청 홍보 등을 활용하면서 후보지 선정을 위해 노력했고, 전담조직도 변경했으며, 방사성폐기물사업과 연구사업의 연계성을 강조했다. 1990년에는 그동안 관리사업을 추진했던 방사성폐기물관리사업단을 '원자력 제2연구소'로 변경했는데, 이는 사용후핵연료 중간저장시설을 확보하기 위한 복안이었다. 즉, 사용후핵연료 중간저장시설을 원자력 제2연구소 부지 개념으로 확보한다는 결정이었다. 고준위 방사선을 방출하면서 위험성이 상대적으로 높은 사용후핵연료 중간저장시설을 연구시설로 건설함으로써 주민 수용성을 기대한 결정이라고 할 수 있다.

당시의 결정은 사용후핵연료 중간저장시설을 중·저준위 방폐장시설과 분리한다는 개념을 포함한 것이었다. 이는 1990년 3월 국회 경제과학위원회에서 과학기술처 장관이 중·저준위 방사성폐기물은 무인도에 처분하고, 사용후핵연료 중간저장시설은 연구시설과 함께 임해지역에 설치해 운영한다는 관리정책을 공표하면서부터 공식화되었다. 이후 과학기술처는 관계 부처와 협의를 통해 충남 안면도 남쪽지역을 사용후핵연료 중간저장시설 후보지로 확보하려는 움직임을 보였고, 1990년 第226차 원자력위원회에서 사용후핵연료 중간저장시설과 연구시설 부지로 안면도 인근 지역을 결정했다.[3)]

그러나 정부의 이러한 결정은 또다시 비공개로 진행되었고, 주민들은 언론 보도를 통해 이 사실을 알게 되었다. 특히, 후보지 선정이 3급 비밀로 분류되어 있다는 언론 보도로 인해 주민들은 정부를 더욱 불신하게 되었다. 주민들은 반대대책위원회를 결성해 대정부 투쟁을 결의했고, 여기에 반핵시민단체의 개입과 지역조직의 연대가 이어지면서 반대운동은 삽시간에 확산되었다. 이후 반대운동은 등교 거부, 상가 철시, 대규모 반대 시위로 격화되었고, 이 지역 출신 국회의원이 정부를 비난하면서 주민들에게 힘을 실어주었다. 결국 지역 주민들의 반대 활동이 과거보다 과격해지고 진정될 기미가 없자 과학기술부 장관은 입지 선정 철회를 발표했고, 2차 입지 선정은 실패하고 말았다.

안면도 사태 이후 정부는 폐쇄적인 방식에서 벗어나 공개적으로 후보지를 선정한다는 방침을 정하고, 정부 주도의 후보 부지 도출과 지역 주민들이 자원하는 방식을 혼합했다. 또한, 안면도를 후보 부지로 결정할 때 중·저준위 방사성폐기물처분장과 사용후핵연료 중간저장시설을 분리한다는 분리 부지의 개념을 탈피해 동일 부지 개념도 적극 검토하기로 했다. 이는 아무리 연구시설을 연계한다고 할지라도 사용후핵연료의 위험성과 부정적인 인식 때문에 주민들의 반발을 무마할 수 없다는 판단과 이를 고려해 거주민이 상대적으로 적은 도서지역을 고려해야 한다는 절박함이 포함되어 있었던 것이다.

이후 3차 후보 부지 도출 과정에는 사회과학적 접근을 포함시켰다. 이는 기존에 정부의 입지 선정 방식이 너무 기술적인 접근에 치우친 것이었다는 자성(自省)의 의미도 있었지만 사회과학적 연구를 통해 입지 선정 과정에서 주민들의 이해를 증진하겠다는 새로운 방식을 시도한 것이었다. 특히, 입지 선정 단계부터 주민들의 의견 수렴을 절차를 두면서 국민 이해를 증진시키고, 주민 반발을 차단해 보자는 것이었다. 그러나 의견 수렴 과정은 순탄치 않았다. 총 여섯 차례의 공개토론회를 개최했으나 반핵시민단체들이 토론장을 점거하면서 개최와 동시에

---

3) 당시 안면도가 최종 후보지로 결정된 것은 임해지역으로 사용후핵연료 운송이 용이하다는 것이었고, 낙후지역으로 연구시설이 들어설 경우 지역 발전에 기여할 수 있어 주민 수용성을 확보할 수 있다는 것이었다(국회경제과학위원회 국정감사회의록, 1990.12).

모두 무산되었기 때문이다. 우여곡절 끝에 인문사회학적으로 6개의 후보지를 도출했고, 부지 공모를 통해 7개의 후보지를 도출했지만 후보지 결정 사실이 언론에 공표됨과 동시에 주민 반발이 동시다발적으로 일어났다. 주민 반발에도 불구하고 정부는 '방촉법' 제정을 통해 경제적 인센티브를 법적으로 명시하겠다고 발표하면서 주민 수용성을 높이려 노력했다. 그러나 이는 오히려 반핵시민단체의 적극적인 반대운동의 빌미를 제공했고,[4] 결국 입지 선정은 실패로 돌아갔다.

제4차 입지 선정 과정에서는 독립성, 공개성, 명확성, 효율성, 신뢰성 등의 5대 원칙을 발표하면서 적극적으로 홍보를 실시했고, 범부처가 참여하는 방식으로 부지 선정 작업을 추진했다. 또한, 3차 입지 선정 과정에서 분리 부지와 동일 부지의 개념을 모두 사용하는 이중 부지 개념을 다시 수정했다. 즉, 3차 입지 선정 과정에서 중 · 저준위시설과 사용후핵연료 중간저장시설을 동일 부지에 건설할 것인지, 분리 부지에 건설할 것인지를 이중 부지의 개념으로 보았다면, 제4차 입지 선정 과정에서는 중 · 저준위시설, 사용후핵연료 중간저장시설, 그리고 연구시설을 모두 한곳에 위치한다는 개념을 동일 부지로, 중 · 저준위시설 및 사용후핵연료 중간저장시설과 연구시설을 분리한다는 것을 분리 부지의 개념으로 수정했다. 이는 이중 부지의 개념을 동일 부지의 개념으로 변경한 것이나 다름없었다. 부지 선정 과정에서는 구체적인 경제적 인센티브의 액수도 발표했고, 최종 후보지로 3곳을 선정했으나 2개 지역에서 강력한 반발이 일어나면서 굴업도를 최종 후보지로 결정했다. 하지만 반핵시민단체의 개입과 활성단층에 대한 논란이 발생하면서 갈등은 격화되는 조짐을 보였다. 특히, 반핵시민단체가 주장했던 활성단층이 실제로 발견되어 입지 선정 작업을 더 이상 진행할 수 없었다.

제5차 후보지 선정은 주민 중심의 유치공모 방식을 채택했는데, 이는 주민들이 유치 의사를 지방의회에 제출하면 지방의회에서 가부를 결정해 정부에 공식

---

4) 반핵시민단체의 주장은 원자력을 폐쇄하자는 이념적인 주장이기 때문에 방사성폐기물관리시설 건설 자체를 막는 것이 목적이었다. 즉, 방사성폐기물관리시설 건설을 막지 못한다면 원자력 확대 정책을 막지 못하는 것이나 마찬가지였다. 이러한 상황에서 정부가 주민들에게 경제적 보상을 법적으로 보장하면 자신들이 주장하는 위험성보다 경제적 보상을 더 크게 고려한 주민들이 이를 받아들일 수 있었다. 이 때문에 경제적 보상의 부정적인 측면을 알리면서 위험정보를 확산하는 전략을 구사했던 것으로 보인다. 즉, 정부가 주민들에게 위험시설을 돈을 주면서 받아들이도록 강요하고 있음을 주장하면서 반대 활동을 강화했다.

적으로 유치신청서를 제출하는 방식이었고, 정부가 부지 적격성 심사를 해서 심사를 통과하면 후보지를 선정하는 방식이었다. 그러나 반핵시민단체의 개입, 유치를 찬성하는 주민들과 반대 주민들 간의 민-민 갈등의 심화로 결국 지방의회의 벽을 넘지 못했다. 특히, 반핵시민단체는 지역 정치가들에게 공개질의서를 보내면서 압박했고, 유권자인 주민들의 반대운동은 지방의회의 찬성을 얻어낼 수 없어 결국 실패로 돌아가고 말았다.

5차 후보지 선정 과정에서 유치공모 방식의 한계를 경험한 정부는 다시 사업자 주도 방식으로 부지를 선정한 후 지방자치단체와 협의하는 방안을 선택했다. 주민들의 유치 의사, 지방자치단체와 지방의회와의 사전 협의가 모두 충족될 경우 후보지로 선정한다는 계획이었다. 계획에 따라 정부는 용역을 발주해 모두 4개의 후보지를 도출했는데, 이는 전남 영광, 전북 고창, 경북 울진, 경북 영덕 등이었다. 그러나 정부는 또다시 사업자 주도 방식과 유치공모 방식을 병행하겠다는 방침을 언급했다. 이 때문에 6차 후보지 선정은 5차와 같은 방식으로 진행되었다. 후보지 선정이 진행되는 가운데 이렇게 선정 방식을 변경한데는 그만한 이유가 있었다. 중·저준위 방사성폐기물이 점점 포화되고 있었기 때문이고, 어떤 방식으로든 정책 실패를 답습할 수 없다는 급박함이 내재되어 있었기 때문이다.

유치공모를 위해서는 획기적인 경제적 인센티브도 제시되었다. 2003년 4월 21일 산업자원부, 과학기술부 등 10개 부처와 사업자인 한국수력원자력(주)이 방사성폐기물처리장과 양성자가속기를 연계해 설치하고, 획기적인 지원을 약속한다는 공동담화문을 발표하기도 했다. 이른바 3,000억+@의 특별지원금을 지급하고, 각 부처의 지역사업을 한곳으로 집중시켜 방사성폐기물처리장 후보지를 결정하겠다는 것이었다. 이후 용역에 의한 후보지 도출 과정은 자치단체들의 후보지 굴착 신고 반려로 인해 무산되었고, 결국 유치공모 방식만 남았지만 지역정치가들이 반대 주민들과 반핵시민단체들의 눈치를 살피는 바람에 지방의회의 표결을 통과하지 못했다. 그러나 부안군수는 부안군의회의 부결에도 불구하고 정부에 유치신청서를 접수했고, 정부가 이를 받아들이면서 심각한 갈등 양상이 전개되었고, 결국 6차 후보지 선정은 실패로 귀결되고 말았다.

6차 후보지 선정 이후 방사성폐기물처분장에 대한 개념이 획기적으로 변경되었다. 부안사태가 발생할 당시까지 중·저준위시설과 사용후핵연료 중간저장시설을 동시에 마련한다는 계획이었지만 7차 후보지 선정부터는 이를 분리한다는 계획을 발표했기 때문이다. 즉, 중・저준위 폐기물과 사용후핵연료를 분리해 주민들이 느끼는 불안감을 제거함으로써 주민 수용성을 높이겠다는 복안이었다. 이러한 분리의 개념은 2004년 12월 제253차 원자력위원회에서 의결되었고, 이러한 내용을 담은 '중・저준위 방사성폐기물 처분시설의 유치지역에 관한 특별법'이 2004년 3월 2일 국회를 통과했다. 이 법의 핵심은 사용후핵연료 관리시설을 제외한 중・저준위 처분시설만을 건설할 것을 규정하면서, 중・저준위 폐기물 처분시설을 건설하는 지역에 사용후핵연료 관련 시설을 추가적으로 건설하지 못함을 명시(제18조)한 것이었다.

이미 안전성이 검증된 중・저준위 폐기물만을 취급하는 시설이라는 점에서 여러 지역의 관심은 높아졌다. 특히, 사용후핵연료를 가장 많이 배출하는 중수로형 원자력발전소를 갖고 있는 경주에서는 더욱 관심이 높아졌다. 이 때문에 경주의 지역반핵시민단체들은 중・저준위시설을 유치하겠다고 공표하고 나섰고, 유치 공모 과정에서 정치적 부담감이 없어진 지방의회는 이를 통과시켜 정부에 공식적인 공모절차를 진행했다. 경주의 이러한 움직임은 다른 지역으로 확산되면서 군산시, 영덕군, 포항시 등이 경쟁 구도를 형성했다. 경쟁 구도의 형성으로 전국 규모의 반핵시민단체들의 개입이 더 이상 어려워졌고, 오히려 과열 경쟁으로 치닫기 시작했으며, 주민투표 결과 경주시가 찬성률 89.5%로 중・저준위 방사성폐기물 처분장 유치지역으로 선정되었다.

제 3 절 사례의 전개와 쟁점, 그리고 전망

1. 사용후핵연료 관리를 위한 공론화의 배경과 추진 과정

2004년 12월 17일 제253차 원자력위원회는 '방사성폐기물 관리대책 변경'을 통해 중・저준위 방사성 폐기물 처분시설과 사용후핵연료 중간저장시설 건설 추진의 분리를 결정했다. 즉, 중・저준위 방사성 폐기물 영구처분시설의 건설을 우선적으로 추진해 2008년까지 완공한다는 내용을 골자로 하고 있었다. 또한 정부는 분리 추진 방침을 공고히 하기 위해 중·저준위 방사성 폐기물 처분시설 부지에는 사용후핵연료 관련 시설을 건설하지 않기로 하고, 이를 중·저준위특별법 제18조에 명시했다. 이 밖에도 중간저장시설 건설 등을 포함한 사용후핵연료 관리 방침에 대해서는 국가정책 방향, 국내외 기술 개발 추이 등을 감안해서 중장기적으로 충분한 논의를 거쳐 국민적 공감대를 이끌어내 추진하겠다는 것이 주요 의결 내용이었다.

원자력위원회의 의결과 산업자원부 장관의 방사성폐기물 관리 대책 변경 발표문("사용후핵연료에 대해서는 사회적 공론화를 거쳐 처리 방침을 결정하기로 했다")으로 공식화된 공론화는 이후 2006년 8월부터 시작되었다. 당시 지속가능발전위원회의 에너지산업전문위원회는 '사용후핵연료의 관리 체계 및 공론화 방안' 연구팀을 구성했고, 연구팀에는 원자력 분야, 사회과학 분야, 환경 분야를 모두 포함시켰다. 특히, 반핵 성향이 뚜렷한 학자와 시민단체도 연구팀의 일원으로 참여하면서 사회적 공론화의 출발은 상당한 의미를 가지고 있었다. 그동안 공개적이고 제도적인 논의에서 배제되었던 반핵시민단체의 참여는 그 자체로 큰 의미를 갖는 것이라고 평가받을 수 있었다.

반핵시민단체의 참여는 사실상 첨예한 갈등을 예고하는 것이었다. 예상과 다르지도 않았다. 첨예한 입장 차이를 나타내면서 보고서 채택까지 상당한 진통을 겪었기 때문이다. 그러나 해외 사례에 대한 분석과 사실 중심의 논의를 진행하면서 연구의 진전을 보였고, 그 결과 「사용후핵연료 관리 체계 및 공론화 방안 연구」라는 보고서를 2007년 2월 발간했다. 불과 6개월 남짓한 기간이었지만 공론화의 의미가 어느 정도 실현되면서 사용후핵연료 관리정책을 조기에 마련할 수 있을 것이라는 기대도 있었다. 이 보고서에는 사용후핵연료의 특성, 국내외 사용후핵연료 처리·처분기술의 현황과 전망, 사용후핵연료 관리 체제의 현황과 발전 방향, 사용후핵연료 관리 공론화 방안을 표면적 수준에서 다루고 있다.

이러한 과정은 비록 제한적이기는 했지만 사용후핵연료 공론화 방침을 정한 이후 최초의 공식적은 논의의 장이 마련되었다는 의미가 있었고, 학제적 접근을 시도했다는 가치도 있었으며, 그동안 절대 함께 할 수 없다는 반핵 진영을 포함시킴으로써 정책 결정 과정에서의 민주성을 확장했다는 의미도 있었다. 무엇보다도 이러한 과정을 통해 사용후핵연료 관리 대책의 시급성을 공유하고, 공론화에 대한 필요성을 공감했다는 결실이 있었다. 이후 사용후핵연료 공론화에 대한 논의는 2007년 4월 국가에너지위원회의 갈등관리전문위원회 안에 '사용후핵연료 공론화 태스크포스(TF)가 조직되면서부터라고 할 수 있다.

당시 사용후핵연료 공론화 TF는 사용후핵연료 공론화에 대한 다양한 학습과 국내외 현장 방문을 통해 인식을 공유하고 권고안을 제시하는 것을 목표로 했다. 위원장을 포함해 총 12인의 위원과 간사 1인(지식경제부 방사성폐기물과 과장)으로 구성된 TF는 학계 4인, 연구계 2인, 시민단체 4인, 원자력산업계 2인을 포함하면서 원자력에 대한 서로 다른 인식을 공유하는 장을 제공했다. 2008년 4월까지 13개월 동안 13차례의 회의와 강의를 운영했는데, 여기에는 해외의 사용후핵연료 관리 방안, 해외의 공론화 추진 현황, 주민 수용성 과정 분석, 해외 사용후핵연료 관리 법령에 대한 학습, 해외 사용후핵연료 관리시설 견학 등이 포함되어 있었다.

이러한 논의를 바탕으로 TF는 2008년 4월 「사용후핵연료 공론화를 위한 권고보고서」를 발간했는데, 여기에는 공론화의 필요성, 해외 공론화의 시사점, 공론화의 비전과 원칙, 공론화 대상과 방법론, 공론화 일정과 비용 등에 관한 내용이 포함되어 있었다. 주요 내용으로는 공론화 과정에 이해관계자들을 참여시켜 정부가 고려하지 못한 다양한 요인을 충분히 검토해야 한다는 점, 공론화 전제 조건으로 상호 역할 인정 및 신뢰 확인, 공론화의 원칙으로 PRESIDENT Rule—민주성(Participation), 책임성(Responsibility), 도덕성(Ethic), 진정성(Sincerity), 독립성(Independency), 숙의성(DEliberation), 회귀성(Non-linearness), 투명성(Transparency)—등을 들 수 있다.

이 보고서에서 특히 주목할 점은 사용후핵연료 관리에 대한 공론화를 중간저장과 처리, 처분을 포함하는 최종 관리로 구분해 전자를 우선적으로 다루고, 상황 변화에 따라 후자를 다루는 것에 대해 신중하게 제안하고 있다는 점이다. 즉, 최고 사용후핵연료 정책 결정에서 다루고 있었던 중간저장을 핵심적인 사안으로 다루고, 처리 및 영구 처분에 대해서는 인내심을 갖고 관망하는(Wait & See) 전략을 유지하자는 의미를 포함하고 있었다. 이러한 권고보고서는 사용후핵연료 공론화를 위한 신호탄이나 마찬가지였다. 그러나 공론화는 곧바로 착수되지 못했다. 좀 더 견고한 시스템과 전략을 마련한 후에 추진하는 것이 바람직하다는 의견이 지배적이었기 때문이다. 이 때문에 사용후핵연료의 관리 책임을 맡고 있던 한국수력원자력(주)이 용역 과제를 발주하고 TF를 주축으로 연구팀을 다시 구성해 이를 수행하자는 의견이 모아졌다. 그러나 지식경제부가 연구 주체와 예산에 대해 여러 차례 입장을 바꾸면서 1개 총괄연구팀과 3개 위탁연구팀으로 구성된 연구 주체가 '사용후핵연료 공론화 프로그램 상세 설계' 용역 과제를 수행하게 되었다.

이 용역의 2008년 12월에 시작했는데, 최초의 발주자는 한국수력원자력(주)이었으나, 2009년 1월 발주처가 변경되었다. 방사성폐기물관리공단의 설립으로 방사성폐기물관리사업이 한수원에서 방사성폐기물관리공단으로 변경되었기 때문이다. 연구를 수행하는 과정에서도 상당한 갈등이 있었다. 연구팀은 전문가와 오피니언 리더 그룹을 중심으로 한 실질적인 공론화의 추진이라는 관점이 있었지만, 발주처는 향후 공론화를 추진하기 위해 필요한 모든 전략과 전술은 물론 참여 인원 수와 시간, 장소 등 세부계획까지 작성하는 것을 목표로 했기 때문이다. 결과적으로 발주처의 요구를 수용해 '사용후핵연료 공론화 프로그램 상세 설계' 보고서를 발간하기에 이르렀다.

당시 보고서에는 사용후핵연료에 관한 용어 설명, 사용후핵연료 저장량 조사 및 포화 시점 검증, 사용후핵연료 단기 관리 대안 및 시나리오, 공론화 모델 개발 및 운영 방안 등이 상세하게 정리되어 있었다. 또한 보고서에는 12인의 위원으로 구성되는 공론화위원회를 발족하고, 공론화의 활성화를 위해 논의 그룹을 만들어 운영하며, 공론화지원단·기술경제법제자문단 등이 공론화 과정을 지원한다는 계획이 포함되어 있었다. 또한 언론포럼과 국회포럼 등을 두어 공론화의 활성화를 도모해야 한다는 내용이 포함되어 있었다. 한편, 2009년 7월 지식경제부는 공론화위원회 출범을 공식화하면서 실질적인 공론화 작업에 착수했다. '사용후핵연료 관리 방안에 대한 공론화 지침'(지경부 고시 제2009-152호)을 제정하면서 실질적인 공론화 과정을 세부 실행계획까지 확정했고, 2010년 5월 30일까지 지식경제부 장관에게 권고보고서를 제출하도록 했다. 그러나 지식경제부의 공론화위원회 출범 공식화 발표 후 2주 만에 공론화 일정에 대한 재검토 결정이 내려졌고, 이러한 결정 1주 후에는 또다시 공론화의 법적 토대를 마련하기 위해 1

년간 공론화와 관련해 전문가 용역을 추진하겠다고 발표했다.

당시가 이명박 정부 출범 직후임을 감안한다면 공론화 추진에 따라 사회적 갈등의 발생이 정치적 부담을 가중시킨 결과라고 해석해 볼 수 있다. 결국, 공론화는 중단되었고, 또다시 연구용역이 시작되었다. 2009년 12월부터 2011년 8월까지 21개월 동안 '사용후핵연료 관리 대안 수립 및 로드맵 개발'이라는 용역이 진행되었고, 그 결과는 사용후핵연료 단·중기 관리 대안을 도출하는 데 핵심 논의사항은 저장 용량 포화문제 해결 방법이라는 것이었다. 한편, 이 용역보고서에 대한 공청회를 진행했으나 경주시의회 의원들의 강한 반발로 정상적인 진행이 불가능했다. 경주에서는 이 보고서에 대한 공청회를 정부의 사용후핵연료 관리 방안에 대한 공식적인 입장으로 받아들였기 때문이다.

사용후핵연료 공론화의 지연은 여기에서 끝나지 않았다. 지식경제부는 다시 2011년 11월부터 2012년 6월까지 '사용후핵연료 정책포럼'을 구성해 사용후핵연료 관리정책 수립과 이를 위한 공론화에 대해 다양한 학습과 논의를 진행했다. 사용후핵연료 정책포럼은 지식경제부 장관의 민간자문기구 형식으로 운영되었는데, 여기에는 학계와 산업계, 원자력 기술계, 원전 지역 주민, 시민사회단체 등이 포함되어 소규모 공론화의 과정을 미리 학습해 본다는 의미를 가지고 있었다. 실제로 논의 과정에서 상당한 갈등을 겪기도 했다. 원전 지역 주민들이 논의 과정에 포함되면서 자신들의 입장을 강조함으로써 논의가 수렴되기보다는 확산되는 양상을 보였기 때문이다. 그러나 의미 있는 성과를 만들어내기도 했다. 가장 중요한 의미는 포화 시점을 고려해 공론화는 더 이상 늦춰서는 안 된다는 것이었다. 또한, 공론화위원회에는 반드시 원전 지역 이해관계자가 포함되어야 하고, 반핵 진영의 인사들을 참여시켜 사용후핵연료 관리 문제를 논의해야 한다는 것이었다. 그뿐만 아니라 과거 중간저장만을 관리 대안으로 상정하는 것에서 벗어나야 함을 강조했다. 즉, 포화 시점 도래의 문제로 중간저장 대안을 최우선적으로 고려해야 하지만 재처리 및 영구 처분에 대한 논의를 막지 말아야 한다는 결론이었다.

2. 사용후핵연료 공론화위원회의 출범과 갈등의 쟁점

'사용후핵연료 정책포럼'이 끝나면서 공론화에 대한 본격적인 논의가 시작되었다. 물론 이러한 공론화의 재활성화가 사용후핵연료 정책포럼 권고보고서에 기초한 것은 아니라고 볼 수 있다. 즉, 조속히 공론화를 실시하라는 권고에 의한 것이라기보다는 더 이상 사용후핵연료를 임시 저장 상태로 관리할 수 없었다는 급박함 때문이었을 것이다. 또한 이명박 정부에서 박근혜 정부로 정권이 바뀌면서 새로운 활로가 모색된 것이라고 볼 수 있다. 특히 대통령 선거 직후 인수위원회가 꾸려질 때부터 지식경제부는 사용후핵연료 관리 문제를 중요 의제로 인수위에 전달했고, 이것이 받아들여진 결과라고 할 수 있다.

박근혜 정부가 출범하면서 정부(산업통상자원부)는 사용후핵연료 공론화를 위한 준비에 들어가기 시작했다. 2013년 5월에는 산업통상자원부가 사용후핵연료 관리 문제를 논의할 자문기구인 공론화위원회를 상반기 내에 출범하겠다고 공표하기도 했다. 특히, 사용후핵연료 정책포럼의 권고를 받아들여 원전 지역 주민 대표와 반핵시민단체를 공론화위원회에 참여시키기로 하는 등 적극적인 구성 및 운영계획까지 확정했다. 그러나 공론화위원회를 구성하는 데 상당한 진통이 있었다. 반핵 진영에서는 공론화위원회에 참여할지 말지를 놓고 줄다리기를 계속했고, 참여한다면 누가 참여할지에 대해 쉽지 합의를 형성하지 못했다.[5] 원전 지역 주민들을 특별위원회 형식으로 참여시키고자 했는데, 여기서도 누가 참여할지에 대해 쉽게 결론이 나지 않았다. 정부는 공론화위원회의 위원 구성을 15명으로 하고, 여기에 시민환경경제단체 5명을 배정했는데, 반핵 진영에서는 사실상 정부 방침을 견제하기 어려운 구조로 끌고가고 있다고 반발하고 나섰다. 또한 정부의 위원 인선에 불만을 표출하면서 산업통상자원부가 주최한 토론회에도 불참했다.

이러한 불만 표출로 인해 공론화위원회는 한 차례 출범을 연기할 수밖에 없었

5) 사용후핵연료 공론화위원회 출범 연기에 대해 산업통상자원부 관계자는 "국민과의 약속 시간과 임시저장시설 포화 상태를 고려하면 가능한 빠른 결론이 필요하다"면서도, "하지만 정치권과 시민단체 등에서 투명성을 확보하고 효율적인 위원회 추진을 위한 다양한 의견을 수렴하는 과정에 시간이 걸린다"고 언급했다(그린데일리, 2014.06.26).

다. 대신 정부는 사용후핵연료 공론화위원회 추천 위원을 선정해 위원 선정의 투명성과 공정성을 기하기로 하면서 공론화위원회의 조속한 출범을 위해 노력했다. 2013년 8월 8일 정부가 발표한 추천 위원은 7명으로 여기에는 전직 장관, 기술공학자, 인문사회학자, 시민사회환경단체 등의 인사가 포함되었다. 당시 산업통상부 원자력 환경과장은 "추진위원회의 공정한 심사를 거쳐 공론화 위원을 인선하고, 원전지역 · 환경단체와 협의해 위원회의 조속한 출범을 위해 최선을 다할 계획"이라고 언급하면서 가능한 대표성을 지닌 인사들을 위원으로 인선하겠다는 의지를 표명했다. 정부가 이처럼 적극적으로 위원회 출범을 위해 노력한 것은 박근혜 대통령이 임기 내에 반드시 해결하고 넘어가야 한다는 의지를 피력한 상태였기 때문이다.

우여곡절이 있었지만 사용후핵연료 공론화위원회 위원의 인선 작업을 마치고 공식적으로 출범했다. 모두 15명으로 구성된 사용후핵연료 공론화위원회에는 인문사회 · 기술공학 분야 전문가 7명, 원전 지역 대표 5명, 그리고 시민사회단체 대표 3명 등이 포함되었고, 2013년 10월 30일 공식적으로 출범했다. 그러나 출범식 당일 반핵 진영이 불참을 선언하는 사태가 발생했다. 환경운동연합 에너지기후팀 양이원영 처장과 녹색연합의 윤기돈 사무처장은 출범식이 시작되기 직전 자료를 통해 "현재 구성된 위원들은 정부의 입김으로부터 벗어나 국민들의 의견을 모아갈 수 있다는 믿음을 주기에 턱없이 부족하다"며 불참을 선언했기 때문이다. 특히, 반핵 진영 인사들은 위원회 출범 직전 모임에도 참석했으나 위원장 선출에 불만을 품고 불참을 선언한 것으로 알려져 있다.[6]

반핵 진영의 갑작스런 불참 선언으로 사용후핵연료 공론화위원회는 '반쪽짜리 출범'이라는 비판을 받기 시작했고, 국민적 의견을 수렴하는 절차를 곧바로 시작하지 못했다. 공론화위원회 내부적으로 사용후핵연료 관리 현황 및 해외 사례 등을 학습하는 데 상당한 시간이 필요했고, 반핵 진영이 배제된 상태에서 공론화를 진행하기 곤란했기 때문이다. 반쪽짜리 출범은 이후에도 지속적인 사회적 갈등 양상을 만들어냈다. 공론화위원회가 내부적으로 논의 끝에 마련한 공론화 실행

6) 당시 위원장으로 선출된 서울대 사회학과 홍두승 교수는 2005년 중 · 저준위 방사성 폐기물 처분장 부지선정위원회 위원으로 활동한 경력이 있는데, 반핵 진영은 이를 두고 정부의 입김에서 자유로울 수 없다고 판단한 것이었다.

계획을 발표했지만 주요 반핵시민단체인 에너지정의행동은 “원전에서 나오는 사용후핵연료 처리를 놓고 몇 개 광역시에서 몇 명의 사람이 모여 몇 차례에 걸쳐 어떤 방식으로 논의하는 따위의 상세한 설계 내역은 문제가 있을 수밖에 없다”면서 “일정에 대한 강박만 남아 있어서는 여러 가지 쟁점이 그대로 남아 있는 상태에서 제대로 된 공론화가 될 수 없다”고 강조했다.

가장 큰 논란은 공론화위원회의 운영 기간이었다. 당초 2년 정도의 공론화를 추진하겠다고 했지만 정부가 공론화위원회의 운영 기간을 1년으로 축소하면서 과연 충분한 공론이 진행될 수 있을지에 대한 의문이 있었다. 특히, 공론화위원회가 내부적으로 사용후핵연료 관리 문제를 학습하는 데 상당한 시간이 소요되어 직접적인 공론화에 착수하기까지 상당한 시간이 흘렀기 때문이다. 즉, 1년 동안의 기간에 공론화를 추진하겠다고 했지만 실행계획이 나오기까지 3개월 이상이 소요되어 실질적으로 공론화를 추진할 수 있는 기간은 8개월 정도라는 것이 문제였고, 이러한 촉박한 일정을 정해놓고 공론화한다는 것이 다른 한편으로는 해답을 정해놓고 국민을 설득하는 것이 아니냐는 비판에 직면하도록 했다.

이러한 반핵 진영의 문제 제기가 있었지만 공론화위원회는 대학생, 주부, 국회 등을 상대로 토론회를 진행했고, 온라인 시민기자단을 모집하는 등의 다양한 공론화 방법을 모색하면서 사용후핵연료 관리 대책에 대한 공론작업을 추진했다. 또한 전국의 일반 국민들을 대상으로 한 설명회 및 토론회를 개최하기도 했다. 그러나 반핵 진영도 나름의 공론화를 추진하는 양상을 보이면서 제도적 공론화와는 다른 장외 공론화를 추진했다. 환경운동연합, 에너지시민행동을 주축으로 한 반핵 진영 시민사회단체들은 사용후핵연료 관리 문제에 대한 국민의 여론을 수렴하고자 다양한 토론회를 개최하고 있기 때문이다.

문제는 제도권 내의 공론화와 장외 공론화는 공론화를 바라보는 시각에 차이가 있다는 것이다. 제도권 내의 공론화가 사용후핵연료의 안전한 관리를 위해 어떤 방법이 최선책인지를 논의하고 있다면, 장외 공론화는 탈핵(脫核)을 염두에 둔 공론화이기 때문이다. 탈핵을 염두에 둔 공론화는 제도권 내에서의 대안인 임시저장, 중간저장, 재처리 및 재활용, 그리고 영구 처분 등의 대안이 모두 원자력 발전을 계속하겠다는 전제 하에서 실시되고 있다고 비판하고 있는 것이다. 즉, 국가에너지 기본계획에 따른 에너지 믹스를 고려해 공론화가 진행되어야 함을 강조하고 있는 것이다. 탈핵을 전제로 한다면 사용후핵연료 공론화는 다양한 요소를 고려해 공론화 기간 자체에 제약을 두지 말아야 한다. 그러나 이미 정해진 1년 동안의 공론화에서는 이러한 논의가 불가능하다는 의견이다.

1년 동안의 공론화가 질적으로 높은 수준으로 진행되고 있지도 못한 것이 현실이다. 세월호 사태와 6·24 지방선거로 적극적으로 지역 주민들의 여론 수렴이 어려운 상황이었고, 지역 여론 수렴이 없이 국민 전체를 대상으로 공론화를 벌인다는 것이 절차적으로도 문제가 있다는 지적이 있어 활발한 공론화를 진행하지 못했기 때문이다. 공론화위원회 내부적으로도 상당한 문제가 있는 것으로 알려져 있다. 원전 지역 대표들이 여론 창구를 독점하려는 움직임도 있고, 몇몇 공론화 위원이 전체의 의견이 아닌 개인의 의견을 강요하는 등의 내부적 갈등도 나타나고 있어 국민적 여론 수렴이 사실상 어려워졌기 때문이다. 즉, 공론화 본래의 목적인 국민을 대상으로 한 충분한 의견 수렴이 진행되고 있지 못한 상황에 있다.

이러다보니 사용후핵연료에 대한 국민적 인지도도 상당히 낮은 실정에 머물렀다. 2014년 4월 공론화위원회의 자체 조사에서 위원회 인지도는 26.8%, 사용후핵연료에 대한 인지도는 37%에 불과해 과연 공론화가 진행되고 있는지, 그리고 공론화의 목적을 달성하고 있는지도 불분명한 상태이다. 정치권에서도 이러한 문제를 지적하고 있다. 새정치민주연합 의원은 "1년 남짓한 짧은 기간에 권고안을 제출해야 하는 시한이 문제"라면서 "극도로 민감한 사안인데도 국민 인지도와 이해가 부족하다"고 지적했다. 이러한 문제는 예산 낭비라는 지적으로 번지고 있다. 1년 동안 40억 원의 예산을 쓰고 제대로 된 권고안 마련에 실패한다면 그 책임을 물어야 한다는 비판의 목소리도 높다. 이 때문에 종료를 앞둔 공론화위원회의 활동 기간을 연장해야 한다는 의견이 나오기 시작했다.

활동 기간 연장에 대한 논의가 등장하자 공론화위원회는 내부적인 논의를 거쳐 2014년 11월 18일 활동 연장을 공식적으로 제안하면서 그동안의 논의를 정리한 '사용후핵연료 관리를 위한 의제'를 발표했다. 이 발표는 그동안 공론화위원회가 진행한 토론회와 라운드테이블, 간담회, 설문조사 등을 종합한 것이었는데, 핵심적인 내용은 다음과 같다. 첫째, 사용후핵연료 발생부터 영구 처분까지의 계획과 기술적 해결책 제시가 필요하고, 둘째, 중간저장시설은 원전 부지 내외와

건식 혹은 습식 저장 방법으로 할 수 있다면서 다양한 가능성을 열어두었다. 셋째, 영구 처분시설은 시운전 기간을 포함해 실제 운영은 2055년 전후에 진행되어야 하고, 처분시설 유치지역에는 별도 지원이 필요하다고 밝혔다. 넷째, 사용후핵연료 관리정책의 최우선 원칙은 안전으로 사용후핵연료의 호기간 이송, 조밀저장시설 운영 등 포화 예상 연도가 연장되는 때에도 안전이 가장 중요한 선결과제임을 강조했다. 다섯째, 관련 법과 제도의 개선이 필요하도고 밝혔는데, 정책 수행을 위한 필요한 연구, 기술 개발, 실증 활동과 책임 주체를 구체적으로 명시하고 관리 단계별 책임과 계획도 확립해야 한다는 분석이었다.

한편, 공론화위원회는 정부에 활동 기간 연장을 요청했고, 산업통상부는 공론화위원회의 요청을 받아들여 2015년 6월까지 활동 연장을 연장했다. 활동 연장은 국민 대표들을 모집해 사용후핵연료 심층정보를 제공한 뒤 의견을 묻는 공론화, 위원들이 직접 원전 지역 주민들의 목소리를 듣는 타운홀미팅 등 다양한 방식으로 권고안의 근거가 될 의견 수렴에 집중하기 위함이라고 공론화위원회는 밝히고 있다. 그러나 공론화 기간 연장에 대해 반핵 진영은 비판하고 나섰다. 현재의 위원들이 활동을 연장한다고 해서 진정한 공론화의 의미를 찾을 수 없다는 취지에서였다. 그리고 대안으로 반핵 진영은 현재의 공론화위원회의 활동 기간을 종료하고, 제2기 공론화위원회를 새롭게 출범시켜야 한다고 주장했다. 이는 위원의 인선에서부터 반핵 진영이 개입하고, 위원회에 적극적으로 참여해 새로운 공론화의 틀을 만들려는 시도라고 볼 수 있다.

이처럼 사용후핵연료 관리 대안을 찾기 위한 공론화는 반핵 진영의 불참으로 인해 출범 초기부터 반쪽짜리 공론화였고, 공론화위원회에서 탈퇴한 반핵 진영 인사들은 장외 공론화를 이어가면서 제도권 내의 공론화와 대립각을 세우고 있다. 또한, 정부는 반핵 진영이 제안한 제2기 공론화는 받아들이지 않았고, 제도권 공론화의 기간 연장을 통해 공론화의 효과성을 높이려 하고 있다. 이렇게 볼 때 공론화를 통해 사용후핵연료 관리정책 결정을 위한 초안이 마련되더라도 여전히 반핵 진영과의 갈등은 피할 수 없을 것으로 보인다. 반핵 진영은 여전히 이념적 가치를 중시하기 때문에 탈핵을 전제로 한 사용후핵연료 관리 대안을 주장할 것이기 때문이다. 정부가 공론화위원회의 권고 보고서를 기반으로 정책 결정을 내리고, 구체적으로 부지 선정을 시작한 이후에는 후보 부지 주민들과의 갈등이 예상된다. 그뿐만 아니라 반핵시민단체와 지역 주민들의 연대로 인해 과거 안면도 사태, 굴업도 사태, 부안 사태와 같은 심각한 갈등이 발생될 것으로 예상된다.

3. 향후 전망

이 글은 사용후핵연료 관리 대책에 대한 정부의 정책 결정과 이로 인한 정책 갈등의 발생, 그리고 정책갈등을 미연에 방지하고자 실시되고 있는 공론화 과정을 단순히 사실 위주로 나열한 것에 불과하다. 사실, 사용후핵연료 관리 문제에 대해 대다수의 국민은 모르거나 무관심한 상태로 일관하고 있고, 대다수의 전문가, 특히 사회과학 전문가들도 이 사실을 제대로 인지하고 있지 못하다. 사실을 단순히 나열한 것은 사용후핵연료 관리 문제에 대한 관심을 기초적인 지식을 전달하고, 이러한 지식을 통해 앞으로 어떠한 갈등이 발생할지를 독자들이 예상해 보게 하기 위함이다.

1980년대 말 정부는 중 · 저준위 방사성 폐기물과 고준위 폐기물인 사용후핵연료 처리시설을 마련해 방사성폐기물의 안전한 관리를 도모하고 있다. 그러나 방사성 폐기물은 곧 정책갈등, 그리고 대규모 소요 사태의 발생이라는 등식이 성립되면서 사실상 해결의 실마리를 찾지 못하고 있는 실정이다. 2005년 중 · 저준위 방사성 폐기물 처분장 부지를 경주에 정한 것을 정책 성공이라고 본다면, 이러한 정책 성공 뒤에는 엄청난 잠재적 갈등이 숨어 있다. 이 때문에 사용후핵연료를 제외한 방사성폐기물관리사업은 정책 성공이라고 볼 수 없다. 공론화를 통해 국민적 공감대를 형성하고자 했으나 현재는 공론화 자체가 비판의 대상이 되고 있다. 위원 인선 과정에서 객관적이고 투명한 방법이 아니었다는 반핵 진영의 비판, 어렵게 참여를 결정했던 반핵 진영이 위원장 선출 문제를 놓고 공론화위원회 참여를 거부한 상황, 국가적인 다양한 이슈가 국민적 공감대를 어렵게 만든 것, 그리고 제도권 공론화와는 별개로 장외 공론화를 추진하면서 정부의 여전히 대립각을 세우고 있는 반핵시민단체들 등은 모두 앞으로의 정책갈등이 과거와 다르지 않을 것이라는 예상을 하게 만든다.

정책갈등을 미연에 방지하고자 추진되었던 공론화는 또다시 갈등의 잉태하도록 유도하고 있다. 이는 단순히 반핵 진영이 주장하는 것만이 아니다. 다양한 사회구성원들이 공론화의 참된 의미를 인지하지 못하고 있고, 공론화의 중요성을 알고 있는 집단의 경우에도 공론화가 형식적으로 진행되고 있음을 비판하고 있다. 이렇게 진행되고 있는 공론화의 결과를 받아들여 정부가 정책 결정을 한다면 심각한 정책갈등이 발생할 수도 있다. 이 때문에 앞으로 연장된 기간 동안의 공론화는 국민들에게 더 많은 정보를 제공하고, 의견을 듣는 절차를 충실히 수행해야 할 것이다. 그뿐만 아니라 반핵 진영을 연장된 기간 동안이라도 참여시킬 수 있는 방법을 지속적으로 모색해야 할 것이다.

사용후핵연료를 받아들이는 지역에 얼마나 많은 지원금을 지불해야 할지도 미지수이다. 천문학적인 돈을 내건다고 해서 받아들일 지역이 있을지도 알 수 없다. 중·저준위 방사성 폐기물 처분장 부지를 선정할 때처럼 버릴 수 있는 카드도 없다. 물론 포화 시점이 점점 더 다가오고 있기 때문에 정부가 어떠한 정책 결정을 한다고 해도 이를 비난할 수 없을지도 모른다. 사용후핵연료 저장 공간이 부족해 원자력발전소를 멈춰야 하고, 이로 인해 블랙아웃과 같은 재앙적 사태가 발생하는 것은 막아야 하기 때문이다. 즉, 최악의 상황을 피하기 위해 최선의 선택일 수밖에 없었다면 그것은 어느 정도 정당성을 얻을 수 있을 것이다. 그러나 정책 결정의 정당성을 확보했다고 해서 사용후핵연료 관리시설 부지를 확보할 수 있는 것은 아니다. 후보 부지 지역 주민들을 어떻게 설득해야 할지, 어떠한 인센티브를 제공함으로써 이들의 수용성을 높일 수 있을지 등에 대해 체계적으로 고민하지 않으면 과거와 같은 정책갈등은 쉽게 예상된다. 이러한 상황에서 가장 합리적인 방법은 존재하지 않는다. 다만, 갈등을 최소화시킬 수 있도록 원전 지역 주민들과의 직접 접촉의 횟수를 획기적으로 늘리고, 반핵 진영을 공론화위원회에 참여시켜야 한다. 갈등을 제거하는 방법보다는 관리할 수 있는 방법과 전략이 무엇인가를 항상 고민해야 할 때이다.

제 4 장

대형마트 규제 사례: 법적 관점에서 본 행정

박현신

제 1 절 들어가는 글

최근까지 우리 사회에서 경제민주화라는 용어는 정치 · 경제 · 사회 문제를 아우르는 개혁의 화두였다. 경제민주화가 부각된 배경에는 여러 가지를 들 수 있겠으나, 그중 하나는 2012년도에 우리 사회를 뜨겁게 달궜던 대형마트와 기업형 슈퍼마켓(Super Supermarket: SSM),[1] 그리고 전통시장과 중소상인들 간의 갈등을 언급할 수 있다.

서울특별시 강동구의회의 조례 제정으로 촉발된 대형 유통업체에 대한 규제

1) SSM의 등장 배경으로는 대형마트 시장의 포화와 입지 부족으로 인해 대형마트들이 성장의 한계에 직면했다는 점을 들 수 있다. 대형마트들은 경쟁이 치열하지 않은 근린 상권에 침투하는 전략의 일환으로서 SSM을 적극적으로 도입하기 시작했다. 2006년부터 2010년까지의 4년 동안 홈플러스 익스프레스, 롯데슈퍼, GS슈퍼, 탑마트, 킴스마트 등 SSM 점포 수는 2007년 354개, 2008년 477개, 2009년 695개, 2010년 844개로 그 수가 급격히 증가했다(아시아경제, 2011.03.17).

움직임은 여론의 지지와 중앙정부 및 지방자치단체들, 그리고 정치인들의 적극적인 개입과 관심에도 불구하고, 쉽게 문제가 정리되지 못한 채 오랜 기간 논란의 대상이 되었다. 특히, 대형 유통업체들이 서울특별시 강동구청장을 상대로 낸 대형마트 등의 영업 시간 제한 및 의무 휴업일 지정을 골자로 하는 조례의 집행정지 청구소송에 대한 판결은 여론과 정치의 지지를 받는 행정의 조치가 법원에 의해 중단될 수 있음을 보여주는 사례였다.

이러한 사례의 등장은 기존 행정학에 대해 의문을 던진다. 행정학은 그 태동에서부터 행정과 정치의 관계에 대해 많은 고민을 해왔다. 정치와 행정은 분리되어 있으며 정책 결정은 정치의 영역이고 행정은 이를 집행하는 역할에 국한된다는 정치・행정이원론(Gulick & Urwick, 1937; White, 1926; Wilson, 1887)과, 그리고 행정의 역할은 정책 집행에 그치지 않고 정책 결정 역할을 수행하며 행정은 결코 정치와 분리될 수 없다는 정치・행정일원론의 입장(Appleby, 1949)이 그것이다. 그러나 이러한 행정과 정치의 관계에 대한 관심과 비교해 법원과 행정, 그리고 법과 행정에 대한 관심은 그리 많지 않았다.

이러한 문제 의식에서 아래에서는 대형마트 규제라는 행정 현상을 그동안 행정학에서 소홀히 다뤄져 온 법적 관점에서 살펴보고자 한다. 그런데 하나의 규범을 두고 사회의 구성원들은 그것을 각기 다르게 받아들이고 또한 다르게 반응한다. 이는 우리 사회가 그만큼 다원화된 사회이기 때문일 것이다. 이러한 점을 고려해, 이 장에서는 2012년도의 대형마트 규제 현상을 둘러싼 법원의 판결과 다양한 이해관계자들의 반응을 분석한다. 그리고 그 가운데서 행정과 법원의 역할, 그리고 법적 관점이 현재의 행정에 대해 갖는 가치에 대해 고민한다. 분석을 위한 자료의 수집은 인터넷 기사와 법원의 판례를 중심으로 이뤄졌으며, 연구의 자료 수집 범위는 논의의 일관성을 위해 2012년도로 한정하되, 추가적으로 이 사례와 밀접한 관련을 갖는 이후의 법원 판례에 대해서도 검토했다.

제 2 절 사례에 대한 이론적 관점

1. 행정에 대한 세 가지 관점

행정은 다양한 이해 관계를 가지며 또한 다양한 기능을 수행한다. 이러한 특성으로 인해 행정을 일관된 방식으로 정의하기는 어려운 측면이 있다(Ingraham & Rosenbloom, 1990). 행정학 태동기에 행정이 주로 관리적 관점에서 정의되었다면, 행정국가화 현상이 나타나고 행정의 입법 기능이 부각되면서부터는 행정을 정치적 관점에서 보는 시각이 행정 연구에서 큰 비중을 차지하기 시작했다. 물론, 행정과 정치의 관계는 과거에도 그랬듯, 현재에도 많은 논란이 되고 있다.

그런데 이러한 두 가지 접근법과는 별개로, 우리의 행정 연구에서 그동안 행정을 바라보는 세 번째 시선, 즉 법적 접근에 대한 관심은 그리 높지 않았다(〈표 4-1〉 참조). 사회 문제가 발생했을 때, 기존의 관념은 정치적 합의나 경제적 효율성을 기준으로 그것을 인식하고 해결하려는 태도가 지배적이었다. 그러나 모든 행정 활동이 헌법과 법률에 근거해 이뤄진다는 점에서 행정을 정치와 관리의 문제뿐만 아니라, 법을 적용하고 집행하는 과정으로도 이해할 필요가 있다(Rosenbloom, 1983). 즉, 행정에 대한 법적 접근의 이해가 필요한 것이다. 행정에 대한 세 가지 관점을 정리하면 다음과 같다(Ingraham & Rosenbloom, 1990; Rosenbloom, 1983; Rosenbloom & Goldman, 1998: 15-40).

1) 관리적 관점

전통적인 관리적 관점에서 행정 연구의 대상은 정부가 잘 할 수 있는 것을 찾아 그것을 가장 능률적으로 수행할 수 있는 방법을 고안하는 것이었다(Wilson, 1887). 의사 결정은 모든 가능한 대안을 고려해 가장 비용효과적인 것을 선택함으로써 이뤄진다고 생각했고, 이러한 방식으로 내려진 결정은 대개 관료제를 통해서 다수의 사람에게 일괄적으로 전달되었다. 1990년대 무렵, 개인을 고객으로 인식하고 정부에 시장 기제를 도입함으로써 정부의 반응성을 높이고자 하는 신공공관리론(New Public Management: NPM)이 등장했는데(Hood, 1991), NPM 역시 기본적으로는 비용효과성을 강조한다는 점에서 전통적인 관점과 마찬가지로 관리적 입장의 범주로 볼 수 있다.

2) 정치적 관점

관리적 관점이 행정학 탄생의 배경이 되었고 여전히 오늘날의 행정 연구에서 주류 관점을 이루고 있다면, 그보다 훨씬 이전부터 그리고 뉴딜 시대와 제2차 세계대전을 거치며 또 다른 사고의 줄기를 형성하고 있는 것이 정치적 관점이다. 정치적 관점에서 행정을 바라보는 사람들은 다른 어떤 가치보다 민주성을 중요시한다. 행정은 궁극적으로 시민들에게 책임을 지도록, 그리고 사회의 다양한 가치가 반영되도록 구성되고 작동될 필요가 있다. 따라서 '좋은 정부' 혹은 '좋은 정책'이란 비용효과성에 의해 판단되는 것이 아니라 정치적 지지나 반대의 관점에서 평가되며, 또한 선출직 공무원들을 통한 정부기관의 시민 대표성과 정치적 대응성 및 책무성 등의 확보가 중요하게 다뤄진다. 즉, 정치적 관점이란 행정의 문제를 정치이론의 문제로 바라보는 것이다(Sayre, 1958: 105).

3) 법적 관점

마지막으로 법적 관점은 행정을 구체적인 환경에 법을 적용하고 집행하는 과정으로 이해한다. 이러한 관점에 따르면, 모든 행정 활동은 결국 법의 틀 안에서 이뤄지게 되고 또한 이뤄져야 한다. 이는 '법의 지배(the rule of law)'로 정리할 수 있다. 법적 관점에서 중요시되는 것은 헌법과 법률이 부여하는 권리와 그리고 그러한 권리의 보호에 있다. 법적 관점에 따라서 사람은 기계의 부품이나 집단의 일부가 아닌, 각기 독특한 상황 속에 있는 개인들로 간주되며, 개인의 문제는 다른 사람들의 문제와 묶여 일괄적으로 혹은 투표나 선거 절차를 통해 해결될 수 없다. 시간과 비용이 들더라도, 문제의 해결은 부적절한 영향력이 배제된 상태에서 문제의 당사자가 제시하는 세부 요소들에 대한 검토를 통해 이뤄지게 되며, 따라서 의사 결정 방식이나 조직 구성도 전통적인 관료제와는 다르게 설계되어야 한다.

표 4-1 공공행정에 대한 관점

<table>
<tr><th rowspan="3">특성</th><th colspan="4">관점</th></tr>
<tr><th colspan="2">관리</th><th rowspan="2">정치</th><th rowspan="2">법</th></tr>
<tr><th>전통적 관리</th><th>신공공관리</th></tr>
<tr><td>가치</td><td>경제성
능률성
효과성</td><td>비용 효과성
고객 반응성</td><td>대표성
반응성
책무성</td><td>헌법정신
적법절차
실체적 권리
평등 보호, 형평성</td></tr>
<tr><td>구조</td><td>관료제</td><td>경쟁, 분사조직</td><td>조직 다원주의</td><td>재결가
(당사자)</td></tr>
<tr><td>개인의 관점</td><td>비정의적 사례
합리적 행위자</td><td>고객</td><td>집단의 구성원</td><td>개인/범주 구성원
이성적인 사람</td></tr>
<tr><td>인지적 접근법</td><td>합리적 · 과학적</td><td>이론, 관찰,
측정, 실험</td><td>동의와 여론
토론</td><td>귀납적 사례분석
연역적 법률분석
규범적 추론
심판 과정</td></tr>
<tr><td>예산</td><td>합리적
(비용-편익)</td><td>성과 기반,
시장 지향</td><td>점증적(편익과
부담의 분배)</td><td>권리로서의 제공</td></tr>
<tr><td>의사 결정</td><td>합리적 · 총괄적</td><td>분권화,
비용의 최소화</td><td>점증주의
타협</td><td>절차적 점증주의</td></tr>
<tr><td>특징되는
정부 기능</td><td>집행</td><td>집행</td><td>입법</td><td>재결</td></tr>
</table>

※ 출처: Rosenbloom & Goldman(1998: 39)의 재구성.

2. 행정에서 법적 관점의 의미

행정에 대한 세 가지 관점은 사회에 문제가 발생했을 때, 이들 관점 중 어떠한 것을 택하느냐에 따라 문제의 진단과 해결 방법이 달라질 수 있음을 시사한다. 이 중 법적 관점은 다른 두 관점과 비교해 과거에는 큰 관심을 받지 못했지만, 시간이 갈수록 행정 연구 및 실무에서 차지하는 비중이 높아지고 있다.

이러한 법적 관점의 원천(sources)으로는 크게 세 가지가 제시된다(Rosenbloom, 1983: 222-223; Rosenbloom & Goldman, 1998). 첫째, 행정법이다. 여기에서 행정법은 행정의 과정을 통제하는 법과 규제의 몸체로 정의할 수 있다.[2] 행정법은 행정기관에 구속력을 갖는 법률과 법규명령, 예산, 그리고 지침 등으로 구성되며, 정보 처리와 법규 제정, 재결, 집행 등의 문제를 다룬다. 특히, 법률은 입법가가 행정이 달성할 것으로 기대하는 것을 구체화하고, 행정의 권한이 갖는 한계를 정하며, 또한 개인 및 단체가 갖는 실체적·절차적 권리를 제시한다. 행정은 그러한 법률을 새로운 상황에 적용하는데 그럴 때마다 사실상 새로운 법률을 형성하는 기능을 갖게 된다. 따라서 행정은 법원과 의회와는 다른 방식으로 개인 및 단체의 권리에 영향을 미치게 된다. 둘째, 행정의 사법화 경향성이다. 이는 행정 과정이 점차 개인의 권리 보호를 위해 설계된 재판 과정을 닮아가는 현상을 뜻한다. 행정의 사법화 현상은 행정에서 벌어지는 의사 결정이 법률에 기초해서 이뤄지는 것뿐만 아니라, 법원에서의 소송 절차가 행정에서 사용됨을 의미한다. 소청심사위원회와 같이 일부 행정기관은 법원과 같은 기능을 수행하게 되었고, 결과적으로 법적 가치가 행정기관의 활동에 큰 영향을 미치게 되었다. 셋째, 헌법이다. 공무원노조 설립에서 보는 것처럼, 헌법은 행정기관을 구성하는 공무원들의 권리를 재정의해 왔으며(Rosenbloom & Obuchowski, 1977), 헌법상의 적법절차 원리는 행정행위를 포함해서 다양한 행정 활동에 광범위하게 확대·적용되기 시작했다. 이러한 변화는 공무원의 면책특권을 줄이고, 공공제도의 합헌성이나 적법성을 문제삼는 소송에서 행정에 대한 감독 역할을 법원에 부여해 왔다.

법적 관점이 다른 두 관점과 구분되는 차별성은 법적 관점이 추구하는 가치에서 두드러지게 나타난다(〈표 4-1〉 참조). 구체적으로 법적 관점은 다음의 가치를 내포한다. 첫째, 적법절차의 원리로, 적법절차란 개인의 삶과 자유, 그리고 재산에 대한 정부의 자의적이고, 잘못된, 일관성 없는 개입으로부터 개인을 보호하기 위해 설계된 절차를 말한다. 둘째, 개인의 실체적 권리에 대한 법 앞의 평등한 보호이다. 법원은 개인의 자유와 권리를 반드시 실현되어야 할 궁극적인 가치로 여기며, 개인의 실체적 권리를 침해하는 정부 활동에 대해서는 무거운 부담을 지

2) 여기에서 행정법이란 영미법과 관련이 있다. 대륙법계 국가들과 달리, 영미법계 국가들에서는 공법과 사법을 구분하는 전통이 존재하지 않는다. 대륙법계 국가에서 행정법이 행정에 고유한 법으로서 공법의 의미를 갖는다면, 영미법에서는 행정 주체도 시민과 동일한 단일법의 지배를 받는다. 따라서 영미법에서는 "행정과 국민과의 접촉을 행정절차의 관점에서 파악하며, 거기에 행정 활동에 대한 사법심사, 행정조직의 법원리 등을 보탠 것이 행정법의 체계를 구성"한다(박윤흔, 1981: 54-55).

운다. 셋째, 형평성(equity)의 가치이다. 이는 헌법이나 법률에 명시된 권리를 침해받은 개인이나 단체가 법원이나 행정을 통해 구제받는 것과 관련된다. 이러한 법적 관점이 갖는 중요한 특징 중 하나는 자원의 희소성을 이유로, 혹은 때때로 여론을 이유로, 국가가 개인의 헌법상의 권리를 박탈하는 것은 결코 정당화될 수 없다는 것이다. 즉, 법원은 그 판단의 근거를 사회적 비용보다 개인의 권리에 두는 경향이 있다.

3. 현대 다원주의 국가에서 정부와 법원의 역할

행정에 대한 세 가지 관점은 행정을 이해하는 데 이들 각 관점이 나름 타당성과 효용을 가짐을 보여준다. 그런데 이와는 다른 차원에서 행정과 법원의 역할을 고려할 수 있다. 현대 다원주의 사회에서 행정과 법원의 역할은 하나로 고정되어 있다기보다 국가별로 그리고 시기별로 상이하다. 통상 다원주의 이론에선 국가 개념이 잘 언급되지 않음에도 불구하고, 국가와 사회 간 관계, 그리고 국가조직이 작동되는 방식과 관련해 가정되는 세 가지 국가 이미지가 존재한다(Dunleavy & O'Leary, 1987: 41-54). 그리고 이들 각 국가 이미지에 따라서 상이한 정부와 법원의 역할을 상정할 수 있다.

1) 풍향계 모형

풍향계 모형(weathervane model)에서 국가란 외부의 투입이 처리되는 수동적 장치에 불과하다. 국가는 시민사회에서 압력단체들의 힘의 균형을 단순히 반영하거나 그러한 균형에 반응할 뿐이다. 정책 결정이나 법률의 제정은 압력단체 간 경쟁에서 승리를 정당화시키는 기능을 한다. 이러한 관점은 공공관료제에 대한 베버(Max Weber)의 입장과 일치한다. 공공관료제는 의회를 통해 표현되는 민주적 압력에 예속되며, 자체의 선호를 갖지 않는다. 공무원은 법률 초안 작성과 집행의 역할을 수행하며, 행정은 단순히 시민사회에서의 경쟁의 결과를 법으로 공식화하거나 혹은 법의 가치 실현과 관련된 사실을 제공하는 역할만을 수행한다. 이러한 관점에서 법이란 현재의 상황을 공식화하는 코딩(coding) 장치, 즉 기존 압력들의 힘의 균형을 알려주는 풍향계일 뿐이다. 따라서 법원은 상충되는 사회적 이익들 간의 또 다른 '투쟁의 장'의 성격을 가지며, 명시된 법조문에도 불구하고, 판사의 판결은 선거 결과와 기존 정치적 압력의 균형에 따라서 달라진다.

2) 중립국가 모형

중립국가 모형(neutral state model)은 국가가 단순히 시민사회를 반영한다는 명제에서 벗어나 국가가 중립적일 수 있다고 본다. 국가관료제가 압력단체 간 경쟁에 수동적・반응적이긴 하지만, 동시에 그러한 경쟁 과정의 수호자(guardian)로서 적극적인 역할을 할 수 있고 또한 해야 한다고 믿는다. 예를 들면, 조직화되어 있지 않거나 힘없는 집단의 이익을 보호하기 위해 국가관료제는 '공익'이라는 이름을 걸고 압력단체 간 경쟁의 균형을 맞추거나 심판자로서의 적극적 역할을 수행할 수 있다. 이 경우 공무원은 사회적 이해관계의 조화자 내지 균형자가 된다. 또한 압력단체에 의한 관료제의 식민지화와 집권당으로의 복속을 막기 위해서는 공무원이 사회적 갈등으로부터 절연할 필요가 있다. 행정가는 헌법에 의거해 행동해야 한다는 헌법관료제가 이에 해당한다(Rohr, 1985/1986). 이와 마찬가지로, 중립국가 모형에서는 사법 시스템의 자율성이 강조된다. 또한 판사는 법을 해석할 때 공익을 존중하고 사회의 심판자 내지 수호자로서 행동한다.

3) 중개인국가 모형

중개인국가 모형(broker state model)은 공공정책을 국가기구 내에서 진행되는 압력단체 활동의 집성체로서 이해한다. 즉, 정책은 외부 경쟁의 산물인 것만큼이나, 국가기구 내부에서 일어나는 자기 이익 추구의 경쟁의 산물이기도 하다. 공무원의 선호는 강력한 사람들의 것뿐만 아니라 조직화되지 않은 약자들의 것과도 구분된다. 공무원은 자기 기관의 이익에 부합하거나 그렇게 행동하는 것에 정치적 이점이 존재하는 경우를 제외하고는, '공익'의 결과물을 달성하도록 동기부여되지는 않는다. 이와 마찬가지로, 중개인국가 모형에서 사법부의 이해 관계는 사법부의 행태에 크게 영향을 미친다. 그러나 사법부의 이익이 사법적 판단에서 자주 위태로워지는 것은 아니므로, 판사는 자신의 개인적 성향에 따라 자율적인 결정을 내릴 수 있다. 특히, 법률에 대한 합헌성을 검토하고 대통령과 행정의 정책 결정을 검토하는 사법 적극주의가 이에 해당한다. 즉, 판사는 집행부에 대해 공익 수호자로서의 자세를 취하면서도, 자신들의 실질적인 정책 선호를 법조문에 대한 해석을 통해 드러낼 수 있다.

제 3 절 사례의 배경

2012년 4월 서울특별시 강동구 의회가 '서울특별시 강동구 유통기업 상생발전 및 전통상업 보존구역 지정 등에 관한 조례'를 제정하자, 이마트와 롯데마트, 홈플러스 등은 바로 영업 제한 취소소송을 제기했다(이투데이, 2012.07.23). 대형마트들의 연합체인 체인스토어 협회는 행정법원에 영업정지 가처분 신청을 했지만 받아들여지지 않았고, 80% 정도의 대형마트와 SSM이 강제 휴점을 하게 되었다. 그러나 6월 22일 행정법원이 절차상 하자를 이유로 대형 유통업체의 손을 들어준 이후로 대형마트와 SSM은 영업을 재개해 8월에는 97%가 휴무 없이 정상 영업을 했고, 조례는 사실상 무효화가 되었다.

1. 조례의 배경 및 내용

1) 유통산업발전법

'유통산업발전법'의 핵심은 지역 유통산업의 전통과 역사를 보존하기 위해 유통법 제13조의3에 의거해 전통시장이나 전통상점가를 전통상업 보존구역으로 지정하고, 대규모 점포 등 전통시장 1km 내에서는 SSM에 대한 등록을 제한하며, 제12조의2에 의거해 SSM의 운영 시간을 제한함으로써 전통시장을 보호하는 것이다. 전통상업 보존구역의 지정에 있어 시장・군수・구청장은 건전한 유통질서 확립과 근로자의 건강권 및 대규모 점포 등과 중소 유통업의 상생 발전을 위해 필요하다고 인정하는 경우 1km 이내의 범위에서 '유통산업발전법'에 따른 조례를 통해 지정할 수 있고, SSM의 영업 시간 제한을 명하거나 의무휴업일을 지정해 의무휴업을 명할 수 있다.

2) 대·중소기업 상생협력 촉진에 관한 법률

'대·중소기업 상생협력 촉진에 관한 법률'은 직영 기업형 슈퍼마켓(SSM)뿐만 아니라 대기업 지분이 51% 이상인 가맹점 형태의 SSM을 사업 조정 대상에 포함시키는 것을 주요 내용으로 한다. 이에 따르면 대기업 지분이 51% 이상인 SSM 가맹점 주변 소상공인이 사업 조정을 신청하면 개점 및 영업을 미루고 소상공인과 먼저 협의해야 하며, 필요 시 협의 또는 강제 조정을 통해 SSM의 영업 방법이나 시간 등에 제한이 가해질 수 있다. 사업 조정 신청 등과 관련해 중소사업자단체는 대기업이 사업을 인수, 개시 또는 확장함으로써 해당 업종의 중소기업 상당수가 공급하는 물품 또는 용역에 대한 수요를 감소시켜 중소기업의 경영 안정에 현저하게 나쁜 영향을 미치거나 미칠 우려가 있다고 인정할 때에는, 대통령령으로 정하는 바에 따라 중소기업협동조합법에 따른 중소기업중앙회를 거쳐 중소기업청장에게 사업 조정을 신청할 수 있게 된다. 다만, 해당 업종의 중소기업단체가 없는 경우에는 그 업종의 중소기업은 해당 지역에서 동일 업종을 영위하는 중소기업 중 일정 비율 이상의 중소기업으로부터 동의를 받고 중소기업중앙회를 거쳐 사업 조정을 신청할 수 있으며, 이 경우 해당 지역의 범위와 동의를 받아야 하는 중소기업의 비율은 대통령령으로 정해진다. 대기업과 대기업이 같은 업종의 여러 소매 점포를 직영하거나, 같은 업종의 여러 소매 점포에 대해 계속적으로 경영을 지도하고 상품, 원재료 또는 용역을 공급하는 경우 이에 속한 체인 점포로서 지식경제부령으로 정하는 점포로는 직영점형 체인 사업과 프렌차이즈형 체인 사업이 있다(대·중소기업 상생협력 촉진에 관한 법률 §32).

3) 서울특별시 강동구 유통기업 상생발전 및 전통상업 보존구역 지정 등에 관한 조례

대형마트와 SSM의 영업 시간을 제한하고 의무휴업일을 지정하는, 대형 유통업체 규제 조례인 '서울특별시 강동구 유통기업 상생발전 및 전통상업 보존구역 지정 등에 관한 조례'가 서울에서 처음으로 강동구 의회를 통과했다. 이 조례는 총 4개 장 19조의 조문과 부칙으로 구성되어 있다.

제1장 총칙에서는 유통산업의 균형 발전과 소비자 후생의 증진 및 지역경제의

활성화를 조례의 목적으로 명시하고 전통시장을 정의하면서, 구청장은 사업자와 시민의 협력을 도모해 대형 유통기업과 중소 유통기업이 상생 발전할 수 있는 기반을 조성함으로써 생계형 자영업자를 보호할 책무를 가지고 있음을 명시했다. 제2장 지역 유통기업 상생발전 추진계획 등에서는 구청장이 대형 유통기업과 중소 유통기업 간의 소비자 후생을 증진시키고, 생계형 자영업자의 보호를 위한 상생발전 추진계획을 수립 및 수행해야 하며, 이를 위해 실태조사를 실시하고, 또한 '유통업상생발전협의회'를 구성・운영해야 할 것을 규정했다. 제3장 전통상업 보존구역의 지정 등에서는 '유통산업발전법'의 위임에 따라 구청장은 주민 의견을 수렴하고 협의회의 협의를 거쳐 전통상업 보존구역으로 지정할 수 있음을 명시함으로써 전통시장의 가치와 대형 유통기업과 중소 유통기업 간의 상생 발전을 도모했다. 제4장 대규모 점포 등의 등록 제한에서는 구청장이 강동구 전통시장 및 전통상점가의 보존에 대해 필요하다고 인정하는 경우에 예산의 범위에서 기술적・경영적 지원을 하며, 전통상업 보존구역 안에서 대규모 점포 등의 등록을 제한하고, 영업 시간을 제한하며, 이를 위반할 시에는 과태료를 부과함으로써 상생 발전을 도모할 수 있도록 했다.

2. 조례에 대한 찬・반 입장

1) 찬성 측

전통시장 상인들과 중소상인들은 대형마트를 규제함으로써 전통시장이 활성화되고 지역상권이 살아난다며 조례 제정을 환영했다. 서울시가 시내 중소 유통업소 630곳을 대상으로 설문조사를 벌인 결과에 따르면, 47.2%가 의무휴업제 시행 이후 매출액이 증가했다고 응답했고, 대형마트・SSM과의 거리가 500m 미만인 중소 유통업소 중에서는 매출이 52.9%나 증가했다고 답했다. 전통시장을 이용한 시민 1,500명을 대상으로 실시한 설문조사에서도 66%가 의무휴업일이 전통시장 이용에 도움을 준다고 응답했으며, 이용객의 47.5%는 농산물 직거래 판매가, 34%는 할인행사가 가계에 도움이 되어 만족스럽다고 답했다(파이낸셜뉴스, 2012.09.23). 또한 우리리서치의 여론조사 결과에 따르면, SSM 등 대기업의 골목상권 진출을 규제해야 한다는 주장에 대해 공감한다(적극 공감 49.9%, 공감

22.5%)는 응답(72.4%)이 반대한다(적극 반대 5.2%, 반대 15.5%)는 응답(20.7%)보다 높게 나타나, 대다수의 국민이 대형마트와 SSM에 대한 규제를 긍정적으로 인식함을 보였다(이데일리, 2012.07.24). 이러한 자료들은 당시에 대형마트의 의무휴업이 일부 소비자들의 소비 행태를 변화시키는 중이었으며, 지역상권을 활성화시키는 데도 긍정적으로 작용한다고 인식되었음을 보여준다. 특히, 제18대 대통령 선거를 앞두고 유통 대기업과 중소 상공인들의 상생이 한국 경제가 직면한 현안이라는 공감대가 형성되었음을 짐작할 수 있다.

시민단체들 역시 정부가 나서 전통시장 상인 및 중소 상인들을 적극적으로 보호할 것을 주문했다. 경제정의실천시민연합은 성명을 통해 "유통 재벌이 각종 소송을 준비하는 등 여론을 외면하고 대·중소기업 상생을 거부하는 행태로 일관하고 있다."고 비판하면서, "국회는 대형 유통업체의 휴일 영업과 심야 영업 규제를 담은 유통산업발전법에 대한 전면 개정을 통해 혼란을 최소화해야 한다."고 주장했다(서울신문, 2012.08.15). 조윤미 녹색소비자연대 녹색시민권리센터 본부장 역시 "대형 유통업체가 초기에는 강한 구매력과 대규모 유통망을 활용해 중소 업체들에 비해 저렴한 제품들을 판매할 수 있지만, 대형 유통업체가 시장을 독점하면 가격을 올리게 되고 결국 소비자들에게 피해가 가게 될 것"이라고 지적하면서, 대형 유통매장과 SSM이 획일적인 쇼핑환경을 조성함으로써 지역 다양성과 소비자 선택의 다양성이 침해당할 수 있다며 우려를 표명했다(동아일보, 2012.05.15).

2) 반대 측

대형마트와 SSM, 그리고 마트 내 입점 업체들은 영업 제한이 곧바로 수익의 감소로 이어진다는 이유로 크게 반발했다. 맞벌이 부부들 역시 불편을 호소했다. 체인스토어 협회는 영업 제한 취소소송을 진행하는 동시에 '유통산업발전법'이 평등권과 영업의 자유를 침해한다는 이유로 헌법소원을 제기했다.[3] 업체들은 이

---

3) 이러한 헌법소원에 대해 헌법재판소는 기본권 침해의 법률 효과는 지방자치단체장의 처분에 의해 비로소 발생하는 것이지 '유통산업발전법' 법률 조항에 의해 곧바로 발생하는 것이 아니라는 이유로 각하 결정을 했다(헌법재판소 2013.12.26. 2012헌마162; 헌법재판소 2013.12.26. 2012헌마308; 헌법재판소 2013.12.26. 2013헌마269).

렇게 한편에서는 소송을 제기하면서, 다른 한편에서는 영업 제한으로 인한 피해를 최소화하기 위해 대규모 할인 판매와 이벤트를 확대했으며, 일부 매장은 개장 시간을 오전 10시에서 1시간 앞당긴 오전 9시로 조정하는 등 영업 손실을 최소화하기 위해 노력했다(이코노미세계, 2012.04.26). 또한 일부 SSM은 규제를 회피하기 위해 업종 변경을 추진하거나 지분율을 조정했다(한국일보, 2012.09.24)[4]

대형마트와 SSM에 대한 강제 휴무는 당일 매입과 판매, 폐기를 원칙으로 하는 농수축산물 취급 협력업체들에게도 큰 손실을 안겼다(한국경제, 2012.11.22). 대형 유통 농어민, 중소기업, 임대 소상인 생존대책위원회는 농어민의 피해액이 연간 1조 7천억 원, 중소기업은 3조 1천억 원, 임대 소상인은 6천억 원에 달할 것으로 예측했다. 또한 대형마트와 SSM에 입점해 장사하는 식당, 옷가게, 안경점, 미용실, 식당, 약국 등 중소 자영업자들도 규제로 인해 매출에 큰 타격을 받았다(매일경제, 2012.06.24). 특히, 체인스토어협회는 대형마트와 SSM 고용 인력의 대다수는 판촉사업을 비롯해 단기 아르바이트생, 주말 파트타이머, 주부 사원, 고령층 고용 인력과 같은 비정규직들이며, 대형마트와 SSM의 월 2회 휴무로 5,636명, 심야영업 제한으로 866명의 비정규직들이 해고될 것이라고 주장했다(동아일보, 2012.05.15).

또한 대형마트를 이용하던 소비자들도 선택의 권리가 제한된다며 불만을 토로했다. 전통시장은 주차가 어려워 접근성이 떨어지고, 교환과 환불이 쉽지 않으며, 물품의 종류도 다양하지 않아 대형마트에 비해 경쟁력이 떨어진다고 보았다. 특히, 맞벌이 부부들은 주로 평일 심야나 주말에 한꺼번에 장을 보기 때문에 대형마트의 영업 제한에 큰 불편을 호소했다.

4) 홈플러스는 2011년 서울 강남구 대치동에 편의점 '홈플러스 365' 1호점을 오픈했는데, '유통산업발전법'의 규제 대상에 포함되지 않는 편의점으로 등록했지만 실상은 SSM과 다를 바 없었다. 또한 대형 유통업체들은 위탁형 SSM의 업주 지분율을 51% 이상으로 설정함으로써 법망을 교묘히 빠져나가고자 했다(한국일보, 2012.09.24).

제 4 절 사례의 전개 과정

1. 서울 강동구 사례

1) 법원의 판단

5개 대형마트 업체(롯데쇼핑 주식회사, 주식회사 메가마트, 주식회사 에브리데이리테일, 주식회사 지에스리테일, 홈플러스 주식회사)는 2012년 4월 6일 서울특별시 강동구청장을 대상으로 영업 시간 제한 및 의무휴업일 지정처분 집행정지 가처분신청을 제기했다. 이에 대해 서울행정법원 재판부는 '행정소송법'을 근거로 원고의 신청을 기각했다. 이에 5개 대형마트 업체는 즉각 항고했고, 2012년 6월 22일 본안 재판부는 '유통산업발전법'과 '행정절차법'을 근거로 대형마트 업체의 손을 들어주게 된다.

가처분신청에 대한 판단: 가처분신청에 대해 재판부가 원고의 청구를 기각한 이유는 아래와 같이 '행정소송법' 제23조 제2항과 제3항에 근거했다(서울행정법원 2012.04.27. 2012아1234).[5] 재판부는 대형마트와 SSM이 평일 오전 0시부터 8시까지 영업을 할 수 없고, 매월 둘째 주 및 넷째 주 일요일을 의무적으로 휴업해야 함에 따라서 '행정소송법' 제23조 제2항에 근거한 '회복하기 어려운 손해를 입는지' 여부와 조례가 가져올 것으로 기대되는 '행정소송법' 제23조 제3항에 근거한 중소 상공인과 대기업체들의 상생 발전이라는 '공공복리'를 비교했다. 이에 대해 재판부는 신청인이 입을 금전적 피해가 크지 않을 뿐만 아니라 그 피해보

5) 행정소송법 제23조(집행정지) ② 취소소송이 제기된 경우에 처분 등이나 그 집행 또는 절차의 속행으로 인하여 생길 회복하기 어려운 손해를 예방하기 위하여 긴급한 필요가 있다고 인정할 때에는 본안이 계속되고 있는 법원은 당사자의 신청 또는 직권에 의하여 처분 등의 효력이나 그 집행 또는 절차의 속행의 전부 또는 일부의 정지(이하 "집행정지"라 한다)를 결정할 수 있다. 다만, 처분의 효력정지는 처분 등의 집행 또는 절차의 속행을 정지함으로써 목적을 달성할 수 있는 경우에는 허용되지 아니한다. ③ 집행정지는 공공복리에 중대한 영향을 미칠 우려가 있을 때에는 허용되지 아니한다.

다도 유통기업의 상생 발전이라는 공공복리가 더 크다고 판단했다. 즉, 손해와 공공복리를 비교해야 한다는 관점에 근거했을 때, 비록 조례가 시행되더라도 휴무일 등을 피해서 대규모 점포를 계속 이용하려는 소비자가 상당하고, 대형 유통 업체들이 휴무일 전후 할인 판매, 포인트 적립 우대, 배송 시간 연장 등의 여러 가지 조치를 취함으로써 영업 시간 감소로 인한 손해를 어느 정도 만회할 수 있다고 보아, 조례의 시행으로 사업에 중대한 영향은 미치지 않을 것으로 판단했다.

> 행정처분의 효력정지가 허용되기 위해서는, 당해 처분의 효력이 유지됨으로 인하여 신청인에게 생길 회복하기 어려운 손해를 예방하기 위하여 긴급한 필요가 있어야 하고(행정소송법 제23조 제2항), 공공복리에 중대한 영향을 미칠 우려가 없어야 한다(행정소송법 제23조 제3항). 여기에서 '회복하기 어려운 손해'라 함은 특별한 사정이 없는 한 금전으로 보상할 수 없는 손해로서 이는 금전보상이 불능인 경우 내지는 금전보상으로는 사회관념상 행정처분을 받은 당사자가 참고 견딜 수 없거나 또는 참고 견디기가 현저히 곤란한 경우의 유형, 무형의 손해를 일컫는다 할 것이고, '처분 등이나 그 집행 또는 절차의 속행으로 인하여 생길 회복하기 어려운 손해를 예방하기 위하여 긴급한 필요'가 있는지 여부는 처분의 성질과 태양 및 내용, 처분 상대방이 입는 손해의 성질·내용 및 정도, 원상회복·금전배상의 방법 및 난이 등은 물론 본안 청구의 승소 가능성의 정도 등을 종합적으로 고려하여 구체적·개별적으로 판단하여야 한다(대법원 2004.5.12.자 2003무41 결정 등 참조). 또한 '공공복리에 중대한 영향을 미칠 우려가 없을 것'을 효력정지의 요건으로 하고 있는 취지는 집행정지 여부를 결정함에 있어서 신청인의 손해뿐만 아니라 공공복리에 미칠 영향을 아울러 고려하여야 한다는 데 있고, 따라서 공공복리에 미칠 영향이 중대한지의 여부는 절대적 기준에 의하여 판단할 것이 아니라, 신청인의 '회복하기 어려운 손해'와 '공공복리' 양자를 비교·교량하여, 전자를 희생하더라도 후자를 옹호하여야 할 필요가 있는지 여부에 따라 상대적·개별적으로 판단되어야 한다(대법원 2001.2.28. 자 2000무45 결정 등 참조).

※ 출처: 서울행정법원 2012.04.27. 2012아1234.

반면, 재판부는 조례의 집행정지가 '공공복리에 중대한 영향을 미친다'고 보았다. 현실적으로 대형마트 및 기업형 슈퍼마켓의 확장으로 대부분의 중소 유통판매업체의 매출 및 순이익이 줄어들고 있고, 자본력의 차이로 인해 중소 유통업체 및 전통시장이 대형마트 및 SSM과의 대등한 경쟁이 어려워진 사회적 상황에서 이들을 보호하기 위해 제정된 '유통산업발전법'의 취지에 주목했다. 즉, 재판부는 강동구의 조례가 지역 내 중소 유통업체나 전통시장의 매출을 크게 신장할 수 있을지는 장담할 수 없으나, 조례가 없는 것보다는 있는 것이 나을 것이라고 보았던 것이며, 조례를 집행정지할 경우 '중소유통업체 및 전통시장의 유지 및 발전을 통한 유통기업의 상생 발전이라는 공공복리'에 중대한 영향을 미칠 것이라고 판단했다.

본안에 대한 판단: 가처분신청 기각 결정에 불복한 대형마트 업체들은 2012년 5월 4일 서울행정법원에 항고장을 제출했고, 이후 2012년 6월 22일 본안 판결이 내려진다(서울행정법원 2012.06.22. 2012구합11676). 본안 재판부는 '유통산업법' 제12조2에서 시장·군수·구청장의 재량권에 주목했다. 재판부는 시장·군수·구청장이 건전한 유통 질서 확립과 대규모 점포 및 중소 유통업의 상생 발전을 위해 영업 시간 제한과 의무휴업일 지정이 필요한지를 판단할 수 있고, 그 시행 여부에 대해 재량권을 가지고 있다고 보았다. 또한 '유통산업발전법'이 "…범위에서 영업 시간을 제한할 수 있다.", "…범위에서 의무휴업일을 지정할 수 있다."

> 제12조의2(대규모 점포 등에 대한 영업 시간의 제한 등) ① 시장·군수·구청장은 건전한 유통 질서 확립, 근로자의 건강권 및 대규모 점포 등과 중소유통업의 상생 발전을 위하여 필요하다고 인정하는 경우 대규모 점포 중 대통령령으로 정하는 것과 준대규모 점포에 대하여 다음 각 호의 영업 시간 제한을 명하거나 의무휴업일을 지정하여 의무휴업을 명할 수 있다. 다만, 연간 총매출액 중 '농수산물 유통 및 가격 안정에 관한 법률'에 따른 농수산물의 매출액 비중이 51퍼센트 이상인 대규모 점포 등으로서 해당 지방자치단체의 조례로 정하는 대규모 점포 등에 대하여는 그러하지 아니하다.
> 1. 영업 시간 제한
> 2. 의무휴업일 지정
>
> ② 시장·군수·구청장은 제1항 제1호에 따라 오전 0시부터 오전 8시까지의 범위에서 영업 시간을 제한할 수 있다.
>
> ③ 시장·군수·구청장은 제1항 제2호에 따라 매월 1일 이상 2일 이내의 범위에서 의무휴업일을 지정할 수 있다.
>
> ④ 제1항부터 제3항까지의 규정에 따른 영업 시간 제한 및 의무휴업일 지정에 필요한 사항은 해당 지방자치단체의 조례로 정한다.
>
> [본조 신설 2012.1.17]

※ 출처: '유통산업발전법.'

고 규정하고 있기 때문에 시장・군수・구청장이 오전 0시부터 오전 8시까지 특정 시간대와 휴일을 포함한 특정일을 지정할 수 있는 재량권 역시 가지고 있다고 보았다. 이러한 점을 고려해, 재판부는 강동구 의회가 의결한 조례가 강동구청장이 대형마트 등의 영업 시간 제한 및 의무휴업을 명함에 있어 그 필요성 판단과 시행 여부 및 범위 설정에서 단체장의 재량권을 인정하지 않았고, 영업 시간 제한 및 의무휴업 범위의 최대치를 의무적으로 명하도록 강제했다고 보았다. 이에 강동구 의회의 조례가 상위 규범인 '유통산업발전법'의 취지에 반한다는 이유로 조례의 내용은 위법이라고 판단했다.

제16조의2(대규모 점포 등에 대한 영업 시간의 제한 등) 구청장은 법 시행령 제7조의2에 따라 대형마트로 등록된 것과 준대규모 점포에 대하여 다음 각 호와 같이 영업 시간 제한과 의무휴업일을 명하여야 한다. 다만, 연간 총매출액 중 '농수산물 유통 및 가격 안정에 관한 법률'에 따른 농수산물의 매출액 비중이 51퍼센트 이상인 대규모 점포 등은 제외한다. 〈본조 신설 2012.3.26〉
1. 영업 시간 제한: 오전 0시부터 오전 8시까지
2. 의무휴업일: 매월 두 번째 일요일과 네 번째 일요일

※ 출처: '서울특별시 강동구 유통기업 상생발전 및 전통상업 보존구역 지정 등에 관한 조례.'

또한 강동구청장은 조례 시행 전 2012년 3월 22일에 롯데쇼핑 주식회사 등 신청인들에게 조례가 공포될 예정임을 안내하고, 원고들을 대상으로 이와 관련한 회의를 개최했다고 주장했다. 그러나 재판부는 조례의 내용이 대형 유통업체들에게 헌법상 보장된 영업의 자유를 제한하는 것이기 때문에, '행정절차법' 제21조 제1항[6]과 제22조 제3항[7]에 규정된 처분의 사전 통지 의무와 의견 청취 기회 제공이라는 절차를 준수하지 않았다고 보아, 강동구 의회가 의결한 조례는 '행정

---

6) 행정절차법 제21조(처분의 사전 통지) ① 행정청은 당사자에게 의무를 부과하거나 권익을 제한하는 처분을 하는 경우에는 미리 다음 각 호의 사항을 당사자 등에게 통지하여야 한다. 1. 처분의 제목, 2. 당사자의 성명 또는 명칭과 주소, 3. 처분하고자 하는 원인이 되는 사실과 처분의 내용 및 법적 근거, 4. 제3호에 대하여 의견을 제출할 수 있다는 뜻과 의견을 제출하지 아니하는 경우의 처리방법, 5. 의견 제출기관의 명칭과 주소, 6. 의견 제출 기한, 7. 기타 필요한 사항

7) 행정절차법 제22조(의견 청취) ③ 행정청이 당사자에게 의무를 과하거나 권익을 제한하는 처분을 함에 있어서 제1항 또는 제2항의 경우 외에는 당사자 등에게 의견 제출의 기회를 주어야 한다.

절차법'상의 절차를 준수하지 않았기 때문에 위법하다고 판결했다.

정리하면, 가처분신청 재판부는 '행정소송법'에 근거해 영업 시간 제한 및 의무휴업일 지정으로 '대형마트 업체들이 입을 손해'와 조례의 시행으로 '중소 유통업체 및 전통시장의 유지 및 발전을 통한 유통기업의 상생 발전'이라는 공공복리를 비교해서 후자에 우위가 있다고 판단, 원고의 신청을 기각했다. 반면, 본안 재판부는 강동구 의회의 조례가 "지방자치단체장의 재량권을 인정한 '유통산업발전법'의 취지"에 반하고 '행정절차법'상의 절차를 준수하지 않았기 때문에 원고의 신청을 받아들여 조례가 위법하다고 판단했다.

2) 이해관계자들의 반응

자치단체: 이러한 판결로 대형마트와 SSM에 대해 영업 시간을 제한하고 의무휴업을 강제하기 위한 수많은 지방자치단체의 시도와 일련의 과정에 제동이 걸리게 되었다. 그러나 이후의 행보는 자치단체들이 대형마트와 SSM 등 대기업과 벌이는 투쟁을 종결할 의도가 없음을 확인할 수 있다. 우선 지방자치단체들은 패소 판결 이후 대형마트와 SSM에 대한 반격의 수단으로서 패소 판결의 직접적인 원인으로 작용한 조례안의 일부 문구를 수정하고, 대형마트와 SSM의 영업 시간과 의무휴업에 대해 다시 제한을 가하는 모습을 보인다.

법원의 판단에서 지방자치단체가 패소하게 된 원인 중 하나는 조례안이 지방자치단체장의 판단 재량을 무시했다는 점이다. 즉, 조례안이 시장·군수·구청장이 영업 시간을 제한하거나 의무휴업일을 지정해 의무휴업을 명할 수 있다고 명시한 '유통산업발전법'을 위반했다는 판단이 법원 판결의 주요 골자였다. 따라서 개정된 조례안에서 바뀐 내용은 판결의 핵심적인 쟁점이 되었던 제16조의2(대규모 점포 등에 대한 영업 시간의 제한 등)에서 '영업 시간 제한과 의무휴업일을 명하여야 한다.'는 강제 조항을 '영업 시간 제한을 명하거나 의무휴업일을 지정하여 의무휴업을 명할 수 있다.'라는 임의규정으로 바꾼 것뿐이었다. 위법하다고 판결된 조문만을 수정해 논쟁의 대상에서 벗어나려는 이러한 모습은 광명시, 고양시, 김포시 등에서도 나타난다(중부일보, 2012.09.17).

조례를 개정하게 되면서 영업 시간의 제한과 의무휴업은 다시 재개되었다. 지방자치단체들은 조례안에 대해 위반되는 행위를 하는 대형마트나 SSM에 대해 조례안의 규정에 따라 과태료를 통해 엄중히 제재를 가하는 모습을 보인다. 예를 들면, 서울시의 경우 코스트코의 의무휴업일 위반에 대해 휴일 영업에 대한 과태료뿐만 아니라 다른 위반 사항에 대해서도 단속을 해서 시정이나 보완 명령과 과태료, 그리고 이행강제금을 부과하는 적극적인 조치를 취했다(연합뉴스, 2012.10.10).

대형마트와 SSM: 자신들을 규제하려는 지방자치단체의 행보에 대해 대형마트와 SSM은 이에 맞서는 모습을 나타냈다. 그러나 국내의 대형마트와 SSM이 모두 동일한 행보를 보인 것은 아니다. 각기 다른 방식과 다양한 수단을 사용했다. 먼저 일반적으로 알려진 사례는 영업 시간 제한이나 의무휴업일 준수를 외면하고 정상 영업을 강행한 경우로, 대표적인 예는 코스트코를 들 수 있다. 2012년 10월 14일을 기준으로 업계에서 발표한 자료에 따르면, 당일 전국 375개 대형마트 중 11.2%에 해당하는 42곳이 휴업한 것과는 대조적으로, 코스트코의 경우 전국 매장에서 정상 영업을 강행하는 모습을 보였다(아시아경제, 2012.10.14).

두 번째는 합의를 통해 당면한 문제를 타개해보려는 움직임이다. 대형 유통업계의 체인스토어협회와 대형마트의 대표들이 지식경제부 주관으로 전통시장을 대표하는 전국상인연합회, 골목상권 슈퍼를 대표하는 슈퍼마켓협동조합연합회 대표들과 대·중소 유통업계 상생협력 간담회를 갖고 '대·중소 유통 상생협력 합의문'을 도출했으며, 포괄적인 상생 협력 방안을 논의하기 위해 유통산업발전협의회를 발족하기로 합의한다(부산일보, 2012.10.23). 이러한 합의는 대기업의 첫 자발적인 상생 합의라는 점에서 획기적인 측면을 가졌다. 또한 이 자리에서 대형마트들은 자발적인 출점 자제와 최소 월 2회 자율 휴무를 시행하겠다고 밝혔다. 그러나 법적 강제성이 없다는 점은 합의의 한계로서 지적되었다. 이러한 한계는 곧 현실로 나타났다. 유통산업발전협의회를 발족하기로 합의가 있자마자, 홈플러스는 대규모 점포 개설 등록 신청서를 제출하는 모습을 보인다(조선비즈, 2012.11.12). 또한 상생 협력을 주장하는 것과는 대조적으로, 대형마트 및 SSM과 지방자치단체 간의 영업 시간 제한 및 의무휴업에 관한 조례에 대한 소송은 계속해서 유지되었다.

상인과 시민단체: 중소상인과 시민단체들은 대형마트와 SSM의 행태뿐만 아니라 정부의 무능함과 무책임성에 대해서도 큰 불신을 나타냈다. 먼저 중소 상인과 시민들이 대형마트와 SSM을 불신한 이유는 대형마트와 SSM이 취한 이중적인 행태 때문이었다. 앞서 언급한 바와 같이, 대형마트와 SSM은 대·중소 유통업계의 상생 합의와 유통산업발전협의회의 발족을 거론하면서도, 정작 지방자치단체에 대한 소송을 계속해 유지했으며, 신규 점포뿐만 아니라 지역 중소 상인과 마찰을 빚는 점포에 대해서도 출점 계획을 철회하지 않았다. 또한 대형 유통업체들은 2007년도에 이미 "불가피한 경우 외에는 출점을 자제하고 중소 상인들과 상생하겠다."는 취지의 결의문을 채택한 바 있지만(연합뉴스, 2012.10.23), 2007년도에만 대형마트 점포 수는 33개(10%)나 증가했다. 이 밖에도 애초에 대형 유통업계 관계자들이 출점을 제한한다는 등의 내용을 합의한 바도 없으며 지식경제부가 거짓 발표를 했다는 주장까지도 제기되었다(충청일보, 2012.10.23). 이러한 상황에서 중소 상인과 시민단체들은 정부와 국회의 구체적이고 실질적인 대책 마련을 요구했다.

국회: 대형마트와 SSM의 영업 시간 및 의무휴업에 관한 문제는 당시 사회 전체적으로 크게 이슈화되었기 때문에 국회에서도 큰 관심의 대상이 되었다. 대형마트 규제와 관련해 2012년 10월 15일을 기준으로 국회에 계류 중인 법안은 유통법(19건), 상생법(2건), 소상공인 지원을 위한 특별조치법(1건), 유통산업 근로자 보호와 대규모 점포 등의 주변 생활환경 보호 등에 관한 특별법(1건) 등 23건에 이르렀다(동아일보, 2012.10.16). 특히, 유통법의 경우 제출된 대부분의 법안이 일부 용어의 차이와 영업 제한 시간과 관련해 1시간 정도의 차이만을 보일 뿐 대동소이한 내용을 지녔다(이투데이, 2012.07.04). 이는 국민의 관심이 집중된 대형마트와 SSM에 대해 국회의원들 역시 경쟁적인 관심을 두었던 것으로 이해할 수 있다. 특히, 대형마트와 SSM 이슈는 당시 대통령 선거와 맞물려 중요한 쟁점으로 부각되었으며, 대선 후보들은 대형 유통업체 사전입점 예고제와 입점 시 허가제를 공약으로 내걸었다(한국일보, 2012.11.10).

법원: 법원은 소송에 대한 판결뿐만 아니라, 지방자치단체와 대형마트 사이에

서 발생 중이던 갈등 문제에 대해 당사자 간 합의를 능동적으로 도출해 보려고 시도했다. 이러한 예로, 청주지방법원은 지방자치단체와 대형마트 사이에 불거진 영업 시간 제한 및 의무휴업 취소 소송과 관련해 중재에 나섰다. 2012년 9월 20일에 열린 심리에서 담당 부장판사는 "충주시의 경우 이마트를 비롯한 3개의 대형마트밖에 안 되고 관련 전문가 관여 아래 법 취지에 맞게 조속히 처리될 수 있도록 지자체와 대형마트의 실질적인 책임자, 원고 측 대리인(변호인)이 참여 아래 조정 기회를 가져보자"고 주문했다(아시아뉴스통신, 2012.09.21). 충주시는 둘째, 넷째 일요일 월 2회 휴업을 그리고 대형마트 등은 월 2회 평일 휴업을 주장하며 맞서왔지만, 이견을 좁히지 못하자 재판부는 요일과 관계없이 전통시장 장날인 10일과 25일에 휴업하는 조정권고안을 제시했으며, 이후 양측이 이를 수용해 법원의 중재를 통해 대형마트와 지자체가 합의를 통해 의무휴업일을 정한 선례를 남긴다(뉴시스, 2012.12.09).

2. 서울 강동구 사례 이후

강동구 조례가 위법하다는 법원의 판결 이후, 많은 지방자치단체는 "영업 시간 제한과 의무휴업일을 명하여야 한다."는 조례의 조항을 '명할 수 있다.'는 임의 규정으로 바꿔 대형마트 등에 대한 영업 시간 제한 및 의무휴업을 시행했다. 그러나 이에 반발한 대형 유통업체들은 자치단체별로 수정한 조례 및 그것에 기반을 둔 처분에 대해 다시 법원에 소송을 제기했고, 그러한 소송 중 하나가 서울행정법원을 거쳐 고등법원에서 심리되었다. 2014년 12월 12일 서울고등법원은 롯데쇼핑 주식회사 등 6개 업체가 서울특별시 동대문구청장과 성동구청장을 상대로 제기한 항소심에서 조례 자체는 위법하지 않으나, 조례에 근거한 자치단체장의 처분은 위법하다고 판결했다. 아래에서는 서울고등법원의 판결과 이 판결의 배경이 된 서울행정법원의 판결을 검토한다.

1) 서울행정법원의 판단

대형 유통업체들이 또다시 법원에 소송을 제기하게 된 것은, 이전 재판과 마찬가지로, 영업 시간을 오전 0시부터 오전 8시까지로 제한하고 매월 둘째 주와 넷째 주 일요일을 의무휴업일로 지정한 조례와 그러한 조례에 기반을 둔 처분에 기인했다(서울행정법원 2013.09.24. 2012구합43352). 1심 재판부에서 쟁점이 된 부분은 크게 세 가지로, 첫째, 조례 조항이 위임입법의 취지를 위반하는지의 여부, 둘째, 조례 조항이 서비스 무역에 관한 일반협정(General Agreement on Trade in Service: GATS)을 위반하는지의 여부, 그리고 셋째, 대형마트 등에 대해 일률적·획일적으로 처분한 것이 자치단체장에게 부여된 재량권의 범위를 일탈하거나 남용한 것으로 위법한지의 여부였다.

서울행정법원은 법령이 이미 처분 대상의 범위를 구체적으로 특정해 두고 규제에 관한 행정청의 재량을 제한하고 있다면, "그 위임에 따른 이 사건 조례가 영업 시간 제한 등에 필요한 판단 기준, 처분의 대상과 범위를 좀 더 자세하게 정하지 않고 법령에서 정한 그대로의 재량권을 피고들에게 주었다고 하더라도 이를 법령의 취지에 반한다고 할 수 없다."고 판시했다. 또한 GATS 위반 여부와 관련해서는, 개정 조례가 달성하려는 공익 중 하나가 근로자의 건강권 보호라는 점에서 GATS 규정의 예외 사유에 해당한다고 볼 수 있으므로 그것에 위배되지 않는다고 보았다.[8] 마지막으로 재량권의 일탈·남용과 관련해서는 근로자의 건강권과 대형마트 등과 중소 유통업 상생 발전 등 법률 조항이 실현하고자 하는 공익이 중요하고 또한 공익 달성의 필요성도 크기 때문에, 영업 시간 제한 등이 대형 유통업체의 사익을 지나치게 침해했다고 보기 어렵다고 보았다. 마지막으로 피고에 해당하는 5개 자치단체(동대문구, 성동구, 성북구, 종로구, 중랑구)가 모두 시간대를 맞춰서 영업 시간을 제한하고, 의무휴업일도 일치시킨 점도 처분의 실효성 확보를 위한 것으로 재량권의 일탈·남용이라 볼 수 없다고 판시했다.

2) 서울고등법원의 판단

그러나 상급심인 고등법원은 1심 재판부와는 전혀 다른 판단을 했다(서울고등

8) "GATS 제14조는 일반적인 예외(General Exceptions)로서 자의적이거나 정당화될 수 없는 차별의 수단 또는 서비스 무역에 대한 위장된 제한이 아니라면 일정한 경우에 규제를 시행할 수 있도록 허용하고 있는데, 제(b)호에서 '인간, 동물 또는 식물의 생명 또는 건강을 보호하기 위하여 필요한 조치'를 허용 요건으로 규정하고 있다"(서울행정법원 2013.09.24. 2012구합43352).

법원 2014.12.12. 2013누29294). 고등법원에서 쟁점이 된 부분은 크게 여섯 가지로, 첫째, 대규모 점포와 대규모 점포 내에 입점해 있는 임대 매장이 법령상의 대형마트 요건에 해당하는지의 여부, 둘째, 처분과 관련해 임대 매장 운영자에게 의견 제출 기회 등을 부여하지 않는 것이 절차적 위법성에 해당하는지의 여부, 셋째, 처분에 앞서 이익 형량에 대한 고려가 제대로 이뤄졌는지의 여부, 넷째, 침익적 효과를 최소화할 수 있는 방안이 있었음에도 불구하고 필요한 범위를 넘어 과도한 제한을 했는지의 여부(비례의 원칙 위배 여부), 다섯째, 조례 조항이 위임입법의 취지를 위반하는지의 여부, 그리고 여섯째, 조례 조항이 GATS와 한국과 유럽 간의 자유무역협정(이하 '한-EU FTA')에 위배되어 위법한지의 여부였다.

먼저 고등법원은 영업 시간을 제한하고 의무휴업일을 지정할 수 있는 처분의 대상인 대형마트를 아래와 같이 좁게 해석했다. '유통산업발전법 시행령'을 근거로 대형마트는 '점원의 도움 없이 소매하는 점포의 집단'인데, 처분의 대상인 대규모 점포와 그 대규모 점포 내에 입점해 있는 임대 매장은 이러한 대형마트의 요건에 해당하지 않기 때문에 당해 지방자치단체의 처분은 위법하다고 판시했다.

> 구 유통산업발전법 제12조의2에 근거하여 영업 시간 제한 및 의무휴업일 지정 처분을 할 수 있는 대상은 대형마트로 등록된 대규모 점포이다. 따라서 법령상 대형마트의 정의 규정에 부합하게 "매장 면적의 합계가 3천 제곱미터 이상이고, 식품 · 가전 및 생활용품을 중심으로 점원의 도움 없이 소비자에게 소매하는 점포의 집단"이라는 요건을 충족하고, 절차적 요건으로서 대형마트로 등록된 경우 이 사건 각 처분의 대상이 된다…… 이 사건 처분의 대상인 된 대규모 점포들은 법령상 대형마트의 요건을 갖추지 못한 것으로 보이고, 대형마트로 등록되었다는 절차적 사정만으로 위와 같이 실체적 요건을 갖추지 못한 하자가 치유된다고 보기는 어렵다.

※ 출처: 서울고등법원 2014.12.12. 2013누29294.

둘째, 임대 매장 운영자에게 사전 통지나 의견 제출 기회를 부여하지 않은 것은 절차적으로 위법하다고 보았다. 그에 따라 대규모 점포 자체를 하나의 대상으로 보아 이뤄진 처분 역시 위법하다고 판시했다. 그러나 SSM과 같은 준대규모 점포의 경우 임대 매장이 입점해 있는 것으로 보이지 않으므로 절차적 위법성이 문제가 되지는 않는다고 보았다.

셋째, 처분에 앞선 이익 형량 고려와 관련해, 법원은 아래의 논리를 근거로, "영세 상인의 보호와 여성의 사회 진출 등에 관해 충분한 검토와 이익 형량을 누락한 채 법령상 최고한도로 영업 시간을 제한하고, 획일적으로 두 번째·네 번째 일요일을 의무휴업일로 지정한 것"은 재량권을 불행사하거나 적어도 해태한 위법이 있다고 판시했다.

① '건전한 유통 질서 확립'과 관련하여, 건전한 유통 질서가 무엇을 의미하는지에 대하여 논란이 있을 수 있음에도, 피고는 관할 지역 소재 대규모 점포와 전통시장 등의 유통 질서가 어떠한 의미에서든 건전한지 여부, 건전한 것으로 볼 수 없다면 어떠한 면에서 그러한지, 이 사건 처분을 통해서 어떻게 개선이 가능한지 등에 관하여 고려하였다는 사실을 인정할 증거가 없다.
② '근로자의 건강권 보호'와 관련하여 피고들이 이 사건 대규모 점포 등에서 근무하는 근로자의 수, 연령, 성별, 근로 조건, 건강 상태에 대해서 구체적으로 조사하거나 검토한 사실을 인정할 증거가 없다……
③ 한편, 이 사건 처분으로 대형마트에 입점해 있는 임대 매장 등을 운영하는 중소 자영업자들, 원고들에게 납품을 하는 중소 유통업자들의 상당한 피해가 예상되나…… 구체적으로 어떠한 피해가 어느 정도 예상되는지에 대해서 고려한 바는 없는 것으로 보인다.
④ 이 사건 처분으로 인해 침해되는 소비자의 선택권에 관하여, 관할 지역 주민의 인구 비율, 생활 형태, 특히 직장 여성의 비율 및 소비 행태 등에 대한 분석을 기초로 지역 주민들의 생활상의 불이익이 어느 정도 될지에 대해서 고려하였다는 증거가 없다.
⑤ …… 피고는 점포별로 그러한 구체적 사정이 어떠한지에 대한 충분한 검토 없이 이 사건 조례에서 정해준 대로 일률적으로 그 시행 범위를 결정한 것으로 보인다.

※ 출처: 서울고등법원 2014.12.12. 2013누29294.

넷째, 법원은 전통시장 보호의 효과가 뚜렷하지 못한 상황에서 소비자의 선택권과 대규모 점포에 납품을 하는 업자 등 중소 상인에 대한 고려가 충분하지 못해, 법익 사이의 이익 형량을 함에 있어 비례의 원칙을 위반했다고 보았다. 그러나 또한 SSM과 같은 준대규모 점포에 대해서는 상반되는 입장을 제시했다. 준대규 점포의 경우 "골목별로 소규모 상권을 유지해 온 영세 슈퍼마켓 등의 생존을 크게 위협"하고 있고 "처분으로 인한 근로자의 일자리 감소 및 납품업체가 입는 피해의 규모 등도 대규모 점포에 비해 상대적으로 적을 것"으로 보았다.

즉, 준대규모 점포와 대규모 점포가 다른 성격을 가지고 있음에도 불구하고 획일적으로 처분한 것을 재량권 행사의 하자로 보았다.

> …… 원고들이 유통 질서를 어지럽혔다는 사실을 인정할 만한 자료가 제출된 적이 없고, 오히려 원고들이 유통 단계를 줄여 상품의 질을 보장하면서도 소비자가격을 인하하는 등 유통 질서 개선에 긍정적인 역할을 하였으며, 유통 질서의 확립은 불공정한 거래 관행을 없애는 방법으로 해결할 문제이지 영업 자체를 금지함으로써 해결할 문제는 아니므로, 이 사건 처분이 건전한 유통 질서 확립을 위한 합리적인 수단으로 보이지는 않는다…… 각 지방자치단체의 사정에 맞게 의무휴업일을 지정할 수 있었음에도 불구하고, 일률적으로 인접한 지방자치단체와 동일한 날을 의무휴업일로 지정한 것은 상당성을 잃은 조치로 판단된다…… 전통시장의 활성화를 위해서는 전통시장의 구매환경 등을 개선하여 자연스럽게 소비자들이 모여들도록 하여야 할 것이지, 영업 시간을 제한하고 의무휴업일을 지정하여 소비자의 선택권을 가로막고 나아가 저출산 등의 사회적 문제를 도외시한 채 여성의 사회 진출에 어려움을 더하는 방향으로 이 사건 각 처분을 한 것이 과연 정당한 이익 형량의 결과라고 할 수 있는지에 대해서는 강한 의심이 든다…… 이 사건 처분은 소비자의 선택권에 대한 과도한 제한이라고 보인다…… 또한 대규모 점포의 근로자의 경우 교대 근무나 대체휴무일의 선택 등이 가능하지만, 전통시장 상인들은 위 대규모 점포의 근로자보다 일반적으로 근무환경이 더욱 열악하여 오히려 건강권 보호의 필요성이 더 클 것으로 예상된다. 이 점에서 피고인들의 가치 형량은 오히려 역전된 모습을 보인다.

※ 출처: 서울고등법원 2014.12.12. 2013누29294.

마지막으로 조례 조항의 위법성과 관련해, 법원은 "조례 조항이 영업 시간 또는 영업 일수를 제한함으로써 서비스 영업(이 사건의 경우 판매행위)의 총 수나 서비스 총 산출량(이 사건의 경우 매출 총액)에 부정적인 영향을 미쳐 시장 접근에 있어서 장애 요인으로 작용할 가능성이 있는 것은 사실"이나 "근로자의 건강권 보호를 목적으로 하는 구 유통산업발전법 제12조의2의 위임을 받아 제정된 것으로서, GATS 제14조 제(b)호 따른 시장 접근 제한 조치 금지의 예외 사유에 해당된다."고 볼 수 있고, "한-EU FTA 제7.5조 제2항 제(c)호도 동일한 내용을 규정하고" 있어 조례 조항 자체가 위법하다고 볼 수 없다고 판시했다. 그러나 법원은 GATS 및 한-EU FTA의 조항을 "영업의 자유 제한에 관한 헌법적 한계를 고려한 보편적인 기준을 수용한 것으로" 보아, GATS의 적용을 받는 대규모 유통업체에 대해 경쟁을 제한하는 당해 자치단체의 처분은 GATS를 위배한 재량권 행사로서 위법하다고 판단했다.

제 5 절 사례의 쟁점

지금까지 대형마트 등에 대한 정부의 규제 사례를 살펴보았다. 이 사례는 지방자치단체가 제정한 조례와 그러한 조례에 기반을 둔 처분이 대형마트와 SSM과 같은 대형 유통업체들의 반발을 샀고, 결국 그러한 갈등이 법원의 판결을 통해 해결되는 과정을 보여주고 있다. 그러나 좀 더 본질적인 갈등은 대형 유통업체와 전통시장 및 골목상권 중소 상인들 간의 이해 관계 충돌에서 찾을 수 있다. 중소 상인들의 입장에서 대형마트와 SSM의 근린 상권 침투는 자신들의 생존권이 걸린 문제이기에 결코 양보할 수가 없었다. 반면, 대형 유통업체들의 입장에서는 이미 포화 상태에 다다른 유통시장을 고려할 때 골목상권은 포기하기 어려운 투자처였을 것이다. 두 집단의 이해 관계가 격렬하게 대립되는 상황에서 상생을 위한 합의 도출이란 사실상 처음부터 어려운 일이었을지 모른다.[9] 그런데 이러한 갈등 상황에서 중요한 변수가 나타난다. 바로 여론이다. 2012년도에 있던 대선 기간과 맞물려 전통시장과 골목상권의 중소 상인들을 지지하는 여론이 형성된 것이다. 이 사례가 흥미로운 이유는 이와 같은 상황에서 다수의 국민의 지지를 등에 업은 정치와 행정이 일사천리로 어떤 조치를 단행할 수 있을 것이라는 기대와 달리, 법원에 의해 그러한 조치가 언제든 제동이 걸릴 수 있음을 보여준다는 데에 있다. 아래에서는 대형마트 규제 조치에 대한 법원의 판결을 중심으로

9) 이 사례에서 대형마트 등에 대한 정부 규제의 비용과 편익은 대체로 중소상인 집단과 대형 유통업체 집단에 국한되는 것으로 보인다. 왜냐하면 일반 국민들의 입장에서 둘 중 어디에서 물건을 구매할지는 상대적으로 그리 큰 문제가 아니기 때문이다. 이러한 상황은 동질적인 성격을 갖는 두 집단에서 규제에 따른 비용과 편익을 크게 인식하게 되는 '이익집단 정치' 상황으로 해석된다(Wilson, 1989: 81-82). 이러한 상황에서는 두 집단의 이해 관계가 제로섬(zero-sum) 게임의 성격을 갖기 때문에, 통상 갈등의 해결은 당사자들끼리의 합의 도출보다 정부의 조정이나 법원의 판결을 통해 이뤄질 가능성이 높다.

행정상 법원과 법적 관점이 갖는 특성을, 그리고 행정과 법원이 보여준 역할을 논하며, 끝으로 현재 행정이 직면하고 있는 과제를 제시한다.

1. 법원과 법적 관점의 특성

대형마트 사례에서 주목할 부분은 일련의 법원 판결이다. 이들 판결은 행정의 세 가지 관점 중 법적 관점이 갖는 특성을 잘 보여준다. 관리적 관점에 따르면 가장 비용 효과적인 정책이 좋은 정책이 되고, 정치적 관점에 따르면 다수의 사람이 원하는 정책이 좋은 정책이 된다. 그러나 사례의 법원 판결에서 나타나는 '좋은 정책'이란 헌법과 법률이 보장하는 권리를 침해하지 않는 정책이다. 서울시 강동구 사례에서 법원은 강동구청장이 법률로부터 부여받은 재량권을 강조했고, 대형 유통업체들에게 보장된 헌법상의 영업의 자유와 행정절차법상의 권리를 강조했다. 나아가 법원은 동대문구와 성동구의 사례에서와 같이 헌법상 보장된 권리를 침해하는 처분의 경우 더욱 엄격한 잣대를 들이댈 필요가 있음을 강조했다. 즉, 사회적 약자에 해당하는 중소 상인들만큼이나 대형 유통업체의 경우도 헌법이나 법률상의 중요한 권리가 침해되었다면, 그러한 처분의 적법성은 엄격하게 따져봐야 할 필요가 있다고 본 것이다.

이러한 판결 내용은 사회문제 해결 기제로서 정치, 행정, 법원이, 그리고 이러한 세 주체의 중심을 이루는 각각의 관점(정치적, 관리적, 법적 관점)이 문제 해결 양상에 차이가 있으며, 상호 조화를 이루기보다 상충되는 측면이 있음을 시사한다. 먼저 많은 자치단체가 여론의 지지와 함께 단기간 내에 조례를 제정하고 그러한 조례에 근거한 처분을 통해 당해 관할권 내에 있는 모든 대형마트 및 SSM에 대해 일괄적으로 규제를 가했다. 이러한 모습은 사회 문제 해결과 관련해 행정이 갖는 능률성의 강점으로 볼 수 있다. 그리고 그 과정에서 정치는 가능한 많은 사람이 원하는 바가 정부의 조치로서 반영되는 데 기여했다. 물론, 많은 경우 다수의 바람과 행정이 추구하는 능률성의 가치는 충돌할 가능성이 높다. 반면, 법원은 당시의 대형마트 규제를 지지하는 사회적 분위기 속에서도 오로지 헌법과 법률이 추구하는 가치에 따라 개별 사례를 판단했다. 이는 법원이 어려움을 겪고 있는 개인의 문제 해결에 강점을 가짐을 보여준다.

그렇지만 사회 문제 해결 기제로서 법원이 갖는 한계 역시 주목할 필요가 있다. 이는 법적 관점의 한계이기도 하며, 행정과 관리적 관점이 기여할 수 있는 부분이기도 하다. 법원이 사회 문제 해결 기제로 작동하기 위해서는 사회 문제 당사자의 소(訴)가 전제된다. 개인이 아무리 큰 권리를 침해받더라도 당사자가 법원에 소를 제기하지 않는다면, 법원은 어떠한 역할도 수행할 수 없다. 설사 당사자의 소가 있더라도 그러한 당사자는 오랜 기간 법원의 최종 판결을 기다려야 하며, 또한 판결이 내려지더라도 유사한 문제로 골치를 앓고 있는 또 다른 개인은 법원에 소를 제기해 구제를 받아내야 한다. 이러한 측면에서 대형마트 규제 사례의 소송의 당사자가 사회적 약자에 해당하는 중소 상인이 아닌 상대적으로 자본 규모 면에서 강자에 해당하는 대형 유통업체들이라는 사실을 유념할 필요가 있다.

당사자의 구제뿐만 아니라 법원의 판결 그 자체는 행정에 큰 영향을 미친다. 일단 법원에서 특정 사례와 관련해 행정청의 처분이 위헌 또는 위법하다는 판결이 내려지면, 그와 유사한 소송에서 정부는 패소할 가능성이 높기 때문이다. 결과적으로 법원의 판결은 정부 활동의 지침으로써 기능하게 된다.[10] 이는 행정이 법원과 법적 관점에 지속적인 관심을 기울어야 하는 이유이기도 하다.

2. 행정과 법원의 역할

대형마트 규제 사례는 현대 다원주의 사회에서 행정과 법원의 역할이 하나로 고정된 것이 아니라 상황과 시기에 따라 다양할 수 있음을 보여준다. 다원주의 국가모형 관점에서, 초기의 대형마트 규제 움직임은 '풍향계 모형'에서와 같이 정치와 행정, 그리고 법원이 대형마트와 SSM을 규제하라는 여론의 요구에 떠밀려 수동적으로 반응한 것으로 해석할 수 있다. 국회와 지방자치단체는 규제 여론에 떠밀려 법률과 조례를 발의·제정했고, 행정은 규제의 효과성에 대한 면밀한 검토 없이 정치와 여론이 요구하는 대로 규제를 집행했다. 법원 역시도 '집행정

10) 우리나라의 경우 성문법주의를 취하고 있다. 그러나 대법원의 판례가 법원(法源)이라는 명시적인 규정이 없음에도 불구하고, '법원조직법' 제7조 제1항은 "종전에 대법원에서 판시(判示)한 헌법·법률·명령 또는 규칙의 해석 적용에 관한 의견을 변경할 필요가 있다고 인정하는 경우" 대법원 전원합의체에서 심판을 하도록 하고 있으며, 이에 따라 법원의 판례는 사실상 준거법의 성격을 갖는다.

지 가처분신청에 대한 판단'에서 법률의 문구 자체보다 법률의 취지에 주목해 판결을 내리는 모습을 보인다.

그러나 이때조차, 그리고 이후에 나타나는 행정과 법원의 모습은 '중립국가 모형'의 관점에서 읽힐 수 있다. 즉, 자율성을 갖고 공익 관점에서 적극적으로 행동하는 심판자 내지 수호자의 모습으로 볼 수 있다. 휴일 영업을 강행한 코스트코에 대해 휴일 영업 과태료 이외에 다양한 조치를 취한 서울시의 모습이나 법률 조항이 실현하고자 하는 공익을 판결의 중심 논거로 든 1심 법원의 판결은 그러한 심판자 내지 수호자의 모습으로 읽힌다.

또한 이 사례에서는 '중개인국가 모형'에서 상정할 수 있는 법원의 모습도 관찰된다. 법률에 비춰 처분의 적법성을 평가하던 기존의 법원 모습과 달리, 청주지법의 사례는 갈등의 당사자인 행정을 대신해 법원이 적극적으로 중재에 나서는 모습을 보였다. 또한 조례가 제정되게 된 맥락이나 법률의 취지보다 '유통산업발전법 시행령'의 문구에 초점을 두어 판단을 하고, 대형마트 등에 대한 규제와 관련해, 행정으로 하여금 어떠한 방식과 수단을 통해 접근해야 할지를 구체적으로 제시한 고등법원의 판결 역시도 '중개인국가 모형'에서 이해될 수 있을 것이다.

3. 행정의 과제

한때 행정은 대통령이나 자치단체장과 같은 정치 집행부의 의지나, 법률 혹은 조례에 담겨 있는 의회의 의도를 좇는 것이 그것의 본질적인 기능으로 여겨졌다. 그러나 이 장에서 살펴본 대형마트 등에 대한 규제 사례는 행정이 그것만으로는 제 기능을 수행할 수 없음을 보여준다. 이는 행정이 의회나 정치 집행부뿐만 아니라 법원의 판단과 생각에도 늘 관심을 기울여야 하는 이유이기도 하다. 또한 이 사례는 행정이 정책 목표의 달성과 같은 효과성의 가치뿐만 아니라, 적법절차나 개인의 권리 보호와 같은 사법부의 가치 역시도 내재하고 있어야 함을 시사한다. 물론, 이는 한편에서 행정이 직면하게 될 딜레마이기도 하다. 중소 상인을 보호해야 할 시급성을 고려할 때, 행정기관의 처분으로 피해를 볼 당사자를 설득하고 이해시키며 또한 상위 법령과 판례를 검토하는 것은 번거롭고 시간이 많이

드는 일이기 때문이다. 그럼에도 불구하고, 이 사례는 다른 한편에서 행정의 가능성 역시도 보여준다. 문제 해결에 긴 시간과 자원을 필요로 하는 법원과 달리, 많은 사람에게, 특히 사회적 약자들에게 행정이 보호자 내지 수호자로서의 역할을 할 수 있기 때문이다.

2015년 11월 19일 대법원 전원합의체는 서울고등법원의 판결을 부당하다고 보고 사건을 파기·환송했다.[11] 이로써 2012년 유통산업발전법 개정 이후 3년 넘게 이어진 지방자치단체와 대형마트 간 법적 분쟁도 마침내 마침표를 찍게 되었다. 그러나 분쟁의 당사자를 포함한 이해관계자의 입장에서 법원의 최종 판결을 기다린다는 것은 불합리한 행정 조치가 주는 고통 이외에 또 따른 고통이었을 것이다. 바람직한 행정이란 처음부터 이러한 문제를 생산하지 않는 행정일 것이다. 이를 위해서는 상충되는 성격을 갖는 정치적, 관리적, 법적 관점이 하나의 행정 현상에 공존한다는 점을 명심할 필요가 있으며, 어떠한 조치를 취하기에 앞서 이들 세 가지 관점에서 행정 현상에 대한 검토가 선행되어야 할 것이다.

11) 대법원 전원합의체 판결의 요지를 정리하면 다음과 같다(대법원 2015.11.19. 2015두295). 첫째, 일단 대형마트로 개설 등록되었다면 특별한 사정이 없는 한 그 개설 등록된 형식에 따라 대규모 점포를 일체로서 판단하여야 하고, 대규모 점포를 구성하는 개별 점포의 실질을 다시 검토할 필요는 없다. 둘째, 구 유통산업발전법상 영업 시간 제한 등 처분의 상대방은 법령상 유지·관리 책임을 지는 대규모 점포 개설자일 뿐이다. 셋째, 헌법 제119조 제1항("대한민국의 경제 질서는 개인과 기업의 경제상의 자유와 창의를 존중함을 기본으로 한다.")과 제2항("국가는 균형 있는 국민경제의 성장 및 안정과 적정한 소득의 분배를 유지하고, 시장의 지배와 경제력의 남용을 방지하며, 경제 주체 간의 조화를 통한 경제의 민주화를 위하여 경제에 관한 규제와 조정을 할 수 있다.")을 고려할 때, 규제를 통해 달성하고자 하는 공익 증진의 실현 가능성과 규제에 따라 수반될 불이익을 비교·형량 해야 하며, 규제행정은 장래의 불확실한 규제 효과에 대한 예측 판단을 기초로 이루어질 수밖에 없다는 점에서 행정청의 각 처분에 재량권의 일탈·남용의 위법은 없다.

제 5 장

전남 영암 F1 유치사업의 타당성 사례 연구*

최성락 · 윤수경

제 1 절 들어가는 글

세계에서 가장 큰 3대 스포츠 대회는 올림픽, 월드컵, F1 그랑프리 대회이다. 한국은 1988년 올림픽을 치렀고, 2002년 한일 월드컵을 개최했다. 그리고 한국의 전라남도 영암에서는 2010년도부터 F1 그랑프리 대회를 개최하기 시작했다.

전남 영암 F1 그랑프리 개최는 2006년에 결정되었는데, 결정 당시부터 전남 영암에서 F1을 개최하는 것이 과연 타당한가의 논쟁이 있었다. 전남 영암에서 과연 세계적인 대회인 F1그랑프리 대회를 개최할 능력이 있는가에 대한 문제점, 영암이라는 지역이 과연 F1 대회가 열리는데 적당한 지역인가에 대한 논의, 그리고 전남 지자체에서 과연 F1 그랑프리 개최에 대한 재정적 부담을 감당할 수

* 이 장은 한국정책학회 정책사례연구회에서 발표하는 글로서, 행정학 및 정책학도에게 교육용 정책 사례로 소개하기 위한 목적으로 작성되었음.

있는가에 대한 문제점이 계속 제기되었다.

하지만 전남 영암의 F1 개최는 단순히 한 지역의 국제대회 유치 문제는 아니었다. 서울, 경기 지역에 집중된 한국의 개발 과정에서 소외되어온 지역 개발과 관련된 문제였으며, 중앙정부에서 주요한 정책을 모두 결정하는 것에 반발하는 지자체 스스로의 자치권에 대한 문제이기도 했다. 이러한 F1 그랑프리 영암 개최에 대한 찬성론과 반대론 속에서 영암 F1 서킷은 계속 준비 과정을 거치고 결국 2010년 10월, 예정된 대로 F1 그랑프리 경주를 개최하게 된다.

그러나 F1 그랑프리의 개최는 이 문제를 덮은 것이 아니라 논쟁의 시작이었다. 실제 F1 영암 그랑프리를 개최한 결과, 운영 적자의 문제는 오히려 더 부각되었다. 2010년도부터 2013년까지 계속 경주가 시행되면서 적자 규모도 계속 증가하게 되었고, 결국 전남도는 2013년 11월, F1 경주 개최를 포기하게 된다. 원래는 최소한 7년, 일반적으로는 12년 동안 개최하기로 한 F1 그랑프리 경주를 2014년에는 열지 않기로 했다.

그러나 2010년 F1 그랑프리 경주의 개최가 F1 그랑프리의 문제를 덮어버리지 못한 것처럼, 2014년 F1 그랑프리 경주 포기가 F1 그랑프리 문제를 끝낸 것은 아니다. 2014년도에는 경기 개최를 포기했지만, 2015년에는 어떻게 할지에 대해 아직 결정되지 않았다. 그리고 F1 그랑프리 개최권은 2016년까지 있다. 2016년도에는 또 어떻게 해야 할지도 계속 논의되어야 할 사항이다.

나아가 전남 영암의 F1 그랑프리 개최는 국제대회 개최와 관련된 국가와 지자체 사이의 역할에 대해서도 시사점을 줄 수 있다. 서울 올림픽, 한일 월드컵은 국가가 주체적으로 개최한 것이지만, 영암 F1 서킷은 국가가 아니라 전라남도가 주체가 되어 개최했다. 중앙정부는 처음부터 전남의 F1 서킷에 대해 반대 입장이었지만, 그럼에도 불구하고 전라남도는 F1 개최를 밀어붙였다. 그리고 전라남도는 엄청난 재정적자에 휩싸이게 된다. 이때 국가는 과연 이 과정에 개입해야 했을까 아니면 방관해야 했을까. 이 사례는 이러한 정책적 사항에 대한 시사점을 줄 수 있을 것이다.

제 2 절 사례의 배경

1. F1 그랑프리

F1 그랑프리는 국제자동차연맹(FIA)이 대회 규정을 정하고 운영법인인 FOM(Formula One Management)이 주관하는 세계 최고 자동차경주 선수권 대회로 2014년 현재 60년째를 맞이하고 있다. F1은 3월부터 11월까지 전 세계 17~18개국 약 19개 도시에서 돌아가면서 개최된다. 2013년도의 경우 3월 멜버른에서 첫 대회가 시작되었고, 그 후 2주 간격으로 세계 F1 개최 도시를 순회한다. 마지막 경기는 11월 브라질 상파울루에서 열렸고, 이때까지 각 경기에서의 등수를 합산해 전체 등위를 매기는 경기이다.

F1 그랑프리는 월드컵, 올림픽과 더불어 세계에서 가장 큰 국제적 스포츠 행사이다. F1 그랑프리 경기를 직접 보기 위해 세계 각국의 경주장을 직접 찾는 관광객은 1회 평균 20만 명, 연간 400만 명으로 추산되고, 184개국에서 6억 명 이상의 사람들이 TV를 통해 F1 경기를 관람하고 있다.

표 5-1 2013년 F1 그랑프리 대회 개최지

Round	GRAND PRIX	CIRCUIT/CITY	DATE
1	호주 그랑프리	알버트파크 / 멜버른	3.15~3.17
2	말레이시아 그랑프리	세팡인터내셔널 서킷 / 쿠알라룸푸르	3.22~3.24
3	중국 그랑프리	상하이인터내셔널 서킷 / 상하이	4.12~4.14
4	바레인 그랑프리	바레인인터내셔널 서킷 / 사키르	4.19~4.21
5	스페인 그랑프리	카탈루냐 서킷 / 카탈루냐	5.10~5.12
6	모나코 그랑프리	모나코 서킷 / 몬테카를로	5.23~5.26
7	캐나다 그랑프리	질빌뇌브 서킷 / 몬트리올	6.7~6.9
8	영국 그랑프리	실버스톤 서킷 / 실버스톤	6.28~6.30
9	독일 그랑프리	뉘른부르크링 서킷 / 뉘른부르크	7.5~7.7
10	헝가리 그랑프리	헝가로링 서킷 / 부다페스트	7.26~7.28

11	벨기에 그랑프리	스파프랑코샹 서킷 / 스파프랑코샹	8.23~8.25
12	이탈리아 그랑프리	몬차 서킷 / 몬차	9.6~9.8
13	싱가포르 그랑프리	마리나베이스트리트 서킷 / 싱가포르	9.20~9.22
14	한국 그랑프리	코리아인터내서널 서킷 / 영암	10.4~10.6
15	일본 그랑프리	스즈카 서킷 / 스즈카	10.11~10.13
16	인도 그랑프리	부다인터내셔널 서킷 / 뉴델리	10.25~10.27
17	아부다비 그랑프리	야스마리나 서킷 / 야스마리나	11.1~11.3
18	미국 그랑프리	아메리카 서킷 / 오스틴	11.15~11.17
19	브라질 그랑프리	호세 카를로스 서킷 / 상파울루	11.22~11.24

또한 F1 그랑프리는 자동차 기술 발달에 가장 역할을 하는 기술 집약적 경기이기도 하다. F1 그랑프리에 참가하는 자동차 회사들은 F1 경주에서 우승을 하기 위해 자동차 성능과 안전에 대한 다양한 기술을 개발하고 도입한다. 이 경주를 위해 개발된 기술들이 추후에 일반 자동차에 적용되어 전체적인 자동차 기술과 안전을 높인다. 따라서 F1 자동차 경주는 단순한 스포츠 경기를 넘어서서 산업적 측면에서도 높은 가치를 지니고 있는 것으로 평가된다.

2. 한국에서 F1 그랑프리의 개최와 포기

1) F1 그랑프리 경주의 개최

한국에서는 1988년 올림픽이 열렸고, 1993년 대전 엑스포, 2002년 월드컵이 개최되었다. 즉, 세계 주요 국가들이 한 번 정도는 개최하는 세계적 행사들을 치렀다. 세계적으로 명성이 있는 경기 및 행사 중에서 아직 한국이 유치하지 못한 것은 F1 그랑프리 경기였다. 따라서 한국에서는 월드컵이 모두 정리된 2003도부터 F1 그랑프리 유치를 준비하기 시작한다.

처음에 한국에서 F1 그랑프리 대회를 유치하고자 노력한 것은 경남이었다. 경남도는 창원에 자동차 경주가 열릴 수 있는 트랙을 만들고 1999년도부터 2003년도까지 F3 경기를 유치해 개최했다. 그러나 경남도는 F1을 위해 새로 만들어야 하는 서킷 경기장의 비용 문제, 그리고 F3 경기를 운영하는 과정에서 나타난 한국에서의 자동차 경주에 대한 위상 등의 문제(사람들은 F3 경기에 대해 큰 관심이 없어 흥행으로 이어지지 못했다)로 하여 F1 경기 유치를 공식적으로 포기한다.

이렇게 경남이 F1 그랑프리 유치를 공식적으로 포기하면서 전남의 F1 유치를 위한 본격적인 노력이 시작되었다. 2005년 2월에 FOM(Formula One Management: F1 그랑프리 운영 주최)과 F1 국내 유치를 위한 협상을 시작하고, 8월에는 F1 사업성에 대한 타당성 조사를 실시한다. 2006년도에는 전남도 의회가 F1 유치 동의안을 승인하고, 결국 2006년 3월, F1 그랑프리를 전남 영암에 유치하는 계약을 맺었다. 2010년부터 2016년까지 한국에서 F1 그랑프리 경기를 열기로 하고, 추후 5년 동안 대회 개최를 더 할 수 있도록 하는 옵션이 마련되었다. 2006년 10월에 F1 한국 개최가 공식적으로 발표되었고, 2008년 7월부터 영암 경주장 건설 공사가 착공되었다. 이렇게 시작된 자동차 경주용 서킷이 2년여에 걸쳐 건설되었고, 2010년 10월 전남 영암에서 F1 그랑프리 대회가 개최되었다.

2) F1 그랑프리 경주의 포기

2010년도부터 시작된 한국 영암 F1 그랑프리는 최소한 7년간 계속 개최될 예정이었다. 하지만 2010년도 F1 경기가 끝나고 나서부터 바로 F1 그랑프리 개최에 대한 문제점들이 논의되기 시작했다. 가장 큰 문제는 F1 경기 개최에 의한 엄청난 적자였다. 2010년도 한 해 동안에만 약 725억 원의 적자를 보았다. 경기장 건설비 약 4,500억 원을 제외하고 순수하게 경기 운영과 관련해서 적자가 700억 원이 넘었다. 그리고 이 적자를 모두 전남도 예산에서 메꿔야만 하게 되자, 전남도 내부에서도 F1에 대한 비판적 목소리가 높아졌다. 전남도 의회는 2010년 11월에 감사원에 전남도를 감사해달라고 감사 청구를 했으며, 2011년 1월에는 F1 그랑프리 운영 업체인 KABO 사장이 퇴임했다. 이후 2011년에는 F1 지방채를 발행해 F1 그랑프리 대회를 개최했는데, 2011년에도 610억 원의 적자가 났다. 전남도에서는 F1 조직을 개편해 인력을 대폭 축소하고, F1 개최권료를 낮추려고 협상도 하고, 국가로부터 각종 지원도 받았지만, 결국 2010년도부터 2013년도까지 약 2,000억 원의 적자를 보았다.

이렇게 지방자치단체에서 감당하기 어려운 엄청난 적자를 시현하고 있었지만, F1 그랑프리 개최로 인한 지역 발전의 효과는 예상만큼 나타나지 않았다. 결국 전남도는 FOM과 F1 그랑프리 경기 개최권료를 대폭 깎아줄 것을 요구했다(원래 개최권료는 2010년도에 360억 원이었고, 매년 10% 할증하도록 계약되었었다. 그러나 2013년에는 개최권료를 할증하지 않고 250억 원 정도로 낮췄다. 2014년에는 이를 130억 원 정도로 다시 낮추고자 했다). 전남도는 개최권료를 깎아주지 않으면 대회 개최를 포기하겠다고 했으나 FOM은 그 제안을 받아들이지 않았고, 결국 FOM은 2013년 12월, 2014년도 F1 경기 일정을 발표하면서 한국 영암 경기를 포함시키지 않아 F1 경기의 한국 개최는 공식적으로 취소되었다.

FOM과 전남도 측에서는 2014년에는 F1 경기가 영암에서 열리지 않지만, 2015년부터는 다시 개최될 수 있을 것이라고 발표했다. 하지만 한국 F1의 적자를 보전할 수 있는 특별한 조치가 이뤄지지 않는 한 2015년 이후부터의 F1 경주 개최는 어려운 것으로 추정되고 있다.

표 5-2 F1 코리아 그랑프리 개최 과정

날짜	내용
2005년	
2월	FOM과 F1 국내 유치 협상 시작
3월 14일	운영법인 MBH(엠브릿지홀딩스) 설립
4월	운영법인 MBH(엠브릿지홀딩스)와 전라남도 협약
8월 25일	기업도시 시범지역 선정
9월	F1 사업성 사전 타당성 조사 실시
2006년	
2월 27일	전남도의회, F1 유치동의안 승인
3월 21일	F1 월드챔피원십 유치 계약 (7년 유치, 5년 연장 개최)
5월 15일	도-MBH, 경주장 건설 협약
6월 21일	개최권료 360억 원 신용장(L/C) 개설
9월 13일	대회운영법인(Korea Auto Valley Operation: KAVO) 설립
10월 2일	FOM 버니애클레스턴 회장 방한, F1 한국 유치 공식 발표
12월	F1 특별법 입안 제안(국회, 임태희 위원 등 54인)

2007년	
2월	FOM-카보 계약
7월 31일	코리아 인터내셔널 서킷 건설 실시 설계 완료 및 승인
8월 16일	F1경주장 사업 실시계획 인가
12월	코리아 인터내셔널 서킷 실질 공사 개시
2008년	
2월 22일	문화관광위원회 법안심사소위 F1 특별법 폐기
7월 31일	경주장 건설공사 착공
2009년	
3월 15일	경주장 건축공사 착공
10월 9일	F1지원특별법 국회 제정
12월 15일	F1 조직위원회 창립
2010년	
3월 8일	감사원, 카보(KAVO) 감사
10월 22일	경주장 준공 전 사용 승인
10월 22~24일	2010 F1 코리아 그랑프리 첫 개최
11월	전남도의회, 행정사무감사 및 감사원 감사 청구
2011년	
1월 14일	카보 이사회 정영조, 장홍호 대표 퇴임 의결
2월 11일	카보 서울사무소 폐쇄
9월 29일	전라남도 의회 F1지방채 1,980억 원 발행 승인
10월 14~16일	2011 F1 코리아 그랑프리 개최
11월 17일	전남지사와 FOM 회장의 재협상으로 TV중계권료 전액 감액 등 합의
12월 25일	전남도의회, F1 정부 지원 결의문 채택
12월 26일	F1 조직위, 조직개편 인력 대폭 축소
12월 31일	F1 운영비 국비 50억 원 지원
2012년	
3월 22일	F1 개최권료 494억 원 LC 동의안 통과
10월 12~14일	2012 F1 코리아 그랑프리 개최
12월 4일	F1 사무총장에 이개호 전 전남부지사 내정
12월 31일	F1 운영비 국비 100억 원 확보

2013년	
4월 30일	F1대회 지원특별법 개정안 국회 통과
5월 29일	국회 예산처, F1 타당성 부실 지적
6월 17일	개최권료 300억 원 도의회 통과
10월 4~6일	2013 F1 코리아 그랑프리 개최
10월 10일	박 전남지사 "F1, 1년 쉴 수도" 발언
11월 4~19일	외신들, 한국 대회 F1 캘린더 제외설 보도
11월 27일	도의회 상임위, F1 예산 70억 원 의결
12월	개최권료 인하를 위한 FOM 측과의 재협상 결렬
12월 4일	2014 F1 그랑프리 한국 제외 최종 확정

제 3 절 F1 전남 영암 개최에 대한 찬반론

F1 경주는 월드컵, 올림픽과 더불어 세계 3대 스포츠 대전으로 손꼽힌다. 하지만 월드컵, 올림픽 한국 개최와는 달리, F1 경주의 전남도 영암 유치에 대해서는 처음부터 많은 논쟁이 존재했다. F1 전남 영암 개최가 반드시 필요하다는 주장과 전남이 F1 경기를 유치해서는 안 된다는 주장이 대립해 왔다. F1 개최 이전에 F1 개최의 타당성과 관련한 주요 사항으로는 다음과 같은 것들이 있었다.

1. 대회 개최 찬성 주장

1) 경제적 효과

월드컵, 올림픽과 같은 주요 국제 행사를 유치할 때 제일 처음 논의되는 찬성 논리는 경기 개최로 인한 경제적 효과이다. 이런 주요 경기들을 유치하면 먼저 경기장을 지어야 한다. 경기장을 짓기 위해서는 건설사가 들어와서 일을 해야 하고, 건설 노동자들이 고용된다. 지역의 건설업과 고용에 큰 영향을 미친다. 또한 경기가 열리는 기간 동안에 해외, 국내 관광객들이 방문하는 효과도 있다. 외부 사람들이 경기가 열리는 지역에 와서 먹고, 마시고, 자고 하면 그에 따른 지역민들의 소득 증대 효과도 존재한다.

F1 코리아 그랑프리 개최와 관련해서도 F1 그랑프리를 개최할 때 비용과 편익이 어느 정도 되는가에 대한 타당성 조사가 이뤄졌다. 국민체육진흥공단이 주도해 작성된 F1 사업성 사전 타당성 조사 결과에 의하면 F1 대회가 치러지는 7년 동안 1조 1천억 원의 생산 유발 효과와 4,300억 원의 소득 유발 효과, 8,600억 원의 부가가치 창출 효과가 있을 것으로 예상했다. 그리고 신규 고용도 1만 7,000여명에 이를 것으로 내다보았다.

혹자는 월드컵, 올림픽 등을 개최한 도시들이 대부분 흑자가 아니라 적자를 보았다고 비판하기도 한다. 물론 대회 운영의 수익과 비용 자체만을 고려하면 적자일 수 있다. 하지만 경기 운영 그 자체는 적자일지 모르지만, 국민 전체가 이로 인해 얻는 소득 증가가 더 크다. 특히 월드컵, 올림픽은 4년에 한 번 열리고, 한 도시에서 다시 열리기 위해서는 몇십 년을 기다려야 한다. 하지만 F1은 한 도시에서 1년에 한 번 열린다. 실질적인 경제적 효과는 월드컵, 올림픽보다 F1이 훨씬 더 크다.

2) 국가 브랜드 제고

F1 그랑프리 경기가 경제적 효과보다 더욱 큰 영향을 미치는 것은 국가의 브랜드 제고 효과이다. F1은 세계에서 대표적인 고급 문화의 상징이다. 월드컵의 축구는 세계적으로 인기있는 경기이기는 하지만 엄밀히 말해 하이클래스의 운동 경기는 아니다. 일반 대중들에게는 인기가 있지만, 문화 가치가 높지는 않다. 하지만 F1은 전 세계적으로 고급 문화를 상징하면서 고급 브랜드로서의 성격을 지니고 있다.

실제 F1 그랑프리가 개최되는 국가와 도시들을 보면 호주 멜버른, 모나코, 캐나다 몬트리올, 싱가포르, 미국 오스틴, 중국 상하이, 스페인 카탈루냐 등 세계에서 명성이 있는 국가와 도시들뿐이다. 만약 한국이 이 F1을 개최하게 된다면, 이런 나라들과 같이 브랜드를 가지게 되는 것이며, 특히 영암이 전 세계적으로 유명한 주요 지역이 될 수 있다.

또한 전 세계에서 TV로 F1을 시청하는 사람들은 6억 명 정도로 추산된다. 6

억 명의 사람이 한국과 영암을 알게 된다. 이러한 홍보 효과는 어떤 다른 국제 행사에서도 얻을 수 없다. 월드컵, 올림픽이 이와 유사한 홍보 효과를 가지기는 하지만, 월드컵, 올림픽은 4년에 한 번이고, 한 국가에서는 몇십 년에 한 번이다. 실질적으로 전 세계에 가장 강력한 홍보 효과를 가지는 스포츠 경기는 다름 아닌 F1 그랑프리이다. 그렇기 때문에 설사 F1 경기 운영 그 자체에서는 적자가 나더라도 많은 국가에서 F1 그랑프리를 계속 개최하고 있고, 또 개최하기를 희망하고 있다. 국가와 지역을 세계에 알리고 긍정적 인식을 갖게 하는 효과는 F1 그랑프리 개최만한 것이 없다.

3) 전남 지역의 개발

그동안 한국에서는 월드컵, 올림픽, 엑스포 등 주요 국제 행사를 유치해 왔다. 그리고 그런 국제 행사를 통해 국가 이미지를 제고했고, 여러 경제적 효과도 누릴 수 있었다. 그러나 이런 주요 국제 행사들은 대부분 서울과 수도권 지역에 집중되어 개최되었다. 즉, 이런 대규모 개최의 효과를 서울과 수도권에서 거의 독점해 온 것이다.

물론 서울과 수도권에서 이러한 국제 행사들을 개최하는 근거는 충분히 존재한다. 서울과 수도권은 인구가 많아 행사에 참여하는 인원을 확보할 수 있다. 또한 서울과 수도권은 인프라가 잘 정비되어 있어 국제 행사를 치르기가 편리하다. 이에 비해 지방에서 이런 국제 행사가 열리게 되면 우선 국제 행사에 참여할 사람들이 많지 않고, 또 도로, 숙박시설 등의 인프라가 부족해 많은 불편을 겪게 된다.

하지만 이렇게 국제 행사를 치르기가 불편하다 해서 계속 서울과 수도권에서만 국제대회를 개최하게 되면, 서울과 수도권만 계속 발전하고 지방은 발전이 이뤄지지 않고 낙후될 수밖에 없다. 설사 지금 당장 지방의 인프라가 부족하지만, 그래도 지방에 국제 행사를 유치해야 그 행사를 치르기 위해서라도 도로 등의 인프라가 구축될 수 있다. 서울과 수도권은 국제 행사 유치가 단순히 행사를 원활히 치르기 위한 것이겠지만, 지방에서 국제 행사 유치는 지역 발전을 위한 주요한 수단이 된다. 국제 행사를 치르기 위해 만들어지는 도로, 사회 기반시설 등이 모두 그 지역의 중요한 발전 동력이 될 수 있는 것이다.

전남 지역은 한국에서 대표적으로 발전이 더딘 지역이다. 전국 16개 광역지자체 중에서 소득이 가장 낮다. 특히 영암 지역은 최근 수년간 계속 인구가 감소하고 있다. 이렇게 소득이 낮고 인구가 감소하는 전남에 F1 그랑프리를 유치하는 것이 지역 발전에 큰 기여를 할 수 있다. 현재 전남 지역이 F1 그랑프리를 개최할 정도로 기반 시설이 되어 있지 않은 것은 맞다. 하지만 F1 개최를 준비하는 과정에서 충분한 기반 시설을 갖출 수 있다. 전남 지역이 발전해 나갈 수 있는 기반을 F1 그랑프리가 마련해 줄 수 있다.

4) 자동차 산업과 문화의 발전

현재 한국에서 가장 중요한 산업을 꼽으라면 반도체, 스마트폰으로 대표되는 전자산업과 자동차산업이다. 한국은 수출을 해서 먹고 사는 국가인데, 수출 비중도 이 두 산업이 가장 크다. 한국은 세계 5위의 자동차 생산국이다. 한국에서 자동차산업은 한국 국민을 먹여살리는 가장 큰 역할을 하는 산업이다.

그런데 한국에서 자동차가 이렇게 경제적으로 중요한데 비해 한국의 자동차가 세계적으로 고급 이미지, 기술력으로서의 이미지를 갖추지는 못하고 있다. 단지 대량 생산되고 가격이 적절한 효율적인 차라는 이미지만 가지고 있을 뿐이다. 하지만 자동차 강국으로서의 제대로 된 면모를 갖추기 위해서는 특히 기술적으로 인정받을 수 있는 자동차가 만들어져야 한다. 그리고 자동차 기술과 문화 발전에 가장 기여할 수 있는 사회적 기반이 바로 F1 그랑프리 대회이다.

F1 그랑프리에 참여하는 자동차들은 모두 세계적으로 유수한 자동차 회사들의 제품이다. 많은 비용을 들여 F1 자동차를 개발하고, 그런 과정에서 자동차의 기술을 발전시킨다. 하지만 한국은 세계 5위의 자동차 생산국이면서도 F1에 참여하는 자동차 회사가 하나도 없다. 자동차를 만들어서 팔기만 할 뿐, 자동차 기술의 발전과 문화 발전에 큰 기여를 하지 못하고 있는 것이다.

한국에서 F1 그랑프리를 개최하는 것은 한국 자동차 회사들의 이미지를 증진시켜 한국 자동차에 대한 긍정적 인식을 높일 뿐 아니라, 한국 자동차 회사들이 기술에 좀 더 중점을 둘 수 있도록 재촉하는 계기도 될 수 있다. 또한 자동차 하드웨어는 발전했지만 자동차 문화로서의 소프트웨어는 부족한 한국에서, 진정한 자동차 문화가 발전할 수 있는 변환점이 될 수 있다.

2. 대회 개최 반대 주장

1) 국제 스포츠 행사 개최의 문제점

한국에서 올림픽, 월드컵을 개최하면서 많은 경기장이 새로 만들어졌다. 처음 이런 경기장들을 만들면서는 올림픽, 월드컵이 끝난 다음에도 계속 이용할 수 있을 것으로 예상했었다. 하지만 실제 올림픽이 끝나자, 올림픽을 개최하기 위해 만들어진 경기장들은 대부분 무용지물이 되었다. 올림픽의 경우 주경기장 등은 그래도 좀 활용이 되었지만, 미사리 조정경기장 등 비인기 종목 경기장은 정말 무용지물이 되었다.

2002년도 월드컵의 경우에는 전국에 10개 경기장이 신설되었다. 그 과정에서 막대한 건설비가 소요되었지만, 월드컵 개최 이후 경기장 관리비용으로 모든 경기장이 매년 엄청난 적자를 기록하고 있다. 이 적자를 모두 세금으로 메꾸고 있다.

F1 경기장 서킷을 건설하는 데는 3,000억 원 이상이 소요된다. 이런 경기장을 만들어서 1년에 한국에서 F1 경기가 열리는 4일만 이용한다. 전남도 측에서는 F1 경기 외에도 이용할 수 있다고 하지만, 실제 한국에서는 자동차 경주가 없다. 다른 자동차 경주, 오토바이 경주를 개최한다 하더라도 1년에 한 달은 넘지 않을 것이다. F1 경기를 유치하면 엄청난 적자를 볼 것이 분명하다. 이렇게 적자 규모가 눈에 보이는 상태에서 F1을 추진할 수는 없다.

2) 국가 브랜드 효과의 문제점

올림픽, 월드컵 같은 경우에도 실질적으로는 국가 재정에 큰 부담이 된다는 것은 알고 있었다. 그러나 그럼에도 불구하고 올림픽 개최, 월드컵 개최가 국가 이미지, 국가 브랜드에 미치는 긍정적 효과가 크기 때문에 이런 국제대회는 개최를 했다. 하지만 F1의 브랜드 효과는 월드컵, 올림픽과 비교될 수 있을 정도는 아니다. 그 많은 돈을 들여서, 적자를 감수하고 할 정도의 국제경기는 아니다.

전 세계에서 F1을 시청하는 사람이 6억 명 정도 되는 것은 맞다. 하지만 6억 명의 사람이 계속 한국의 영암만 보는 것은 아니다. 1년에 F1은 19번 각기 다른 도시에서 개최된다. 즉, F1으로 인한 국가, 도시의 홍보 효과는 1/19에 불과하다.

그리고 기간도 1주일 남짓이다. 전 세계 사람들의 시선이 한 달 동안 집중해서 쏠리는 월드컵, 올림픽과 비교할 수는 없다.

그리고 올림픽은 다양한 경기들이 있고, 월드컵도 인기 종목인 축구의 국가 간 대항전으로 전 세계 사람들에게 관심을 불러일으킨다. 하지만 F1은 자동차에 관심이 있는 소수에게만 중요한 경기이다. 자동차 경기를 좋아하는 사람들에게는 홍보 효과가 있을지 몰라도, 전 세계 보통 사람들에 대한 홍보 효과는 거의 없다. 어느 정도 홍보 효과가 있기는 하겠지만, 그 정도의 비용을 부담하고서 추진할 사안은 아니다.

3) 개최 장소의 문제

F1을 유치하면 분명히 적자가 된다. 그러나 그럼에도 불구하고 국가 브랜드 제고 등의 이유로 F1을 개최하고자 한다면 그 장소는 서울·경기 지역이어야 한다. 서울에서는 F1을 개최할 만한 경기장을 지을 장소가 없다. 따라서 실질적으로는 경기 지역 중 서울에서 이동하기 편리한 곳에 F1 경기장이 마련되어야 한다. 전남 영암 지역에 F1 경기장을 마련한다면 절대로 성공할 수 없다.

F1 경기 티켓은 가장 좋은 자리는 1인당 200만 원이 넘고, 가장 나쁜 자리라 해도 7만 원가량 한다. 가장 나쁜 자리는 출발선, 결승선이 보이지도 않고 곡선 주로도 아닌 곳에 위치한다. 그럼에도 불구하고 이 티켓 값을 부담하고, 또 그런 사람들에 의해 경기장 관람객이 채워지기 위해서는 서울·경기 사람들이 와야만 한다. 실질적으로 서울·경기 사람이 많이 와주지 않는 이상 이 비싼 F1 티켓이 팔려나가는 것은 불가능하다.

그런데 전남 영암 지역은 서울과의 교통이 상당히 어려운 지역이다. 서울에서 5시간 정도가 걸린다. 하루 만에 왕복하는 것이 불가능하고, 1박을 해야만 하는 지리적 위치이다. F1 경기를 보기 위해 서울 사람들이 5시간 이상 차를 타고 갈 것인가? 그리고 간다면 얼마나 많은 사람이 갈 것인가. 아무리 F1이 유명하다 하지만 서울·경기 사람들이 F1 경주를 보기 위해 5시간 이상 차를 몰고 내려가서 숙박까지는 하지 않을 것이다. 전남 영암 서킷 경기장의 관람석이 차는 것은 불가능할 것이다. 전남 영암의 F1 경기장은 엄청난 적자를 볼 수밖에 없다.

4) 지역 개발의 문제

국제대회를 유치하면 어느 정도 지역 개발 효과를 얻을 수 있는 것은 맞다. 하지만 지자체는 현실적으로 그런 국제대회를 개최할 자금이 없다. 설사 국제대회를 유치하더라도 재정 적자 문제를 겪게 된다는 것도 분명하다. 이렇게 돈이 부족함에도 불구하고 많은 지자체가 국제대회를 유치하고자 노력하고 있다. 실제 개최비가 없는데도 대회를 유치하는 이유는, 일단 국제대회를 유치하면 중앙정부가 도와줄 것이라는 믿음 때문이다.

국제대회를 유치했는데 돈이 없어 그 국제대회를 제대로 치르지 못하면 국제적인 망신이 된다. 따라서 중앙정부는 절대로 일단 개최하기로 한 국제대회는 제대로 치러질 수 있도록 지원을 아끼지 않을 것이다. 중앙정부는 지방자치단체가 국제대회를 유치하는 것에 대해 반대하지만, 막상 국제대회를 유치하고 나면 국제적 신뢰도를 유지하기 위해 중앙정부가 나서서 도와줄 수밖에 없다.

이런 논리에 따라 각 지자체들은 중앙정부가 분명히 반대 의사를 표시했는데도 국제대회를 유치하려고 한다. F1 그랑프리의 경우에도 중앙부처에서는 분명히 반대 표시를 했고, 지원금은 없다고 표명했다. 하지만 그럼에도 불구하고 실제 경기를 운영할 자금이 없는 전남도는 대회 유치를 추진했다. 전남도는 지자체가 지역 개발을 위해 대회를 유치하는 것은 좋다. 하지만 실질적으로 지자체의 국제대회 유치는 중앙정부를 상대로 하는 물귀신 작전이다. 제대로 된 지역 개발 방법이 아니다.

5) 한국에서의 자동차 경주

한국에서 자동차 경주에 대한 인식과 관심이 어떤지는 이미 경험을 했다. 경남 창원에서 1999년도부터 2003년도까지 F3 경기를 유치해서 개최한 바 있다. 수년 동안 계속 F3 경기를 개최했지만 결국 일반인들의 관심을 끄는 데 실패했다. 경남은 한국에서 수도권 다음으로 인구와 소득이 많은 지역이다. 그럼에도 불구하고 F3이 정착하는 데 성공하지 못했다. 그런데 경남보다 인구와 소득이 더 적은 전남 지역에서 F1이 성공한다는 것은 어려운 일이다.

한국에서 자동차 경주에 대한 인식이 확대되고 흥미를 가지게 되면 그 다음에 F1 유치를 고려하면 된다. 지금 현재 한국 사람들은 자동차 경주에 큰 관심을 가지지 않고 있다. 이런 상태에서 F1 그랑프리 대회를 유치하면 자연적으로 사람들이 자동차 경주에 관심을 가지고 자동차 경주를 좋아하게 될 것이라는 건 무리한 추측이다. 사람들이 F1에 관심을 가질 때 F1이 유치되어야지, 현재 대부분의 사람이 F1에 관심이 없는 상태에서 F1 경기를 유치하는 것은 너무 빠른 것이다.

제 4 절 F1 전남 영암 대회 포기에 대한 찬반론

영암 F1 그랑프리는 2010년도부터 계획대로 개최되었다. 2010년도에는 관객석 공사가 아직 미완이고, 경기장 밖 도로가 아직 포장되지도 않은 상태에서 경기가 열렸다. 특히 방수 공사가 완전히 끝나지 않았는데 경기 당일 비가 오는 바람에 경기가 연장되기도 했다. 하지만 2011년도부터는 나름대로 문제점들이 보완되고 경기 자체는 무난하게 운영될 수 있었다.

그러나 관객 수가 적은 것은 끝까지 보완되지 않았다. 운영위 측에서는 관객 수가 몇만 명이 넘었다는 등 홍보를 했지만, 돈을 내고 들어오는 유료 관객 수는 많지 않았다. 관객이 없어 운영위에서는 F1 입장권을 지역 주민들에게 무료 또는 싼 가격으로 나눠주었고, 이런 무료 및 할인 표에 의해 관람석이 채워지게 되는 형국이었다. 결국 F1 영암 그랑프리의 가장 큰 수입원인 입장권 판매가 제대로 이뤄지지 않아 F1은 엄청난 적자가 계속되었고, 마침내 전남은 2014년부터 F1 경기 개최를 포기한다.

F1 경기 포기는 과연 적절한 정책적 결정이었을까. F1 경기 포기와 관련해서는 다음과 같은 입장 간 논쟁이 존재한다.

1. F1 경기 포기 주장

1) 재정 적자

F1 영암 서킷은 해마다 엄청난 적자를 내고 있다. 그리고 F1 영암 서킷에 대한 모든 책임을 지고 있는 곳은 전라남도이다. 즉, 전라남도가 이 적자를 모두 책임져야만 한다.

F1 서킷 첫해인 2010년도에만 700억 원이 넘는 적자를 보았고, 2011년도에는 600억 원, 2012년도에는 400억 원 이상의 적자가 났다. 적자 규모가 매년도 감소했다고는 하지만, 적자가 감소하는 것은 이익이 조금씩 증가하기 때문이 아니었다. 정부의 보조금 지급, FOM에 지불해야 하는 금액의 감소 등으로 인해 적자 규모가 감소되고 있는 것이지, F1 운영 자체의 상황이 좋아져서 적자 규모가 감소하는 것은 아니다. 만약 운영 이익이 조금씩 증가되는 상황이라면 지금의 적자는 나중에 해소될 수 있을 것이다. 하지만 이익이 증가되어 나타나는 적자 감소가 아닌 이상, 현재 적자 상태가 해소될 가능성은 없다.

고객들이 좀 더 많이 영암 서킷을 찾아오면 적자가 해소될 수도 있을 것이다. 그러나 2010년부터 2013년까지 이미 4년 동안 고객 유치 활동을 해왔다. 특히 2011년, 2012년도에는 서울 · 경기 지방에서 고객들이 많이 찾아올 수 있도록 적극적인 마케팅을 했다. 그러나 영암까지 찾아오는 관객 수는 여전히 적었다. 실질적으로 F1 영암 서킷이 지금의 적자에서 벗어날 수 있는 방법은 없었다. 단지 가능한 하나의 방법은 중앙정부가 모든 손해를 보상해 주는 것인데, 중앙정부는 일정 수준 이상을 절대 지원하려 하지 않고 있다.

이런 상태가 계속되면 전라남도는 파산하게 된다. 2011년 감사원은 이 상태대로 7년간 계속 대회를 치를 경우 재정부담액이 1조 원이 넘게 될 것으로 분석했다. 전라남도 재정 수준에서 감당할 수 있는 수준이 아니다. F1 영암 서킷은 전라남도를 재정적으로 파산시키고 있다. 비록 지금 많은 비난과 비판을 받더라도, 지금이라도 하루빨리 그만두어야 한다.

2) 경제적 효과, 브랜드 효과의 한계

F1 경기 개최로 인해 전남 영암 지역에 경제적 효과가 있기는 했다. 많은 사람

이 영암에 왔고, 이들의 숙박비, 식비, 주유소 기름값 지출 등을 통해 지역 경제에 큰 도움이 된 것은 사실이다. 하지만 이 손님들의 지출액은 경기에 지출하는 운영비를 고려할 때 많지 않은 금액이다. 우선 손님들이 많이 와야지만 이런 소득 증대액도 증가될 수 있을텐데, 영암 F1을 보러 오는 사람 자체가 많지 않았다. 이런 상태에서는 소득 증가액도 예상보다 적었다. F1 관람객은 대부분 채워졌지만, 이 관람객 대부분은 외지인이 아니라 지역 주민이었다. 처음에 예상했던 경제적 효과가 제대로 나타나지 않았다. KDI 연구 결과 F1 경기로 인한 직접 소비지출 효과는 389억 원이었다. 운영 적자 규모와 비슷하다. 처음에 경기장을 지은 금액을 고려하면 소비지출 효과는 적자액보다 적었다. 차라리 주민들에게 적자액을 현금으로 나눠주는 것이 더 효율적인 지원이 될 수 있었다.

전남 영암이 F1 개최로 인해 세계적으로 인지도가 높아진 것은 맞다. 하지만 영암이 세계적으로 인지도가 높아져서 발생한 실질적 이익은 없었다. F1 팬들이 영암이라는 장소를 알았을 뿐이다. 그로 인해 외국인들이 영암에 일부러 찾아온다거나, 영암 제품을 구입하는 등의 파생 효과는 존재하지 않았다. 제품에 대한 인지도는 높지만 막상 제품을 사지는 않는 것과 동일하다. 국가라면 수익과 연결되지 않는다 하더라도 국격이라는 의미에서 가치가 있을 수 있다. 하지만 전남 영암이라는 지역에서 그런 국격이 의미있는 것도 아니다. 이런 경우 경영학에서는 마케팅 실패로 본다. 아무런 실질적 이익이 없는 인지도 상승은 큰 의미가 없는 것이다.

2. F1 경기 유지 주장

1) 기존의 매몰비용 문제

현재 F1 영암 서킷이 적자를 보고 있는 것은 맞다. 그리고 현재 적자 상태에서 헤어나기 어려운 것도 맞다. 하지만 그렇다고 해서 지금 영암 F1 서킷을 그만두면 지금까지 경기장을 짓고 주변 도로 등을 정비하느라 사용한 자금은 정말 버리는 돈이 된다. 경기장을 짓는 데 4,000억 원이 넘는 돈이 이미 투입되었다. 주변 도로 등을 새로 만들고 환경을 정비하는 데 5,000억 원 가까운 돈이 사용되었다. 지금 F1 서킷을 그만두면 이 경기장은 정말 무용지물이 되어버린다. 자동차 경주에 맞게 만들어졌기 때문에 다른 경기에 활용할 수도 없다. 5,000억 원이 넘는 그동안의 투자금이 무용지물이 되어버린다.

지금 현재 몇백억 원의 적자가 나고 있기는 하지만, 5천억 원의 기존 투자금에 비해서는 작은 금액이다. 지금 현재 몇백억 원의 적자를 아끼기 위해 5천억 원 상당의 경기장을 버리는 것은 작은 것을 구하기 위해 큰 것을 버리는 것이다.

비록 지금으로서는 몇백억의 적자를 감당할 방법이 보이지 않는다 하더라도 계속 F1 경기를 운영하면서 해결책을 찾아야 한다. 경기를 포기해서 그동안의 투자를 무로 돌리는 것은 더욱 비효율적인 방안이다.

2) 경제적 효과

지금 현재 경제적 효과 측면에서 만족스럽지 않은 결과가 나오고 있는 것은 맞다. 하지만 도로, 항만, 공항과 같은 사회간접자본은 1년에서 5년 사이의 경제적 효과를 위해 만들어지는 것이 아니다. 이런 사회간접자본은 최소한 10년 후, 20년 후의 상태를 보고 투자를 하는 것이지 단기간 동안의 효과를 보지는 않는다.

F1 영암 서킷은 단기간 동안의 효과를 위해 유치한 국제경기가 아니다. 단기간의 효과를 보기 위해서라면 1년만 개최되는 세계선수권대회 등을 유치했지, 장기간 계속되는 F1 그랑프리를 유치하지는 않았을 것이다. F1 영암 서킷은 처음부터 최소 7년, 나아가 12년을 보고 유치한 것이다. 처음 단기간에는 효과가 적을지라도, 10년 후에 긍정적인 효과가 나타난다면 이 투자는 성공적이 되는 것이다. 그런데 지금 단지 4년을 운영하고 포기하려 하고 있다. 공항, 항만 같은 것들도 4년 만에 투자 이익이 생기지는 않는다. 그런데 왜 F1영암 서킷에 대해서는 1년, 2년 사이에 적자가 메꿔지고 흑자 경영이 되기를 바라는 것인가.

3) 국가 브랜드, 이미지

F1 영암 개최가 한국과 전남 영암에 대한 인지도를 높여준 것은 분명하다. 특히 전남 영암 지역은 전 세계에서 한번도 주목을 받지 않았던 지역이다. 그런데 F1을 개최하고 나서 전남 영암은 전 세계적으로 알려져 있는 유명지가 되었다. 이런 명성이 국격에 크게 도움을 주지 않고 있는 것은 맞을 수 있다. 하지만 그

렇다고 해서 지금 F1 개최를 포기하면 한국과 영암에 대해 부정적인 이미지가 발생하게 될 것이다. 전 세계 6억 명의 F1 팬들이 한국과 영암을 알고 있다. 그런데 다른 이유도 아니고 돈이 없다는 이유로 F1 개최를 포기하게 된다면 한국에 대한 부정적인 이미지가 강화될 것이다. 그동안 쌓아온 긍정적인 이미지가 한 순간에 부정적인 이미지로 변화하게 된다. 이렇게 된다면 처음에 F1 서킷을 개최하지 않은 것보다 더 부정적인 결과가 된다.

영암 F1 서킷은 처음에 단추가 잘못 끼워진 정책일 수 있다. 하지만 그렇다 하더라도 지금 포기하는 것은 단순히 전남 영암의 문제가 아니다. 한국 전체의 국가 신뢰도와 능력에 대한 문제가 되어버린다. 비록 전남도가 F1 대회를 유치한 것이 잘못된 것일 수 있어도 이제는 전남의 문제가 아니라 한국 전체의 문제이다. 지방자치의 책임 그런 것에 얽매이기보다는 국가가 나서서 이 문제를 해결해야 하는 것이다. 이런 상황에서 F1 대회를 포기하는 것은 국가 전체 측면에서 더 부정적인 효과를 가져온다.

제 5 절 F1 그랑프리 정책 관련 논쟁점

1. 정부 행사의 홍보 효과

처음에 F1 영암 개최에 대한 타당성 조사를 했을 때, 가장 큰 효과 중 하나로 계산된 것이 대회 개최로 인한 홍보 효과이다. 일반적으로 홍보 효과를 계산하는 방식은 대략 다음과 같다. 만약 광고를 한다고 하면 TV에 15초 노출되는 데 1,000만 원, 신문에 1단 광고하는 데 100만 원 등으로 광고비가 책정되는 기준이 있다. 그런데 만약 대회 개최로 인해 TV에 15초 방송이 나갔다면, 이때 광고비를 기준으로 1,000만 원의 홍보 효과가 있는 것으로 계산한다. 만약 신문에 1단으로 대회 개최가 보도되었다면, 신문 1단 광고비인 100만 원의 홍보 효과가 있는 것으로 계산한다.

이런 계산 방식은 일반 기업에게는 타당할 수 있다. 기업은 TV, 신문에 광고를 해야 상품을 알릴 수 있는데, 홍보를 해도 똑같이 고객들에게 정보를 전달할 수 있다. 이때 홍보는 광고를 대체하는 것이고, 따라서 홍보 효과는 광고비 지출의 대체비로 계산된다. 정부는 일반적으로 광고할 일이 없다. 광고를 해서 상품을 팔 것도 없고, 이미지가 좋아져서 매출이 증가될 일도 없다. 이런 경우 TV, 신문에 홍보되는 것을 광고비 기준으로 이익을 측정할 수 있을까? 만약 광고비를 기준으로 홍보 효과를 측정하지 않는다면, 어떤 기준으로 홍보 효과를 측정할 수 있을까?(만약 이런 홍보 효과가 완전히 제거된다면, 많은 국가 사업의 경제적 효과는 상당히 낮아지게 된다.)

2. 지역 개발과 국제대회 유치 간 관계

많은 지자체에서는 국제대회를 유치하고자 하고 있다. 대구의 세계육상대회, 인천의 아시안게임 개최 등도 지자체 스스로가 대회를 유치한 것이다. 이와 같이 국제대회를 유치하는 것이 지역 개발에 큰 도움이 되는 것으로 선전을 하고 국제대회의 성공적 개최를 위해 많은 노력을 기울인다.

그런데 국제대회의 개최는 해당 지자체의 재정적자 심화로 이어진다. 세계육상대회를 개최한 후 대구의 재정 문제가 심화되었고, 인천도 여러 국제 행사를 치르고 난 후 재정적자 문제가 심각하다. 전라남도의 경우도 영암 F1 서킷 개최 이후 재정난을 겪고 있다.

이와 같이 국제대회 개최는 지자체의 재정적자 문제를 심화시키지만, 그래도 이런 국제대회 개최가 지역 개발에 도움이 되는 것으로 여기고 계속 국제대회 유치를 추진하고 있다. 이러한 국제대회 유치는 지역 개발에 실질적으로 어느 정도 영향을 미치는 것일까? 국제대회를 위한 사회간접자본 설치와 관광객의 지출 증가 등은 과연 어느 정도로 지역 개발에 영향을 미칠까? 그리고 이러한 지역 개발의 장점은 지자체의 예산 적자의 단점을 능가할 수 있을까?

3. 정부는 지자체 사업에 어느 정도 도와주어야 하는가?

지자체는 국제대회 등을 유치하고서는 중앙정부에 자금 지원을 요구하곤 한다. 중앙정부는 지자체가 주도하는 국제대회에 자금 지원을 하지 않겠다고 천명하지만, 막상 국제대회가 유치되고 나면 정부 지원이 이뤄지는 것이 보통이다. 정부는 계속 반대한다고 해도, 국회 차원에서 국제대회 개최 지원에 대한 특별법이 만들어져 해당 국제대회에 대한 지원이 어느 정도 이뤄진다.

국제대회가 유치된 이상, 성공적으로 개최되지 못하면 이는 국제적 망신이 된다. 비록 지자체가 국제대회를 유치했지만, 그 대회가 실패하면 욕을 먹는 것은 지자체라기보다는 국가이다. 아무리 지자체가 대회 유치의 주도자라 하더라도, 대회에 참가하는 참가자 입장에서는 지자체 주최라기보다는 국가 주최라는 인식을 가지고 대회에 참석하는 것이 일반적이다. 이때 대회의 실패에 대한 비난은 지자체에 가는 것이 아니라 국가에 간다.

그러나 이와 같이 국가가 최종적인 책임을 진다고 해서 국가가 국제대회에 대한 전폭적 지원을 한다면 지자체마다 국제대회를 유치하고자 하는 무리한 욕망을 제어할 수 없을 것이다. 하지만 그렇다고 해서 지자체가 유치한 국제대회를 중앙정부가 무시한다면, 국제대회 개최 실패의 책임은 한국이 지게 된다. 실질적으로 대부분의 지자체는 국제대회를 자체적으로 개최할 만한 자금과 역량이 없다. 이런 경우 국가는 지자체의 국제대회 개최 문제를 어떻게 해결해야 할 것인가.

4. 전남의 계약 변경 요구는 타당한가?

영암 F1 그랑프리는 2010년 이후 2013년도까지 계속 적자를 보였다. 이에 전남도는 FOM(Formula One Management)을 대상으로 개최료 등의 계약 내용을 변경해 줄 것을 그동안 계속 요구했다. 처음에는 2010년 개최료 360억 원을 지불한 다음 해마다 10%씩 개최료를 증가하기로 계약한다. 이후 적자가 발생하자 개최료 10% 연 증가 조항을 폐지하고 개최료가 감소될 수 있도록 했다. 그 다음에는 중계료 등을 감면받고, 개최료도 감면받는다. 2013년도에는 개최료를 100억 원 수준으로 낮춰줄 것을 요구하고, 만약 이 요구가 받아들여지지 않으면 2014년도 대회 개최를 안 하겠다고 주장한다.

FOM은 2012년도까지는 전남도의 요구 조건을 상당 부분 수용했다. 그러나

2013년도에는 전남도의 요구 조건을 받아들이지 않고 2014년도 대회에서 영암을 제외하기로 한다.

사실 국제 간 계약에서는 처음 약속한 것을 그대로 지키는 것이 원칙이다. 하지만 영암 F1 적자가 계속되면서 전남도는 계속 계약 조건을 변경할 것을 요구한다. 사정이 변경되었기 때문에 계약 내용도 변경되어야 한다는 논리이다. 사정 변경과 계약 내용 변경은 어느 정도까지 이뤄질 수 있는 것일까. FOM은 2013년도 전남도의 요구 조건을 받아들이고 2014년도에도 경기를 개최했어야 했을까, 아니면 전남도의 요구 조건을 거부하고 2014년 대회에서 영암을 제외하는 것이 맞는 것이었을까.

제 6 장

4대강사업 정책사례*

길종백

제 1 절 들어가는 글

4대강사업은 이명박 정부가 실시한 정책 중 가장 큰 규모의 정책이다. 정부 예산과 수자원공사가 지출한 비용을 합쳐 약 30조 원이 3년이라는 기간 동안 투입되었다. 인천국제공항이 8년 공사 기간에 건설비용 7.5조 원, 경부고속철도가 18년에 거쳐 18.4조 원이 투입된 것과 비교하면, 천문학적 예산이 상당히 짧은 기간 안에 소요되었음을 알 수 있다.

2008년 12월에 정부가 사업 추진을 공식적으로 결정한 이후 4대강사업은 사회적으로 큰 논쟁의 대상이었다. 정부 결정에 대해 야당, 환경단체, 종교계 등은 정

* 이 정책사례는 2014년 한국정책학회 추계학술대회에서 발표한 논문을 수정, 발전시킨 것임. 또한 발표 논문의 일부분을 정부책임성이라는 관점에서 심화, 발전시켜 2015년 『국가정책연구』에 논문(정부정책의 책임성에 대한 분석과 평가: 4대강사업을 중심으로)을 게재했음.

책의 실효성에 의문을 제기하면서 사업 철회를 주장했다. 2010년 3월과 4월에 이뤄진 조사에 따르면 대부분의 지역에서 4대강사업을 반대하는 국민 여론이 더 높았다. 많은 반대에도 불구하고 정부는 4대강사업의 필요성과 효과를 강조하면서 정책을 일방적으로 추진했다. 결국 2013년 1월에 공사 공정률이 99.4%에 도달해 실질적으로 4대강사업이 종료되었다고 평가할 수 있으나, 4대강사업을 둘러싼 논쟁은 지금까지 이어지고 있다.

정부가 추진하는 정책 중에는 4대강사업과 같이 예산 규모가 크고, 장기적으로 국가 발전과 연계되는 것들이 있다. 교량, 터널, 공항, 운하, 철도 등과 같은 사회기반시설에 대규모 비용이 투입되는 정책을 생각할 수 있고, 이러한 것은 대형 국책사업 또는 메가 프로젝트(mega projects)라고 불린다(문명재 외, 2007; 정병걸 · 길종백, 201). 안타깝게도 이러한 정책은 초기에 설정한 목표를 충분히 달성하지 못하거나, 초기 계획보다 훨씬 더 많은 예산이 투입될 여지가 높다. 그리고 성공 가능성을 담보하기 어려운 상황임에도 대형 국책사업을 추진하고자 하는 욕망은 쉽게 사그라지지 않는다. 4대강사업의 구체적 진실은 여전히 베일에 가려져 있고 그 결과와 운명은 먼 미래의 여신에게 달려 있겠지만, 가까운 미래를 살아가야 할 가난한 우리에게는 4대강사업이라는 욕망의 전차를 살펴보는 것이 필요하다고 생각한다.

제 2 절 사례의 배경 및 전개 과정

이명박 정부가 추진했던 4대강사업은 대운하사업과 분리해서 논의하기 어렵기에 대운하사업을 포함해 4대강사업 전개 과정을 살펴보기로 한다.

1. 대운하사업의 좌절

대운하사업이 정치권에 처음으로 등장한 것은 1996년경이다. 당시 국회의원이었던 이명박 의원이 한반도 운하의 필요성을 제기한 것이다. 그 이전에도 운하 건설 등과 관련해서는 학계에서 간헐적으로 논의가 진행되었다. 그렇지만 당시에 대운하사업은 정치권에서 중요한 이슈로 논의되지는 못했다(홍원식 · 이상호, 2008: 45).

2007년 12월 실시한 대통령 선거에서 당시 여당이었던 한나라당의 이명박 후보가 대통령에 당선되면서 대운하사업은 정치적 쟁점으로 급부상했다. 이명박 후보는 후보 시절 많은 대선 공약을 제시했는데, 그 가운데에는 대운하사업이 포함되어 있었다. 국회의원 시절부터 대운하사업에 관심을 가졌던 이명박 대통령 당선자는 후보 시절에 "대운하의 공사 기간은 4년, 국가 예산은 15조(원), 철도나 도로보다 물류비용이 4분의 1밖에 들지 않고, 장기적으로는 북핵 문제를 해결한 뒤 북한과 논의해 북한의 3대 강과도 연결해 총체적으로는 한반도 전체를 잇는 대운하를 건설하겠다."고 포부를 밝히기도 했다(서울신문, 2006.10.26).

대운하사업은 한반도 전체에 흐르고 있는 강들을 운하로 개발해 한반도 전체를 물길로 잇겠다는 사업이었다. 이는 강을 교통로로 이용하고, 물류나 관광사업을 일으킴으로써 경제 발전을 도모하고자 하는 것이었다(홍원식 · 이상호, 2008: 43). 경부대운하, 충청운하, 호남운하, 제주운하까지 총 2,100km에 해당하는 거리이지만, 가장 주안점을 둔 것은 경부대운하라고 할 수 있다. 경부대운하는 서울에서 부산까지를 물길로 잇는 것으로 총 사업비의 3/4의 비용이 예상되며, 최소 15조(원)가 소요될 것으로 예상되었다.

정부는 대운하사업으로 물류비 대폭 감소(1/3로 줄임), 홍수 예방, 물 부족 해소, 수질 개선, 관광객 유치를 통한 관광 수입 증가, 일자리 창출(30만 개), 내륙에 물류단지 및 공단 조성을 통한 국토 균형 발전 등을 달성할 수 있다고 홍보했다(김정욱, 2010: 161-162). 특히 정부는 경부운하 건설에 22조 9,824억(원)이 들지만 생산 유발 효과는 더욱 크며 약 24만 개의 일자리가 창출될 것이고(동아일보, 2006.11.18), 대운하사업은 생태계 개선 사업으로 개발 자체는 환경 복원을 가져올 것이며(오마이뉴스, 2007.05.11), 경기 부양에 도움이 될 것(국민일보, 2008.05.02)으로 주장했다.

이러한 주장에 대해 반대론자들은 물류 운송에서 낮은 경제성, 수질 악화, 환경 파괴 등의 문제를 제기했다. 예를 들면, 정부에서 주장하는 건설비가 10조~20조(원)로 오락가락하고 시간의 가치를 따지면 도로나 연안을 통한 운송이 더

경제적이며(동아일보, 2006.11.18), 낙동강 구간에 15개의 보를 설치하면 강물이 흐르지 않게 되어 물 오염이 심각해질 수 있다는 것이다(오마이뉴스, 2007. 05.11). 또한 대운하 건설로 상수도 공급이 심각한 영향을 받을 수 있고(오마이뉴스, 2008.05.01), 지역 주민들 사이에 갈등을 부추기며(대전일보, 2008. 06.10), 자연을 파괴하고 대재앙을 가져올 것(매일경제, 2008.04.04)이라는 의견 등이 개진되었다. 2008년 1월 조사에 따르면 반대(49%)와 찬성(51%) 지지도가 비슷하게 나타날 정도로 찬반 논쟁은 팽팽하게 진행되었다.

그런데 2008년 미국산 쇠고기 및 광우병 사태가 벌어지면서 대운하사업을 둘러싼 찬반 논쟁은 큰 변화를 겪게 되었다. 이명박 대통령에 대한 국민들의 지지도가 급락하면서, 대운하사업 찬성 여론도 급락하고 반대 여론은 급상승했다. 2008년 1월 시점에서 엇비슷했던 반대(49%)・찬성(51%)의 비율이 5월에는 반대(68.8%)가 찬성(19.7%)의 3배를 넘었고, 6월에는 반대 82.3%, 찬성 11.2%로 바뀌었다(내일신문, 2008.06.14). 이러한 여론의 흐름에서 이명박 대통령은 2008년 6월에 국민이 반대한다면 대운하 사업을 추진하지 않을 것임을 밝혔고, 국토해양부의 대운하 준비단도 공식적으로 해체되었다.

2. 4대강사업 실시

2008년 12월 4일에 국토해양부가 4대강 살리기 정책을 추진하겠다는 입장을 표명하면서 정부의 4대강사업은 표면으로 부각되었다. 같은 해 12월 15일에 국가균형발전위원회가 4대강사업 프로젝트를 발표했다. 2008년이 채 한 달도 남지 않은 상황에서 4대강사업 프로젝트를 발표한 점이나 이후의 진행 속도를 보면 상당한 기간에 걸쳐 준비 과정이 있었음을 알 수 있다. 이와 관련해 흥미로운 사실은 대운하사업 포기 발표가 2008년 6월에 이뤄지고, 같은 해 7월 11일 대통령의 국회 시정연설에서 녹색성장이라는 용어가 처음으로 등장했다는 점이다. 이후 녹색성장은 8월 15일 광복절 경축사에서 국가 비전으로 제시되며(길종백・정병걸, 2009: 53), 녹색성장정책에서 핵심 위치를 차지했다.

4대강사업이 표면으로 등장한 이후 정부의 사업 추진 속도는 정신이 없을 정도로 빠르게 진행되었다. 2009년 2월에 기획단이 출범하고, 4월에는 정부합동보고회에서 중간 발표가 이뤄졌다. 국토해양부는 4대강사업을 녹색뉴딜사업의 첫 번째 핵심 사업으로 표현하면서, 물 확보, 홍수 방어, 수질 개선과 생태 복원, 주민과 함께하는 복합공간 창조, 강 중심의 지역 발전 등을 핵심 추진 과제로 선정했다. 소요될 예산은 13.9조 원이 책정되었다. 같은 해 5월에는 지역설명회 및 토론회 등을 개최했고, 6월에는 국토해양부 소속의 4대강 살리기 추진본부가 마스터플랜을 발표했다.

정부가 제시한 마스터플랜에 따르면 사업 기간은 2009년부터 2011년까지이며, 소요 예산을 약 22.2조 원으로 추정했다. 예산은 4대강 기본사업에 16조 9,498억 원과 직접 연계사업 5조 2,504억 원을 합한 금액이다(이홍표, 2008; 재인용, 이용훈, 2013: 11). 사업의 주요 내용에는 ① 준설 5.7억m^2, ② 보 16개, ③ 생태하천 537km, ④ 제방 보강 377km, ⑤ 강변 저류지 4개, ⑥ 홍수 조절지 2개, ⑦ 신규 댐 3개, ⑧ 자전거 도로 1,206km 등이 있다(이용훈, 2013: 12). 즉, 4대강 본류의 하상을 준설해 수심을 깊게 하고, 댐(보)을 쌓고, 둔지에 체육시설・문화시설을 건설하고, 제방을 쌓아 자전거・자동차 도로를 놓는 것이다. 그리고 제방 밖에 생기는 토지에는 위락단지, 산업단지, 물류단지 등을 개발해 분양한다는 것이다(김정욱, 2010: 162).

정부는 4대강사업에 투입되는 막대한 예산이 불필요한 낭비가 아니라 투자라는 점을 강조했다. 먼저 1997년부터 2006년까지 10년 동안 자연재해 피해가 21조 원이며, 그중 90% 이상이 홍수에 의한 것이라는 점을 생각하면 4대강사업은 수해 예방 비용으로 생각해도 장기적・단기적으로 이득이 된다고 주장했다. 또한 건설 경기 부양으로 35만 명의 일자리 창출, 관광 사업을 통한 이득 발생, 4대강 주변 지역을 중심으로 한 지역 경제 활성화로 국가 전체의 경제가 살아날 수 있다고 주장했다.

이러한 4대강사업에 대해 국민, 야당, 환경단체, 종교계 등의 반대도 적지 않았다. 사업이 시행된 이후 2010년 3월에 실시한 여론 조사에서는 여전히 반대(49.9%)가 찬성(36.7%)을 앞서는 결과가 나타났고(아시아뉴스통신, 2010.03.26), 같은 해 4월에 이뤄진 여론 조사에서도 반대(57.5%)가 찬성(37.8%)보다 높은 것으로 판명되었다(내일신문, 2010.04.12). 이러한 반대 여론에 대해 정부와 여당은 국책사업을 추진하는 과정에서 일부 반대가 있을 수 있고, 4대강사업은 대운

표 6-1 4대강사업 갈등의 주요 행위자

	찬성	반대
공공기관	- 이명박 정부, 한나라당 - 대구광역시, 경상북도, 전라남도 - 조건부 찬성: 충청북도, 충청남도, 광주광역시	- 민주당, 민주노동당, 창조한국당, 진보신당 - 경상남도, 강원도, 전라북도, 인천광역시
주민 · 시민단체 · 종교단체	- 금강연기지역 주민모임 - 경남 창녕군 시민 - 한국기독교총연맹	- 환경단체, 진보 성향의 시민단체 - 불교, 천주교
교수 · 학계	- 박재광, 심명필(4대강살리기 추진본부장) 등	- 김정욱, 박창근, 이상훈 등

출처: 이용훈(2013: 17) 재인용 및 수정.

하사업과 전혀 무관하다는 점 등을 강조하면서 사업을 빠르게 추진했다.

2009년 6월 마스터플랜 발표 이후 정부는 9월에 사업자 선정을 하고, 11월 10일부터 사업을 착공했다. 사업이 시작한 이후 2013년 1월에 99.4%의 공정률을 보임으로써 공사는 실질적으로 완료되었다고 평가할 수 있다. 결국 4대강사업은 추진 발표 이후 1년도 되지 않은 시점에서 사업이 시작되었고, 공사 착공 이후 약 3년 2개월 만에 완공이 될 정도로 아주 빠르게 진행된 것이다.

표 6-2 대운하사업 및 4대강사업 추진 과정

기간	주요 내용
2006. 09	한반도대운하연구회에서 한반도대운하 계획 수립
2006. 10. 25	이명박 전 서울시장이 한반도대운하 구상 윤곽 공개
2007. 02. 27	이명박 캠프 교수모임에서 한반도대운하 쟁점 대토론회 개최
2007. 12. 27	대통령직 인수위가 빅5 건설사와 간담회 개최
2008. 01. 14	• 이명박 대통령 당선인이 대운하에서 국민적 납득과 합의를 중시한다고 언급 • 빅5 건설사 경부운하 건설 컨소시엄 구성
2008. 02. 05	대통령직 인수위는 한반도대운하사업을 국정 핵심 과제로 선정
2008. 03. 25	교수 약 1,800명으로 구성된 대운하 반대 교수모임 발족
2008. 04. 24	청와대에서 열린 1차 국정과제보고회 의제에서 한반도대운하 제외

2008. 04. 28	국토교통부 장관이 대운하사업은 폭넓게 의견 수렴해 추진할 것이라고 언급
2008. 05. 23	영남권 지방자치단체장들은 낙동강 운하의 조기 추진을 촉구
2008. 06. 10	당정은 대운하 사업을 정책과제 우선순위에서 뒤로 미루기로 결정
2008. 06. 19	이명박 대통령이 대운하 건설 공약을 포기
2008. 08. 15	광복절 경축사에서 녹색성장을 국가 비전으로 제시
2008. 12. 04	국토해양부가 4대강 하천정비사업 정책 추진 의사 표명
2008. 12. 15	국가균형발전위원회에서 4대강 살리기사업 추진 결정
2008. 12. 29	4대강 살리기 착공식 시행(낙동강 안동지구 및 영산강 나주지구)
2009. 02. 25	국토해양부 주관의 정부합동 '4대강 살리기 기획단' 출범
2009. 04. 14	4대강 살리기 기획단을 '4대강 살리기 추진본부'로 확대 개편
2009. 04. 27	정부합동보고회 중간성과 보고
2009. 05	• 4대강 인근 12개 시·도를 대상으로 지역 설명회 개최 • 전문가 그룹 토론회 및 관련 학회(물환경 학회, 수자원학회) 토론 • 전문가 및 시민 대상 공청회 1회 개최
2009. 06. 08	4대강 살리기 마스터플랜 확정 및 발표
2009. 09	4대강 살리기사업에 필요한 신규 편입 토지에 대한 보상 시작
2009. 09. 30	4대강 살리기 사업자 선정
2009. 11. 10	4대강 살리기사업 착공
2009. 12. 11	국제 습지 전문가들이 이명박 대통령에게 4대강사업 중단 촉구
2009. 12. 28	여당인 한나라당은 대운하 포기를 선언하고 4대강 살리기사업 예산 강행
2010. 05	한국기도교총연합회 4대강 살리기 적극 찬성 표명
2010. 06	4대강 반대 소신공양(문수스님) 및 4대강 반대 시국 미사(천주교)
2010. 09. 02	전체 공정률 25.7%
2011. 06. 30	전체 공정률 76.4%
2011. 09. 24	금강 세종보 첫 개방
2011. 10. 22	이포보, 강정고령보, 공주보, 승촌보 등 4개 보 공정 완료
2011. 11	낙동강 11개 보 및 수변공간 개방
2013. 01	99.4%의 공정률
2014. 08	영주댐 등의 준공 미비를 사유로 4대강사업 완공 시점을 2015년으로 연기

출처: 임정빈(2013)의 재인용 및 수정.

제 3 절 4대강사업에 대한 논쟁

1. 대운하사업과 4대강사업은 다른 사업인가?

4대강사업과 대운하사업과의 연관성 여부는 4대강사업에 관한 논쟁에서 핵심적인 것의 하나이다. 정부는 4대강사업이 대운하사업과는 연관성이 없음을 일관되게 주장했다. 4대강사업은 기후 변화에 대비하고, 지역 균형 발전과 녹색성장 기반을 구축하고자 전개되는 하천 정비작업이라는 것이다(이성해, 2011: 7).

> 4대강 살리기사업은 집중폭우, 가뭄 등 최근 뚜렷해진 기후 변화로 인해 언제라도 발생할 수 있는 물 위기에 선제적으로 대응하고, 그간의 관심 부족으로 본래의 기능을 많이 상실한 우리 하천의 건강성을 증진하기 위해 시작되었다. …… 4대강 주변은 산업화 과정을 거치면서 하천 직강화, 획일적인 콘크리트 호안 설치 등의 형태로 하천이 정비되어 자연성과 친수성이 크게 저하되었다. 하천에 대한 관심 부족으로 모든 국민에게 열려 있어야 할 하천과 수변공간이 비닐하우스, 경작지 등 소수의 사람들만이 독점하는 배타적 공간으로 방치되었으며, 퇴비 등 오염물질이 여과되지 않은 채 직접 하천에 유입되고 있다. ……. 우리나라의 기후·하천·지역 특성을 종합적으로 고려한 다목적 프로젝트인 4대강 살리기사업이 기획되어 본격적인 착수에 들어가게 된 것이다(이성해, 2011: 6-7).

정부의 입장과 달리 4대강사업을 반대하는 측에서는 4대강사업이 대운하사업의 일부라는 점을 지속적으로 주장했다. 즉, 4대강사업은 수로를 만들고, 제방을 쌓고, 댐과 갑문을 만들며, 터미널을 만드는 것을 주요 내용을 한다는 점에서 대운하사업의 일부라는 것이다(김정욱, 2010).

> 하상을 파고 슈퍼 제방을 쌓는 것은 수로 공사의 일부에 해당하는 것이고, 댐과 보를 만들겠다는 것도 운하에 물을 공급하고 수위를 조절하는 데 쓰일 수 있는 것이다. …… 운하를 만든다고 할 때 계획했던 보의 위치며 크기가 4대강사업에서도 거의 그

대로이다. 운하를 만든다고 할 때 수로 폭은 100미터 이상, 수심은 6미터 이상으로 하겠다고 했다. 4대강사업에서도 낙동강의 하상 4억 4000만 세제곱미터를 준설하겠다고 하는데, 이는 낙동강 하구에서 안동까지 320킬로미터 구간을 폭 200미터, 깊이 6.5미터로 파야 나오는 물량이다. 두 사업이 강을 연결하는 것만 빼면 근본적으로 다를 것이 없는 것이다(김정욱, 2010: 163).

표 6-3 대운하사업 경부운하와 4대강사업 비교

구분	경부운하	4대강사업
사업 내용	주운수로: 540㎞(자연하천 500㎞, 인공수로 40㎞) 생태하천 조성	하도 정비 제방 보강(슈퍼 제방, 자전거 도로 포함)
	주운보: 16개(신설 12개) 주운 용수 공급 시설: 댐 2개	댐 및 홍수조절지: 5개소(한강, 낙동강, 영산강) 자연형 보: 16개소(한강, 낙동강, 영산강) 농업형 저수지: 96개소
	화물터미널: 12개소	천변 저류지: 4개소(민자사업)
	대체시설: 교량 개축 14개소	
사업 기간	2009~2012년	2009~2012년
사업비	14.1조(원)	22.2조(원)
일자리	30만 개	34만 개

출처: 김정욱(2010: 163) 및 박창근(2009: 124) 재인용 및 수정.

2. 4대강사업은 기대하는 목표를 달성할 수 있는가?

약 30조 원의 예산이 투입된 4대강사업이 과연 정책 목표로 제시한 내용을 실제로 달성했는가도 여전히 논쟁거리이다. 대표적인 것으로는 홍수 예방, 수질 개선과 생태 복원, 일자리 창출, 비용과 편익의 균형 여부 등을 들 수 있다.

1) 홍수 예방

정부는 4대강사업이 홍수 피해를 방지하는 데 큰 도움이 될 것이라고 주장했다. 즉, 4대강의 홍수 조절 능력을 8.9억m^3만큼 증대시킴으로써 홍수 피해에 대응할 수 있다는 것이다. 구체적으로 퇴적토 5.4억m^3 준설로 물의 소통공간을 확보해 제방 누수와 하천 범람을 방지하며, 홍수 조절지・강변 저류지・댐 건설 및 농업용 저수지 96개 증고(增高)로 홍수 조절 능력 3.5억m^3를 확보한다는 것이다(이성해, 2010; 박창근, 2009).

이러한 주장에 대해 4대강사업의 홍수 예방 효과는 미비할 것이라는 반박이 제기되었다. 첫 번째로 한강 및 낙동강 유역에는 종합치수계획이 확립되지 않은 상태이기에 부족한 홍수 조절 능력을 정확하게 알 수 없으며, 따라서 홍수 조절 능력을 제시하고 있는 8.9억m^3에 대한 근거도 없다는 점이다. 두 번째로 퇴적토 5.4억m^3를 준설해도 준설한 공간을 보로 막은 상태에서는 홍수 소통공간이 충분히 활용될 수 없으며, 세 번째로 낙동강 본류 하천에는 하천 골재 채취로 하상이 낮아지면서 홍수위도 함께 낮아졌다는 것이다(김정욱, 2010). 이미 낙동강 본류의 홍수 방어 능력이 커진 상태에서 홍수위를 필요 이상으로 높게 설정하는 것은 불필요한 홍수 예방 대책에 해당하며, 이러한 위험의 과대평가는 정책의 적절성을 위협할 수 있다는 것이다. 네 번째로 최근에 발생하는 홍수 피해는 복합적인 요인이 작용한 결과이기에 단순하게 댐과 제방 건설을 통해 막을 수 있는 성질이 아니라는 점이다. 즉, 이상 기후, 토지 이용 고도화, 상류지역 퇴적물에 의한 물길 방해 등이 복합적으로 작용해 홍수 피해가 발생하며, 댐과 제방을 위주로 하는 치수 대책은 홍수를 유발하는 결과를 초래할 수도 있다는 주장이다(안형기, 2009). 다섯 번째로 홍수 피해는 대부분 지방하천과 소하천에서 발생하므로 본류를 대상으로 한 4대강사업은 홍수 예방에 큰 도움이 되지 않는다는 것이다(김정욱, 2010). 실제로 1999년부터 2003년까지 5년 동안 발생한 국가하천의 홍수 피해액은 전체 하천 홍수 피해액의 3.6%에 불과하며, 지방하천이 55%, 소하천이 39.9%를 차지했다. 그래서 2008년에 정부가 작성한 하천재해예방사업 기본계획에서는 10년간 하천 재해를 방지하기 위해 우선적으로 투자할 사업비의 98.8%(11조 3,488억 원)를 소하천과 지방하천에 배정했었다(한겨레, 2010b.11.18).

2) 수질 개선과 생태 복원

정부는 2012년까지 4대강의 90% 이상을 2급수로 개선하고, 생태 복원을 실시하겠다는 목표를 제시했다. 우선 준설공사를 통해 퇴적 구간을 정비하고, 보를 설치해 수량을 많이 확보하면 수질이 개선된다는 논리를 제시했다(안형기, 2009). 예를 들면 북한강은 댐이 6개나 있어 강물의 체류 시간이 길지만 수질이

양호하다는 것이다(한겨레, 2010a.11.17). 또한 생태 복원을 위해 생태하천을 조성하고, 하천 내 농경지 정리와 친환경 영농을 유도해 농약 및 비료 등의 유입을 차단한다는 것이다(이성해, 2010; 박창근, 2009).

이러한 정부 입장과는 달리 4대강사업이 수질을 악화시키고 오히려 생태계를 교란시킬 수 있다는 주장이 제기되었다. 즉, 댐과 보가 만들어지면 물의 흐름이 느려지게 되고, 결국 고여 있는 물은 썩기 쉽기에 오히려 수질이 악화된다는 지적이 그것이다(김정욱, 2010). 북한강 수질이 좋은 이유는 댐이 많아서가 아니라 오염원 배출량이 적어서 그런 것이며, 소양호에서는 댐 때문에 녹조가 발생한다는 것이다. 또한 강물 수질은 유입되는 물의 질에 달려 있는데, 보를 건설한다고 해서 유입되는 물의 질이 올라가는 것은 아니라는 것이다(한겨레, 2010a.11.17). 오히려 4대강사업을 통해 강 연안의 개발이 이뤄지면 비점오염원이 증가해서 수질은 더욱 악화된다는 것이다(안형기, 2009).

그리고 환경부가 2008년 4대강사업 구간의 물 생태계 건강성을 조사한 결과에 따르면 4등급 중 최적 등급에 해당하는 곳은 없었지만, 양호 72.5%, 보통 24.0%, 불량 3.5% 등으로 나타나서 대부분의 구간에서 강의 생명력이 있는 것으로 확인되었다. 오히려 강바닥 준설로 인해 수심이 깊어지고 습지는 줄어들 것이며, 깊은 수심에서 사는 물고기가 증가하는 등 강 생태계를 대신해 호소 생태계가 등장할 것이라고 주장이 제기되었다(한겨레, 2010b.11.18).

3) 일자리 창출과 유지 관리비용

정부는 4대강사업이 34만 개의 일자리를 창출하고, 약 40조 원의 생산 유발 효과가 있을 것으로 기대했다. 또한 홍수 피해를 방지해 피해복구비와 하천의 유지관리비용을 줄일 수 있다고 주장했다(4대강 살리기 추진본부, 2011; 재인용, 이용훈, 2013: 15-16).

그러나 4대강사업으로 고용되는 일자리는 적을 것이라는 비판이 제기되었다. 정부가 생각하고 있는 일자리 34만 명은 건설업 취업 유발계수인 10억(원)당 17.3명을 단순 적용한 것에 불과하며, 실제 창출된 일자리는 절대적으로 부족하다는 것이다. 사업이 진행되고 있던 2010년 실시한 분석에 따르면 2010년에 4대강사업으로 고용보험이 적용된 일자리는 상용직 기준으로 1,492개에 불과하며,

일용직을 포함해도 4,164개에 불과하다는 것이다(한국일보, 2011.06.24). 또한 40조 원의 생산 유발 효과 주장도 과도하게 부풀려진 것으로, 4대강사업의 비용편익(C/B) 비율은 0.16~0.21에 불과하다는 분석도 제기되었다. 이는 당시 사업성 부족으로 좌절된 경남・부산권역의 신공항사업의 B/C 비율 0.7보다도 훨씬 낮은 수치라는 것이다(한국일보, 2011.06.24).

그리고 4대강사업이 완료되었을 경우 댐과 보 등의 관리・운영 등을 위해 필요한 관리비와 인건비 및 수자원공사에 지급해야 하는 금융비용 등을 감안하면 매년 약 6,300억 원 이상이 소요된다는 것이다(정우송, 2011; 재인용, 이용훈, 2013).

4) 비용과 편익의 불균형성

정부는 4대강 주변에 자전거 길, 산책로, 다양한 레저 활동 공간, 편의시설 등을 조성해 지역 주민과 함께하는 복합공간을 창조하는 것을 목표의 하나로 내세웠다. 국민 소득이 증대하면서 수상 레저 및 문화 활동 수요가 증가할 것이고, 이를 충족시킬 다양한 공간과 프로그램을 마련하게 되면 국민들에게 혜택이 골고루 돌아갈 수 있게 된다는 것이다. 여기에 강 중심으로 관광자원을 개발하고, 역사문화자원 등을 복원・정비하며, 새로운 문화광광 콘텐츠도 확충해 강 중심의 지역 발전도 지향한다는 것이다(이성해, 2010). 즉, 22.2조 원의 비용이 들어가지만 그것에 뒤지지 않는 편익을 국민 모두가 누릴 수 있다는 것이다.

반면에 비용은 국민 전체가 부담하고 편익은 소수가 누릴 것이라는 반론도 제기되었다(이용훈, 2013). 4대강사업에 들어가는 전체 비용 30조 원은 세금으로 충당될 것이지만, 그로 인해 이익을 보는 사람들은 4대강 주변의 토지 소유자 및 건설업체가 될 것이라는 주장이다. 정부가 발주하는 토목공사는 낙찰 가격이 기준가의 60%인 경우가 대부분인데, 4대강사업은 낙찰 가격이 93.4%였다. 건설업체는 상대적으로 높은 가격에 낙찰받음으로써 초과 이익을 보게 되었다는 것이다.

제 4 절 사례의 쟁점

1. 예상되는 환경 위험을 충분히 고려하고 관리했는가?

정부가 '4대강 살리기사업'으로 명명했던 4대강사업은 처음에 '4대강 하천정비사업'으로 발표되었다. 사업을 준비하는 과정에서 정부는 사업 명칭을 변경했는데, 이는 4대강사업이 하천 정비라는 단순한 토목사업의 범주를 넘어선 이미지를 강조하고자 했던 결과일 것이다. 특히 녹색성장정책의 중요 분야로 자리매김함으로써 토목사업이 핵심을 구성하는 4대강사업은 21세기의 중요한 화두인 친환경과 성장을 아우를 수 있는 대표적인 정책으로 이미지 변신을 하게 되었다. 그러한 까닭에 홍수 피해 및 물 부족 등에 대한 대책뿐만 아니라 수질 개선과 생태 복원, 지역 발전 등이 목표에 들어가게 되었다.

그런데 정부가 계획한 4대강사업은 여러 가지 비판을 받았다. 여기에는 수질 악화와 생태계 파괴 등과 같이 4대강사업이 야기할 수 있는 환경 위험에 관한 것들이 포함되어 있었다. 정부는 이러한 위험 요인을 사전에 검토하고 대처할 수 있는 방안을 마련하는 것이 중요하다. 그렇다면 4대강사업에서 예상되는 환경 위험은 충분하게 고려되었다고 할 수 있을까?

4대강사업과 관련해 제기된 위험 중에서 가장 직접적인 것은 수질 악화와 생태계 파괴 가능성이다. 정부는 이러한 가능성에 대해 크게 고민한 것은 아니었다고 할 것이다. 예를 들면 보 건설 등을 통해 유속이 느려지고 하천 수질이 악화될 것이라는 지적에 대해서는 북한강의 예를 들어 반박하는 것에 머물렀다. 또한 이른바 '4대강 로봇 물고기'를 제작해 4대강의 수질 현황을 감시・조사하겠다는 입장을 밝혔다. 물론 수질오염을 조사하고 분석하기 위해 57억을 투자해서 제작된 9대의 4대강 로봇 물고기는 7대가 고장이 났고, 그나마 남아 있는 것은 1초에 23cm만 움직이고 감지기가 제대로 작동하지 않아 오염 측정이 불가능함을 보임으로써(서울신문, 2014.07.31), 위험에 대처하는 정부 입장을 간접적으로 알 수 있게 했다.

실제로 국립환경과학원은 2009년 12월 '4대강사업에 따른 보 구간 수질영향 예측 결과'를 조사해 환경부에 보고했는데, 4대강사업에서 보를 설치할 경우 체류 시간과 조류가 급속히 증가하고 녹조 발생의 원인이 되는 물질의 농도가 증가할 것이라는 내용을 담고 있었다(파이낸셜뉴스, 2013.10.21). 그러나 환경부는 4대강사업이 진행되는 동안 녹조와 4대강사업은 무관하다는 주장을 계속했으며, 실질적인 대책은 거의 마련하지 못했다. 게다가 정부가 인용한 낙동강 살리기 환경영향평가서는 37년 전 문헌자료에 근거해 이뤄졌으며, 사후 영향평가서는 74km 떨어진 곳을 동일 지역으로 간주해 작성되기도 했다(KBS, 2013.10.21).

공사 진행 중에는 환경에 관련된 위험 요인이 즉각적으로 발현되지 않았지만, 공사가 거의 종료되는 시점부터 우려했던 위험 요인이 조금씩 나타나고 있다. 낙동강에서는 큰빗이끼벌레가 발견되면서 강의 생태계가 호수 생태계로 바뀌고 있다는 주장이 제기되었다(경향신문, 2014.07.22). 환경부의 의뢰를 받고 이뤄진 조사에서도 금강과 낙동강에서 발생한 큰빗이끼벌레는 4대강 보 설치로 인해 유속이 느려진 것이 주된 원인임이 나타났다(경향신문, 2014.12.18). 4대강사업 이후 하천 바닥도 모래에서 진흙으로 변하고 있는 것이 확인되면서 하상토의 오염문제도 제기되고 있다(경향신문, 2014.10.29). 여기에 낙동강 수온이 오히려 올라갔다는 분석(한겨레, 2014.07.16), 4대강사업 이후 낙동강에서 생태계 악화로 법정보호종 28종이 사라졌다는 결과(경남도민일보, 2013.10.22) 등은 4대강사업이 수질 개선과 생태계 복원에 성공적이지 못했으며, 오히려 예상되었던 위험 관리에 실패했음을 의미하기도 한다.

> 보를 만들어 물을 가두는데 수질이 개선된다는 논리는 애초부터 말이 안 되는 얘기. …… 가둬 놓은 물은 유기물과 오염물질이 증가하고, 용존 산소가 줄어들어 오염될 수밖에 없다(일본 토목공학 전문가 이마모토 히로타케 교수의 발언, 경향신문, 2014.09.25).

실제로 한국환경정책평가연구원은 4대강사업이 보를 설치해 하천의 수리학적 조건을 변화시켰기 때문에 이로 인한 영향을 관찰하고 적절한 관리 대책을 세울 것이 필요하다고 언급했다(한겨레, 2013.11.01). 특히 4대강에서 녹조로 인한 수질 문제가 계속된다면 4대강 보의 개량 또는 해체까지 포함한 추가 조처를 마련해야 한다는 점도 밝혔다. 국립환경과학원은 2014년도 7월에 낙동강 칠곡보 하류에서 강준치 집단폐사 원인이 4대강사업과 직·간접적으로 관련이 있음을 언급했다(경향신문, 2014.08.29). 수온과 수소이온 농도 지수 상승 등 물리적 여건과 보 구조물로 인한 서식·산란 환경의 악화, 먹이 경쟁 등이 복합적으로 작용한 것으로 추정했다.

2. 행정책임을 다했는가?

정부 규모와 권한이 커지면서 정부에는 그에 상응하는 책임이 요구된다. 정부는 정책을 실시하는 과정에서 의회와 국민에게 충분히 설명해야 하며, 집행 과정에서 절차적으로 위법성이 없게 해야 하며, 정책 효과를 극대화하면서 동시에 부작용을 최소화하는 방안을 강구해야 하는 책임을 지닌다. 다양한 행정통제 방안의 제도화나 행정윤리 관련 법안의 제정, 국민에 의한 정책평가 등은 행정책임을 구현하고자 하는 움직임과 크게 다르지 않다. 정부가 행정책임을 충분하게 달성했을 때 국민으로부터 권한을 위임받은 정부는 스스로의 존재 가치를 말할 수 있는 셈이다. 특히 4대강사업과 같이 대규모 국책사업에서는 정부에게 높은 수준의 행정책임이 요구된다. 그렇다면 30조 원이 투입된 4대강사업에서 정부의 행정책임은 어떻게 평가될 수 있을까?

첫째, 정부가 정책을 결정하고 집행하는 과정에서 의회와 국민에게 설명을 충분하게 하고 납득시킬 수 있다면 이른바 설명 책임을 다한 것이다. 정부는 야당, 시민사회, 종교계, 일반 국민 등에게 4대강사업과 관련해 목표와 기대 효과 등을 설명했으나, 그들의 반대를 완화시키고 비판자들을 납득시킬 수준에는 도달하지 못했다. 민주주의 사회에서 많은 이해관계자가 포함되어 있는 대형 국책사업의 경우 모든 사람의 동의를 얻는 것은 사실상 불가능하다. 그럼에도 정책에 관해 제기되는 의혹이나 불신의 목소리에 대해 성실하게 설명을 해야 할 책무는 정부의 몫으로 남겨져 있다. 그런 책무를 수행하지 못했다면 정부의 행정책임 수준은 낮게 평가될 것이다. 정책에 대한 비판을 국책사업에 수반되는 당연한 일부 반대이며, 사업이 완료되면 국민이 알게 될 것이라는 당시 사업 추진본부 팀장의 관점은 정부가 설명 책임에 대한 가지고 있던 인식을 잘 보여준다.

> 많은 국책사업이 그러하듯 사업을 추진하면서 일부 반대가 있었다. …… 정부에서는 4대강사업이 대운하사업과 전혀 관련이 없음을 수차례 밝혔고, 마스터플랜에 공개한 대로 투명하게 사업을 추진하고 있다. 사업이 완료되어 현장이 공개되면 모든 국민이 이러한 점을 직접 확인하게 될 것이다(4대강살리기 추진본부 팀장 이성해, 2011).

둘째, 정부는 적절한 예산과 기간을 계획하고 사업을 완수해야 할 책임이 있다. 대형 국책사업은 계획 단계에서 지나치게 짧은 예산과 기간을 설정해 사업의 타당성을 높이려는 경향이 있다. 이러한 경향은 사업이 진행되면서 당초 예산보다 비용이 증가하고 기간이 늘어나는 문제점을 노정하게 된다. 2013년 1월 99.4%의 공정률을 달성했다는 정부 발표에 따르면 최초 계획했던 2012년 완공을 거의 달성했다고 평가할 수 있다. 그러나 중간에 추가된 3개 댐 건설로 인해 공사 완료 시점은 2014년 12월로 연기되었다(경향신문, 2012.09.26). 그렇다면 공사 기간은 2년 정도 더 연기되었다고 평가할 수 있다.

또한 2009년 마스터플랜에서는 사업비로 22.2조 원을 상정했는데, 실제적으로 투입된 것은 약 30조 원이라는 주장이 있다. 수자원공사가 4대강사업에 참여하면서 지출한 비용과 관련해 정부가 8조 원을 보전해야 하므로 이 금액을 22.2조 원과 합치면 30조 원이 된다는 것이다. 여기에는 매년 3~4천억 원으로 예상되는 4대강 유지관리비는 제외되어 있다(이용훈, 2013: 12). 더욱이 4대강사업에 참여한 건설업체가 공사 입찰에서 담합을 시도할 수 있는 상황을 조성하거나 묵인했다는 내용이 나타났는데(한겨레, 2014.07.09), 이는 정부가 예산 낭비를 조장한 꼴이다. 결국 4대강사업은 대규모 국책사업에서 고려했어야 할 적절한 기간 및 예산 설정에서 실패했다고 평가할 수 있다.

셋째, 길버트(Niel Gilbert)의 행정통제 유형에 따르면 감사원과 의회는 제도적 통제기관의 하나로서 자리를 차지하고 있다. 이러한 기관에 의한 제도적 통제는 행정책임을 확보하는 중요한 수단에 해당한다. 그런데 4대강사업이 전개되는 과정에서 의회는 큰 역할을 수행하지 못했다. 오히려 의회 다수를 차지하고 있던 여당 대표는 반대 의견과 여론을 선동정치로 표현하고, 정부 입장을 그대로 대변하는 역할을 담당했다.

> 지역 주민들이 대부분 찬성하는 영산강 살리기를 포함한 4대강 살리기 전부를 반대하는 선동정치를 중단하기 바랍니다. ……. 영산강 살리기 공사가 완료되면 우선 수질이 좋아져서 깨끗한 물을 이용한 친환경 농산물을 생산해 농가소득을 올릴 수 있고 수량도 풍부해져서 물 부족 해결에 도움이 될 것(당시 여당 대표의 발언, 매일경제, 2010.03.22).

여기에 감사원은 본연의 역할을 방기한 수준이었다. 감사원은 2011년 초에 발표한 감사 결과에서는 예비타당성 조사, 환경영향평가, 문화재 조사 등 사업을 추진하는 과정에서 필요한 법적 절차는 모두 이행되었으며, 공사비 낭비와 무리한 공기 단축 외에는 큰 문제가 없다고 밝혔다. 그러나 4대강사업이 완공된 후 2013년에 실시한 감사에서는 4대강사업 주요 시설물의 품질과 수질관리 실태 등에서 총체적 부실을 안고 있음이 나타났다고 발표했다(환경미디어, 2013.12.28). 4대강사업에서 드러난 이러한 감사원의 행태는 집권형 대통령제 하에서 정부 소속의 통제기관이 갖고 있는 한계와 행정책임 확보의 어려움을 보여주는 것이다.

넷째, 정부는 정책 목표를 달성했을 때 행정책임에 관한 시비에서 어느 정도 자유로울 수 있다. 정부가 4대강사업을 통해 기대한 홍수 예방, 수질 개선, 생태계 복원, 일자리 창출 등의 효과는 일종의 명시적 정책 목표라고 할 수 있다. 정부의 주장과 같이 4대강사업의 정책 목표 달성과 관련된 평가는 장기적인 관점에서 이뤄져야 할 것이다. 그렇다고 해서 현재 단계에서의 국민들의 평가가 무의미한 것은 아니다. 2014년 11월 4대강사업과 관련된 여론조사에서 응답자의 77.9%가 4대강사업이 홍수 예방 효과를 달성하지 못했고, 86.2%는 수질 개선에 대해 효과가 없다고 밝히고 있으며, 80.7%는 일자리 창출의 효과도 없다고 응답했다. 그리고 응답자의 11.8%는 보의 즉시 철거, 44.3%는 시범적으로 철거를 한 뒤 효과를 보아서 단계적으로 철거, 29.7%는 보는 유지하되 수문 개방, 1.1%는 현재 상태 유지 등으로 답변했다. 이러한 응답 결과는 정부가 주장한 것과 달리 현재 시점에서 국민들이 4대강사업이라는 정책(결과)에 상당히 낮은 평가를 하고 있음을 알 수 있다.

3. 적절한 거버넌스를 구축했는가?

서구 국가를 중심으로 정부의 통치 능력이 한계에 직면하면서 1980년대부터 주목받는 개념의 하나가 거버넌스이다. 정부를 둘러싼 정치·경제·사회적 환경이 변화하면서 관료제 중심의 전통적 형태의 정부 운영은 곤란함을 겪고 있다. 새롭게 대두하고 있는 거버넌스에서는 시민사회의 참여와 협력이 정책을 결정하고 집행하는 데 고려해야 할 중요한 요소이다. 특히 4대강사업과 같은 대형 국책사업은 과정과 결과에서 복잡성과 불확실성이 높기에 이해관계자의 상충된 의견이 발생할 가능성이 높다. 그렇기에 다양한 행위자의 의견을 경청하고, 이해관계자 사이에 쟁점을 논의할 수 있는 무대가 절실하게 요구된다. 그렇다면 4대강사업에서는 논의와 조정의 거버넌스가 구축되었는가?

우선 정부는 4대강사업에 대한 다양한 의견에 귀를 기울일 마음가짐이 거의 없었다. 2008년에 4대강사업이 대운하사업이라는 글을 인터넷에 올린 한국건설기술연구원 소속의 연구원에 대해 품위 유지 위반 사유로 정직 3개월의 징계를 내린 것은 닫힌 마음 상태를 보여주는 상징적 사건이다. 또한 4대강사업 시설물에 대한 부실공사 논란이 일었을 때에는 2012년 2월에 민간 전문가를 포함한 '4대강 민관 합동 특별점검단'을 구성했으나, 사업에 비판적 입장을 견지한 전문가들은 배제되었다(한국일보, 2012.02.21). 4대강사업이 야기할 수 있는 수질 문제와 관련해 당시 환경부 장관이 무지의 폭력이라고 언급한 것은 정부와 다른 의견에 대한 기본적 태도를 보여주는 것이다.

> 간단하게 밑바닥을 파고, 제방을 높이고 하폭을 늘려 물을 확보하는 것, …… 보를 세워 물을 채울 것. …… 보를 세우면 유속은 느려지지만 썩지 않고 흘러간다. 사람들은 이런 것도 모르면서 물이 고여 썩는다고 한다. 모르면서 말하는 것은 폭력이다. 무지의 폭력이 너무 심하다(당시 환경부 장관의 발언, 오마이뉴스, 2009.06.22).

정부가 4대강사업에 관한 비판적 의견을 진지하게 수용할 자세가 되어 있지 않은 상황에서 정부, 여당, 야당, 지방자치단체, 지역 주민, 시민단체, 종교단체, 전문가 등은 중요한 갈등 행위자로 등장했다(이용훈, 2013: 16). 찬성과 반대 의견이 첨예하게 대립하는 상황에서 정부는 다양한 의견을 논의하고 조정하는 대화의 장을 제공하거나 제도적 장치를 마련하지 못했다. 오히려 논의와 협력을 배제하고 일방적으로 정책을 기획·결정·집행하는 행태를 보임으로써 갈등을 악화시키고 갈등 조정에 실패하는 모습을 보였다. 정책 결정 과정에서 정부 입장만이 반영되고, 그 이외의 다른 이해관계자가 참여하는 거버넌스 구축은 이뤄지지 못했다(안형기, 2009).

> 4대강사업은 사회적, 경제적, 환경적으로 파급 효과가 큰 사업이다. 이런 사업을 진행하기 위해서는 사회구성원에 의한 합의가 이뤄져야 하고, 법에서 예정하고 있는 절차도 편법이 아닌 적법한 절차를 거쳐서 이뤄져야 한다. 그리고 시행 과정 중에 환경에 대한 피해를 최소화하기 위한 대책도 마련되어야 한다(이순자, 2009: 102).

대화, 협력, 조정의 장과 거버넌스가 상실된 4대강사업은 여러 가지 위험 요인을 고려하지 않은 채 종착점을 향해 달린 브레이크 없는 욕망의 특급 열차가 아니었을까.

제 7 장

한국의 사회적 경제조직 지원정책 사례연구*

도수관 · 박경하 · 윤남희 · 이현미

제 1 절 들어가는 글

서구 사회에서 자유방임주의에 기초한 고전적 자본주의 시대가 20세기에 들어 막을 내리고 케인스적 수정자본주의가 자유방임주의를 대체하게 되면서 국가는 다양한 분야에 적극적으로 개입하기 시작했다. 특히 개발도상국의 경우에는 자원 동원과 배분 과정에서 국가의 적극적인 개입이 근대화 과정 속에서 국가의 경제 성장을 위해 정당화되었다. 그러나 1970년대 이후 케인스적 재정정책은 더 이상 실업이나 인플레이션과 같은 문제를 해결하는 데 효과적인 처방이 되지 못

* 이 글은 2013년도에 한국노인인력개발원에서 수행한 연구과제 "고령화 사회의 새로운 노동통합정책: 사회적경제의 적용 가능성 중심으로" 결과보고서에 포함된 내용의 일부를 수정 · 보완해 2014년도 한국정책학회 춘계학술대회에서 발표한 것임.

했고, 복지 서비스 공급의 확대 등과 같은 적극적인 정부 역할로 인한 재정적자가 심화되면서 큰 정부에 대한 비판이 제기되었다(김태일 · 박상현, 2013). 따라서 1980년대 이후부터 큰 정부가 아닌 작지만 강한 정부를 표방하고, 시장의 역할을 강조하는 신자유주의 패러다임[1]으로의 회귀가 발생했는데, 이러한 경향은 공산권의 붕괴와 세계화 등을 통해 더욱더 촉진되었다.

영미권에서 시작된 신자유주의는 1990년대를 거치면서 대부분의 선진국과 개발도상국으로 더욱더 확산되었고 정부 개입을 축소하고 시장의 역할을 강조하는 이와 같은 정부관은 복지국가에 대한 정부 역할을 재편하는 데에도 많은 영향을 주었다. 즉, 이 시기부터 복지국가들은 복지혼합, 복지급여 감소, 유급노동 감소 등 복지 서비스 제공 주체의 다원화를 꾀하면서 복지비용의 효율을 제고하는 제도 개혁에 초점을 두었다. 1990년대 중반 이후에는 서구 복지국가에서 전통적 사회보장 체계의 큰 변화를 가져온 복지 개혁이 감행되었다. 이러한 개혁에서 나타난 주된 특징은 노동 중심적 복지 체계가 확대되었다는 점이다. 노동 중심적 복지 체계는 노동시장 진입에 제약이 있는 근로자에게 복지급여를 제공하는 것보다 유급노동시장에 편입시키는 것이 최상의 정책이라는 가정에 기초한 것이며, 노동과 복지의 연계성을 공고하게 한다는 측면이 주된 특징이다.

그러나 2008년에 전 세계적인 금융위기가 발생하자 이를 극복하는 과정에서 서구 국가들은 경기 부양을 위한 정부의 적극적인 역할을 강조하고 정부 지출을 확대하기 시작했는데, 그로 인해 신자유주의 패러다임은 변화를 겪게 되었다. 또한, 글로벌 금융위기가 바로 신자유주의로 인해 발생되었을 뿐만 아니라 신자유주의가 극심한 양극화도 초래했다는 비판이 제기되자 시장에 대한 정부 규제도 강화해야 한다는 주장에 무게가 실리게 되었다(김태일 · 박상현, 2013). 아울러 재정 및 금융위기를 극복하는 과정에서 늘어난 정부 재정지출로 인한 대규모 재정적자 문제를 해결하기 위해 각국은 다각적인 노력을 전개해 왔다. 그렇지만 기존의 국가 주도적 방식과 시장 주도적 방식이라는 두 가지의 극단적인(이분법적) 접근 방식에 근거한 문제 해결 방법은 그 실효성이 상당히 의문시되었으며, 그로 인해 재정적자 문제와 경기 부양 및 실업 문제를 해결할 수 있는 새로운 대

1) 영국의 대처리즘, 미국의 레이거노믹스는 신자유주의로 불리는 패러다임으로의 전환을 국정에 반영한 대표적인 사례라고 볼 수 있다.

안이 필요하게 되었다. 특히, 복지 영역에서는 복지 서비스 공급에 따른 재정지출의 건전성 문제는 더욱더 중요한 이슈로 등장하게 되었다. 결국 정부는 복지제도의 재정적 위기와 정당성 약화를 막는 적절한 대응책이 필요하게 되었고, 사회적 경제(social economy)는 바로 이러한 상황 속에서 그 중요성이 인정되기 시작했다. 즉, 사회적 경제는 정부가 제공하는 서비스 정책의 대안을 제시하고 있다.

사회적 경제라는 개념은 복지국가의 새로운 형태의 요구에 맞춰 최근에 새롭게 재생산된 개념이다. 이 개념은 1830년대 뒤누아에(Charles Dunoyer)의 『사회적 경제에 관한 논문(*Treatise on Social Economy*)』이라는 책에서 자본주의가 진행되면서 각종 사회 문제에 대한 도덕적 접근(moral economy)을 기반으로 하는 제도가 필요하다는 논의에서 처음으로 유래되었다. 당시 자본주의가 진행되면서 시장경제가 유발하게 되는 갖가지 사회적 위험에 대해 노동자들의 집단적 대응이 필요하다고 믿게 되면서 이 개념은 사회적인 관심을 끌었는데, 당시에는 다소 진보적인 성격을 지니고 있었다. 또한 1900년 전후 프랑스 경제사상가인 지드(Charles Gide)는 사회적 경제를 본격적으로 정의한 학자라고 볼 수 있는데, 그는 사회적 경제를 "시장경제를 더욱 사회적(social)이고 공평한(equitable) 경제 체제로 전환할 것을 목표로 하는 대안적 체제"라고 보았다(신명호, 2009). 즉, 협동조합이나 공제조합 등과 같이 이타적 협력과 상호부조 정신에 의해 운영되는 기업을 사회적 경제 영역으로 간주했다.

사회적 경제의 개념은 각국의 역사적인 맥락에 따라 서로 다르게 정의되고 있으며, 개별 국가들마다 서로 다른 방식으로 성장했다. 그렇지만 공공재원의 부담이 증가하는 상황에 있는 국가들이 탈중앙집권 정책(decentralization policies)을 채택하면서 사회 서비스 영역에서 사회적 경제가 성장했다고 볼 수 있다. 아울러, 새로운 복지 책임과 서비스 공급을 사회적 경제를 통해 해결하려고 하는 국가들은 다음과 같음 몇 가지 공통점이 있다(Borzaga et al., 2012). 첫째, 공공 부문에서 복지 서비스를 제공하는 데 한계가 있으며 복지제도는 서비스 공급보다 자원의 재분배에 초점을 두고 있다. 둘째, 기존의 조직들은 그들의 목표와 활동을 재조정해야 하는 상황에 놓여 있을 뿐만 아니라 새로운 사회적 수요를 충족하기 위해서는 기존 조직을 사회적 기업으로 새롭게 바꿀 필요가 있다. 셋째, 사회적 경제조직들(협동조합, 결사체, 재단 등)과 비교해 볼 때 안정적이고 지속적인 경제 활동을 유지하는 비영리조직들이 그다지 발달하지 못했다. 따라서 이와 같은 특성을 지니고 있는 국가들은 공공 부문의 혁신을 통한 복지 서비스 공급의 효율화, 복지 서비스 공급 확대에 따른 재정적자 문제 완화, 고용 창출 및 경기 부양 등과 같은 과제를 해결하기 위한 기존의 접근 방법에 대한 대안으로서 등장한 사회적 경제를 활성화시키기 위해 좀 더 적극적으로 사회적 경제조직을 발굴하고 지원하기 시작했다. 이처럼 사회적 경제를 활용한 복지 서비스 공급 및 고용 창출과 경기 부양 노력들은 오늘날 '협력적 거버넌스'로 대변되는 정부, 시장, 시민사회가 모두 참여해 공공의 문제를 해결하려는 방식과 일맥 상통하며, 기존의 이분법적 접근 방식이 지니고 있는 한계를 극복할 수 있는 대안으로서의 가치도 지니고 있다.

이 연구는 이와 같은 사회적 경제가 한국의 경우에는 어떻게 형성되어 있고, 또 현황 분석을 통해 어떤 형태의 사회적 경제조직들이 우리나라 사회적 경제 영역에서 활동하고 있는지를 사회적 경제조직 지원정책 사례를 중심으로 분석하며, 정부 지원의 성과와 장래 전망 및 향후 과제 등을 중심으로 기술하고자 한다. 이와 같은 논의들은 향후 다양한 형태의 사회적 경제조직을 육성하는 과정에서의 정부 역할에 대한 많은 시사점을 제공해 줄 수 있을 것으로 기대된다.

제 2 절 한국의 사회적 경제조직의 등장 배경 및 제도화 과정

1. 한국의 사회적 경제조직의 등장 배경

역사적 제도주의자들은 제도 변화가 발생하는 원인으로 외적인 충격에 주목했다. 경제위기나 전쟁 같은 외적인 충격은 간헐적으로 발생되는 사회 문제이지만 그러한 사건들은 역사적 전환점(historical junctures)이 될 만큼 중대한 것이다. 크래스너(Krasner, 1988)는 시간이 지나면서 점진적으로 제도 변화가 나타나는 것이 아니라 특정한 시점에서 갑자기 일어난다고 보았다. 즉, 제도는 장기간 동안 안정적으로 유지되다가 제도의 내외적인 모순들이 일정한 경계를 넘어서게 되면(critical juncture) 새로운 제도가 등장하게 된다. 그러나 노스(North, 1990)는 외부적 충격 요인들이 제도 변화를 초래하는 원인이 될 수는 있으나 관습, 전통 등의 비공식적 제도, 행위자들 간의 관계, 매몰비용 등이 높아서 제도가 변화되는 과정은 계속적이며 점진적이라고 설명했다. 우리나라에서 사회적 경제가 제도화되는 과정은 역사적 제도주의 관점에서 중시하던 외부 충격, 즉 경제적 위기가 제도 변화를 일으키는 중요한 원인이 되었다. 그러나 사회적 경제의 제도화 과정은 비교적 점진적이었다고 볼 수 있다.

한국에서 사회적 경제는 고용과 복지 측면에서 정부실패와 시장실패를 보완하는 역할을 할 수 있다는 점에서 고용과 복지의 새로운 대안으로서 사회적 관심을 불러일으키고 있다. 실업 문제, 저성장과 복지 축소 문제를 사회적 경제에 기초해 대응한 유럽의 경험은 비록 우리나라의 상황이 비교적 복지제도가 잘 갖춰져 있는 유럽 국가와는 다름에도 불구하고 우리나라가 사회적 경제에 대해 주목할 만한 요인으로 작용했다. 신사회적 위험에 대한 대응책으로 사회적 경제에 대한 관심을 지니게 되었다는 공통점과는 달리, 유럽은 복지국가의 퇴조기에 맞춰 그 대응 방안으로 사회적 경제가 주목받은 반면, 한국은 사회복지가 본격적인 정책적 관심 대상이 되기 시작한 시기와 더불어 주목받기 시작했다(장원봉, 2008a, 2008b). 이러한 정책적 순서의 차이는 한국의 사회적 경제 발전의 특수성이라 볼 수 있다.

1998년 경제위기 이후로 다양한 비영리 민간단체들이 사회적 경제 주체로 참여하게 되면서 사회적 일자리 창출과 복지 영역에서의 새로운 가능성이 열리게 되었다. 사회적 경제조직의 제도화는 정부가 빈곤 탈출정책의 일환으로 선택하게 되었으며, 그 결과 '자활사업'과 '사회적 일자리 창출사업' 등이 이를 통해 발전하게 되었다. 자활사업은 근로 능력이 있는 저소득계층이 스스로 자활할 수 있도록 안정된 일자리를 제공하고 자활 능력을 배양할 목적으로 정부가 추진했다. 2003년부터는 "사회적으로는 유용하지만 수익성 때문에 시장에서 충분히 공급되지 못하는 사회 서비스 부문 일자리나, 취약계층을 고용해 창출되는 일자리"로서 사회적 일자리사업을 시작했다. 교육, 문화, 복지 영역에서의 서비스 등이 주된 사업 영역이었다. 그 이후로도 정부는 사회적 경제 활성화를 주도하면서 사회적 기업, 마을기업, 협동조합 등과 같은 조직 형태가 확산되었다.[2] 제도화 과정 초기에는 취약계층의 일자리 창출이 주된 목적이었으나, 현재는 사회 서비스 제공이나 지역경제 활성화 등 사회 통합적 목적이 점차 사회적 경제를 유지, 확산하는 중요한 요인이 되고 있다.

2. 한국의 사회적 경제조직들의 제도화 과정

한국에서 사회적 경제조직들의 제도화 과정을 보면, 1997년 외환위기와 2008년 금융위기는 사회적 경제의 제도화에 영향을 끼친 가장 중요한 사건이었다고 볼 수 있다. 이러한 환경적 변화로 인해 초래된 사회 문제와 사회적 수요에 반응해 다양한 사회적 경제조직들이 등장해 성장해 나갔다. 그래서 우리나라 사회적 경제의 제도화 과정을 크게 세 시기로 나눠 보면 1960년대에서 1990년대 후반 외환위기 이전까지, 외환위기 이후부터 2008년 금융위기 이전까지, 금융위기 이후의 시기로 구분된다.

첫째, 사회적 경제조직이 실질적으로 제도화되기 이전 과정이다. 1961년 농협협동조합과 농업은행법을 폐지하고 농협법을 만들어 종합농협이 구매, 판매, 이용, 가공 등의 경제사업과 신용사업 겸하는 역할을 하게 되었다. 그러나 농업협동조합은 제도적 지원보다 군사정권에 의한 자발적 운동을 가로막기 위한 정치적 통제 수단으로서 의미가 컸다(장원봉, 2006). 오히려 1960년대 지역사회에서

2) 한국의 사회적 경제조직은 협동조합들 가운데에서 사회적 목적, 자율성 및 민주적 의사 결정 등과 같은 규범적 원리 등을 충족시키지 못하는 소수를 제외한 대부분의 협동조합과, 비영리 민간단체들 중에서 생산, 교환, 분배, 소비 등과 같은 경제 활동과 관련이 없는 단체들을 제외한 NGO들을 모두 포괄하는 개념으로서 사회적 기업도 포함하고 있다(신명호, 2009). 사회적 기업이 공동체의 이익과 같은 사회적 가치를 실현하기 위해 재화나 서비스를 생산하는 조직이라고 볼 때, 사회적 경제는 그와 같은 사회적 가치를 실현하기 위한 화폐적 · 비화폐적 자원의 생산, 교환, 분배, 소비하는 조직들로 구성된 하나의 부문이라고 볼 수 있다. 따라서 한국의 사회적 경제조직의 범위에는 사회적 기업, 사회적 협동조합, 자활기업(자활공동체), 마을기업, 생활협동조합, 의료생활협동조합 등이 포함된다. 특히, 한국의 사회적 경제조직은 1980년대 후반기 생활협동조합이 생겨난 이후로 노동자협동조합, 자활공동체, 사회적 기업, 사회적 협동조합 등의 조직 형태가 일반경제조직의 대안으로 등장했다. 한국의 사회적 경제조직 분류는 노대명(2007), 엄형식(2008), 신명호(2009)의 분류가 대표적이다. 특히, 노대명(2007)은 공공지원형 일자리 사업, 공공지원형 사회적 기업, 민간지원기관, 사회적 경제조직 등 네 가지 유형으로 구분해 설명하고 있다.

자생적으로 발생한 빈곤퇴치운동과 관련해 나타난 협동조합에서 사회적 경제 활동의 기원을 찾을 수 있을 것이다. 1960년대 초 자발적인 신용협동조합이 설립되었는데, 1972년 8월에 신용협동조합법이 통과되면서 277개 조합대표로 구성된 신용협동조합연합회가 공식적으로 발족했다. 1980년대 초에는 소비자협동조합운동에 대한 관심으로 1983년 소비자협동조합중앙회가 창립되었다. 노동자협동조합은 1970~80년대를 거치면서 별다른 역할을 하지 못하다가, 1990년대 초에 빈민운동 진영 차원에서 건설, 봉제업의 생산공동체운동을 통해 민주적 대안공동체를 만드는 목적으로 노동자협동조합운동이 새롭게 시작되었다. 생산공동체운동은 빈민들에게 더 나은 일자리를 제공하려는 목적에서 근로자가 소유주인 기업을 만드는 다양한 시도가 이뤄졌다. 1992년 하월곡동 '건축일꾼 두레', 1993년 상계동 봉제협동조합 '실과 바늘', 1994년 봉천동 '나섬건설', 인천 '옷누리', 1995년 구로 봉제협동조합 '한백'과 행당동 '논골', '마포건설' 등이 대표적인 생산공동체운동 사례인데, 노동집약적 업종, 미흡한 경영, 숙련 기술 부족, 경쟁력 미흡 등 많은 한계점이 드러났다(장원봉, 2006; 김정원 외, 2013). 실질적인 사회적 경제의 제도화 과정의 시작점은 자활지원센터가 설립되면서부터였다고 볼 수 있다. 즉, 1995년도 김영삼 정부 '국민복지기획단'에서 한국보건사회연구원의 '저소득층 실태 변화와 정책과제'를 통해 제안했던 빈곤정책으로서 생산자협동조합 방식을 검토하면서 자활지원센터를 시범적으로 시작했다.

두 번째는 1990년대 외환위기 이후 사회적 경제조직들이 형성되었던 시기이다. 1997년 외환위기는 사회적 경제가 본격적으로 제도화 단계에 들어서는 데 결정적인 영향을 미쳤다. 본격적으로 실업자 수가 130만 명 이상이 되는 고실업 사회로 접어들면서 실업 문제를 극복하고자 시민단체들이 전국적으로 생겨났고, 김대중 정부는 실업자의 생계를 보장하려는 목적에서 공공근로사업을 대대적으로 실시했다. 또한 2000년도부터 국민기초생활보장법을 근거로 취약계층의 일자리 창출을 목적으로 자활사업을 실시했다. 자활사업은 한국에서 사회적 경제의 제도화 발전의 디딤돌 역할을 했다고 볼 수 있다. 정부는 자활지원센터(자활후견기관)를 급속하게 확대하면서 사업 규모를 확장해 나갔는데, 2000년에는 70개소이던 것이 2001년에는 169개소, 2002년에는 192개소에 이르렀다. 자활지원센터는 점차 미취업자의 자발적 참여를 유인해 협동조합을 지향하는 생산공동체를 창업하는 데 초점을 두어 핵심적인 성과 목표가 되었다(김정원 외, 2013). 그래서 자활기업(자활공동체)은 생산공동체운동의 철학과 이념에서 출발했으나, 제도화 과정에서 수급자가 공공부조 체계에서 벗어나는 경로로서의 사회적 의미가 강조되면서 본질적인 성격과 간격이 생기게 되었다.

노동부는 2003년도부터 "사회적으로 유용하지만 수익성 문제로 정부나 민간기업에서 충분히 공급되지 못하는 부분에서 사회적 일자리를 만들어 취약계층에게 일자리를 제공한다"는 취지로 사회적 일자리사업을 실시했다. 노동부는 자활사업과 독립적으로 사회적 일자리사업을 고용정책의 일환으로 접근하면서 사업의 장기적 방향을 사회적 기업으로 전환하는 것으로 설정했다. 노동부는 자활사업과 사회적 일자리사업을 질적으로 고도화할 대안으로서 사회적 기업의 필요성을 인식하고 있었고, 이러한 사업들의 지속가능성에 대한 진지한 논의가 이뤄지면서 당시 열린우리당 우원식 의원의 발의안 '사회적기업지원법'을 기초로 마침내 2007년도에 '사회적기업육성법'이 제정되었다. 사회적 기업은 "취약계층에게 사회 서비스 또는 일자리를 제공하여 지역 주민의 삶의 질을 높이는 등의 사회적 목적을 추구하면서 재화 및 서비스의 생산·판매 등 영업 활동을 수행하는 기업"으로서 제7조의 규정에 따라 인증을 받은 자로 법적 정의가 내려졌다. 사회적기업육성법에는 사회적 기업이 관여하는 사업 영역으로 교육, 보건, 사회복지, 환경 및 문화 분야, 보육 서비스, 예술·관광 및 운동 서비스, 산림 보전 및 관리 서비스, 간병 등 사회적 일자리의 주요 사업을 거의 모두 포괄했다.

요컨대, 외환위기 이후의 사회적 경제의 제도화 과정은 정부가 주도적으로 만들어낸 결과물이었다고 볼 수 있다. 빈곤과 실업 문제를 해결하기 위한 사회정책을 도입하는 과정에서 한국 정부가 주도해서 사회적 경제를 제도화시킨 것은 자본주의의 대안경제로서 오랜 역사를 두고 발전해 온 유럽과는 매우 다른 역사적 과정이라고 볼 수 있다(장원봉, 2006). 정부는 빈곤 완화, 고용 기회 제고, 사회서비스 확대 등의 대안을 모색하는 과정에서 사회적 경제조직을 적극적으로 확대했는데, 구체적으로 자활기업이나 사회적기업에 대한 근거법을 마련함으로써 자활근로는 자활기업으로, 사회적 일자리는 사회적 기업으로 고도화할 수 있는 사회적 경제조직들의 발전 경로를 구획했던 것이다. 이러한 과정에서 정부 지원에 의존하지 않고 자율성에 기반한 사회적 경제조직의 자생력을 갖추는 것이 중요한 정책 과제로 남게 되었다.

마지막은 2008년 글로벌 금융위기와 국내에서 더욱 심각해진 경제위기, 양극화 등의 사회 문제를 해결하고자 그 대안으로서 협동조합을 적극적으로 고려한 시기였다. UN은 2012년도를 '세계협동조합의 해'로 선포함으로써 개별 국가들이 자본주의 경제위기에 대한 대안으로서 협동조합에 대한 관심을 끌어올리는 데 기여했다. 국내적으로는 경제민주화 논의, 양극화 및 고령화 진전으로 인한 사회적 수요 증가에 대비한 대안 모색 과정에서 협동조합 모델의 실효성에 주목했다. 이러한 국내·외적 상황을 배경으로 2012년도에 '협동조합기본법'을 제정했다. 기본법 제정은 개별 협동조합법 규정에 의해서만 설립이 가능했던 제약에서 벗어나 금융 및 보험업 외의 거의 모든 분야에서 협동조합 설립이 가능한 제도적 기반이 마련되었다는 측면에서 새로운 일자리 창출에 긍정적 효과를 가져올 것으로 기대된다.[3] 기본법 제정으로 2013년 기준으로 총 2,261개의 조합이 설립되었다. 출자금에 상관없이 5인 이상이면 조합 설치가 가능하기 때문에 앞으로도 수적으로 크게 늘어날 것으로 예상된다.

사회적 기업은 글로벌 경제위기를 지나면서 지역공동체 회복을 통한 지역 발전과 지역 문제 해결 수단으로 활성화되는 전기를 맞이했다. 2010년 6월 '제89차 국민경제대책회의 겸 제11차 국가고용전략회의'를 통해 지역형 예비 사회적 기업을 지정, 운영할 수 있는 지정 권한을 지방자치단체에 이양했다. 또한 중앙의 각 부처 중심으로 운영되는 사회적 기업 및 지역개발형 사업이 등장했다. 행정자치부(당시 행정안전부)는 과거의 공공근로사업을 희망근로→자립형 지역공동체 사업(2010)→마을기업(2011)으로 명칭을 변경하며 사업을 확장했다. 지식경제부는 2010년도부터 지역발전계획 차원에서 커뮤니티 비즈니스 시범사업을 추진했다. 농림수산식품부는 농어촌공동체회사를, 교과부는 방과 후 학교를 예비 사회적 기업으로 진행했다. 2012년도 6월 기준으로 전국의 인증 사회적 기업은 656개, 지역형 예비 사회적 기업은 1,324개였으며, 사업에 참여한 총 인원은 34,070명인 것으로 집계되었다.

---

3) 협동조합 설립에 관련한 8개의 개별 법률은 농업협동조합(1957), 중소기업협동조합법(1961), 수산업협동조합(1962), 엽연초생산협동조합법(1963), 신용협동조합법(1980), 산림협동조합법(1980), 새마을금고법(1982), 소비자생활협동조합법(1999)이다.

글로벌 경제위기를 통해 한국 사회의 사회적 경제 영역은 큰 변화를 맞이했다고 볼 수 있다. 이전까지 사회적 경제 영역은 중앙정부가 주도적으로 이끌어가는 획일화된 저소득층의 고용 창출 및 근로 연계 사업으로서의 성격이었다면 이제는 지방정부 중심으로 지역사회 발전과 취약계층의 삶의 질을 개선하는 정책 수단으로서의 의미가 강화되고 있다는 점이다. 사회적 경제 영역이 지역공동체 회복과 지역사회 문제 해결 수단으로 연계성이 높아지면서 사회적 유용성이 더욱 커졌다. 그러나 정부의 보조금에 의존하지 않고 자생력이 높은 조직으로서 유지될 수 있는 기반은 여전히 취약하다는 한계점이 있다.

제 3 절 한국의 사회적 경제조직을 위한 정부 지원정책의 과정

1. 사회적 경제조직을 위한 정부 지원 경과

한국에서의 사회적 경제조직은 역사적으로 일제 강점기의 협동조합운동, 1970년대부터 빈민 및 산업선교의 일환으로 시작된 대안적 생산공동체 운동 등에서부터 출발했다고 할 수 있으나, 사회적 경제 영역이 본격적으로 정책 화두가 되어 시행 또는 확장되기 시작한 것은 외환위기 이후로, 실업률 증가와 양극화, 저출산 고령화 등으로 발생한 고용 문제와 사회 서비스 문제, 빈곤 문제 등에 대한 사회적 책임이 인식되기 시작하면서부터라 할 수 있다.[4] 1999년 국민기초생활보장법 제정, 2007년 사회적기업육성법 제정에 이어 2012년에는 협동조합기본법 제정 등 제도적 환경이 조성되면서 정부 주도의 자활사업, 사회적 일자리사업, 사회서비스 일자리사업, 사회적 기업 및 협동조합 등 사회적 경제 화두가 지속되고 있다.

사회적 경제조직의 유형은 이미 언급한 바와 같이 조직의 특성에 따라 매우

4) 우리나라에서 사회적 경제는 1990년대 후반 경제위기를 경험하고, 고용 없는 성장, 일자리 문제가 사회적 관심으로 등장하면서 사회 문제를 해결하기 위한 정부의 적극적인 지원과 더불어 사회적 경제조직이 활성화되기 시작했다고 볼 수 있다.

다양하게 분류할 수 있지만 일반적으로 한국의 대표적인 사회적 경제조직으로는 협동조합, 사회적 기업, 자활기업(구 자활공동체), 마을기업 등을 들 수 있다. 그 이유는 이 네 가지 유형의 사회적 경제조직은 사회적 목적을 지니고 있으면서 민주적 운영 원리를 가진 호혜적 경제 활동 영역 중에서 정부가 주도적으로 제도적 지원을 하고 있는 경제조직이기 때문이다.

먼저, 협동조합은 1960년대 지역사회에서 자생적으로 발생한 빈곤퇴치운동과 관련해 등장했으며, 이는 우리나라 사회적 경제조직의 기원이 되기도 한다. 그러나 지역사회를 바탕으로 한 협동조합은 유럽과는 다르게 조직적으로 확대되지 못한 채 시행되어 오다가, 2012년 협동조합기본법 시행으로 현재 정책적으로 큰 관심을 받고 있는 영역이 되고 있다.

자활사업은 경제위기 이후 정부 빈곤정책의 핵심으로 제정된 국민기초생활보장법과 그 맥락을 함께한다고 볼 수 있다. 국민기초생활보장법 급여 중 하나인 자활급여는 근로 능력이 있는 수급자를 대상으로 취약계층 일자리 창출을 목적으로 했다. 자활사업이 공공부조 프로그램으로 전환된 이후 사회적기업육성법(2007년), 협동조합기본법(2012년) 제정 등을 거쳐 사회적 경제 영역이 본격적으로 확대되고 있다고 볼 수 있다(이인재, 2010).

사회적 기업은 경제위기 이후 실업 문제 극복을 위한 '사회적 일자리' 창출이라는 측면에서 전개되어 왔으며, 이후 고령화와 저출산과 관련해 사회 서비스 욕구 증대에 대응해 급격하게 확대되고 있는 사회적 경제 주체 중의 하나이다. 정부는 공공재원과 민간재원의 결합을 통해 '사회적 일자리 창출사업'(2005년)을 추진하고, 이를 통해 취약계층에게 사회적 일자리를 제공하고자 했다. 정부는 '사회적 일자리'를 "사회적으로 유용하지만 수익성 때문에 시장에서 충분하게 공급되지 못하는 사회적 서비스 분야에서 창출되는 일자리"라고 정의했으며, 궁극적으로 사회적 일자리와 사회 서비스를 연계시키고자 했다(양용희, 2009). 이러한 논의를 바탕으로 2007년도에 '사회적기업육성법'을 제정 및 시행했으며, 사회적 기업은 사회적 문제를 해결하는 동시에 사회 서비스 제공을 통한 수익 창출을 기반으로 하게 되었다.

사회적 경제가 발달된 유럽과는 달리 한국은 1997년 경제위기 극복이라는 차원에서 사회적 경제조직에 대한 논의가 활발하게 시작되었고, 그로 인해 다양한 제도적 장치가 발달되었다고 볼 수 있다. 또한, 한국이 처한 급속한 인구고령화와 저출산 문제로 인해 민간자원과 연계된 사회 서비스에 대한 욕구가 증대되었다. 이러한 문제를 해결하기 위해 정부는 법률 제정과 더불어 각종 정책적 지원을 제공했고, 한국의 사회적 경제조직은 이러한 정부 지원을 바탕으로 성장, 확대되었다고 볼 수 있다. 따라서 다음에서는 구체적으로 앞에서 언급한 바와 같이 정부가 주도적으로 제도적 지원을 하고 있는 사회적 경제조직들인 협동조합, 사회적 기업, 자활기업(구 자활공동체), 마을기업을 중심으로 한국의 사회적 경제조직의 도입 및 이들을 위한 정부의 제도적 지원 과정과 내용을 개괄적으로 살펴보고자 한다.

1) 협동조합

협동조합이란 재화 또는 용역의 구매, 생산, 판매, 제공 등을 협동으로 영위함으로써 조합원의 권익을 향상하고 지역사회에 공헌하고자 하는 사업조직을 말한다. 우리나라는 1960년대 초반부터 주로 1차 산업 중심의 협동조합이 설립되어 왔다. 대표적으로 1960년대 이후 정부의 육성정책에 힘입은 농협은 비약적인 성장을 이뤘으나, 정권과의 밀착 관계와 같은 문제점으로 인해 자생적인 협동조합이라고 보기는 어렵다(신명호, 2009). 1999년 생활협동조합법 제정 이후에는 한살림, 아이쿱 등 생활협동조합이 빠르게 발전하면서 협동조합 이미지와 정체성 재확립이 이뤄진 것으로 평가되고 있다.

특히 협동조합은 외환위기 이후 새로운 경제사회 발전의 대안적 모델로 주목받기 시작했다. 2012년 12월 발표된 협동조합 지침에 따르면, 협동조합의 정책 방향은 자주, 자립, 자치 등 협동조합의 기본 이념 구현을 위한 '건전한 협동조합 생태계 조성'을 목표로 해서 교육 및 홍보, 제도 개선, 국제협력의 세 가지 분야로 정책 방향을 설정하고 있다. 특히 제도 개선 분야는 협동조합이 다른 법인(주식회사, 농·수협 등)과 동등하게 시장에서 경쟁할 수 있도록 관련 법·제도를 지속적으로 개선하고 있다. 2012년 12월 협동조합기본법이 제정된 이래 2013년 11월 말 현재 협동조합 설립 신청 건수는 총 3,148건이며, 이 중 3,057건이 인가되었다.

협동조합의 설립 과정은 다음과 같다. 5인 이상의 발기인이 모여 목적, 명칭,

사업 등이 포함된 정관을 작성하고 설립 동의자를 모집해 설립 동의자 과반수 이상 출석, 출석 인원의 2/3가 찬성한 상태에서 창립총회가 의결되면 시도지사에게 설립 신고를 하고 출자금을 납입 후 설립 등기를 하면 법인격이 부여된 협동조합이 설립된다. 사회적 협동조합은 유사한 절차를 거치며 시도가 아닌 중앙부처장의 설립 인가를 통해 법인격이 부여된다. 일반협동조합의 경우 공공위탁사업 참여, 중소기업 인정, 협동조합 특례보증 등의 정책을 활용할 수 있으며, 사회적 협동조합의 경우 기부금단체 인정, 협동조합 특례보증, 사회적 기업 인증 등의 정책을 활용할 수 있다.

협동조합의 전달 체계는 지침에서 기획재정부 및 관계 부처, 지방자치단체로 그 역할을 구분하고 있다. 기획재정부는 협동조합 총괄부처로서 기본 계획 수립 및 실태조사 실시 등 정책 총괄, 연합회 신고 및 인가, 기획재정부 소관 사회적 협동조합 인가 및 감독 등을 담당하고 있다. 기획재정부 외 각 부처는 부처 업무와 관련된 소관 사회적 협동조합에 대한 인가 및 감독 및 기획재정부 업무협조 등의 역할을, 시도는 (일반)협동조합에 대한 각종 신고 업무 및 과태료 부과 등 감독 업무를 수행하고 있다. 그 밖에도 정책 수립에 대한 관계 기관 간 원활한 업무 협조, 민간의 의견 수렴을 통한 정책의 현장 체감도 제고 등을 위해 '협동조합정책심의위원회'를 구성해 운영하고 있다.

협동조합 관련법은 기존의 생산자 조합(농업협동조합, 수산업협동조합, 엽연초조합, 산림조합, 중소기업협동조합, 신용협동조합, 새마을금고)과 소비자 조합인 소비자생활협동조합의 8개 개별법으로 존재해 설립 분야가 제한되어 있다가 지난 2012년 12월 '협동조합기본법'이 제정되어 이를 근간으로 하고 있다.

2) 사회적 기업

사회적 기업이란 취약계층에게 사회 서비스 또는 일자리를 제공하거나 지역사회에 공헌함으로써 지역 주민의 삶의 질을 높이는 등의 '사회적 목적'을 추구하면서 재화 및 서비스의 생산·판매 등 '영업 활동'을 하는 기업을 말한다. 사회적 기업의 육성은 외환위기 이후 발생된 실업률 증가와 양극화, 저출산, 고령화 및 전통적인 가족구조의 해체 등으로 인해 발생한 사회 서비스 욕구의 증대, 기업의 사회적 책임 및 사회 공헌 활동에 대한 관심 증가 등으로 도입되기 시작했다. 사회적 기업 인증 초기에는 노동을 중심으로 한 중앙부처의 사회적 일자리사업에서 출발한 기관 또는 단체들이 사회적 기업으로 전환하는 비중이 매우 높았으나, 최근에는 다양한 분야에서 사회적 기업이 등장하고 있다. 김재홍 · 이재기(2012)의 연구에 따르면, 사회적 기업 인증 초기에는 노동부를 중심으로 한 중앙부처의 사회적 일자리사업에서 출발한 기관 또는 단체들이 사회적 기업으로 전환하는 비중이 매우 높았으나 점차 농어촌형 사회적 기업, 문화예술 분야 사회적 기업 등 정부의 관련 부처들이 고용노동부와의 양해각서(MOU)를 통해 적극적으로 사회적 기업을 발굴하고 육성하려는 노력을 기울이고 있다. 또한 한국의 경우에는 인구 수가 많은 서울 · 인천 · 경기 지역의 수도권 지역에 소재하며, 활동 중인 사회적 기업의 수가 전체에서 차지하는 비중이 매우 높게 나타나고 있다.

한국에서 사회적 기업에 대한 논의는 1997년도 외환위기 이후 급속히 증가하는 실업률과 양극화 문제를 해결하기 위해 논의가 활발히 진행되었으며, 2000년대 초반 고령화와 저출산 문제로 인한 사회 서비스에 대한 수요 증가 및 비영리법인 · 단체 등 제3섹터를 활용한 안정적 일자리 창출 및 양질의 사회 서비스 제공 모델로서 사회적 기업 도입에 대한 논의로 구체화되었다. 이러한 욕구를 바탕으로 2007년 7월 '사회적기업육성법'이 시행되었으며, 2007년 1차적으로 36개 사회적 기업이 인증을 받았다.

사회적 기업의 인증 요건은 다음과 같다. 반드시 독립된 조직 형태를 갖추고 1인 이상 유급 근로자를 고용해 영업 활동을 수행해야 하며, 사회적 기업의 다섯 가지 유형 중 하나의 유형에 부합해야 한다. 또한 다양한 이해관계자가 참여하는 의사 결정 구조를 갖춰야 하고 영업 활동을 통한 수입액이 총 노무비의 30% 이상이 되어야 하며 정관이나 규약에 사회적 기업 법정 요구 기재 사항을 포함해야 하며, 상법상 회사의 경우 이윤의 2/3 이상을 사회적 목적을 위해 재투자해야 한다. 한편, 사회적 목적 실현, 영업 활동을 통한 수익 창출 등 사회적 기업 인증을 위한 최소한의 요건을 갖추고 있지만 일부 요건을 충족하지 못하는 기관을 지자체 또는 중앙부처에서 예비 사회적 기업으로 지정해 사회적 기업 인증이 가능하도록 요건을 보완할 수 있도록 하는 제도를 함께 운영하고 있다.

사회적 기업은 사회적기업육성법에 의해 고용노동부 장관의 인증을 받아야 하며, 2013년 12월까지 30차에 걸쳐 총 1,080개 인증, 현재 1,012개소의 사회적 기업이 활동 중에 있다. 2013년에 발표된 2차 사회적 기업 육성계획에 따르면, 2017년까지 사회적 기업 3천 개 육성, 사회적 기업 분야 10만 명 고용을 목표로 하여, 다양한 분야에서 새로운 유형의 사회적 기업 모델을 적극 발굴하고, 유사 사업 연계 및 부처 협업을 통한 사회적 경제조직의 활성화, 자생력 제고를 위한 지원 체계 및 제도 개편 등을 향후 5년의 주요한 추진 전략으로 삼고 있다.

3) 자활기업

자활기업은 2인 이상의 수급자 또는 저소득층이 서로 협력해 조합 또는 공동 사업자의 형태로 탈빈곤을 위한 자활사업을 운영하는 업체로, 국민기초생활보장법에 의한 요건을 갖추고 보장기관으로부터 인정받은 인정기업을 말한다(보건복지부, 2013c). 자활사업의 근간인 생산공동체가 자활기업의 출발점이라 할 수 있는데, 1990년대부터는 생산공동체의 조직화가 시작되었고, 생산공동체의 지속 가능성 확보를 위해 자활지원센터 시범사업이 도입되면서 자활공동체라는 개념이 본격적으로 등장했다(김정원, 2011). 국민기초생활보장법 시행 이후 자활사업은 취업과 창업을 촉진하는 방식으로 전환되면서 자활공동체에 대한 관심이 더욱 부각되었다. 2012년 8월에는 자활공동체라는 명칭이 자활기업으로 변경되었다.

자활기업의 성립 요건은 다음과 같다. 첫째, 자활기업 구성원 중 기초생활보장 수급자가 1/3 이상이어야 한다. 둘째, 자활기업 구성원은 2인 이상이며, 1인 이상 사업자(개인 창업)로도 설립이 가능하다. 셋째, 모든 구성원에 대해 70만 원 이상의 실수익금 배분이 가능해야 한다. 넷째, 자활기업 근로 일수가 주당 평균 3일 이상(1일 6시간 이상 근로 시), 또는 주당 평균 4일 이상의 기간 동안 22시간 이상의 근로에 종사해야 한다. 다섯째, 자활근로사업단의 자활기업 전환 시 사업의 동일성을 유지해야 한다(보건복지부, 2013c). 이러한 성립 요건은 종사자의 '자활'과 관계된 사업이기 때문이기 때문에 임금과 근로 시간 등 근로 조건에 대한 지침이 존재한다는 점이 특징적이라 할 수 있겠다. 자활기업은 지역 단위의 일반적 자활기업 이외에도 광역자치단체 단위의 광역자활기업, 전국 단위의 전국자활기업이 있다.

4) 마을기업

마을기업이란 '마을' 주민이 '주도적'으로 지역의 각종 자원을 활용한 수익사업을 통해 지역공동체를 활성화하고, 지역 주민에게 소득 및 일자리를 제공해 지역 발전에 기여하는 마을 단위의 기업을 말한다. 여기서 '마을'이란 지리적으로 다른 지역과 구분되는 경계를 가지면서 지역 내부에 상호 이해 관계나 정서적 공감대가 형성되어 있는 곳을 의미한다. 특히 '주도적'이라는 것의 의미는 마을 주민 출자가 총 사업비의 10% 이상이며, 출자한 주민이 참여하는 의사 결정 구조를 이루는 것이다. 마을기업 역시 외환위기 이후 고용 없는 성장이 지속된 환경 속에서 그간 이뤄진 정부 주도의 마을만들기사업에 대해 좀 더 주민 주체적인 경영이 가능한 패러다임으로 전환하기 위한 배경에서 실시되었다.

2009년 국제 금융위기에 의한 국내 경기 악화에 대한 대응으로 실시된 한시적 일자리인 '희망근로사업'을 좀 더 생산적이고 지속 가능한 일자리사업으로 전환하기 위해 2010년 하반기 '자립형 지역공동체사업'으로 변경된 것이 바로 마을기업이라 할 수 있다. 마을기업이라는 명칭은 2011년부터 사용되었으며(행정안전부, 2011), 특히 지역 실정을 제일 잘 아는 자치단체 중심으로 지역 거버넌스를 통해 지역 특성에 맞는 사업을 육성하고자 했다.

표 7-1 협동조합, 사회적 기업, 자활기업, 마을기업의 제도적 차이 비교

구분	협동조합	사회적 기업	자활기업	마을기업
사업 주체	공동출자자 (최소 5인 이상)	대부분 대표자 1인	2인 이상 (조합 또는 공동사업자 형태, 1인 창업 가능)	공동출자자 (최소 5인 이상, 주민 70% 이상)
주된 참여자	일반 시민 및 이익집단	취약계층	수급자 및 저소득층	지역 주민
사업 목적	조합원의 경제적 이익	취약계층 고용 창출, 사회 서비스 제공	탈빈곤, 자활	지역 문제 해결, 지역사회 공헌, 지역활성화
주무 관청	기획재정부	고용노동부	보건복지부	행정자치부 및 지방자치단체
법적 근거	협동조합기본법	사회적기업육성법	국민기초생활보장법	-

마을기업에 참여할 수 있는 요건은 다음과 같다. 민법에 따른 법인, 영농조합, 협동조합, 상법에 따른 회사 등 조직 형태가 법인인 자로, 지역 주민의 5인 이상이 출자해 참여해야 하며 지역 주민의 비율이 70%를 넘어야 한다. 단, 특정 1인, 그와 친족 관계 등인 특수관계인의 지분의 합이 50%를 넘지 않아야 한다. 정보화마을(행자부)이나 사회적 기업(고용노동부), 농어촌공동체회사(농림부) 등과 보조금 중복 지원은 불가능하지만 중복으로 마을기업 선정은 가능하다. 사회적 경제조직에서 협동조합과 사회적 기업, 마을기업을 비교하면 〈표 7-1〉과 같이 나타낼 수 있다.

2. 사회적 경제조직을 위한 정부 지원정책 유형

1) 협동조합

협동조합기본법(이하 기본법)이 2012년에 제정되면서 우리나라는 기존의 중소기업협동조합법, 농업협동조합법, 수산업협동조합법, 신용협동조합법, 새마을금고법, 생활협동조합법 등과 같은 개별 협동조합법(이하 개별법) 체계와 기본법 체계로 양분된 법체계를 갖게 되었다. 하지만 기본법 제13조(다른 법률과의 관계)에 명시했듯이 개별법에 의해 설립된 협동조합은 기본법의 지배를 받지 않는다. 즉, 두 법이 공존하는 것으로 이해하면 된다.

협동조합기본법이 비교적 최근에 제정되었기 때문에 협동조합 활성화를 위한 구체적인 정부 지원정책이 많지는 않다. 그러나 2014년 1월에 소상공인 예비협동조합 체계 안정화 및 활성화 지원정책이 실시되면서, 현재 소상공인들이 협업을 통해 공동의 이익을 추구하고자 하는 자발적 협동조합에 창업자금 및 정책자금을 직접적으로 지원할 수 있는 계기를 마련했다. 구체적으로, 소상공인 협동조합 활성화 지원정책은 조합원 80% 이상이 협동조합 인식 개선 교육을 수료하게 되면, 협동조합당 1억 원 한도(공동장비 구매에 한해 최대 2억 원까지 지원 가능) 내에서 자금을 지원해 주고 있다. 또한 2013~2014년에 선정된 협동조합 중 공동구매 지원 업종에 해당하고, 공동구매 자체 추진 실적이 있는 소상공인 협동조합에 1개 조합당 2,000만 원 한도 내에서 자금을 지원해 주고 있다.

또한, 소상공인으로 구성된 예비협동조합에는 10회 정도의 컨설팅을 실시하고 있다. 지원 대상은 5인 이상의 소상공인으로 구성된 예비협동조합이며, 전체 구성원 중 80% 이상이 소상공인으로 구성된 예비협동조합이어야 하며, 대기업은 참여할 수 없다. 체계안정화 지원 규모는 500개 예비협동조합이며, 홈페이지에서 신청을 하게 되면, 협동조합 설립 및 사업계획 등에 최대 10회까지 컨설팅해 주고 있다.[5]

2) 사회적 기업

사회적 기업 지원정책이 초기에는 고용노동부를 중심으로 추진되었으나 각 부처에서 유사한 사업들이 추진되면서 국가고용전략회의를 통해 조정이 이뤄졌다. 따라서 사회적 기업 육성을 통한 일자리 창출사업은 고용노동부에서 지방자치단체로 이관했고, 문화·녹색·에너지·지역·교육·돌봄 등을 사회적 기업 5대 전략 분야로 선정해 정책 지원을 강화했다. 아울러, 사회적 기업의 경우 지역의 여건과 특성을 고려할 필요성이 있기 때문에 지방자치단체가 주도적으로 지역 일자리 창출사업을 시행할 수 있도록 '지역형 예비 사회적 기업 지정제도' 도입과 함께 지방자치단체는 국비 지원과 자체 예산을 활용해 지역 특성에 맞는 사회적 기업 육성 및 관련 조례 정비를 위해 노력하고 있으나 아직까지 제도화의 정도는 미흡하다고 볼 수 있다(김재홍·이재기, 2012). 2011년 6월에는 관계 부처의 사회적 기업 발굴 및 육성을 지원하기 위해 국가고용전략회의에서 부처형 예비 사회적 기업 지정제도 및 사회적 기업 인증 추천제도도 추진하기로 했다.

사회적 기업으로 인증받으면 경영 컨설팅, 공공기관 우선 구매, 시설 및 운영비 대부, 법인세, 취득세, 면허세, 재산세 감면 등 세제 혜택 및 사회보험료 지원과 함께, 사회적 일자리 창출사업 참여 시 참여자 인건비를 3년간 차등 지원받을 수 있다(1년차 90%, 2년차 70%, 3년차 50%).

전달 체계는 다음과 같다. 고용노동부가 사회적 기업 육성 및 지원계획 수립, 재정 지원 시행지침 제·개정, 인원 및 예산 배정, 지자체 및 고용센터 일자리창출사업 점검 및 평가 등을 담당하고, 광역자치단체 및 기초자치단체가 지역사회 특성을 반영한 (예비)사회적 기업을 발굴·육성한다. 사회적 기업을 지원하기

5) 소상공인진흥공단 홈페이지(www.kmdc.or.kr) 참고.

위해 지정된 사회적 기업 지원기관이 컨설팅 및 교육, 네트워크 구축 등을 담당하고 중앙기관인 한국사회적기업진흥원에서 사업 모델 발굴 및 사회적 기업 육성, 인증, 모니터링, 평가, 정보 시스템 구축 운영 등을 담당하고 있다. 법체계는 2007년 제정된 '사회적기업육성법'을 기본으로 하고 있다.

(1) '사회적기업육성법' 규정 내용

정부는 사회 서비스 일자리 확충과 지속 가능성 제고를 위해 '사회적기업육성법'을 제정해 2007년 7월 1일부터 시행하고 있는데, 이 법에서는 사회적 기업 인증제도를 도입해 인증 사회적 기업에 대한 각종 지원제도를 규정하고 있다. '사회적기업육성법'에 규정된 구체적인 경영 지원 내용으로는 정부출연기관이나 민간단체에 위탁해 사회적 기업 운영에 필요한 경영, 기술, 세무, 노무, 회계 분야에 대한 전문적인 자문 및 정보 제공, 국가 및 지방자치단체는 사회적 기업의 설립·운영에 필요한 부지 구입비, 시설비 등을 지원·융자하거나 국·공유지 임대 지원, 사회적 기업이 생산하는 재화나 서비스에 대해 우선적으로 구매, 법인세법·조세특례제한법·지방세법이 정하는 바에 따라 국세 및 지방세를 감면하고 4대 보험료에 대한 사업주 부담분을 지원, 공모 및 심사를 통해 복지, 교육 등 사회 서비스 제공 기업에 대한 인건비, 운영경비 등 재정적 지원 등이 있다.

(2) 중앙정부의 사회적 기업 지원정책

중앙정부는 〈표 7-2〉에 제시된 바와 같이 각 부처별로 사회적 기업을 다양하게 지원하고 있다. 우선 사회적 기업 육성정책 전반에 대한 총괄을 담당하고 있는 고용노동부의 경우에는 대부분 일자리 창출을 위한 인건비 지원에 예산 집행이 집중적으로 이뤄지고 있다. 행정자치부는 마을기업을 예비 사회적 기업으로 지정하는 데 필요한 지원을 제공하고 있으며, 기획재정부의 경우에는 전통시장을 사회적 기업으로 육성하는 계획을 추진하고 있다. 교육과학기술부의 경우에는 방과후학교를 사회적 기업으로 육성하는 계획을 추진하고 있으며, 문화관광체육부는 문화예술 분야의 사회적 기업 육성제도를 운영하고 있다. 중소기업청의 경우에는 기존의 중소기업 지원 대상에 사회적 기업을 포함시켜 다양한 지원을 제공하기 위해 2011년 7월에 중소기업기본법을 개정했다.

표 7-2 각 부처의 사회적 기업 육성을 위한 지원 내용

부처	항목	내용(연도)
고용노동부	사회적 기업 육성 정책 전반 총괄	• 인증제도를 통한 경영 · 재정 지원 • 청년 사회적 기업가 육성 및 일자리 창출 확대
	경영 지원	• 세무 · 노무 · 회계 등 컨설팅 비용 지원 - SE는 연 1천만 원, 3년 2천만 원 한도 - 예비SE는 연 3백만 원, 3년 5백만 원 한도 • 프로보노(무료경영봉사단) 연계
	공공기관 우선 구매 지원	• 사회적 기업에 보호된 시장 제공 • 장애인기업에 주로 배정됨.
	세제 지원	• 법인세와 소득세를 4년간 면제(그러나 조세 감면 효과는 미약함.) • 인건비 지원을 받지 않는 SE의 사업주 부담 사회보험료 지원(4년 한도, 2010년 신설) • 피고용인 전체 지원 가능
	전문인력 인건비 지원	• 기획 · 회계 · 마케팅 등의 전문인력 인건비 지원 - 3명 이내, 월 150만 원, 최장 3년간 지원 - 비용 일부는 기업이 부담
	일자리 창출사업	• 취약계층 채용 시 인건비 · 사회보험료 지원 - SE는 3년, 예비SE는 2년 내 지원 - 월 85.9만 원(2010년)과 사회보험료 8.5% - 연차별로 기업 부담 확대 • 2010년 10,795명에게 1,487억 원 지원(2009년 대비 40% 감소)
	사업개발비 지원	• R&D · 홍보마케팅 · 상품 개발비용 지원(2010년 신설) - SE는 7천만 원, 예비SE는 3천만 원 한도 - 일부 시설 구입도 가능
	교육사업	• 대학 등에 사회적 기업가 양성 과정 설치 지원 - 2009년 20과정 650명 이수 - 학위과정 장학금 지원 • 소셜벤처대회(2009년)
국가고용 전략회의	SE 확산 · 정착을 위한 중앙 · 지방 정부 지원 강화	• 지역형 예비 사회적 기업 지정제(2010) • 부처형 예비 사회적 기업 지정제(2011)
기획재정부	전통시장 사회적 기업 육성	• 전통시장 사회적 기업 육성계획(2011) • 2013년까지 100개 육성

행정자치부	지역자립형 CB의 마을기업화 지원과 지역별 SE 협력 지원 체계 구축	• 자립형 지역공동체사업(2010) • 마을기업(2011년 초~) 및 지역형 예비사회적기업제도 (2011)
지식경제부	CB사업 지원	• 커뮤니티 비즈니스(CB)사업(2010) • 지역혁신센터 내 CB 네트워크 강화 • 새로운 형태의 SE 개발
교육과학기술부	방과후학교 사회적 기업 육성	• 방과후학교 사회적 기업 육성계획(2011) • 2013년까지 방과후학교 사회적 기업 50개소 육성계획
농림수산식품부	농촌형 CB 자립 기반 구축	• 농어촌공동체회사 육성사업(2011) • 2011년 육성법 제정 추진
문화관광부	문화·예술 분야 사회적 기업 육성 지원	• 고용노동부와 MOU 체결 • 문화·예술 분야 SE 육성 지원(2010)
보건복지부	자활공동체 창업 지원	• 지역자활센터 중심 자활공동체 창업지원사업(2000) • 사회 서비스 바우처(voucher)와 연계
중소기업청	SE를 중소기업 지원 대상화	• 중소기업기본법 개정(2011)

출처: 한국지방행정연구원(2011b: 19); 김재홍·이재기(2012) 재구성.

(3) 지방정부의 사회적 기업 지원정책

한국의 사회적 기업 지원정책은 고용노동부를 중심으로 하는 중앙정부 차원에서 대부분 이뤄졌다. 그렇지만 지방정부에서도 사회적 기업이 지역의 특성과 수요를 반영한 사회 서비스를 제공하고 지역의 삶의 질 향상 및 일자리 창출에도 기여할 수 있다는 믿음 아래 풀뿌리형 사회적 기업 육성정책을 적극적으로 추진해 오고 있다. 그 노력의 일환으로 2008년부터 각 지방정부는 사회적 기업 육성을 위한 조례를 제정하고 전담 부처를 설치하기 시작했다. 그뿐만 아니라 앞서 언급한 바와 같이 중앙정부 중심의 사회적 기업 육성 및 지원정책의 시행 주체의 지방정부로의 이양이 이뤄지기 시작했다. 따라서 2011년에는 예비 사회적 기업 지정제를 실시했으며, 지원 주체를 고용노동부에서 지방자치단체로 이관하고 사회적 기업 확산을 위한 지원을 강화했다.

광역자치단체들은 지방정부 차원에서의 사회적 기업 발굴 및 육성을 위한 제도화 노력의 일환으로 2008년부터 전주, 청주, 울산의 사회적 기업 육성 조례를 제정하기 시작해 2009년에는 전국 16개 광역자치단체 모두 조례 제정을 완료했으며, 2010년 말에는 161개의 기초자치단체가 육성 조례를 제정했다. 한편, 지방자치단체별로 차이는 있으나 지역형 사회적 기업들에게 신규채용에 대한 인건비 지원 및 전문인력 지원, 컨설팅 및 사업개발비 지원, 우선 구매나 프로보노 지원을 등을 통해 지역형 사회적 기업들이 인증 요건을 조기에 달성함으로써 사회적 기업으로 인증을 받을 수 있도록 정책적인 노력을 다각적으로 추진하고 있는데, 구체적으로 광역자치단체별 지역형 사회적 기업 지원 내역은 〈표 7-3〉에 제시되

표 7-3 광역단체별 지역형 사회적 기업 지원 내역

지역	지원 내역
서울	• 신규채용 인건비 지원(1인당 월 98만 원, 기업당 50인 이내) • 전문인력 인건비 지원(기업당 1인, 150만 원/월) • 경영 컨설팅 지원(상임 전문 컨설턴트 35명) • 경영안정자금(5억 원 내, 연 3.5~4.5%), 시설자금(2억 원 내, 연 2%) • 사업개발비, 판로 확보 및 홍보 지원
부산	• 신규고용 일반인력 인건비 일부 지원(기업당 1~10명) • 신규고용 전문인력 인건비 일부 지원(기업당 1명) • 경영컨설팅 비용 지원(기업당 연 200만 원 이내)
대구	• (예비) 사회적 기업 일자리 창출사업 참여 자격 부여
인천	• 일자리 창출사업 지원(1인당 월 98만 원 및 사회보험료 일부) • 사업개발비 지원(기업당 3천만 원 한도)
광주	• PSE 신규 고용인건비 지원(5~30명 이내, 월 98만 원) • 사업개발비 지원(기업당 3천만 원 한도) • 경영컨설팅/회계 프로그램(연 300만 원), 우선 구매 지원
대전	• 일자리 창출사업 선정 시 신규 고용 인건비 일부 지원(1~7명)
울산	• 일자리 창출사업 지원(1인당 월 98만 원 및 사회보험료 일부) • 사업개발비 지원(기업당 3천만 원 한도)
경기	• 재정 지원: 전문인력, 인건비, 사업개발비 지원 • 전문성 지원: 경영, 법률, 세무, 노무, 회계 • 자치단체 및 산하공공기관의 우선 구매

강원	• PSE 신규 고용 인건비 지원(1인당 월 98만 원, 사회보험료 일부) • PSE R&D, 홍보, 마케팅 등 사업비 지원(3천만 원 한도) • 청년(18~39세) 사회적 기업가 인건비 지원(월 120만 원)
충북	• PSE 신규 고용 인건비 지원(1인당 월 98만 원, 사회보험료 일부) • 사업개발비 지원사업 참여 자격 부여 • 경영 컨설팅, 우선 구매, 홍보 기회 제공
충남	• 인건비/4대 보험료 지원(월 98만 원, 기업당 10인 이내) • 시설비, 경영자금 저리 지원(기업당 5천만 원 이내, 1.75~2%) • 경영 컨설팅, 우선 구매, 홍보 기회 제공
전북	• 신규 고용 인건비/4대 보험료 일부 지원
전남	• PSE 신규 고용 일반인력 인건비 일부 지원(기업당 5~10명) • 사업개발비 지원사업 참여 자격 부여 • 경영 컨설팅, 우선 구매, 홍보 기회 제공
경북	• 일자리 창출사업 지원(1인당 월 98만 원 및 사회보험료 일부) • 사업개발비 지원(기업당 3천만 원 한도)
경남	• 일자리 창출사업 지원(1인당 월 98만 원 및 사회보험료 일부) • 사업개발비 지원(기업당 3천만 원 한도)
제주	• 사회적 기업 일자리 창출사업 참여 자격 부여

출처: 곽선화 외(2011: 38-39) 수정 인용; 김재홍 · 이재기(2012: 41-42) 수정 재인용.

어 있다.

3) 자활기업

자활기업에 대해서는 다음과 같은 지원이 이뤄진다. 먼저, 매출적립금을 활용해 창업을 지원할 수 있으며, 자활기금을 활용해 사업자금의 융자 지원, 전세점포 임대 지원 등이 이뤄진다. 또한 작업장 등에 대해 국 · 공유지 우선 임대 지원, 국가 또는 지방자치단체가 실시하는 사업의 우선 위탁, 국가 또는 지방자치단체의 조달 구매 시 자활기업 생산품의 우선 구매 등의 간접 지원이 이뤄지며, 기초생활보장수급자 채용 시 인건비가 한시적으로 지원된다.

자활기업의 추진 체계는 자활사업의 전달 체계를 따른다. 보건복지부가 국민기초생활보장제도를 총괄하고, 종합자활 지원계획 수립, 지역자활센터 지정 및 관리 등의 역할을 담당한다. 광역 및 기초지자체는 지역자활 지원계획을 수립하고 급여 내용 결정 및 지급, 참여자 자활지원계획 수립 및 관리 등의 역할을 수행한다. 자활센터는 중앙 및 광역, 지역자활센터로 구성되어 있으며, 참여자 사례관리, 정보 제공, 상담, 직업교육, 자활 프로그램 개발 및 평가 등의 역할을 수행한다. 자활사업의 법적 근거는 2000년부터 시행된 국민기초생활보장법을 따른다.

4) 마을기업

마을기업 육성을 위한 2013년 지침에는 1) 체계화된 주민 주도 창업 시스템 구축, 2) 마을기업 지원 방안 확충, 3) 자립마을기업에 대한 지원 강화, 4) 중간 지원기관 역할 강화 등 총 네 가지의 추진 전략이 제시되었다. 특히 체계화된 주민 주도 창업 시스템 구축은 마을기업 설립 지원 프로그램 도입을 통한 마을공동체 형성 및 지역 리더 육성, 지자체가 추진하는 예비마을기업, 마을기업 아카데미 등과 연계하는 방안 등을 내세우고 있다. 또한 마을기업 지원 방안 확충은 컨설팅, 기술 및 세무・회계 지원, 마을기업 박람회 추진, 판로 확보를 위한 유통업체 입점 지원, 1사 1마을기업 자매 결연, HACCP 등 각종 인증 획득 지원 등의 방안이 제시되어 있다. 그 밖에도 네트워크 구축, 중간 지원기관 역할의 명확화 등이 제시되어 있다.

선정된 마을기업에는 최장 2년간 지원을 하되, 당해 마을기업의 지속적인 수익 및 일자리 창출 가능성 등을 종합적으로 감안해 1차 연도 종료 후 사업 성과 및 2차 연도 사업을 재심사해 선정한다. 1차 연도에는 5,000만 원 한도로, 2차 연도에는 3,000만 원 한도로 지원하며 그중 인건비는 보조금의 20% 범위 내에서 마을기업 수익사업과 직접 관련이 있는 인력고용으로 한정해 사용할 수 있다. 사업 추진 시 발생한 수익금은 적립해 재투자할 수 있도록 하고 있다. 연 1회 운영 현황 및 경영 실적에 대한 실태를 조사하되, 1년 이상 매출 실적이 없는 경우에는 폐업 조치한다. 또한 마을기업 설립 전 마을기업 설립을 희망하는 마을(단체)을 시・도별로 1~2개 지정해 3개월 이상 교육, 컨설팅을 실시하며, 1개소당 1,000만 원(국비 500만 원, 지방비 500만 원)을 지원하는 준비지원제도도 존재한다.

전달 체계는 다음과 같다. 먼저 행정자치부는 기본 계획 및 가이드라인 지침

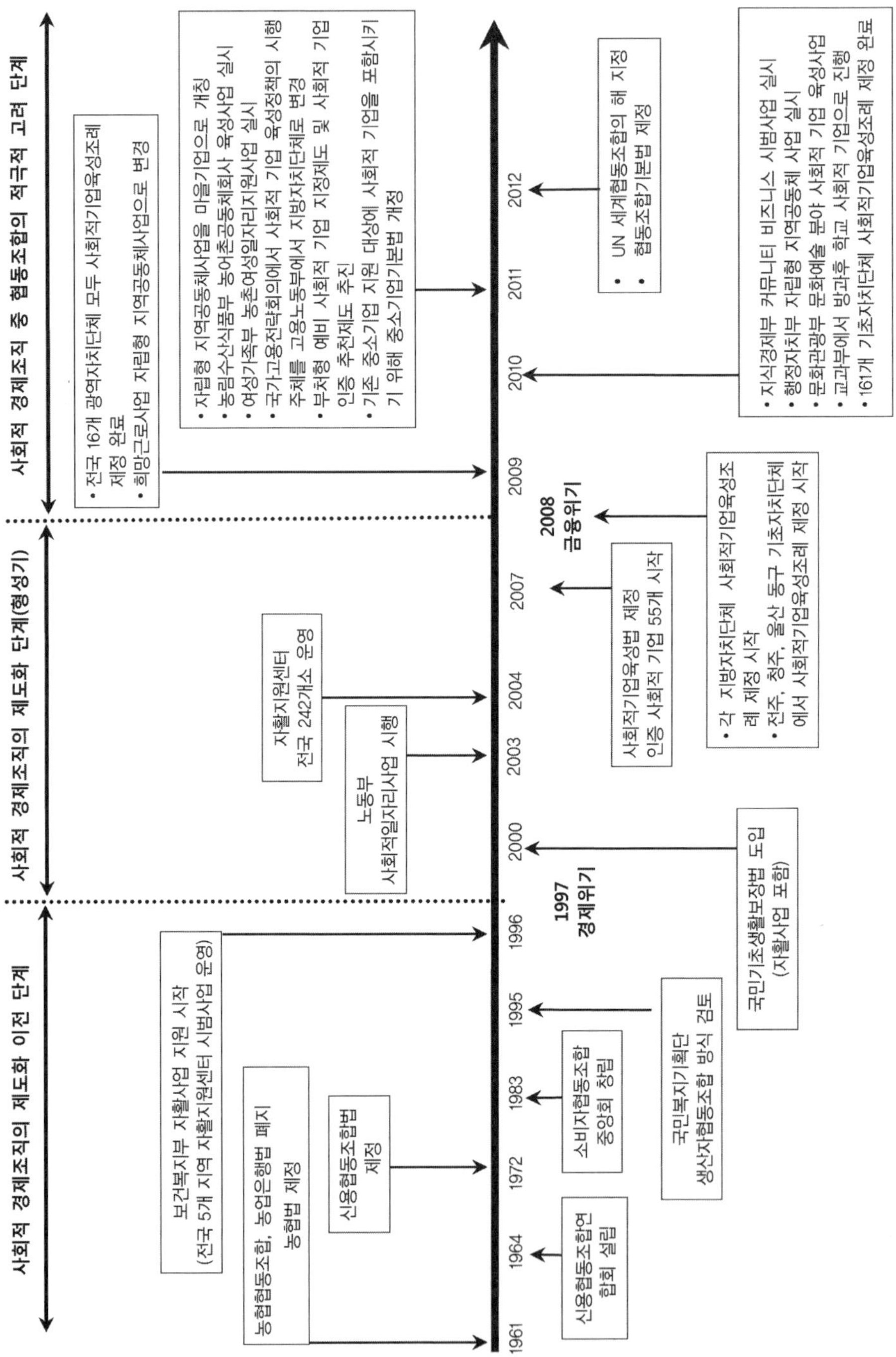

그림 7-1 사회적 경제조직을 위한 정부의 제도적 지원 경과

수립 등 제도적 기반 마련, 지자체에 사업비 등 행 재정적 지원, 시 · 도에서 선정한 마을기업을 대상으로 마을기업 지정, 지방행정연수원 내 전문교육과정을 운영하며 시 · 도, 시 · 군 · 구의 보고 결과에 대한 점검 및 성과 평가, 우수 마을기업 선정 및 사례 발굴 전파 등의 역할을 담당하고 있다. 광역자치단체는 시 · 도 단위 사업계획 수립, 사업의 전반적 관리감독, 시 · 군 · 구에서 추천된 단체 중 선정, 시 · 군 · 구 지원 예산 및 단체 수 결정, 중간지원조직 공모 심사 및 계약 체결, 기초자치단체의 사업 추진 성과분석 및 실적 행정자치부 보고 등을 수행한다. 기초자치단체는 사업 공모 신청 단체 1차 심사, 선정 단체 시 · 도 추천, 최종 선정된 단체와 마을기업 육성 약정 체결, 사업비 지급 및 관리, 부정 수급 등 감독, 마을기업 사업추진 관리카드 작성 및 월 1회 이상 현장 점검, 마을기업 사업 성과분석 및 실적 광역자치단체 보고 등의 역할을 수행한다. 마을기업이 협동조합, 사회적 기업과 구분되는 점은 지역성으로, 지역 주민의 자발적 활동을 통한 지역공동체 활성화가 주요한 특징이라 할 수 있다.

지금까지의 논의에 기초하면, 그 동안 한국의 사회적 경제조직을 지원하기 위한 다양한 정책적 노력이 추진되어 왔음을 알 수 있다. 이러한 일련의 노력과 추진 경과들을 개괄적으로 정리해 나타내 보면 [그림 7-1]과 같다.

제 4 절 한국의 사회적 경제조직 지원정책의 성과

1. 한국의 사회적 경제 지원정책의 성과

1) 협동조합

2012년 12월 협동조합기본법이 제정된 이래 2013년 11월 말 현재 협동조합 설립 신청 건수는 총 3,148건이며, 이 중 3,057건이 수리 또는 인가되었다. 세부적으로는 일반협동조합이 2,944건, 사회적 협동조합이 102건, 협동조합연합회가 11건 신고 수리 또는 인가되었다. 일반협동조합의 경우 지자체별로 특히 서울시 885건, 경기도 419건 등 수도권에서 활발히 설립이 이뤄지고 있으며, 또한 광주

248건, 전북 175건, 전남 121건 등 호남권역의 설립도 활발하다. 사회적 협동조합의 경우 중앙부처 중 고용노동부 25건, 기획재정부 21건 등이 비교적 다수 설립된 부처이다.

협동조합기본법 시행 이후 최초로 실시된 이철선 외(2013)의 「협동조합실태조사」의 결과를 살펴보면 다음과 같다.

표 7-4 협동조합 설립 수리 및 인가 현황(2013년 11월 말 기준)

(단위 : 개)

연번	일반협동조합		사회적 협동조합	
	소관 지자체	신고 수리 건수 누계 (11.30일 기준)	소관 부처	신청 인가 건수 누계 (11.30일 기준)
1	서울특별시	906/885	기획재정부	22/21
2	부산광역시	183/183	교육부	20/14
3	대구광역시	117/117	미래창조과학부	1/-
4	인천광역시	85/85	외교부	1/1
5	광주광역시	255/248	행정자치부 (당시 안전행정부)	3/2
6	대전광역시	112/112	문화체육관광부	8/6
7	울산광역시	55/53	농림축산식품부	7/5
8	경기도	430/419	산업통상자원부	4/3
9	강원도	108/102	보건복지부	19/12
10	충청북도	84/84	환경부	4/3
11	충청남도	99/97	고용노동부	31/25
12	전라북도	180/175	여성가족부	5/4
13	전라남도	123/121	국토교통부	1/1
14	경상북도	112/112	해양수산부	1/-
15	경상남도	98/98	중소기업청	3/3
16	제주특별자치도	43/40	산림청	2/2
17	세종특별자치시	13/13	-	-
총계		3,003/2,944	총계	132/102

출처: 기획재정부 보도자료(2013.12.2).

첫째, 5월 말 기준으로 신고, 인가된 협동조합 중 조합원 규모가 5인인 경우가 17.9%, 6~29인인 경우가 59.7%, 30인 이상인 경우가 22.4%로 나타났으며, 직원이 없는 협동조합은 44.3%가량으로 거의 절반에 가깝게 나타났다(이철선 외, 2013).

둘째, 신고 및 인가된 협동조합의 업종은 도소매업이 28.2%로 가장 높게 나타났다. 다음으로는 농림어업이 14.2%로 나타났으며, 제조업·교육서비스업이 9.1%가량으로 나타났다.

셋째, 협동조합에 근로하고 있는 임금근로자를 연령대별로 살펴보면 40~54세의 준고령자가 46.7%로 가장 많은 비중을 차지하고 있다. 30대는 24.2%를 차지하고 있다. 55세 이상의 고령자는 18.7%로 나타났다.

넷째, 협동조합에 고용된 피고용인 수는 전체 3,820명으로 나타났으며, 평균 5.1명으로 조사되었다. 실제 이사(장) 및 감사를 제외하고 정규직, 비정규직 규모만 합하면 1,028명가량으로 나타났다. 5월 말 기준 수리, 인가된 협동조합 747개를 기준으로 한 총 취업자 수 규모이기 때문에 11월 말 기준 전체 협동조합 3,057개에 대해 추산한다면 총 취업자 규모는 약 4배가량 증가 가능성이 있다.

마지막으로, 협동조합 임직원의 평균 급여는 114만 원~177만 원 수준으로 나타났다. 이사장이 평균 177만 원 정도였고, 정규직 직원은 147만 원, 비정규직 직원은 114만 원가량으로 나타났다.

2) 사회적 기업

2007년 사회적 기업에 대한 인증제도가 실시된 이후 연도별 인증 신청 기업 수와 인증률, 유지율 등에 대한 연도별 현황은 〈표 7-5〉에 요약되어 있다. 인증 사회적 기업의 수는 2007년 55개에서 2013년 12월 말 현재 1,080개로 증가했으며, 2013년 12월 현재 인증이 유지되고 있는 업체는 1,012개로 인증 유지율은 93.7%이다. 또한, 2007년에는 166개 조직에서 인증 신청을 하여 55개가 인증을 받았으나 이후 신청 기업 수 및 인증 비율은 불규칙적인 등락 현상을 보이고 있으며, 2008년 인증 신청 기업 수가 급증한 것은 한시적으로 취약계층에 대한 고용 및 수혜 비율이 낮게 적용되었기 때문으로 보인다.

표 7-5 사회적 기업 신청 · 인증 · 유지 현황

(단위: 개, %)

연도	신청 수	인증 수(인증률)	2013년 12월 유지(유지율)
2007년	166	55(33.1)	43(78.2)
2008년	285	166(58.2)	138(83.1)
2009년	199	77(38.7)	74(96.1)
2010년	408	216(52.9)	198(91.7)
2011년	255	155(60.8)	148(95.5)
2012년	386	142(36.8)	142(100.0)
2013년 12월	519	269(51.8)	269(100.0)
계	2,218	1,080(48.7)	1,012(93.7)

출처: 한국사회적기업진흥원 공시 자료.

2010~2013년 각 연도 기준 인증 사회적 기업 유지 총계를 지역별, 조직 형태별, 인증 유형별로 살펴보면 〈표 7-6〉과 같이 나타낼 수 있다. 사회적 기업의 지역별 분포는 서울 · 인천 · 경기 지역이 2010년 약 46.0%에서 2013년에 약 43.2%로 그 비중이 다소 낮아지고 있으며, 대구 · 경북 · 경남 등 지방의 비중이 점차로 증가하고 있다. 조직 형태별로는 민법상 법인의 비중은 낮아진 반면 비영리민간단체와 상법상 회사의 비중은 2010년에 비해 점차로 증가하고 있는 추세이다. 인증 유형별로는 일자리 제공형의 비중이 2010년 55.4%에서 2013년 말 현재 65.1%로 급격히 증가하고 있는 반면 다른 유형의 비중은 전반적으로 감소하고 있는 것으로 나타났다.

한국사회적기업진흥원의 공시 자료를 활용해 사회적 기업 총근로자 수 및 평균 근로자 수를 살펴본 전병유 외(2012)의 연구 결과를 살펴보면, 2011년 기준 사회적 기업에 고용된 근로자 수는 총 631개소 기준 15,990명으로 나타났다. 55세 이상의 고령자도 전체의 28.2%가량 차지하고 있는 것으로 나타났으며 일자리사업 재정 지원을 통해 고용된 경우가 5,419명으로 약 33.9%를 차지했다. 사회적 기업당 평균 고용된 근로자 수는 약 25.3명으로 다른 사회적 경제 영역에 비해 평균 고용 인원이 많은 것으로 나타났다.

표 7-6 사회적 기업의 일반 현황

(단위 : 개, %)

구분		인증 현황							
		2010년		2011년		2012년		2013년	
신청 수		408		255		386		519	
인증 수		216		155		142		269	
각 연도 유지 계		491(100)		644(100.0)		774(100.0)		1,012(100.0)	
지역	서울	108	(22.0)	153	(23.8)	174	(22.5)	212	(20.9)
	부산	25	(5.1)	38	(5.9)	52	(6.7)	61	(6.0)
	대구	23	(4.7)	30	(4.7)	33	(4.3)	44	(4.3)
	인천	34	(6.9)	35	(5.4)	37	(4.8)	55	(5.4)
	광주	15	(3.1)	27	(4.2)	37	(4.8)	46	(4.5)
	대전	11	(2.2)	18	(2.8)	21	(2.7)	28	(2.8)
	울산	16	(3.3)	20	(3.1)	21	(2.7)	33	(3.3)
	경기	84	(17.1)	113	(17.5)	131	(16.9)	170	(16.8)
	강원	32	(6.5)	34	(5.3)	38	(4.9)	47	(4.6)
	충북	24	(4.9)	26	(4.0)	34	(4.4)	46	(4.5)
	충남	16	(3.3)	19	(3.0)	26	(3.4)	38	(3.8)
	전북	23	(4.7)	30	(4.7)	47	(6.1)	64	(6.3)
	전남	26	(5.3)	26	(4.0)	30	(3.9)	41	(4.1)
	경북	23	(4.7)	36	(5.6)	45	(5.8)	58	(5.7)
	경남	20	(4.1)	27	(4.2)	31	(4.0)	42	(4.2)
	제주	11	(2.2)	12	(1.9)	17	(2.2)	24	(2.4)
	세종	-		-		-		3	(0.3)
조직 형태	민법상 법인	131	(26.7)	157	(24.4)	176	(22.7)	218	(21.5)
	민법상 조합	18	(3.7)	20	(3.1)	31	(4.0)	54	(5.3)
	비영리민간단체	72	(14.7)	115	(17.9)	119	(15.4)	109	(10.8)
	사회복지법인	60	(12.2)	78	(12.1)	84	(10.9)	99	(9.8)
	상법상 회사	210	(42.8)	274	(42.5)	364	(47.0)	532	(52.6)
유형	일자리 제공형	272	(55.4)	387	(60.1)	473	(61.1)	659	(65.1)
	사회 서비스 제공형	48	(9.8)	51	(7.9)	54	(7.0)	60	(5.9)
	혼합형	97	(19.8)	109	(16.9)	128	(16.5)	149	(14.7)
	지역사회 공헌형	2	(0.4)	3	(0.5)	8	(1.0)	11	(1.1)
	기타형	71	(14.5)	94	(14.6)	111	(14.3)	133	(13.1)

출처: 한국사회적기업진흥원 각 연도 공시 자료.

표 7-7 사회적 기업 총 근로자 수 및 평균 근로자 수(2011년 기준)

구분		총 근로자 수		평균 근로자 수	
		인원(명)	비율(%)	인원(명)	비율(%)
연령	29세 이하	2,172	13.6	3.4	13.6
	30~54세	9,306	58.2	14.7	58.2
	55세 이상	4,512	28.2	7.2	28.2
일반/ 취약계층	취약계층	9,488	59.3	15.0	59.3
	일반계층	6,502	40.7	10.4	40.7
일자리사업/ 자체고용	일자리사업	5,419	33.9	8.6	33.9
	자체고용	10,571	66.1	16.8	66.1
전체		15,990	100.0	25.3	100.0

출처: 전병유 외(2012)에서 재인용.

3) 자활기업(구 자활공동체)

보건복지부(2013a)에 따르면, 자활기업은 2012년 말 현재 전국 1,340개가 분포

표 7-8 시 · 도별 자활기업 참여자 수 현황(2012년 기준)

연번	시 · 도	참여자 수(명)	연번	시 · 도	참여자 수(명)
1	서울특별시	1,188	10	충청북도	373
2	부산광역시	539	11	충청남도	569
3	대구광역시	356	12	전라북도	457
4	인천광역시	245	13	전라남도	372
5	광주광역시	320	14	경상북도	624
6	대전광역시	304	15	경상남도	757
7	울산광역시	123	16	제주도	186
8	경기도	1,703	17	세종시	149
9	강원도	628	계		8,893

출처: 보건복지부(2013b).

하고 있다. 업종별로는 간병, 청소, 집수리의 3개 업종이 전체의 61.7%로 약 2/3를 차지하고 있다. 〈표 7-8〉에 제시한 바와 같이 자활기업에 참여하고 있는 참여자는 전국적으로 8,893명이었으며, 이는 전체 자활사업 참여자의 9.1%에 해당하는 비중이다. 특히 서울이 1,188명, 경기도가 1,703명으로 높은 비율을 보이고 있다.

연도별 자활기업 참여자 수는 2005년 3,143명, 2006년 4,049명, 2007년 6,523명, 2008년 8,072명, 2009년 9,438명, 2010년 9,351명, 2011년 10,116명으로 1만 명을 돌파하는 등 지속적으로 증가하다가 2012년에는 8,893명으로 약간 감소 추세를 보이고 있다. 그리고 자활기업에 참여하고 있는 참여자는 주로 차상위 계층이 5,912명으로 66%가량이었으며, 그밖에도 조건부 수급자가 2,181명으로 24.4% 가량으로 나타났다. 자활기업만으로 제한한 참여자 연령정보는 실태조사를 통한 표본의 연령대를 파악해 본 결과 평균 연령은 48.9세였으며, 40대 43.2%, 50대 37.8%, 60대 11.7%로 나타나고 있다(김정원 외, 2013).

4) 마을기업

2013년 6월 30일 기준 총 988개의 마을기업이 행정자치부(당시 안전행정부)에 의해 선정되었다. 〈표 7-9〉에 따르면, 2010년 156개가 선정되었으며 2011년 358개, 2012년 244개, 2013년 230개가 선정되었다. 특히 시・도별로는 경기도가 152개가 선정되어 가장 높은 비율을 보였으며, 다음으로는 서울 82개, 경북 78개, 경남 63개순으로 나타났다. 2013년 기준으로는 경기도가 36개로 가장 높았고, 강원도가 25개로 마을기업이 다수 선정된 것을 알 수 있다.

마을기업의 실태조사 결과는 그리 많지 않지만 2010년 116개 마을기업을 대상으로 실태조사를 실시한 김선기(2011)의 연구 결과를 근거로 전반적인 경향만을 살펴보면 다음과 같다. 사업 분야는 주로 경제 영역이 27.6%로 가장 높게 나타났고, 다음으로는 문화관광 및 지역 개발이 16.4%로 높게 나타나, 다른 사회적 경제 영역에 비해 지역성을 중시하는 마을기업의 특성을 반영한 결과라 할 수 있겠다. 노동, 보건, 교육 영역은 상대적으로 적게 나타났다.

마을기업은 협동조합에 비해 고용된 근로자 수가 평균 8.7명으로 많은데, 영리법인일 경우 평균 25명, 비영리법인은 11.3명 정도로 나타났다. 단체들은 법인에

표 7-9 시 · 도별 마을기업 현황(2013년 6월 30일 기준)

(단위: 개)

연번	시 · 도	선정 연도				전체
		2010	2011	2012	2013	
1	서울특별시	6	48	12	16	82
2	부산광역시	9	32	8	8	57
3	대구광역시	4	26	15	12	57
4	인천광역시	7	18	15	6	46
5	광주광역시	4	14	11	13	42
6	대전광역시	6	11	12	7	36
7	울산광역시	5	6	6	3	20
8	경기도	22	65	29	36	152
9	강원도	12	29	21	25	87
10	충청북도	5	10	23	11	49
11	충청남도	11	14	21	16	62
12	전라북도	13	20	13	16	62
13	전라남도	18	24	19	17	78
14	경상북도	12	18	19	19	68
15	경상남도	19	16	13	15	63
16	제주특별자치도	3	6	7	5	21
17	세종특별자치시	0	1	0	5	6
총계		156	358	244	230	988

출처: 공공데이터포털 홈페이지(http://www.data.go.kr) 재구성.

비해 평균 고용 인원이 적었다. 마을기업을 통해 고용된 근로자 수는 2010년 기준 총 1,008명 정도로 나타났다. 그중 취약계층은 284명으로, 약 28.2%의 비율을 차지하고 있는 것으로 나타났다. 마을기업은 취약계층 고용이 주요 목적은 아니지만 상당 부분 취약계층 고용에 기여하고 있는 것을 알 수 있다.

표 7-10 마을기업 고용 현황

구분	사업 수 (개)	비율 (%)	유급 근로자 수			취약계층 근로자 수			취약계층 비율(%)
			총인원 (명)	비율 (%)	평균 인원(명)	총인원 (명)	비율 (%)	평균 인원(명)	
영리법인	1	0.9	25	2.5	25.0	25	8.8	10.0	100.0
비영리법인	46	39.6	521	51.7	11.3	104	36.6	2.0	20.0
비영리단체 (주민단체)	53	45.7	301	29.9	5.7	124	43.7	4.1	41.2
비영리단체 (시민단체)	9	7.8	90	8.9	10.0	23	8.1	2.6	25.6
기타	7	6.0	71	7.0	10.1	8	2.8	1.1	11.3
계	116	100.0	1,008	100.0	8.7	284	100.0	2.8	28.2

출처: 김선기(2011) 재구성.

2. 한국의 사회적 경제 영역 간 유사성과 차별성

앞에서 언급한 한국의 네 가지 유형의 사회적 경제조직들의 경우 큰 틀에서는 같은 사회적 경제 영역 내에 속해 있다고 할 수 있지만 이들 조직이 지니고 있는 각각의 장점 및 추진상의 한계점은 서로 다르게 나타나고 있다. 이를 정리해 보면 다음과 같다.

먼저, 협동조합의 경우 민주적인 의사 결정 구조와 조합원의 공동출자 등 구성원의 자율성과 책임성, 주인 의식 등이 가장 큰 장점으로 볼 수 있다. 사회적 기업과 같이 취약계층을 대상으로 사회 서비스를 제공해야 하는 등의 영역 제한이 없어 사업에 용이하고 기본법이 존재해 법적 근거가 명확하다. 추진상의 한계는 제도권으로 포함된 역사가 짧아 자료상의 제약이 있으나 기본법 시행 시 8개의 특별법을 적용 배제함으로써 모법으로서의 법적 안정성이 약하고 금융보험업의 제한으로 협동조합 지원을 위한 독자적 금융 시스템이 부재한 문제가 지적되어 왔다.

다음으로, 사회적 기업은 자활기업 등 다른 제도를 통해 육성된 기업의 자립 전략으로 활용될 수 있고 예비기업 지정으로 사전적으로 육성 및 지원이 가능하다. 3년간 참여자 인건비 및 전문인력을 직접 지원하고 있으며, 사회적 기업육성

표 7-11 협동조합, 사회적 기업, 자활기업, 마을기업의 강점과 한계

구분	강점	한계 및 추진상 어려움
협동조합	• 조합원 공동출자 및 민주적 의사 결정 구조로 높은 책임성, 주인 의식 • (금융보험업을 제외한) 업종 제한 없음. • 공공위탁사업 참여, 협동조합 특례보증 활용 가능 • 법적 근거 존재(협동조합기본법)	• 기본법은 8개의 특별법에 대해 적용 배제함으로써 모법으로서의 법적 안정성 저해 • 협동조합 지원을 위한 독자적 금융 시스템 부재
사회적 기업	• 자활기업 등 다른 제도를 통해 육성된 기업의 자립 전략으로 활용 • 예비기업 지정으로 사회적 기업 제도적 육성 및 지원 가능 • 대기업 연계사업 추진으로 재정 지원 가능 • 3년간 참여자 인건비 지원 및 전문인력 지원 • 법적 근거 존재(사회적기업육성법)	• 인건비 지원 중심으로 '인증=지원'으로 인식 → 공급 위주의 정책으로 지속성 미약 • 취약계층 대상 사회 서비스 제공으로 주요 사업 제한 • 취약계층 일자리 제공으로 근로자 인적 자원 취약 • 소규모 사회적 기업 증가로 자생력 지표 악화
자활기업	• 상호출자의 조합 방식 운영을 통한 소속감 고취 • 매출적립금 활용 가능, 융자 및 임대, 국가 및 지자체 우선위탁 및 생산품 우선 구매, 수급자 인건비 지원 • 지역자활센터라는 근접 전달 체계(보장기관)를 활용한 관리 및 지원 가능 • 법적 근거 존재(국민기초생활보장법)	• 탈빈곤을 위한 임금 및 근로 조건 등에 대한 최소 규제 존재 → 수급자의 경우 인건비 지원 종료 시 자활근로로 회귀되어 자립이 어려움. • 참여자의 인적 자본 취약 • 영세자영업자 수준의 운영 규모
마을기업	• 지역 주민으로의 구성으로 지역 문제 해결 가능 • 2년간의 사업비 직접 지원	• 법적 근거 부재 • 법인격보다는 단체 중심으로 운영되어 안정적 운영이 어려움. • 세제 혜택, 공공기관 우선구매 및 위탁 등 간접 지원 부재로 지속 가능성 미약

법이라는 법적 근거가 명확히 존재한다. 한편 공급 위주의 직접 지원 정책으로 기업으로서의 지속성이 미약하고 영세 사회적 기업 중심으로 운영되어 자생력 지표가 지속적으로 악화되고 있다는 연구 결과들이 존재한다.

자활기업의 경우 유사 영역에 비해 지역자활센터라는 근접 전달 체계(보장기관)를 활용한 관리 및 지원이 가능하다는 장점이 있으며, 국민기초생활보장법이라는 법적 근거가 존재한다. 그러나 탈빈곤을 위한 임금 및 근로 조건 등에 대한 최소 규제가 존재하며, 수급자의 경우 인건비 지원 종료 시 자활근로로 회귀되어 자립이 어려운 문제가 존재한다.

마지막으로, 마을기업은 사업비의 2년간 직접 지원, '지역성'이라는 강점은 있으나 법적 근거가 없고 법인격보다는 단체 중심으로 운영되어 안정적 운영이 어려운 문제가 있다.

3. 고용 성과

각 영역당 고용된 근로자 수는 평균 5~25명으로 나타났다. 사회적 기업과 자활기업이 각각 25.3명, 15명으로 기업당 고용되는 인원 수가 많은 것으로 나타났으며, 마을기업은 8.7명, 협동조합은 5.1명으로 기업당 고용 인원이 적었다. 고용된 근로자 중 취약계층의 규모는 자활기업은 수급자 및 저소득층이 참여하는 프로그램으로서 전체가 취약계층이며, 사회적 기업이 40.7%, 마을기업이 28.2%, 협동조합이 18.7%(55세 이상자만)순으로 나타났다. 전반적으로 사회적 기업과 자활기업이 다른 영역에 비해 고용한 총인원 및 기업별 인원, 취약계층 고용 등의 측면에서 양호한 수준을 보이고 있다.

협동조합과 사회적 기업 종사자들의 근로 일수 및 근로 시간은 보통의 전일제 근로자의 주 5일, 일일 8시간과 유사한 근로 시간을 보이고 있다. 자활기업의 현황 자료는 존재하지 않으나 최소 조건(주당 평균 3일 이상, 1일 6시간 이상 근로 시 또는 주당 평균 4일 이상의 기간 동안 22시간 이상의 근로)이 존재한다. 임금 수준은 자활기업은 81.9~102.7만 원 수준으로 낮은 편이며, 사회적 기업이

표 7-12 협동조합, 사회적 기업, 자활기업 및 마을기업 종사자 규모

구분	협동조합(2013)	사회적 기업(2011)	자활기업(2012)	마을기업(2010)
총 인원(명)	3,820	15,990	8,953	1,008
평균 인원(명)	5.1	25.3	15.0	8.7
취약계층 규모(%)	18.7	40.7	100.0	28.2

주: 협동조합 총인원에는 급여 보류자가 포함되며, 협동조합 취약계층에는 정보의 제약으로 55세 이상 고령자만 포함했음.

출처: 김선기(2011), 전병유 외(2012), 이철선 외(2013), 보건복지부(2013a, 2013b) 재구성.

표 7-13 협동조합, 사회적 기업, 자활기업 종사자 고용 특성

구분	협동조합(2013)	사회적 기업(2011, 2012)	자활기업(2012)
근로 일수 근로 시간	주당 4.9일 일일 7.7시간	주당 5.1일(2012) 주당 37.8시간(2011)	-
임금(만 원)	114~177	112.2	81.9~102.7

주1: 협동조합 임금 최소는 비정규직, 최대는 이사장 임금액임.
주2: 자활기업 임금 최소는 수급자, 최대는 차상위 임금액임.
주3: 마을기업은 자료의 제약으로 포함하지 못함.
출처: 전병유 외(2012), 김정원 외(2013), 이철선 외(2013) 재구성.

112.2만 원, 협동조합이 114~177만 원 수준으로 나타났다.

제 5 절 사회적 경제조직 지원정책의 쟁점

사회적 경제 영역은 새로운 생산 방식과 서비스 제공으로 장기 실업자나 취약 계층의 노동 통합에 기여할 수 있는 잠재성을 지닌 영역이다. 단순히 고용정책으로서 지닌 함의에 그치지 않고 사회적 자원의 배분에도 긍정적인 대안이 될 수 있으므로 사회적 배제를 극복하는 데 기여할 수 있다. 그러나 한국의 사회적 경제 영역에 대한 정부의 직접적인 지원이 과연 사회적 경제조직의 자립성 및 경쟁력, 성공적 성장 및 발전을 가져올 수 있을지에 대해서는 많은 쟁점을 불러일으켰다. 이러한 쟁점의 근원은 커뮤니티 기반의 자생적 사회적 경제조직의 생성 및 발전이라는 유럽의 전통과는 달리 단기간의 고용 창출과 경제위기 극복을 위한 정부 주도형 사회적 경제조직 육성 및 지원정책이 정부실패를 초래할 가능성이 높다는 비판에 근거한다. 따라서 정부는 한국의 사회적 경제조직이 자립성과 경쟁력을 갖춰 성공적으로 성장, 발전할 수 있도록 제도적인 지원 체계를 재정립하고, 향후 정부 지원의 방향도 정부 주도형 지원정책에서 벗어날 필요성이 있다.

2012년부터 우리나라에서 협동조합기본법이 시행되면서 전통적인 사회복지사업 분야에 협동조합의 역할이 확대될 가능성이 높아졌다. 특히 기본법에서 정의

하고 있는 사회적 협동조합은 조합원의 편익보다 사회적 취약계층에게 사회 서비스나 일자리 제공, 지역사회 재생과 지역경제 활성화를 표방하고 있어 고령화에 따른 다양한 사회적 문제를 해결하는 대안으로서 주목한다. 협동조합은 기존 사회복지조직이 가지는 한계점을 극복할 수 있는 여러 강점을 가지고 있다(이상무 외, 2012). 먼저 정부재정 지원으로부터 자율성을 유지하면서 정부의 사업을 위탁 운영하거나 독자적으로 공익적 사업을 수행할 수 있기 때문에 정부재정에 대한 의존성을 낮출 수 있다. 또한 다양한 사회복지 서비스 제공자들이 형성되어 지역 주민들이 다양한 형태의 복지 서비스를 제공받는 결과를 가져와 주민들의 서비스 선택권이 강화될 수 있다. 그리고 주민들에게 사회 서비스를 생산해 제공함으로써 고령화 사회에 국가가 안게 될 복지재정의 부담을 어느 정도 해소하는 데 기여할 것이다.

사회적 경제조직은 사회 서비스 제공을 목적뿐만 아니라 일자리 창출 목적도 취하고 있다. 특히 민간 노동시장에서 취업이 어려운 취약계층들, 예컨대 여성, 청년층, 장애인, 노인 등의 신규 고용 창출에 기여한다. 이러한 집단은 체계적인 자원 배분 기능이 없다면 언제든지 빈곤 및 사회적 배제를 경험할 가능성이 높다. 우리나라의 사회적 기업을 대상으로 고용 성과를 분석한 김재홍·이재기(2012), 도수관·박경하(2014) 등의 연구 결과에 나타난 바와 같이 정부의 지원금이 근로자의 고용 촉진과 고용 유지에 긍정적인 효과를 보이는 것으로 확인되었다. 사회적 기업은 일반 기업에 비해 근로자 수 증가율이 20.7%나 높을 정도로 고용 성과가 유의미하다(전병유 외, 2012). 그러나 직접 인건비 지원을 통해 창출된 사회적 기업의 일자리는 대부분의 경우 단기적 일자리로서 불안정한 고용 조건에 있는 일자리이다. 따라서 인건비 지원이 종료되면 정부로부터 지원받은 인력은 고용 조정을 할 수밖에 없어 인건비 종료와 더불어 실업 상태에 이르게 된다.[6] 따라서 앞으로 사회적 경제 영역에서 창출된 일자리는 불안정한 일자리로서 일반적 특성을 가지는 문제점이 중요한 이슈로 부각될 가능성이 높으며, 이를 해결하기 위한 정부의 노력이 필요하다.

아울러 사회적 경제조직의 활성화를 위해서는 향후 지역사회의 연대와 파트너

---

6) 전병유 외(2012)는 2007~2011년도 자료를 통합해 사회적 기업이 고용 성과에 영향을 분석해 사회적 기업이 인증 후 3년이 경과하면 전체 근로자 수가 통계적으로 유의미하게 감소하는 것을 확인했다.

십이 중요하다. 사회적 경제는 다양한 이해관계자들이 상호 협력을 해야 유지되는 유기체로 간주하는 이른바 공동체 경제를 추구한다. 그래서 시장경제의 수익 극대화 논리에서 벗어나 공동체 연대라는 가치의 실현을 꾀한다. 실천적으로 지방자치단체를 중심으로 지역 내 다양한 조직들 간 수평적 협력을 이루는 협력적 네트워크(collaborative network)가 필요하다. 지역사회 문제를 적절하게 대처하기 위해서는 민간 부문의 자발적 참여와 협력이 필수적이다. 하지만 협력적 거버넌스를 구축하고 이끌고 관리하는 일은 정부의 역할로 인식되어야 한다(류만희, 2012). 아직까지 우리나라의 사회적 경제 영역은 민간기업과 다른 영역의 조직들과 형식적으로 협의할 수 있는 구조는 있으나 실질적인 교류는 거의 없다. 이는 사회적 경제조직이 다른 외부자원을 효과적으로 동원하기가 매우 어렵다는 의미이다. 사회적 기업의 네트워크 실태를 조사한 결과에서 총 네트워크 수는 평균 7.5개 정도에 불과해 우리나라 사회적 기업의 네트워킹 대상은 다양하지 못하고 자원 교류가 매우 미약한 것으로 나타났다(전병유 외, 2012). 지방자치단체를 중심으로 지역 내 사회적 경제조직, 사회단체 전문가 등으로 구성된 협력적 네트워크는 사회적 경제의 지속 가능성을 높일 수 있다. 이렇게 지역 기반으로 사회적 경제 생태계가 잘 조성되면 사회적 경제 연대기금을 출연할 수도 있다. 사회적 경제 영역에서 정부는 복지 제공자로서가 아닌 재정적 지원자로서 역할을 하기 때문에, 만약 충분한 재정적 지원을 받지 못하는 사회적 경제조직의 경우 구조적으로 사업의 불확실성이 더욱 커질 수밖에 없다. 사회적 경제조직은 자본이 개인에게 반환되거나 상속되지 못하기 때문에 일반기업에 비해 금융기관으로부터 대출받기가 매우 어렵다. 따라서 이해당사자들의 참여와 협력을 끌어내고 연대하는 네트워크 자본을 형성하는 것이 무엇보다 중요하다.

제 8 장

의학전문대학원 정책사례*

남태우 · 서혁준

제 1 절 들어가는 글

의학전문대학원에 대한 논쟁은 아직까지 종결되지 않고 있다. 정부가 의학교육 개혁의 일환으로 적극 추진 및 도입했던 의학전문대학원 제도가 시행된 지 10여년 만에 역사 속으로 사라질 위기에 처해 있기 때문이다. 2015년부터 전국 16개 의학전문대학원 중 11개 대학이 의학전문대학원을 폐지하고 의과대학으로 다시 회귀하려는 움직임을 보이고 있다. 이처럼 1995년부터 교육개혁의 일환으로 의학전문대학원을 도입해 전문성과 경쟁력을 갖춘 의사를 양성하자는 취지에서 추진된 교육개혁은 성과를 맺지 못하고 그 의미마저 퇴색되고 있다.

우리나라 근현대사에서 의학교육 학제는 세 번의 큰 변화를 겪었다. 첫 번째

* 이 정책사례는 『국가정책연구』 28권 4호(pp. 187-214)에 실린 서혁준 · 남태우 · 정주용(2014)의 "정책의 도입, 표류, 그리고 회귀: 의학전문대학원 사례 연구"를 발전시킨 것임.

개혁은 경성제국대학 예과가 학생을 모집함으로써 기존의 4년제 의학전문대학교 체제와 더불어 6년제 의사 양성 제도를 병행 운영하기 시작한 1924년이다(이순형 외, 1995). 광복 이후 국립서울대학교가 개교함으로써 의예과 2년, 의학과 4년의 학제가 6년제로 확립되어 의학 관련 전문적 지식을 획득함으로써 의사를 양성할 수 있도록 한 것이 두 번째 변화이다. 세 번째는 현재까지 지속되어 논의되고 있는 의학전문대학원 제도(학부 졸업 후 4년간 대학원 과정을 이수해야 하는 4+4 학제)의 도입이다. 1995년 5월 '대통령자문 교육개혁위원회'에서 발표한 '5·31 교육개혁 방안'에서 의학교육 개혁 방안의 하나로 의학전문대학원에 관한 논의가 제기되면서부터 시작되었다. 의학전문대학원 제도 도입은 4년제 대학교육이 대중화된 고학력 사회에서 의사 등 전문인들에게 더 높은 수준의 교양과 전문성이 요구되고 국제적으로 해외 전문가들과 경쟁하기 위해서는 전문성이 더 높아져야 한다는 데 그 기본 취지가 있었고(대통령자문교육개혁위원회, 1996), 국가인적자원을 효율적으로 배분하고자 하는 데 거시적 목표를 두고 있었다(교육인적자원부, 2008).

이후 의학교육 제도의 개편과 관련한 각계의 관심, 의견 표명 및 연구 활동들은 의학교육의 새로운 전기를 마련할 수 있는 학문적 배경과 사회적 분위기를 만들고 있다(의학교육제도개선 연구소위원회, 1999). 그러나 1997년부터 도입하기로 한 의학전문대학원 제도는 의료계의 반발로 인해 초기부터 난항을 겪었으며, 2002년 각계의 의견 수렴을 바탕으로 '의·치의학 전문대학원 도입 방안'을 발표 및 대학별로 전환 신청을 받아 2005년에야 비로소 의학전문대학원 제도가 시행되기에 이르렀다. 그러함에도 불구하고 정부의 의학전문대학원 제도의 정착은 순탄하게 이뤄지지 않았다. 2002년 당시 전국 41개 의과대학 중 의학전문대학원 전환을 신청한 대학은 10개 대학으로 전체 의과대학의 24%에 불과했고, 전환을 신청한 대학 중 완전 전환을 신청한 대학은 7개 대학뿐이었다. 이후 일부 대학도 의학전문대학원으로 전환했으나, 2010년에는 전부 혹은 부분적으로 의학전문대학원으로 전환했던 27개 대학들도 2015년부터 과거의 의과대학 체제로 복귀한다는 결정을 내렸다. 즉, 의학전문대학원 제도가 도입되어 시행된 지 10여년이 지난 현재 의학전문대학원을 도입했던 상당수의 대학이 이미 의학전문대학원 폐지를 결정했으며, 그나마 유지 결정을 하고 있는 대학들마저도 다시 의과대학 체제로의 전환을 모색하고 있는 실정이다. 현재 존속하는 의학전문대학원들도 향후 방향에 대한 우려를 보이고 있는 것이다.

기존의 의사 양성 제도를 전반적으로 개선하고 국가경쟁력의 제고 및 국가인적자원의 효율적 배분을 목적으로 한 의학전문대학원 제도는 더 이상 희망이 보이지 않는다. 희망을 가지고 출발했던 의학전문대학원 정책이 현재와 같은 상황에 처하게 된 이유는 과연 무엇일까? 의학전문대학원 도입을 둘러싼 배경 및 전개 과정을 고찰하고 어떠한 이유로 인해 다시 의과대학으로 전환하게 되었는지, 이와 관련된 주요 논쟁은 무엇인지 살펴보고자 한다. 즉, 문민정부 이후 본격적으로 논의 및 추진되었던 의학전문대학원 제도가 제대로 그 결실을 맺지 못하고 현재까지 표류하고 있는 정책 실패 사례를 탐구함으로써 향후 유사한 정책을 도입하고자 할 경우 정부가 어떻게 대응하는 것이 좀 더 바람직할 것인가에 대한 시사점을 제공하고자 한다.

제 2 절 사례의 배경

의학교육과 관련된 제반 문제에 관한 논의는 지난 수십 년 동안 정부를 비롯해 의학교육계에서 지속되어 왔다. 의학교육의 개선 방안은 크게 두 갈래로 구분할 수 있다. 하나는 의학전 교육(Pre-Medical Education: PME)의 변화를 통해 의학교육의 개선을 모색하는 방안인 학제 개편과 또 다른 하나는 의학 기본교육(Undergraduate Medical Education: UME)의 변화를 통해 의학교육의 개선을 모색하는 교육과정 개편이다(오경현, 2001). 이러한 이분법적인 개선 방안에도 불구하고 의학교육의 목표는 국민에게 양질의 서비스를 제공할 수 있도록 의학적 지식과 의학직업전문성(medical professionalism)을 지닌 의사를 배출하는 것에 일차적인 목표가 있다(김병수 외, 2004). 그러나 의학교육의 전문성과 다양한 소양을 지닌 고급 인재의 육성, 질 높은 의료 서비스 제공, 국가경쟁력 제고 등의 시대적 요청에 부응하기 위한 기존의 의학교육은 다양한 문제점을 내포하고 있다는 지적이 정부를 비롯해 의학계 내에서도 활발한 논의가 이뤄지기 시작했다.

특히, 문민정부 대통령자문 교육개혁위원회의 '제2차 교육개혁 방안'에서 전문대학원 제도의 도입과 관련한 다음과 같은 제안 설명은 교육개혁의 필요성을 반영 및 본격적인 논의를 알리는 것이라 볼 수 있다.

- 4년제 대학교육이 이미 대중화되어 있는 고학력화 사회에서는 의사, 성직자, 법조인 등 전문인들에게 더 높은 수준의 교양과 전문성이 요구된다.
- 한편, 경제에 관한 한 국경이 무의미해지고 있는 세계 무대에서 이들이 세계의 전문가들과 어깨를 나란히 하면서 경쟁하려면, 이들의 전문성은 한층 더 높아지지 않으면 안 된다. 그러나 현재 의사, 성직자, 법조인 등 전문인을 양성하는 우리의 교육체제는 이러한 필요와 요구를 충족시키기에 미흡하다.
- 따라서 사회적으로 높은 수준의 교양과 전문성이 요구되는 의학, 신학, 법학 분야 등에 대하여는 다양한 전공을 이수한 4년제 대학 학부 졸업생을 대상으로 하는 전문대학원 제도를 도입한다.

한편, 국민의 정부에서 대통령자문 새교육공동체위원회(1999a)는 1999년 5월 12일 '의학교육 제도 개선을 위한 학사 후 의학교육 제도의 도입'에 관한 설명 자료를 배포하고 현행 의학교육의 문제점을 제시했다. 주요 내용으로는 ① 단선·경직적 교육구조와 운영으로 인한 폐쇄적 전문직업군의 양성, ② 고졸 후 조기 전문직업적 사회화에 따른 성숙한 인격 형성 장애 및 다양·창의적 지식 산출의 한계, ③ 대학원 교육과 수련교육의 병행 관행으로 인한 교육비 낭비·학위 및 자격 거품·의과학 발전 저해 등과 같은 의학교육의 문제점을 제시했다. 아울러 개선 필요성 및 배경과 관련해 ① 고도 전문인력의 내실화·다양화에 대한 시대적·사회적 요청(인력의 자질 향상), ② 교육 기회 확대, 균등한 교육 여건 및 교육의 질에 대한 보장 요구(사교육비 감소, 입시 경쟁 해소), ③ 대학의 다양화, 특성화 유도로 인한 수요자 중심의 고등교육 제공 기회 확대 필요성 증대, ④ 21세기를 대비한 신지식 및 기술 개발을 위한 연구 중심대학 육성의 필요성 증대 등을 제시했다.

이후에도 기존 의학교육학 제도의 기본 골격인 2+4제도의 문제점은 지속적으로 제기되었다. 한국의학교육협의회(1999)는 ① 의학교육 입문에 대한 폐쇄성과 단선적 제도, ② 교육 수요자가 미숙한 시기에 전문직 선택을 결정함에 따른 동기 결여, ③ 다른 학문 분야와의 연계성 미비로 창의적인 사고력 개발 부족, ④ 의학교육의 각 과정 간의 단선적 연계 제도, ⑤ 의사 전 의학교육의 전체 과정 중 중간평가제도의 부재, ⑥ 학위와 면허 및 자격에 따른 개념 혼동과 이에 따른 교육적 낭비, ⑦ 의학연구 과정으로서 대학원 교육의 부실과 이로 인한 경쟁력 약화 등을 제시했다.

그리고 국민의 정부 대통령자문 새교육공동체위원회(2000)는 ① 21세기 고학력화 사회에 더 높은 수준의 교양과 전문성을 갖춘 의료전문 인력에 대한 사회적 요청에 부응해 대 국민 의료 서비스의 질 향상과 의학교육 수준의 제고, ② 의학교육 전 현행 2년의 교육 기간은 대학인으로서의 교양을 충분히 갖추는 데 미흡하므로 국제 경쟁력을 갖춘 다양한 의학교육 졸업생을 배출하기 위해 학사과정 4년간 다른 학문 분야에서 교육을 받은 학사학위 소지자를 대상으로 전문적인 의학교육을 실시하는 4+4학제 도입, ③ 선진국에서는 의과대학의 목적을 단순히 1차 의료인을 양성하는 데서 탈피해 인간생명과학과 의학을 연구하는 과학자 양성기관으로 전환하고 있는데, 이러한 세계적 추세에 부응해 학사과정의 다양한 학문과 접목된 전문적인 생명과학 및 의학을 교육하는 4 + 4학제로 의학교육 제도 개편 등을 제시하며 의학전문대학원 도입의 필요성을 제안했다.

또한, 교육인적자원부가 발족한 의학전문대학원 추진위원회(2001)도 "우리 사회는 의학교육에서 무엇을 바라는가?"라는 질문은 "현재의 의학교육 문제가 무엇인가?"라는 질문과 일맥상통한다며, ① 단선·경직된 입문 과정과 교육구조 및 폐쇄적 운영으로 인한 전문직업군의 양성, ② 고졸 후 조기 전문직업적 사회화에 따른 일반 사회화와는 괴리된 그들만의 독특한 인격 형성과 다양·창의적 의학지식 산출의 한계성, ③ 대학원 교육과 수련교육의 병행으로 인한 교육비의 낭비, 학위 및 자격 거품에 의한 사회비용의 낭비 및 의과학 발전 저해, ④ 고등 전문 직종이라고 할 수 있는 의료인, 즉 다른 전문 직종에 비해 강력한 사회적 독점권이 부여되는 인간을 직접적으로 상대하는 의사가 되는 과정이 고등학교를 졸업하고 아직은 미숙한 인격자인 상태에서 의예과에 입학함과 동시에 결정된다는 점 등 일반적으로 지적되는 의학교육의 문제점을 제시했다.

이후 교육인적자원부는 보편화 단계의 고등교육 체제에 부응, 의학교육의 발전 도모, 고등교육 체제 변화 촉진 등을 기본 골자로 하는 의학전문대학원 도입

표 8-1 의학전문대학원 도입 배경

구분	주요 내용
보편화 단계의 고등교육 체제에 부응	• 고학력사회의 전문성 요구에 부응하기 위해 질 높은 의료를 제공할 수 있는 고급 전문인력 양성 체제 구축 필요 • 기술의(技術醫)로서가 아니라 폭넓은 교양과 높은 도덕성을 갖춘 인술의(仁術醫)로 양성
의학교육의 발전 도모	• 의학교육전 교육(Pre-Medical Education: PME)의 문제점 해소 - 예과생의 면학열 저하 현상을 시정하기 위한 의학교육 체제 변화 유도 - 의학전 교육에 다양하고 폭넓은 교육과정 도입 유도 • 복합 학위 과정 개설 등 선진화된 교육·훈련 시스템 도입 - 학사 단계의 의학교육으로는 도입이 불가능한 의과학자(M.D.-Ph.D.), 의법학자(M.D.-J.D.), 의경영학자(M.D.-M.B.A.) 양성 과정 등 다양한 석박사 복합 학위과정 개설 - BT 분야의 핵심 고급인력을 양성하기 위해 우수 인력이 집중되는 의학교육 단계에 M.D.-Ph.D. 과정 등 개설·운영 시급 - 의과학자 등을 양성하는 연구 중심 대학과 일반 진료인 양성에 치중하는 진료 중심 대학으로 특성화 촉진 필요
고등교육 체제의 변화 촉진	• 과도한 대학 입학 경쟁의 완화 - 고등학교에서 대학에 입학하는 단계에만 한정되어 있던 의사 양성 교육 입문 과정을 대학원 과정으로까지 확대함으로써 대학 입학 단계에 집중된 과열 경쟁 완화 • 기초학문 분야 보호 - 고등학교 이과 졸업생 중 우수인력이 전문직업 분야인 의과대학으로 집중됨으로써 기초학문 분야 약화 및 학문의 불균형적 성장 우려 - 학사 학위과정에서는 기본교양과 기초학문 연구 자질을 폭넓게 함양하고 대학원 단계에서 직업 분야를 결정하도록 함으로써 간접적으로 기초학문 보호 육성에 기여

출처: 교육인적자원부(2002).

의 기본적인 배경을 제시했다(교육인적자원부, 2002). 구체적인 내용은 〈표 8-1〉에 요약되어 있다.

이하에서는 의학전문대학원 제도의 도입과 관련해 정부별(문민정부, 국민의 정부, 참여정부 이후)로 각각 구분해 전개 과정을 제시하고 의학전문대학원 도입을 둘러싼 다양한 이해관계자집단들의 논의 내용을 살펴보고자 한다. 이를 통해 의학전문대학원 정책사례에 관한 폭넓은 지식을 함양할 수 있을 것으로 기대된다.

제 3 절 사례의 전개 과정

1. 문민정부: 의학전문대학원 제도 도입에 관한 본격적 논의

의학교육 제도가 가지고 있는 근본적인 문제 인식은 오래전부터 지속되어 왔지만, 의학전문대학원 제도의 도입에 관한 본격적인 논의는 문민정부의 대통령 자문기구인 교육개혁위원회2)에서 '의학전문대학원' 도입 안(案)을 제시하면서 시작되었다. 교육개혁위원회는 '제1차 교육개혁 방안'인 세계화 · 정보화 시대를 주도하는 신(新)교육 체제 수립을 위한 교육개혁 방안(제2차 대통령 보고서, 1995.5.31)에서 학제의 개선과 관련해 법조인 · 의사 · 성직사 · 교원 양성을 위한 전문대학원제도 도입을 제안했다. '제2차 교육개혁 방안인 세계화 · 정보화 시대를 주도하는 신(新)교육 체제 수립을 위한 교육개혁 방안(Ⅱ)(제3차 대통령 보고서, 1996.2.9)에서는 의학전문대학원 제도의 도입을 구체적으로 제시했다. 즉, 사회적으로 높은 수준의 교양과 전문성이 요구되는 의학, 신학, 법학 분야 등에 대해서는 다양한 전공을 이수한 4년제 대학 학부 졸업생을 대상으로 하는 전문대학원 제도를 도입하는 것과 의학전문대학원 제도와 관련해서는 유능한 의사 양성을 위해 현행 학부 과정에서 다양한 전공을 이수한 학사학위 소지자가 전문대학원에 입학해 4년간의 전문 의학교육을 이수하는 의학전문대학원 제도의 도입을 제안했다. 교육개혁위원회에서 제시한 구체적인 내용은 〈표 8-2〉와 같다.

이상의 교육개혁위원회 '제1차 교육개혁 방안'과 '제2차 교육개혁 방안'에 따른 의학전문대학원 제도 도입의 주요 내용을 제시했음에도 불구하고, 의학전문대학원은 이해 집단의 반발로 제대로 추진되지 못했다. 이에 따라 교육개혁위원회는 '제4차 교육개혁 방안'(제5차 대통령 보고서, 1997.6.2)에서 국가적 차원에서 우

---

2) 교육개혁위원회(1994.2.5~1998.2.24)는 정부 수립 후 50년간 있었던 각종 교육 관련 위원회 중에서 가장 강력한 정책결정기구로서, '교육과정특별위원회(1995.8.1~1996.2.4)'를 전문위원회로 운영하고, 교육개혁안을 4회에 걸쳐 대통령에게 보고했다(1차 1995.5.31; 2차 1996.2.9; 3차 1996.8.20; 4차 1997.6.2).

표 8-2 의학전문대학원 제도 도입의 주요 내용(문민정부의 교육개혁 방안)

항목	개선 시안
1. 기본 개념	◦ 유능한 의사 양성을 위해 현행 학부 과정에서 다양한 전공을 이수한 학사학위 소지자가 전문대학원에 입학해 4년간의 전문 의학교육을 이수하는 의학 전문대학원 제도를 도입
2. 제도 운영	◦ 새로운 8(4+4)년제인 의학 전문대학원 제도를 도입 운영할 것인지 또는 현재의 6(2+4)년제를 유지할 것인지, 아니면 위의 두 가지 제도를 병행 운영할 것인가는 대학 자체의 선택에 따라 결정
3. 도입 시기	◦ 의학 전문대학원 제도는 1997학년도부터 도입
4. 교육과정	◦ 의학 및 생명과학의 발전을 위하여 전문대학원에 M.D.+Ph.D. 복합 과정을 둠 ◦ 학술박사(Ph.D.) 과정의 내실화를 위해 전문의 수련 과정을 필한 자에게 수여되는 의료학 박사과정과 학술박사과정을 동시에 이수할 수 없음 ◦ 학술박사과정을 이수하는 자가 의료학 박사과정 이수를 원하는 경우 별도 이수
5. 학위	◦ 의사 양성 전문대학원을 마친 사람에게 의료학 석사(M.D.)를 수여하고, 전문의(종합의[General Practitioner] 및 가정의 포함) 수련 과정을 포함한 소정의 절차를 거친 후에 의료학 박사학위(가칭 Doctor of Medical Science) 수여
6. 이수 과목	◦ 의학 전문대학원의 학생 선발에서 학부 과정에서 이수해야 할 선수과목은 최소한으로 한정하되 각 대학의 방침에 따라 결정
7. 입학 정원	◦ 의학전문대학원에 대한 법정 정원 범위 내에서의 자율적인 정원 운영
8. 병역 의무	◦ 의학계 대학 및 전문대학원을 졸업하고 병역법에 의한 지정 연구기관에서 근무할 경우 다른 분야와 동일한 병역 혜택 부여 ◦ 수학 연한이 연장되는 점을 고려해 28세까지의 입영 연기는 제도적으로 보장(※병역법 시행령 제72조 제1항 5호 개정)
9. 기타	학위제도, 복수전공 등과 관련된 법적 제도적 뒷받침을 마련

출처: 교육개혁위원회(1996).

리 사회 전체의 발전을 도모한다는 관점에서 좀 더 다양하게 각계·각층의 합리적인 의견을 수렴해 21세기 사회가 필요로 하는 고등 전문 인력의 양성을 위한 전문대학원 설립을 조속히 추진할 것을 주문하기도 했다.

한편, 이러한 교육개혁위원회의 제안에 대해 교육부는 의학전문대학원 제도연구위원회를 구성해 연구를 수행하도록 했으며, 다음과 같은 문제점들을 지적했다(한달선 외, 1997).

첫째, 의학전문대학원의 졸업 학위가 석사이므로 불가피하게 설치되는 전문박사과정은 전공의 과정과 중복되어 있는 점을 비롯해, 학위 취득을 일차적 목적으로 진학한 대학원생으로 인한 부실교육이 우려된다.

둘째, 의학전문대학원과 현행 체제를 병행시킴으로써 의사 양성이라는 동일한 교육 목적, 동일한 교육 기간, 동일한 교육 내용, 동일한 국가 면허임에도 불구하고 총 교육 연수에 따라 수여 학위가 학사(B.M.)·석사(M.D.)로 이원화되면 교육 구조상의 균형과 형평성에도 문제가 있고, 국민의료 관리 차원에서 부작용이 예상되며, 일제하의 이원화된 의학교육 체제에 대한 경험으로 인해 의료계의 우려가 매우 크다는 점이다.

셋째, 의사 면허를 취득하기 위한 대학교육의 총 연한이 연장됨으로써 사회적·개인적 비용이 증가할 것이며, 단설 의학전문대학원 신설이 가능함에 따른 파행적 의학교육과 현행의 의사 인력 수급에 관한 조절 기능이 파괴됨을 의료계는 깊이 우려하고 있다는 점이다.

넷째, 의료학 석사(M.D.)학위 제도에서 국제 공용성을 고려한 영어 명칭의 M.D.는 바람직하나, 그 한글명에서 의료학이란 어휘가 신조어이고 대학 졸업 후 4년을 최소한의 요건으로 한다는 점에서 지나치게 작위적이라는 비판이 있다는 점이다.

다섯째, M.D.-Ph.D. 복합 과정은 의과학 및 생명과학의 발전을 위한 연구 심화 과정임에도 불구하고 사회적으로 높은 수준의 직업적 교양과 실천적 전문성 제고를 위한 과정으로 신설되는 전문학위 과정에 설치되는 것은 타당하지 않다. 따라서 이 과정은 일반대학원 학술학위 과정에 설치되어야 한다는 점이다.

이러한 문제점을 인식함과 동시에 의학전문대학원 제도연구위원회는 의학전문대학원 제도 도입에 대한 타당성을 여러 각도에서 검토해 두 가지 연구 시안(試案)을 제시했다. '연구 시안 I'은 대학교육 2년 이상을 수료하고 소정의 선수과목을 이수한 후 일정 전형 절차에 따라 4년제 의학교육 기본 과정에 입학하며, 의학교육 기본 과정의 졸업학위는 의학석사(M.D.)로 하는 것이었다. 아울러 졸업 후 교육과정은 전문학위 과정과 학술학위 과정으로 이원화해 전문학위 박사과정은 임상의학 전공 분야로 설치하고, 부분적으로 현 전공의 수련 과정과 병행 운영함으로써 현 대학원 학술학위 과정의 형식적 운영을 최대한 지양한다는 내용을 연구의 핵심으로 하고 있으며, 교육기구의 구성은 대학의 특성화와 다양화를 위해 대학의 자율에 의하는 것이었다. '연구 시안 Ⅱ'는 다른 학과의 대학 졸업자를 선발해 의학교육 기본 과정을 교육하는 4년제 의학전문대학원을 설치하고 졸업학위는 의학박사(M.D.)로 한다는 것이다. 또한, 일반대학원의 학술학위 과정에는 기초의학 전공 분야의 개설만 필요할 것이고, 다른 전공의 대학 출신 또는 의학전문대학원 2년 이상 수료자에게 입학 지원 자격을 부여한다는 것이 주요 내용이었다. 아울러 의학교육에 관한 교육기구의 조직과 구성은 대학의 자율에 의할 것을 제안했다.

의학전문대학원 제도연구위원회가 다섯 가지 준거를 적용해 기존의 교육개혁위원회 제안과 연구위원회의 연구 시안을 비교·평가한 내용을 살펴보면 〈표 8-3〉과 같다.

표 8-3 의학전문대학원 제도연구위원회 연구 시안별 개선 효과 검토

개편방안	PME 개선 효과	UME 개선 효과	GME 개선 효과	사회경제적 비용 증가	의료계 수용도
교육개혁위원회 안 대졸+4(전문석사)/현행 체제 병존 전문학위·학술학위	++	++	+	+++	+
연구 시안 I 대학 2년 이후+4(석사) 전문학위·학술학위	++	++	++	+	+++
연구 시안 Ⅱ 대졸+4(전문박사) 학술학위	+++	++	+++	++	++

주: +수가 많을수록 현행 제도와 비교해 효과가 더 높거나 비용 증가, 수용도가 높다는 뜻임.
출처: 한달선 외(1997).

이상에서 제시한 논의 외에도 다양한 이해관계자들의 참여 및 논의가 두드러지게 나타났다. 한국의학교육협의회의 학국의학교육학회(1996)는 인성과 다양한 전공 배경을 가진 의사의 배출과 우수한 기초의학자의 양성을 위해 4+4년제의 의학전문대학원 제도를 도입하고자 하는 교육개혁위원회의 제안에 대해 교육개혁위원회의 안은 의사전 교육기관만 늘이는 것이며, 의사 양성 제도가 이원화되어 커다란 혼란을 초래할 것이고, 대부분의 의과대학에서 현실성이 없는 등 많은 문제점을 내포하고 있다고 지적했다. 그리고 한국의학교육협의회는 1996년 10월 9일 의학교육 학제 개선에 관한 몇 가지 제언을 대(對)정부 건의문 형식으로 채택해 의료계의 입장을 표명했는데, 첫째, 의학교육전 교육과정은 다양화되고 자율화되는 것이 바람직하다는 것이었다. 둘째, 의사전 의학교육의 목표는 단일하므로 따라서 과정과 기관 수준도 단일화되어야 한다는 것이었다. 셋째, 졸업 후 의학교육은 현실과 관행을 수용하면서, 정규 대학원교육은 완전 정상화되어야 한다는 것이었다. 넷째, 국민의료의 기초가 되는 의학교육의 질 향상을 위해 모든 의학교육 관련 기관에 대해 평가와 신임 제도가 수립 및 적용되어야만 한다는 점 등을 제시했다. 이후 1997년 5월 12일 한국의과대학장협의회는 의학전문대학원제도 연구위원회의 연구 시안에 대해 각 의과대학의 의견을 조사한 결과 연구 시안 I에 69.2%의 찬성률과 연구 시안 II에 19.2%의 찬성률을 보였다고 밝히고 연구 시안 I, II 모두 일정 부문 보완이 필요하다고 했다.

2. 국민의 정부: 의학전문대학원 제도의 도입

문민정부에서는 의학교육 학제 개선에 관한 논의는 정부를 중심으로 교육개혁위원회의 '제1차 교육개혁 방안'과 '제2차 교육개혁 방안', 의학전문대학원 제도 연구위원회의 '의학교육 학제 연구 시안 I'과 '의학교육 학제 연구 시안 II', 한국의학교육학회의 '의학교육 학제 개편 모형', 한국의과대학장협의회의 '의학교육 학제 개선 모형', 한국의학교육협의회의 '의학교육 학제 개선에 관한 대정부 건의문(I)'과 '의학교육 학제 개선에 관한 대정부 건의문(II)' 등 관련 이해관계자들 간의 다양한 논의가 진행되었다. 그러함에도 불구하고 의학전문대학원 제도의 실질적인 도입에 관한 구체적인 결론을 내리지 못하고 실행 가능한 모형의 개발 혹은 제도 도입을 위한 논의의 선상에 머물러 있게 되었다.

국민의 정부는 문민정부에 논의되었던 의학전문대학원 제도 도입을 지속적인 추진 과제로 선정하고 이를 좀 더 적극적으로 진행했다. 국민의 정부 대통령자문 새교육공동체위원회는 1999년 5월 「의학교육제도 개선을 위한 학사 후 의학교육 제도의 도입」이라는 설명 자료를 배포하고 그해 8월 「학사 후 의학교육 제도 모형 개발 및 실행 방안에 관한 연구」를 발표했다. 새교육공동체위원회가 21세기 의료, 사회, 경제, 문화 등의 환경 변화에 능동적으로 대처하고 경쟁력 있는 고등교육 구조 산출을 위한 교육개혁 기본 정신에 입각해 제시한 의학교육 제도의 기본 개념 모형 및 실제 운영 모형, 그리고 학사 후 의학교육 제도 개선 시안을 제시하면 [그림 8-4]와 같다.

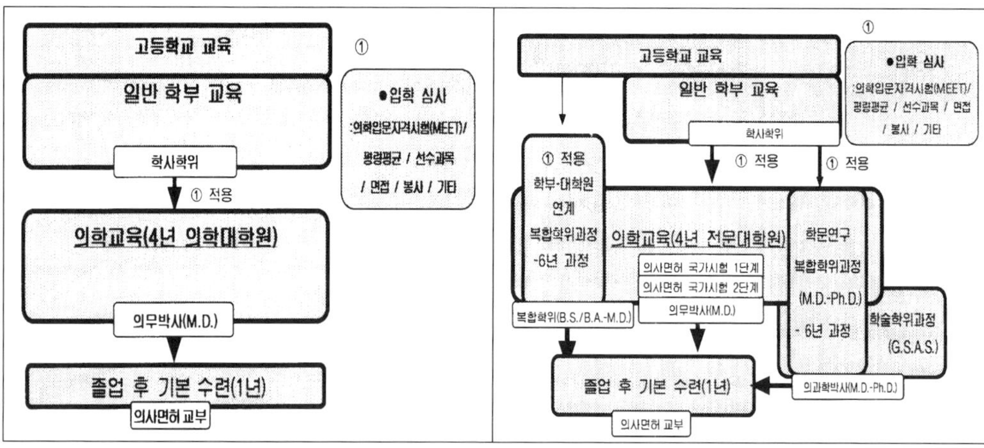

그림 8-4 학사 후 의학교육 제도 기본 개념 모형 및 실제 운영 모형

표 8-4 의학교육 제도 개선 시안 주요 내용

항목	개선 시안
1. 기본 개념	◦ 현재의 '학부 교육(學部敎育)' 개념인 의학교육 제도를 '학사후 교육(專門大學院敎育)' 개념인 '학사 후 교육(學士後敎育)'개념으로 전환
2. 기관 성격	◦ 기본적으로 '전문대학원(Professional Graduate School)' 개념
3. 명칭	◦ 의학대학원: Medical School
4. 교육 과정	◦ 기본교육과정(Undergraduate Medical Education) ◦ 학술학위(학술박사) 교육과정은 일반대학원(G.S.A.S.)에 속함.
5. 기구 구성	◦ 대학 자율
6. 학위	◦ 전문학위: 의무박사(M.D.)
7. 적용 대상	◦ 현재의 41개 전체 의과대학
8. 입학 정원	◦ 대학원 전공별 정원 개념 적용, 현 의예과 정원 개념 적용

9. 지원 자격	◦학사학위 취득자 및 이와 동등한 자격이 있는 자: 고등교육법 ◦학부-대학원 연계 복합학위 과정 희망자: 고등교육법 시행령
10. 입학 심사	◦학사학위(기본) / MEET / 선수과목 / GPA / 면접 / 봉사 / 기타 등 ◦적용 비율은 대학 자율
11. 수업 연한	◦의학교육 기본 과정 : 기본적으로 4년 i) 학부-대학원 연계 복합학위 과정: 기본적으로 6년 ii) 학문연구-복합학위 과정: 기본적으로 6년
12. 병역 의무	◦28세까지 연기
13. 교수 요원	◦전문의 자격, 전문학위, 학술박사(Ph.D.)
14. 시행	◦2002학년도 (1999학년도 고 1학년부터 해당)

출처: 새교육공동체위원회(1999).

이후 의학전문대학원 제도 도입에 관해 대통령자문 새교육공동체위원회는 2000년 7월 11일 「지식기반사회의 교육공동체 구축을 위한 교육정책보고서」를 통해 의학전문대학원 제도 도입의 필요성뿐만 아니라 의학전문대학원 제도의 운영과 의학전문대학원 신설에 따른 제도적 보완과 관련된 내용을 제시했다. 새교육공동체위원회(2000)가 제시한 의학전문대학원 제도 운영의 주요 내용은 〈표 8-5〉와 같다.

표 8-5 의학전문대학원 제도 운영의 주요 내용

항목	개선 시안
1. 설치 요건	◦소정의 요건을 갖춘 대학에 '4+4학제'의 의학전문대학원 설치 인가 ※ 단, 의학전문대학원을 두지 않는 대학은 현행대로 예과2년, 본과 4년의 '2+4'학제 존치 가능
2. 입학 자격	다양한 전공의 학사학위 또는 동등 자격 소지자
3. 교육과정	◦지방의 우수 인재들이 수도권의 의학전문대학원으로 집중되는 것을 방지하고 진로 조기 선택을 통해 지역의 우수인재를 확보할 수 있도록 일종의 입학 조기허가 제도인 '학부-대학원 연계 복합학위 과정'을 둠. ※ 이 과정의 입학 자격은 고등학교 졸업자 또는 동등 자격 소지자 ※ 입학 조기허가 제도 운영을 활성화하기 위해 대학에 학점예치 제도, 조기졸업 제도 등을 신설・확대해 실시할 것을 권장

4. 입학 전형	◦학부 성적, '의학입문 자격시험(Medical Education Eligibility Test: MEET)' 성적 포함, 선수과목, 평량 평균 성적, 의학입문 자격시험, 봉사, 면접, 기타 등의 방법을 이용해 대학 자율로 실시
5. 교육 기간	◦기본 4년
6. 학위	◦전문학위: 의무박사(M.D.)
7. 입학 정원	◦대학원 전공별 정원 개념 적용, 현 의예과 정원 개념 적용
8. 수업 연한	◦의학교육 기본 과정: 기본적으로 4년 i) 학부-대학원 연계 복합학위과정: 기본적으로 6년 ii) 학문연구-복합학위 과정: 기본적으로 6년
9. 지원 자격	◦학사학위 취득자 및 이와 동등한 자격이 있는 자: 고등교육법 ◦학부-대학원 연계 복합학위 과정 희망자: 고등교육법 시행령
10. 복합학위 과정	◦'학부-대학원 연계 복합학위 과정(B.A./B.S.-M.D.)' 설치 '학문연구-복합학위 과정(M.D.-Ph.D. 등)' 설치
11. 병역 의무	◦28세까지 연기 ◦'의과학 연구요원 양성 과정': 관계 부처와의 협의를 통해 병역대체 복무 제도 적용
12. 의사 면허 및 교부 제도	◦'다단계 의사면허 시험 제도' 도입, 모든 시험을 합격한 졸업생이 1년간의 '졸업후 기본 수련 과정' 이수 시 의사 면허 교부
13. 졸업 후 의학 교육과정	◦전문 양성과정인 '졸업 후 기본 수련 과정'과 '학술박사 학위과정'을 동시에 이수할 수 없음 ◦'졸업 후 수련교육 과정'에서 인턴 수련제도 폐지, 각 전문 과목별 수련교육 기간 조정, 전문 과목 간 상호 및 교차 수련 인정 등
14. 의학교육 위원회	◦비 상설 '의학교육위원회'를 교육부(대학위원회 신설 시 대학위원회) 산하에 신설・운영
15. 시행 시기	◦'의학교육위원회'에서 결정: 기본적으로 2년 후

출처: 새교육공동체위원회(2000).

한편, 교육인적자원부는 의학전문대학원 제도 도입 여부에 대한 조속한 입장 정리를 위해 2000년 10월 '법・의학전문대학원 도입 추진계획(안)'을 발표했다. 그리고 2001년 3월 14일 의학전문대학원 추진위원회를 발족하고 '의학전문대학원 시행 연구'를 통해 의・치의학 전문대학원 학제 기본 모형을 제시했다.

표 8-6 의 · 치의학 전문대학원 학제 기본 모형(안)

항목	연구 시안
1. 적용 대상	◦ 국내 41개 의과대학 및 11개 치과대학
2. 적용 시기	◦ 2003학년도부터 2006학년도까지 단계적으로 도입하되, 그 시기는 대학 자율로 정함.
3. 지원 자격	◦ 의 · 치의학교육 입문시험 성적을 제출할 수 있는 자 ◦ 일반대학 학부교육 2년 이상 이수와 85학점 이상을 취득한 자 ◦ 대학 자율로 정한 대학별 기타 지원 자격을 충족한 자
4. 입학 심사	◦ 의 · 치의학교육 입문시험, 선수과목, 평가 평균 성적, 외국어, 면접 기타 등의 방법을 대학 자율로 실시
5. 의예과	◦ 현 2년제 의(치)예과 체제 존속 여부, 전공광역화 개념의 '예과학부' 운영 여부, 이를 확대시킨 가칭 의과학과의 신설 운영 여부는 대학 자율로 정함.
6. 입학 정원	◦ 현재의 의 · 치의예과 1학년 입학정원 승계
7. 입문 시험	◦ 의 · 치의학교육 입문시험 제도 도입
8. 교육과정	◦ 의학교육 기본과정 중에 '임상교육 입문시험', '임상교육 종합평가시험', '특성화 선택 과정' 및 '서브인턴' 제도 등을 도입하는 대학원 수준으로의 정규과정 변화를 적극 유도
9. 수여 학위	◦ 전문학위: 의학석사(M.D.), 치의학석사(D.M.D.)
10. 복합학위 과정	◦ 학문연구 복합학위 과정 운영은 대학 자율로 정함 ◦ 대학원 수준에서 의학과 관련된 각종 학문 간 기타 복합학위 과정의 운영 여부는 대학 자율로 정함. ◦ 의학전문대학원의 각종 복합학위 과정 입학 정원은 해당 학교의 입학 정원에 각각 포함.
11. 전환 기준	◦ 교육과정, 교수, 시설 · 설비, 행정 · 재정 등의 영역에서 일정한 전환 기준을 충족해야 하며, 전환 기준의 설정에 관한 사항은 '설립 준칙' 및 '인정평가 기준'을 준용해 개발함.
12. 졸업 후 과정	◦ 전공의 수련교육과 대학원 학술학위 과정 병행 금지 ◦ 전문의 자격 취득 후 대학원 전문박사학위 과정 병행 허용
13. 병역	◦ 학문연구 복합학위 과정에 대해 병역대체 복무제도 적용
14. 기타	◦ 학점예치 제도, 조기졸업 제도, 입학조기허가 제도 등을 신설 및 확대 실시를 추구하되, 선택 여부는 대학 자율로 정함.

출처: 의학전문대학원 추진위원회(2001).

이후, 교육인적자원부는 2002년 1월에 '치 · 의학전문대학원 기본계획'을 수립 및 발표했다. 교육인적자원부가 제시한 의과대학과 의학전문대학원의 주요 내용을 비교해 보면 〈표 8-7〉과 같다.

표 8-7 의과대학과 의학전문대학원의 주요 내용 비교

구분	현행	의학전문대학원	비고
1. 기본 원칙 (BME 과정)	◦학사과정	◦대학원과정	◦동일 대학 내 한시적으로 병행 가능
2. 적용 시기	-	◦2003학년도부터 도입	◦도입 시기 대학 자율
3. 지원 자격	◦고졸 후	◦학사학위 취득 후 ◦MEET 의무화	◦조기 졸업자 포함
4. BME 졸업까지 대학 교육 기간	◦6년(2+4)	◦7~8년(학사+4)	
5. 의예과	◦2년(주로 자연대 위탁)	◦의예과 폐지	
6. 입학 정원	◦현 의예과 정원	◦현 의예과 정원 승계	◦현 대학원 정원은 추후 조정
7. 의학교육 입문시험	◦미도입	◦도입	◦대학, 대학 간 연합 등에 의한 민간시험
8. 학위 명칭	◦의학사	◦의무(醫務)석사	
9. M.D.-Ph.D. 과정	◦미도입	◦도입	◦6~8년 과정
10. 전환 기준	◦해당 없음	◦대학 자율	
11. 병역대체 복무 제도	◦미도입	◦도입	
12. 졸업 후 과정	◦전공의 수련교육과 대학원 학술학위 과정 병행 가능	◦전공의 수련교육과 대학원 학술학위 과정 병행 금지	

출처: 교육인적자원부(2002).

표 8-8 의 · 치의학전문대학원 기본 계획

항목	주요 내용
1. 기본 원칙	◦ 학사 후 교육을 원칙으로 하는 의학전문대학원 체제를 도입하되, 무리 없는 추진을 위해 대학에 폭넓은 자율권 부여 - '학사+4'의 의학전문대학원 체제 도입 - 동일 대학 내 복합 체제 개설 여부: 2009년까지만 한시적으로 인정
2. 적용 시기	◦ 2003학년도부터 도입하되, 구체적 도입 시기는 대학 자율 결정
3. 교육과정	◦ 전문대학원 수준에 적합한 교육과정 변화 적극 유도
4. 박사과정과 연계	◦ 학문연구 복합학위 과정(M.D.-Ph.D.) 개설
5. 전환 기준	◦ 대학이 자율적으로 설정
6. 졸업 후 교육 과정	◦ 졸업 후 수련교육과 학술박사 학위과정 병행 불가

7. 학제 기본 모형

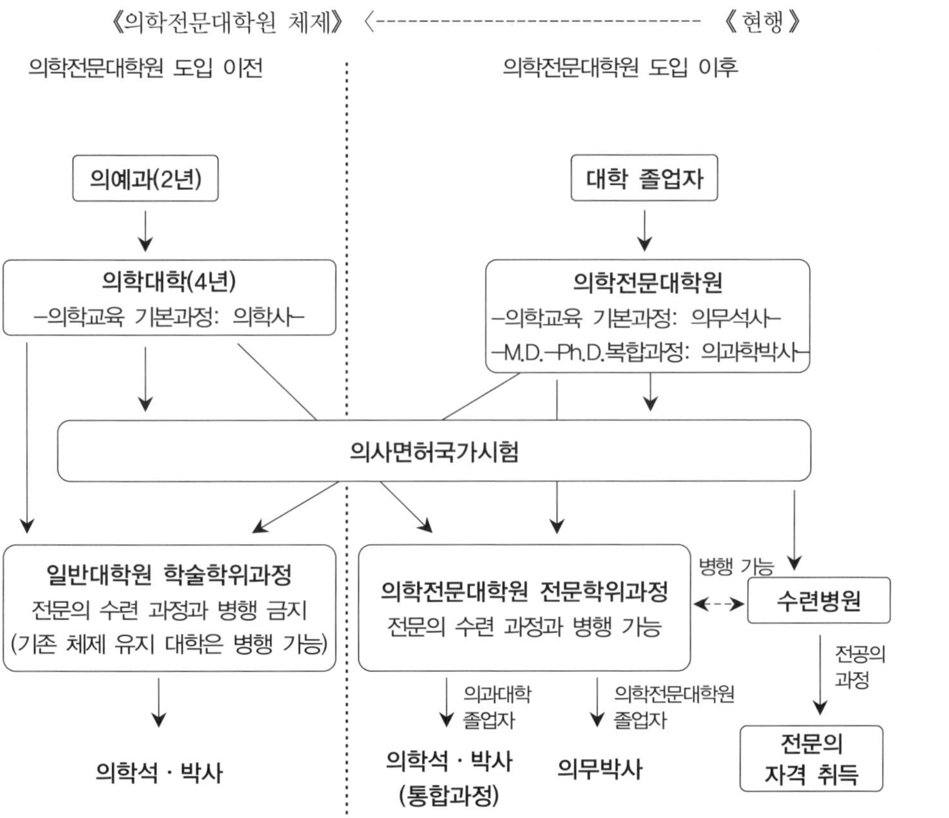

출처: 교육인적자원부(2002).

아울러 교육인적자원부는 의학전문대학원 도입과 관련해 대학의 자율성을 최대한 존중하고, 의학전문대학원 체제의 도입이 대학 내의 이해관계는 물론 대학 간, 의사, 의사협회 등 다양한 관련 집단의 이해관계가 상충되는 만큼 여러 쟁점 사항에 대해 유연한 태도를 견지하되 다른 학문 분야의 위축 방지 및 학위 체제의 근간을 유지하는 것을 골자로 하는 기본 방향을 제시했다. 주요 내용은 2003년부터 '4+4학제'의 의학전문대학원을 도입하되 대학의 자율성을 최대한 존중하고, 기존의 의사 양성 체제인 '2+4학제'를 유지하거나 두 제도를 병행할 수 있다는 것이었다. 또한 전문대학원 도입 후 의과대학 체제와 전문대학원 체제의 성과 및 문제점을 분석·평가해 2010년에는 우리나라에 적합한 의사 양성 체제에 대한 최종적인 정책 방향을 결정한다는 것이었다.

이상의 내용에서 파악할 수 있듯이, 문민정부에 본격적으로 논의되었던 의학전문대학원 제도의 도입은 2002년 교육인적자원부가 '치·의학전문대학원 기본계획'을 발표함에 따라 어느 정도 정착이 이뤄지는 듯했다. 그러나 2002년 2월 8일까지 2003년 전환대학을 접한 결과 가천의대, 건국대, 경희대(현 의과대학 체제와 전문대학원 체제 병행) 3개 대학만이 전환 신청을 했다. 이에 따라 교육인적자원부는 모집 기간을 몇 차례 연장하는 조치를 취하고 전문대학원 전환대학에 실험실습 장비 확충 비용 10억 원 이상을 지원하고, 의학교육 입문시험(MEET) 개발비 5억 원 이상을 투입하겠다고 밝히는 등의 노력을 전개했다. 이후 충북의대가 2003년 전환대학에 추가되었으며, 2004년 경북대, 경상대, 부산대, 전북대, 포천중문의대가, 그리고 2005년 이화여대가 의학전문대학원을 도입하기로 결정함에 따라 전체 41개 의과대학 중 10개 대학이 참여하게 되었다. 하지만, 도입 시기에서도 2005년부터 즉시 도입하기로 결정한 대학은 가천의대, 건국대, 경희대, 충북대 등 4개에 불과했고, 포천중문의대, 부산대, 경북대, 전북대, 경상대는 2006년, 그리고 이화여대는 2007년부터 의학전문대학원을 도입하기로 결정했다.

3. 참여정부 이후: 의학전문대학원 제도의 시행 및 폐기

국민의 정부에서 어느 정도 정착된 의학전문대학원 제도는 이후 참여정부에 들어서 다양한 이해관계자들 간의 이견 표출과 대립으로 인해 제대로 정착되지는 못했다. 이에 따라 참여정부는 2005년에는 '대학구조개혁 추진본부'를 출범하고 이미 전환한 대학에만 제공했던 행・재정적 지원을 계속 유지하기로 하고 전환하지 않은 대학에 의학전문대학원 전환 촉구 공문을 발송했다. 그 결과 중앙대,[3] 충남대, 전남대, 강원대, 제주대, 건양대 등이 전환을 결정했고, 가톨릭대와 연세대 등 서울 지역 주요 의과대학들도 전환을 위한 내부적인 의견 수렴을 시작했다. 그러함에도 불구하고 정부의 행・재정적 지원책이 주요 의과대학들의 긍정적인 반응을 얻어내지 못하자 의학전문대학원 전환을 BK21 사업(Brain Korea 21, BK21)과 연결시켰다.

서울지역 주요 의과대학의 반발이 있었지만 교육부는 행・재정적 정책 수단을 동원해 '4+4학제' 의학전문대학원을 유지하되 대학별로 '2+4학제' 의학전문대학원을 도입하는 방안, 진로보장형 선발의 허용,[4] 의과대학 졸업자에 대한 석사학위 수여 검토 등(국정브리핑, 2005.06.22)의 새로운 유인책을 제시했다. 그 결과 가톨릭대, 인하대, 한양대가 전면 전환을 신청했고, 고려대, 동국대, 동아대, 서울대, 성균관대, 순천향대, 아주대, 연세대 등이 부분 전환을 신청해 전국 41개 의과대학 중 27개 대학인 약 67%가 의학전문대학원을 도입했다.

이명박 정부에 들어서 교육과학기술부는 2010년 7월 1일 2003년 의학전문대학원 제도 도입 시, 2009년에 운영 성과를 평가해 2010년에 의사양성학제 관련 정책 방향을 결정하기로 예고한 바에 따라 2010년 7월 1일 각 대학이 자율적으로 의・치의학 교육학제를 선택하도록 하는 것을 주요 내용으로 하는 '의・치의학 교육제도 개선계획'을 발표했다. 즉, 기존에 제시되었던 의학전문대학원 제도는 ① 의과대학과 의학전문대학 간 교육과정이 차별화되지 않고 유사하게 운영되면서 수여 학위와 등록금의 차이, ② 학생 선발과 관리, 학사 운영 등에서의 추가적 행정 부담이 발생, ③ 교육 기간의 연장, ④ 등록금 상승, ⑤ 이공계 대학원 기피 현상 심화, ⑤ 군의관 부족 등의 문제점을 야기시킨다는 지적이 있었다. 이러한

3) 서울 지역에서 이례적으로 중앙대가 전환을 신청했는데, 이는 전면적인 전환은 아니었고, 의과대학과 의학전문대학원을 동시에 운영하는 부분 전환이었다. 이와 관련해 중앙대 관계자는 "급작스런 의과대학 폐지에 따른 후유증을 최소화하기 위해 우선 이원화된 체계를 도입한 것"이라고 설명했다(한국경제, 2005.06.09).

4) 진로보장형 선발이란 대학이 원할 경우 의대 정원의 50% 범위 내에서 고교 졸업 후 대학입시 단계에서 의학전문대학원 진학을 보장하는 조건으로 신입생을 선발할 수 있도록 하는 제도를 말한다.

상황을 감안해 교육과학기술부는 의사양성학제를 획일화하기보다 대학이 의과대학과 의학전문대학원 중에서 학제를 자율 선택하도록 함으로써 다양한 형태가 유지되도록 했다.

이에 앞서 교육과학기술부는 2009년 6월 의학계·이공계·시민단체 등 총 17인이 참여하는 '의·치의학교육제도개선위원회'를 구성하고 2010년 4월까지 10개월 동안 제도 개선 방안을 논의해 왔으며, 위원회에서 건의한 의사양성학제 개선(안)을 기반으로 대학의 의견 수렴 및 공청회 결과 등을 종합적으로 검토했다(보건타임즈, 2010.07.01). '의·치의학 교육제도 개선계획'은 의사양성학제를 획일화하기보다 다양한 형태를 유지하는 것이 의학 발전에 도움이 된다는 인식에 따라 대학 자율로 학제 선택 기회를 부여하는 것을 주요 내용으로 하고 있다. 구체적으로 살펴보면, 현재 한 대학 내에서 의과대학과 의학전문대학원을 병행해 운영하고 있는 대학들은 향후 두 학제 중 하나를 자율적으로 선택·운영할 수 있도록 했다. 또한, 의학전문대학원 체제에서 의과대학으로 전환하거나 의과대학에서 의학전문대학원으로의 전환도 대학이 자율적으로 선택할 수 있도록 했다. 다만, 현재 대학생 및 고등학생의 입학 기회 형평성 보장과 의사 수급 문제를 고려해 실제 학제 전환은 경과 기간 이후에 시행하도록 했다. 즉, 병행대학의 경우 대학 1학년이 전문대학원에 입학하는 2014학년도까지 현 체제를 유지한 후 2015학년도부터 학제 전환이 가능하고, 의학전문대학원은 고등학교 2학년이 전문대학원에 입학하는 2016학년도까지 현 체제를 유지한 후 2017학년도부터 학제 전환을 허용하도록 했다.

종국적으로 볼 때, 이명박 정부는 참여정부에서 의학전문대학원 전환을 다양한 유인책을 사용하면서까지 적극 유인한 의학전문대학원 제도를 교육과학기술부는 2010년 7월에 의학전문대학원 전환 대학이 희망하면 학부 체제로 되돌아가도록 했다. 이는 고등교육법의 전문대학원 정의에서 언급된 전문직과 오랫동안 논의된 '전문직은 전문대학원에서 양성한다'는 전문직 양성 기본 정책에서 의사는 제외한다는 의미이다. 전통적이고 대표적인 몇 개의 전문직 중에서 의사는 대학교육의 교육과정과 고등교육법 시각으로는 전문직이 이제는 아니라는 의미이다. 의사는 오직 보건의료 실무 당국의 법으로만 전문직이라는 의미가 된다(이무상, 2012).

표 8-9 의학전문대학원 전개 과정

구분	내용
1993. 8	◦ 교육부: 대학원 교육제도 개선 시행 방안 연구 - 우리나라 대학원 유형을 일반대학원, 특수대학원 및 전문대학원으로 체계화할 것을 제안
1994. 11. 10	◦ 교육부: 대학교육 개혁 방안 토론회 - 의학전문대학원 설치 제안
1995. 5. 31	◦ 교육개혁위원회 제1차 교육개혁 방안: 세계화 시대를 주도하는 신교육 체제 수립을 위한 교육개혁 방안 - 법조인, 의사, 성직자, 교원 양성을 위한 전문대학원 제도 도입 제안
1995. 8. 23	◦ 한국의과대학장협의회(제28회 의학교육 세미나): 의과대 및 학위제도 - 의과대학의 학제 및 학위제도의 문제점 및 4+4학제에 대한 토의
1996. 2. 9	◦ 교육개혁위원회 제2차 교육개혁 방안: 전문대학원 도입 발표 - 의학, 법학, 신학 등 대표적 전문직은 전문대학원 체제로 육성 - 현 체제(2+4, 학사)와 전문대학원(4+4, 석사) 중 자율로 선택
1996. 5. 27	◦ 한국의과대학장협의회(제30회 의학교육 세미나): 의대 제도의 개선 및 교육, 연구의 활성화 - 교육부의 의과대학 학제 개편안 설명
1996. 8 ~ 1997. 2	◦ 교육부: 의학전문대학원 제도 연구 - 2개 모형 제시: 의학석사(2·3·4+4), 의학박사(4+4)
1996. 9. 28	◦ 한국의학교육협의회: 의학교육 학제 개선을 위한 대토론 - 현행 의예과 교육과정 보완 - 학사입학 제도 확대 - 졸업 후 수련 과정 개선: 4+4의 학제 개선 반대
1996. 10. 9	◦ 한국의학교육협의회: '의학교육 학제 개선에 관한 대정부 건의문 1' - 현 체제를 기본으로 고졸 기본으로 대학 2년 이상 입학 부분 수용, 2+4 기본으로 2·3·4+4로 다양화
1997. 2. 18	◦ 교육부: 의학교육 학제 개선에 대한 토론회
1997. 2	◦ 교육부: 의학전문대학원 제도연구위원회 - 〈시안 1〉 전문대학원: 대학 2년 이상 입학 가능, 의학전문대학원(2·3·4+4, 의학석사) - 〈시안 2〉 전문대학원: 학사 취득 후 입학 가능, 의학전문대학원(4+4, 전문박사)
1997. 5. 12	◦ 한국의과대학장협의회: 의학전문대학원 제도에 대한 의견 제출 - 〈시안 1〉에 69.2%, 〈시안 2〉에 19.2% 찬성 - 연구 시안에 대한 보완 필요

1997. 6. 23	◦ 한국의학교육협의회 '의학교육학제 개선에 관한 대정부 건의문 2' - 〈시안 1〉 선호, 의학전문대학원(2 · 3 · 4+4, 의학석사)
1998. 6. 17	◦ 교육부: 연구중심대학 육성 국책과제 추진계획(안) 발표
1998. 7. 16	한국의학교육협의회 · 대한의사협회: 의학교육 학제에 관한 확대 간담회
1999. 1	◦ 한국의학교육협의회 '의과대학 학제 개선 방안 연구' - 현 체제를 기본, 고졸 기본으로 대학 2년 이상 입학 부분 수용, 의학전문대학원(2+4 기본으로 2 · 3 · 4+4 일부 수용, 의학석사)
1999. 5. 14	◦ 새교육공동체위원회: 법학 · 의학 교육제도 개선 시안 발표 - 학사학위 소지자를 대상으로 일정한 선발 과정을 거쳐 4년의 의학교육 실시 - 학위: 졸업자에게 의무박사(M.D.) 수여 및 졸업 후 1년간 임상 수련 - 의사면허시험: 기존 1회성 시험에서 2단계 시험으로 전환 - 국내 41개 의과대학 모두 의학전문대학원으로 전환 - 2002년부터 적용
1999. 6	◦ 새교육공동체위원회: '학사 후 의학교육제도 모형 개발 및 실행 방안에 관한 연구' 보고서 발표 - 학사 후 의학교육(2 · 3 · 4+4) 후 M.D.(의무박사) 수여 - 지방대학 보호를 위해 학사 · 석사 통합 과정(B.S.-M.D.: 6년) 허용 - 41개 전체 의과대학에 적용 - 의학전문자격시험(MEET) 도입 - 다단계 의사면허시험 및 응시 횟수 제한 - 졸업 후 1년-수련교육 후 의사 면허 부여
1999. 6	◦ 한국의학교육협의회: '의학교육학제 개선에 관한 대정부 건의문 3' - 대학 2년 이상 입학 가능, 의학전문대학원(2 · 3 · 4+4, 의학석사)
2000. 7. 11	◦ 새교육공동체위원회: 지식기반사회의 교육공동체 구축을 위한 교육정책 보고서 - 전문대학원(설치 인가) 혹은 의과대학 - 대학 2년 이상 의학전문대학원(2 · 3 · 4+4, 의학석사) - 고졸(의과대학, 2+4, 의학사)
2000. 10. 17	◦ 교육부: 의 · 법학전문대학원 도입 추진계획(안) 발표 - 도입 시기 조성 및 소정의 요건을 갖춘 대학에 인가 - 현 예과 제도 유지 가능 - MEET 실설 - 교육 기간: UME 4년, '학부-대학원 연계 복합학위 과정'과 '학문연구-복합학위 과정'은 6년 - 수여 학위: M.D. - 다단계 의사면허시험 제도의 도입 등 * 의학교육위원회를 구성해 내용에 대한 최종 결정

2000. 12. 16	◦ 교육부: '학위의 종류 및 표기 방법에 관한 규칙' 공포·시행 - 대학이 학문의 분류 및 발전 추세에 따라 탄력적으로 학위 수여가 가능하도록 ◦ 학위 종류를 자율화 - 2개 이상의 학위가 결합된 통합학위(M.D.-Ph.D.) 수여 가능 - 전문학위는 대학의 장이 정하도록 함
2001. 3. 14	◦ 의학전문대학원추진위원회 발족
2001. 5	◦ 교육인적자원부 의학전문대학원 추진위원회: 의·치의학원 학제 기본 모형에 대한 의견 수렴 - 의·치의학 전문대학원 학제 기본모형(안)에 대해 41개 의과대학, 11개 치과대학 및 5개 관련 기관의 의견 수렴
2001. 6	◦ 의학전문대학원 추진위원회 - 입학 자격: 대학 2년 이상+85학점 이상+MEET+기타 - 기관 명칭은 대학 자율, 2·3·4+4(의학석사)
2001. 6. 2	◦ 제1차 공청회(부산): 의학전문대학원 학제 기본모형
2001. 6. 5	◦ 제2차 공청회(서울): 치의학전문대학원 학제 기본모형
2001. 9. 30	◦ 연구보고서 교육부 제출: 입학 자격, MEET 등 계속 검토
2001. 11. 30	◦ 제6차 의학전문대학원추진위원회 회의 개최 - 연구안에 대한 핵심 쟁점 사항에 대한 심의
2002. 1. 16	◦ 교육인적자원부: '의·치의학전문대학원 도입 기본계획' 발표 - 입학 자격: 학사 취득(MEET+기타(평점, 선수 과목 등) - 의학전문대학원(4+4, 의무석사) - 보편화 단계의 고등교육 체제에 부응 - 의학교육의 발전 도모 - 고등교육 체제 변화 촉진
2005. 5. 4	◦ 교육인적자원부: '의·치의학전문대학원 추가 전환 대학 지원계획' 발표 - 전문대학원 전환 대학은 국립대 교수 정원 증원 및 교육과정개발비와 실험실습장비 구입비 지원 - 2단계 BK21 사업 평가 시 전문대학원 전환 여부를 평가 기준에 반영
2005. 6. 1	◦ 전국의과대학교수협의회 성명서 발표
2005. 6. 22	◦ 의학전문대학원 전환 촉진을 위해 '보장형 2+4제' 부분 도입 검토 발표
2005. 10. 31	◦ 의학전문대학원 전환 여부를 2단계 BK21 참여 전제 조건으로 발표
2005. 11. 29	◦ 전국의과대학교수협의회 성명서 발표
2005. 12. 23	◦ 한국의과대학장협의회에서 건의한 보장형 50% 입학을 대학 자율로 2009년까지 시범 실시한 후 2010년 최종 정책 방향 결정

2006. 1. 16	◦ 교육인적자원부: '의 · 치의학 전문대학원 체제 정착 추진계획' 발표 - 2009년까지 전문대학원 입학 정원의 50% 범위 내에서 다양한 방식으로 학생 선발 및 운영 시범 실시 - 추가 전환대학에 대해서도 BK21사업 선정 자격 부여
2009. 6. 30	◦ 교육과학기술부: 의 · 치의학교육제도개선위원회 발족
2010. 4. 7	◦ 교육과학기술부: '의 · 치의학 교육제도 개선을 위한 공청회' 개최 - '의 · 치의학 교육제도 개선 방안'을 통해 의학전문대학원 및 의과대학 공존과 새로운 의사양성학제로 일원화하는 방안 제시
2010. 7. 1	◦ 교육과학기술부: '의 · 치의학 교육제도 개선계획' 발표 - 대학에 학제 선택의 자율권 부여 - 대학별로 의 · 치의학전문대학원과 의 · 치과대학 중 택일 - 학제 전환 시기도 대학이 자율적으로 결정하되 경과 기간 설정
2011. 9. 7	◦ 교육과학기술부: 의학전문대학원 정원 조정 결과 발표 - 병행대학: 2014학년도까지 현 제도 유지 후, 2015학년도에 의 · 치과대학으로 전환 - 완전 전환 대학: 2016학년도까지 현 제도 유지 후, 2017학년도에 의 · 치과대학으로 전환

제 4 절 사례의 쟁점

의학전문대학원 제도 도입을 둘러싸고 진행된 다양한 찬반 논쟁은 나름대로의 근거와 논리를 가지고 접근한 것은 분명해 보인다. 그러나 20여 년 동안 지속되어 온 논쟁은 아직까지 종착점을 찾지 못하고 있으며, 여전히 표류 중에 있는 것으로 보인다. 오히려 의학전문대학원으로 전환했던 대부분의 대학은 과거의 의과대학 체제로 전환하고 있는 실정이다. 정부뿐만 아니라 다양한 이해관계집단들도 향후 방향을 제대로 설정하지도 못하고 있다. 의학전문대학원의 둘러싼 추진 논리와 반대 논리는 크게 의학 전 교육, 입학생 능력과 교육적 이점, 교육과정 및 학교 운영, 복합학위 과정, 졸업생, 기초의학자 배출, 졸업 후 교육, 중등교육 및 입시에 미칠 영향, 기초학문 분야에 미칠 영향, 그리고 의사 양성 기간 및 비용 증가와 관련해 구분 논의할 수 있다. 그러나 이러한 논의는 어떠한 관점에서 문제를 바라보는 가에 따라서 변화될 수 있기 있기 때문에 반드시 그러할 것이라고 단정하기는 어렵다.

표 8-10 의학전문대학원 추진 논리와 반대 논리

구분	추진 논리	반대 논리
의학 전 교육	-기존의 2년으로 학문 배경 및 소양 부족(仁術醫가 아닌 技術醫) -보장형 시스템으로 예과생 면학열 저하 -의학 전 교육의 자연과학 편중	- 현재 별 문제 없으며, 학사 후 입학생은 10~20%의 학사 편입으로 족함. - 예과 교육개선을 통해 달성되어야 함 - 학사입학 및 복수전공으로 해결 가능
입학생 능력과 교육적 이점	-다양한 학문 배경 및 지적 능력 -늦게 동기 유발된 학생들이 들어오므로 학업 성취 향상	- 군복무 고려하면 5~6세 증가하므로 연령 증가로 학업 능력 저하 - 의사 인력 여성화 우려
교육과정 및 학교 운영	-서브인터 등 대학원 수준에 맞는 교육 여건과 교육과정으로 양질의 의사 양성	- 기본의학교육은 의사 양성을 목표로 하므로 달라질 것이 없음 - 서브인턴은 이미 시행하고 있음.
복합학위 과정 등	-현행 의학교육으로 도입 불가능하며 의학전문대학원 도입을 통해 가능 -의학연구 활성화	- 현행 체제에서도 실행 가능 - 수요는 제한적이므로 학제 개편으로 접근할 일이 아님.
졸업생	-명칭만이 아닌 대학원 수준의 교육으로 의과학자 및 양질의 의사가 늘어날 것임.	- 학제 개편이 아니라 기본 의학교육 개선을 통해 달성해야 함.
기초의학자 배출	-자연과학 계역 입학으로 기초의학 지원자 증대할 것	- 학사 편입 경험으로 보아 기초의학자 부족 해소에 도움이 되지 않음.
졸업 후 교육	-전공의 수련교육과 학술학위 병행 금지로 학술학위 과정 운영 정상화	- 현 학술학위 과정의 정상화는 필요하나 반드시 학제 개편이 전제는 아님.
중등교육 및 입시에 미칠 영향	-비정상적 입학 경쟁을 대학원 단계로 상향 및 분산 이동	- 입시 열풍과 사교육은 형태만 달리해 학사교육과정으로 연장될 것
기초학문 분야에 미칠 영향	- 현재 의학계에 몰리고 있는 우수인력의 분산 효과	- 의학교육희망증후군으로 악영향 우려
의사 양성 기간 및 비용 증가	- 큰 영향이 없으며, 인턴제 폐지 등으로 보완 가능	- 국민의료비 상승 우려 및 전공의 수련 기간 다양화 등 대책 필요

출처: 신좌섭(2006).

다만, 분명한 점은 2010년 7월 교육과학기술부가 의학전문대학원을 과거 의과대학으로 전환할 수 있도록 대학 자율에 맡기겠다고 발표하면서, 의과대학과 의학전문대학원을 병행한 12개 대학 중 동국대를 제외한 11개 대학이 의과대학으로 다시 전환하기로 결정했다는 점이다. 그리고 이미 전부 혹은 부분적으로 의학전문대학원으로 전환했던 27개 대학들 중 22개 대학이 의과대학 복귀를 결정했다는 점이다. 달리 말하면, 전국 41개 대학 중 의학전문대학원을 지속하기로 결정한 5개 대학을 제외하고 전체 87.8%에 달하는 나머지 36개 대학은 오랜 기간 동안 논의(본격적인 논의는 20여년, 의학전문대학원 제도를 추진한 지는 10여년)되어 왔던 의학전문대학원 제도 도입을 손바닥 뒤집듯이 쉽게 없었던 일로 치부해 버리고만 것이다. 의학전문대학원 제도를 유지하려는 5개 대학도 향후 어떠한 방향으로 나아가야 될 것인가에 대한 고민이 깊을 것이다. 그 동안 의학전문대학원 제도 도입이라는 교육개혁을 꾀하기 위해 진행되었던 수많은 정책 및 연구 결과와 다양한 이해관계집단들이 찬반 논쟁에 쏟아부었던 시간과 노력(비용), 그리고 정책을 둘러싸고 직·간접적인 관심은 되돌려보면 공염불(空念佛)에 지나지 않았다는 것을 직시하게 된다. 그러함에도 불구하고 의학전문대학원 제도 도입을 통해 나타난 정책 실패 사례를 면밀히 검토하고 분석함으로써 향후 유사한 정책에 어떻게 대응해 나가야 하는가에 대한 교훈을 심어줄 수 있다는 점에서 이하에서는 앞서 제시한 추진 논리와 반대 논리를 넘어 사례의 전반적인 전개 과정에서 나타난 주요한 쟁점들에 대해 추가적으로 논의하고자 한다.

1. 의학전문대학원 제도 도입 필요성에 대한 명확한 인식의 부재

의학전문대학원 제도 도입은 문민정부 시절 교육개혁위원회의 교육개혁에 관한 논의를 필두로 고도 전문인력의 양성, 교육기회 확대와 균등화, 대학의 다양화·특성화, 연구 중심대학의 육성, 창의적인 사고력 개발, 국제 경쟁력 강화, 국민 의료 서비스의 질 향상, 의과학 발전, 의학교육의 발전 도모, 고등교육 체제의 변화 촉진 등 다양한 필요성이 제기되었다. 이러한 배경에 따라 교육개혁위원회는 1996년부터 대학 설립 인가 제도를 준칙주의로 전환할 것을 발표했다. 그런데 준칙주의로의 전환은 다양한 분야의 단설 전문대학원 설치를 가능케 하는 것으로 학부과정 없이도 전문대학원을 설치・운영할 수 있는 길을 열어주는 것이었다. 즉, 의사가 되는 길이 의과대학 입학자에게 한정되어 있었다면 의학전문대학원은 학부에서 다양한 전공을 이수한 학사학위 소지자가 전문대학원에 입학해 4년간의 전문 의학교육을 이수하면 의사 자격을 취득할 수 있도록 다양성에 초점을 맞춘 것이었다.

그러나 문제는 의학전문대학원 제도의 도입이 대학교육 개혁의 일환으로 등장하게 됨에 따라 '실질적으로 의학전문대학원 제도를 도입하는 것이 바람직한 것인가'에 대한 체계적인 고려가 이뤄지지 않았다는 점이다. 달리 말하면, 대학설립 인가제도의 전환에 따라 부수적으로 의학전문대학원 도입에 대한 논의가 제기된 것이지 기존의 의과대학 체제가 지니고 있는 문제점을 확인하고 관련 이해관계자들과의 논의 과정을 통해 기존의 체제를 개선할 수 있는 또 다른 대안을 모색하지 않았다는 점이다. 또한, 의료계(대한의사협회)는 의학전문대학원 제도의 도입에 대한 반대 논리인 교육 기간의 연장으로 의료비 상승의 유발과 교육과정 이원화로 인한 기존 의과대학 출신들과 위화감 조성 등(연합뉴스, 1995.10.12)에 대해 거의 고려되지 않았으며, 향후 이러한 문제에 대해 어떻게 조정할 것인가에 대한 논의는 제시되지 않았던 것이다. 결과적으로 볼 때 의학전문대학원 제도의 도입은 현재의 문제를 제대로 인식하지 않음으로 인해 또 다른 문제를 초래하는 원인으로 작용하게 되었다.

2. 의학전문대학원 도입 취지로부터의 변질

문민정부의 교육개혁위원회가 의학전문대학원 도입의 필요성을 제기하고 이후 국민의 정부의 새교육공동체위원회, 참여정부의 의학전문대학원 추진위원회 등이 의학전문대학원 제도를 도입하고자 함에는 분명한 목표가 있었다. 그러나 의학전문대학원이 당초 설립 취지와 달리 대학을 갓 졸업한 이공계 출신들의 의사 진출 통로로 변질되었다는 비판이 있었다. 교육부 감사에서 "국가는 이공계 살린다고 장학금을 주고, 학생들은 전문대학원 입시를 준비하는 현상이 일어나고 있다"는 지적도 나왔다(국정감사 회의록, 2005.09.22). 실제로 2004년 8월 실시한 제1회 MEET시험에서 이공계열 수험생들의 성적이 가장 높게 나타났고, 의학전문대학원 최종 합격률도 84%로 압도적인 우위를 점함으로써 '이공계 위기론'이라는 새로운 문제가 대두되게 되었다. 이는 의학전문대학원 합격에 이공계 학과가 유리하다는 것은 증명한 것으로 이공계 교육에 치명적인 문제를 만들어낼 수 있었다. 2005년 의학전문대학원 합격자 339명 중 108명이 서울대 이공계 출신이었다(연합뉴스, 2005.09.22). 교육부가 국회 교육위원회 한 의원에게 제출한 '의·치의학전문대학원 재학생 출신 전공별 현황'에 따르면 이공계 전공자의 비중은 2005년 86.5%, 2006년 88.4%였고, 2007년에는 89%까지 늘어났지만 인문·사회 전공자는 10%에도 미치지 못하는 것으로 나타났다(교육부, 2007). 이는 취업과 수입 전망이 밝은 전공에 학부 교육이 종속되는 양상을 드러낸 것이고, 의학전문대학원 도입이 학부 교육의 파행을 만들어낼 수 있는 것이나 마찬가지였다. 한편, 서울대 출신 18.0%, 연세대 11.8%, 고려대 9.3%, 이화여대 6.0%, 카이스트 4.5% 등으로 명문대 출신자들의 입학 비중이 높은 것으로 나타났는데(서울신문, 2007.09.27), 이는 다양한 전공과 경쟁력을 갖춘 사람들에게 의사 문호를 개방한다는 의학전문대학원의 취지를 제대로 살렸다고 보기는 어려운 것이었다.

한편, 과도한 등록금으로 인해 의학전문대학원의 취지를 살릴 수 있을지에 대한 비판이었다. 의학전문대학원에 입학하기 위해서는 학원비 1,000만 원이 소요되는 것으로 나타났고, 입학 후 졸업까지 등록금은 최고 8,000만 원 이상인 것으로 나타났기 때문이다.[5] 이 때문에 의학전문대학원 졸업생들은 보상심리로 인해 연구보다는 진료 분야로 진출을 희망했고,[6] 이는 의학전문대학원 도입의 취지(의과학자 양성)를 무색케 하는 것이었다. 또한 돈 없는 학생은 의사가 될 수 없

5) 2006년 연간 등록금을 비교한 결과 국립대 997만 원, 사립대 1,823만 원으로 나타났다(한겨레, 2006.03.29). 의과대학이 의학전문대학원으로 전환되면서 국립대는 158.9%, 사립대는 121.9%씩 각각 연간 등록금이 인상되었다(뉴시스, 2007.10.26).

6) 2006년 7월 「의·치의학 전문대학원제도 정착 지원정책 개발연구」에는 의학전문대학원 학생들에 대한 설문이 포함되어 있었는데, 응답자의 4%만이 졸업 후 기초의학 분야로 진출하겠다고 응답했다. 2008년 6월 교육과학기술부는 이화여대가 제출한 용역(「의료인력 양성체제 비교평가 및 전문대학원 체제발전 방안 연구」) 결과를 발표했는데, 여기서 의학전문대학원 학생의 94.7%가 졸업 후 임상의학(현장에서 환자를 보는 의사)을 희망하는 것으로 나타났다. 이는 의대생의 89.7%가 임상의학을 희망하는 것을 웃도는 수치였다.

다는 학력 대물림이 나타날 수 있다는 비판도 이어졌다. 그러나 등록금 책정은 대학이 자율적으로 결정하는 것이었고, 교육부가 관여할 만한 법적 권한이 없는 상황이어서 특별한 대책을 세울 수도 없었다.

3. 일관되지 못한 정책의 방향

어떠한 정책을 막론하고서라도 정책의 일관성을 유지한다는 것은 사회가 복잡다변하고 불확실성이 존재하는 상황 하에서 상당히 어렵다. 이러한 한계를 다소나마 극복하기 위해 정책의 형성 단계부터 다양한 이해관계집단과 심도 깊은 논의 및 합의 등을 통해 정책의 방향을 설정하는 것이 무엇보다 중요하다. 그러나 의학전문대학원 제도 도입은 그 시작부터 정부 주도 하에 논의가 이뤄졌기 때문에 현장과 괴리된 정책 및 유관 집단의 의견 수렴과 합의 도출의 실패 등을 드러낼 수밖에 없었다. 즉, 교육개혁위원회의 '제1차 교육개혁 방안'(1995)을 시작으로 1996년 2월 '제2차 교육개혁 방안'을 발표하면서 다양한 학사학위 소지자가 4년간의 전문 의학교육을 이수하는 의학전문대학원 도입을 추진했다. 정부의 의학전문대학원 제도 도입이 공식화되자 의료계의 반발도 공식적으로 나타났다. 대한의사협회는 결의문을 채택하면서 의학교육의 이원화에 따른 의료인들의 갈등을 강조했고, 의학전문대학원 제도 도입이 의료 질서 파괴와 의료 환경오염으로 이어질 것(연합뉴스, 1996.03.14)임을 강조했다. 초기 의학전문대학원 도입 논의 과정에서 발생한 문제가 의료비 상승과 같은 경제적 이해 관계에서 비롯된 것이라면 제도 도입 결정을 공식화한 상황에서 발생한 문제는 경제적 이해 관계뿐만 아니라 의사집단의 정체성 및 규범과도 관련된 것이었다. 이에 따라 정부는 의료계의 반발로 의학전문대학원 제도의 도입이 표류하는 것을 우려해 기존의 의과대학 체제(6년제), 의학전문대학원(4+4년제), 그리고 두 제도의 병행을 대학이 자율적으로 선택할 수 있는 여지를 두었다.

이후 국민의 정부에 들어서 문민정부에 중점을 두었던 의료 인력 양성의 다양성에 대한 강조보다는 연구 중심의 의학교육을 강조하는 방향으로 전환하게 되었다. 기존에 대학이 자율적으로 선택할 수 있도록 한 의학전문대학원 제도 도입에 관한 논의에서 벗어나게 된 것이다. 새교육공동체위원회는 학사 후 의학교육

제도 도입을 골자로 하는 의학전문대학원 도입을 강조했고, 의학전문대학원 도입은 41개 전체 의과대학에 적용되어야 함을 강조했기 때문이다(새교육공동체위원회 보도자료, 1999.05.14). 의료계의 반발도 다시 나타나기 시작했다. 한국의학교육협의회는 곧바로 의학교육학제 개선에 관한 대정부 건의를 했다. 이후에 또다시 의학전문대학원으로 전환하지 않는 대학의 경우 '2+4'학제인 의과대학 체제를 그대로 존치할 수 있도록 허용했고, 의학계의 요청에 따라 의학전문대학원 추진위원회를 구성해 최종적인 시행 방안을 결정하기로 했다.

그러나 여전히 의료계의 정부 정책에 대한 반발은 끊이지 않고 이어졌다. 즉, 의학전문대학원 추진위원회의 안이 다소 변경됨에 따라 의학교육계는 강력히 반발했고, 전환대학 모집은 상당한 어려움을 겪게 되었다. 가장 먼저 서울의대는 의학전문대학원 제도 도입에 전면 반대하는 의견을 천명했고, 한국의과대학장협의회는 ① 의학 기본교육에 입문하는 자격 제한, ② 같은 교육과정에 수여하는 학위의 차등, ③ 의료인 양성에 걸리는 기간의 연제에 대한 문제점을 지적한 의견서를 교육인적자원부에 제출하고, 그 대안으로 2+4제도를 근간으로 하고, 다른 학부 출신의 입학을 대학이 자율적으로 정하며, 동일한 학위를 수여하는 의학전문대학원 제도를 촉구한 바 있는 한국의과대학장협의회는 교육인적자원부가 의학전문대학원을 교육적인 목적에 따라 합당하게 운영할 수 있는지를 걱정하기보다는 오히려 교육외적인 조건을 유인책으로 제시함으로써 비합리적인 정책을 강행하려 한다고 강력이 비난했다.

4. 또 다른 문제의 파생

이상의 논쟁 외에도 전혀 예기하지 못했던 부분에서의 논쟁도 나타나게 되었다.

첫째, 의학전문대학원을 운영하는 대학의 교수들의 불만이 나타나게 되었다. 중앙대의 경우 의학전문대학원을 도입하면서 기초의학 교육 시간이 감소했고, 임상 경험이 없는 비의사 출신 의대교수가 증가하면서 기초의학교육이 부실화되었다고 강조했다. 실제로 의학전문대학원 도입 이후 전국 41개 대학의 기초의학 교수 1,300여명 중 396명인 30% 정도가 비의사 출신이었고, 이러한 추세는 가파

르게 상승하고 있었다(뉴시스, 2006.08.12). 이는 의과대학생과 의학전문대학원생의 위계 문제와는 다른 차원이었다. 의사 출신 교수들의 입장에서 비의사 출신 교수들은 자신들이 갖고 있었던 정체성에 혼란을 일으키는 집단으로 인식될 수 있었고, 서로 다른 문화와 규범은 이러한 인식을 강화시킬 수 있었다. 결국 이러한 불만은 의과대학 교수들로 하여금 과거의 제도가 더 좋다는 인식을 갖게 만들어 새로운 제도의 무용론을 강화시키는 힘으로 작용했다.

둘째, 군의관과 공중보건의 수급에도 논쟁이 발생했다. 의학전문대학원에 입학하는 남자들은 대부분 군필자였고, 여기에 여학생들의 입학이 지속적으로 증가해(한국경제, 2007.09.27) 군미필자가 감소했기 때문이다.[7] 실제로 공중보건의의 경우 연간 1,700명이 수급되었지만 2010년에는 1,200명으로 줄어들었고, 이 때문에 보건복지부는 공중보건의 수를 축소하기 시작했다. 군의관 수급이 원활하지 않자 국방부는 군의관 수급의 원활성과 장기 복무를 통한 군의료 체제 개선을 목적으로 40명 정원의 국방의학전문대학원을 설립하겠다고 발표했다. 보건복지부도 국립중앙의료원에 의학전문대학원을 두는 계획을 수립했다. 그러나 국방의학전문대학원의 설립 계획과 국립중앙의료원에 의학전문대학원을 설치하는 계획은 의료인력 과잉 배출이라는 새로운 논란을 형성했다. 의사 배출의 절대적인 수가 늘어날 경우 의사라는 직업적 프리미엄이 낮아질 것을 우려한 결과였다. 중요한 것은 다양한 문제로 인해 새로운 제도보다 과거 제도가 더 우수하다고 인식하는 분위기가 점점 강화되었다는데 있었다.

셋째, 대학별로 의학전문대학원 입학 준비를 위한 '프리메드(pre-med) 학부'를 신설하고자 하는 움직임도 있었다. 경북대(프리메드 코스트랙), 고려대(의과학과정), 이화여대(의학전문대학원 예비과정), 숭실대(프리메드과정), 인하대(기초의과학부), 순천향대(의학전문대학원 준비과정)는 의학계열 전문대학원 진학을 바라는 학생들을 위한 학부 모집 단위를 신설하겠다고 발표했기 때문이다(한겨레, 2007.10.07). 이는 문과 계열의 고시반처럼 의학전문대학원 진학을 준비하는 학생들에게 집중적인 혜택을 주기 위한 과정이나 다름없었다. 대학들이

7) 당시 의학전문대학원을 도입한 4개 대학의 경우, 병역 미필 남자는 11%에 불과했다. 병역을 마친 남자는 26%였다. 반면 의과대학 본과 1학년의 경우 병역 미필 남자는 60% 정도였다. 한편 여학생들의 입학 비율은 2005년부터 2007년까지 33.3% → 35.7% → 41.6%로 증가했다.

이러한 과정을 만드는 것은 법조인과 의사를 얼마나 배출하느냐에 따라 학교의 명성과 경쟁력이 좌우될 수 있다고 판단했기 때문일 것이다. 물론 이러한 상황은 의학전문대학원을 운영하는 대학에서는 우수한 학생들을 유치할 수 있다는 측면에서는 우호적으로 받아들일 수 있었다. 그러나 이러한 과정의 신설은 변형된 의대로 인식되었고, 이는 다른 학문뿐만 아니라 대학교육의 붕괴 현상을 만들어낼 수 있다는 비난을 면하기 어려웠다.

넷째, 지역별 의료 수급 불균형이 초래될 것이라는 비판도 있었다. 실제로 부산 지역의 경우 2001년 부산 출신 고교생의 진학률이 70% 정도를 유지했지만 의학전문대학원이 도입된 이후 20%대로 떨어져 급격한 역전 현상이 나타났다(부산일보, 2006.04.12). 2007년 의치의학전문대학원 지역별 합격자 현황에 따르면 서울 출신이 62%, 경기 출신이 22%로 수도권 출신이 전체 합격자의 84%를 차지했다(한국경제, 2007.11.04). 문제는 수도권 인재들이 지방 의학전문대학원을 졸업하고, 의료 활동은 수도권으로 회귀한다는 데 있었다. 의학전문대학원에 진학할 여력이 있는 수도권 사람들이 지방에서 교육을 받고, 더 많은 기회가 있는 수도권에서 의사 직업을 갖는다는 공식이 성립되는 것이었다. 그러나 이러한 현상이 장기화될 경우 지역의 의료 인력이 줄어들고, 이것이 의료의 질적 수준을 저하시켜 수도권과 지방의 의료 수급 불균형이 초래될 가능성이 높았다. 한편, 의학전문대학원 졸업자들의 평균 연령은 32.5세(의과대학은 27.4세)로 외과, 흉부외과, 산부인과 등 3D과를 기피할 것이라는 예측도 있었다. 이는 진학의 동기가 경제적인 수익의 안정적 보장이었기 때문이다.

제 9 장

물(水)환경 정책사례: 하수도정책을 중심으로*

김수빈 · 배수호

제 1 절 들어가는 글

인간이 살아가는 데 필요한 물은 정치, 경제, 사회, 문화, 역사 등 어떤 분야에서도 간과할 수 없는 중요한 자원이다. 인류의 역사와 함께해 온 물의 역사는 물(水)환경 정책 및 관리와 관련해 오늘날 인류가 직면하고 있는 문제점, 원인, 대응 방안 등을 수립하는 데 유익한 정보와 지혜를 제공할 수 있을 것이다. 2012년 4월 기획재정부에서는 「물의 세계적 중요성 및 시사점」이라는 보고서를 배포했다. 보고서에 따르면, 전 세계적으로 지하수면의 하강, 수자원 고갈 문제 등 기후 변화와 지구 온난화에 대응하기 위해 물산업이 발달하는 추세에 있으며, 2025년에는 기후 변화, 인구 증가, 1인당 물 수요 증가 등으로 인해 세계 인구 절반이

* 이 글은 2013년 정부(교육부)의 재원으로 한국연구재단의 지원을 받아 수행된 연구임(NRF-2013S1A3A2055108).

물 부족을 겪을 것으로 예상된다는 것이다. 따라서 안전하고 안정적인 물 공급 확보가 전 세계적인 관심사로 대두될 것은 명약관화하다. 이제는 모든 인류가 지구적인 차원에서 물 자원에 관심을 기울이고, 다가올 물 부족이나 재앙 등을 사전에 대비하고 대응 방안을 마련해야 함을 다시 한 번 시사해 준다.

예를 들어, 메디나충 박멸사업은 현재까지 가장 성공적인 감염성 질병 박멸사업으로 평가받고 있다. 세계는 2015년 모든 신규 메디나충 감염을 사라지게 하는 것을 목표로 한다. 세계보건기구(WHO)에서 집계한 결과, 1986년 20개 국가에서 350만 명의 환자가 발생했던 것에 비해 2013년에는 아프리카 5개국의 148명에게만 발병했다(한국일보, 2014.04.04). 이러한 박멸사업 성공의 가장 중요한 요인은 '최종 숙주가 인간밖에 없다'는 사실을 확인하고, 이에 감염 환자를 치료하고, 매개체인 물벼룩과의 접촉을 피하게 하고, 식수 안전을 확보하는 데 집중했다는 것이다. 이것은 적절한 치료제 개발 없이 안전하고 안정적인 식수 확보만으로도 메디나충 박멸사업이 성공적이었음을 보여준다.

의학의 역사에서 인간의 생명을 가장 많이 구한 것이 무엇인지 물었을 때 대부분의 사람은 상하수도 시설과 수자원 안전 확보라는 대답을 한다. 이는 치료제에 의존했던 말라리아나 다양한 장내 기생충 질환들에 대한 박멸이 여전히 성공하지 못하고 있는 반면, 치료제도 존재하지 않고 2,000여 년 전의 방법을 그대로 사용하고 있는 메디나충의 사례를 보면 어느 정도 타당성이 있어 보인다. 이는 치료제의 부재로 사람들이 행동양식을 변화시키고 수자원 안전을 확보하는 등의 기본적인 것에 충실했기 때문이라고 볼 수 있다(Eberhard et al., 2014).

앞에서 언급한 메디나충 박멸 사례는 상하수도 시설 및 수자원 안전 확보에 대한 중요성을 새삼 다시 한 번 인식하게 하고 더불어 각 나라의 특징에 맞는 물 관리, 수질기술, 제도, 정책, 대응 방안 등이 필요함을 보여준다. 우리나라의 경우 연평균 강수량은 1,274mm로 전 세계 평균치 880m보다는 높지만 조밀한 인구로 인해 1인당 연 강수량은 세계 평균치의 겨우 13%에 불과하다. 이 역시 여름 장마철에 집중적으로 내리는 비 때문에 효율적인 물 관리 및 사용이 어려운 상황이다. 연간 물자원 총량 1,267억 톤 가운데 바다 유실, 증발 및 지하 침투 등으로 76%가 손실되고, 나머지 301억 톤만 이용되고 있는 실정이다(시사매거진, 2008.12.16). 따라서 우리나라에서도 물(水)환경 정책 및 관리의 중요성이 부각되고 있으며, 향후 좀 더 적실한 계획을 위해서는 과거에는 어떻게 물 관리를 했고, 어떠한 시대적 맥락 속에서 변화해 왔는지에 대한 이해가 전제되어야 할 것이다.

물(水)환경 정책 및 관리는 대단히 광범위하다. 이에 모든 범위의 정책 및 관리에 대해 살펴보기에는 한계가 있으므로 이 연구에서는 한국 근현대사의 물(水)환경 정책 중에서 특히 하수도와 관련된 정책 및 관리를 중심으로 살펴보고자 한다.[1] 이 연구에서는 우리나라 근대화가 진행되면서 본격적인 물(水)환경 정책도 함께 시작되었다는 보편적인 인식에 근거해 1960년대부터 그 시대 상황과 맞물려 하수도 관련 정책 및 관리가 어떻게 진행되고 발전되어 왔는지에 대해 살펴보고자 한다. 무엇보다도 1961년에 수자원국이 신설되고 수도법이 제정되어 물(水)환경 정책이 본격적으로 시작된 시점부터 현재까지 하수도 관련 정책 및 관리의 변화·발전 과정을 법·제도의 변화 과정, 조직의 변화 과정, 정책·관리에서의 성과 등으로 구분해 고찰하고자 한다. 그리고 장래 물(水)환경 정책 및 관리에서의 중요한 쟁점 및 정책 방향을 하수도에 중점을 두어 좀 더 상세하게 논의하고자 한다.

제 2 절 사례의 배경: 물(水)환경 정책의 개념과 변화 과정

1. 물(水)환경 정책의 개념

물은 자연에 존재하는 물, 먹는 물, 수문학·수리학에서 다루는 물 등 여러 가지로 나눠 설명할 수 있지만, 명확한 기준이 없으므로 종류별로 분류하는 것은 어려운 일이다(정동효·윤백현, 2008). 이 연구에서는 법률(법령)에 나타나는 물의 규정과 범위를 알아보고자 한다.

---

1) 하수도 정책 및 관리의 변화·발전 과정을 살펴보기 위해서는 하수도와 관련해 물환경 정책 전반에 대한 변화·발전 과정의 이해가 함께 이뤄져야 한다. 따라서 이 연구에서는 하수도 자체에만 초점을 두기보다는 하수도와 관련해 좀 더 넓은 범위에서 법·제도의 변화 과정, 조직의 변화 과정, 정책·관리에서의 성과 등에 초점을 맞추고자 한다.

우리나라의 경우 행정부처별로 물에 대한 법령이 존재하는데, 이를 정리하면 〈표 9-1〉과 같다.

표 9-1 법령으로 규정된 물과 범위

법령	주관 부처	물에 대한 규정 및 범위
수도법	환경부	• 원수 • 상수원 정수 • 일반수도 • 광역상수도 • 지방상수도 • 간이상수도 • 공업용수도 • 중수도 • 전용공업용수도 • 전용상수도 빗물이용시설
먹는 물 관리법	환경부	• 먹는 물, 샘물, 지하수, 용천수, 수돗물, 먹는 샘물 • 용천수, 원수, 약수터, 샘터, 우물물
상수원관리규칙	환경부	• 상수원, 하천수, 복류수, 호소수, 지하수
하수도법	환경부	• 하수, 오수, 우수, 하수도, 공공하수도, 마을하수도
수질환경보존법	환경부	• 폐수, 오염물질, 특수수질 유해물질, 상수원 호소
지하수법	국토교통부	• 지하수
하천법	국토교통부	• 하천
온천법	행정자치부	• 온천

출처: 정동효 · 윤백현(2008)에서 재인용.

물(水)환경 정책의 궁극적인 목표는 수질오염으로부터 사람의 건강을 보호하고, 환경상의 위해를 예방하며, 자연환경, 생활환경, 수생태계를 적정하게 유지하는 것이다. 하지만 〈표 9-1〉에서 보는 바와 같이, 물(水)환경 정책과 관련해 개별법들에 따라 관련 기준들이 다양하고, 각 부처별 목표, 규제, 관리 등의 내용을 따로 정해 시행하다보니 서로 간의 상호 연관성이 부족하고 여러 면에서 일치하지 않는 내용들이 보인다. 특히 규제 · 관리 기준에 대한 강화를 물 관련 오염사고가 발생한 후 갑작스럽게 만드는 경우가 많아 이러한 혼란이 가중되어 왔다고 할 수 있다. 또한 물(水)환경 정책을 총괄하는 부처가 없기 때문에 전체적인 관리 및 운영이 체계적으로 이뤄지지 않는 것 역시 큰 문제점으로 지적되고 있다(김철회, 2013; 한대호 · 최지용, 2009).

2. 물(水)환경 정책의 변화 과정[2)]

우리나라 물(水)환경 정책의 변화·발전 과정은 크게 물 관리정책에 관련된 법, 접근 방법, 물환경 개념을 토대로 크게 4단계로 구분할 수 있다.

표 9-2 물(水)환경 정책의 변화 과정

연도	관련법	접근 방법	물환경 개념
1963~1979	공해방지법	소극적·방어적	보건위생
1980~1989	환경보전법	적극적·보전적	배출원 관리
1990~1998	수질환경보전법	적극적·보전적	영향권별 관리
1999~	유역관리 관련 법	유역관리	통합적 유역관리

출처: 환경부(2002)에서 재인용.

먼저 공해방지법 시기(1963~1979)에는 물(水)환경 정책을 보건위생을 위한 개념으로 바라본다. 이와 관련된 법으로는 1963년 11월에 제정된 '공해방지법'과 1966년 8월에 제정된 '하수도법'이 존재한다. 보건위생에서의 피해 방지와 국민 보건 향상을 목적으로 제정된 '공해방지법'의 경우, 경제 개발로 인해 발생하는 환경오염에 대응하기 위한 우리나라 최초의 환경법이라 할 수 있다. 이어 우수(雨水)와 하수(下水)를 배제하기 위한 '하수도법' 역시 하수도 시설을 보급하는 데 목적을 두는 것으로 이 시기의 물 환경정책은 소극적·방어적인 접근 방법이 특징이라고 할 수 있다.

다음으로 환경보전법 시기(1980~1989)에는 물(水)환경 정책이 배출원을 관리하는 좀 더 적극적인 환경보전 개념으로 바뀌게 된다. 1977년 12월에 제정된 '환경보전법'에는 대기오염 및 수질오염, 피해 분쟁 조정, 환경영향평가, 환경 기준 설정, 오염측정망 설치, 배출부과금 제도 등 환경 보전에 관한 많은 항목을 담고 있다. 이 시기의 대표적인 정책인 '맑은 물 공급종합대책'은 1989년 초 수돗물의 중금속 오염이 사회 문제화되면서 1989년 9월에 수립된다.

수질환경보전법[3)] 시기(1990~1998)에는 대체로 적극적·보전적인 접근 방법

2) 환경부(2002)와 환경부(2014a)를 참조해 작성했다.

이 유지되나, 환경보전 개념이 배출원을 관리하는 개념에서 영향권별 관리의 개념으로 발전하게 된다. 또한 이 시기에는 우리나라 물(水)환경 정책의 역사에서 중요한 두 차례의 낙동강 페놀 오염사고(1991년 3월과 4월), 낙동강 수돗물 악취사고(1994년 1월), 영산강 물고기 폐사(1994년 4월) 등이 발생한다. 이로 인해 환경처가 환경부로의 승격(1994년 12월), 4대강 수질검사소 설치(1994년 5월) 등 조직상의 변화와 함께, '맑은 물 공급종합대책'의 재수립 등 주요 정책들이 추진된다.

마지막으로 유역관리 관련 법 시기(1999~)는 지속가능성 개념을 근간으로 해서 통합적 유역관리(integrated watershed management) 측면에서 물환경 정책을 접근하고 있다. 이 시기에는 '팔당호 등 한강수계 상수원 수질개선 특별종합대책'(1998년 11월), '낙동강수계 물관리 종합대책'(1999년 12월), '금강수계 및 영산강·섬진강수계 물관리 종합대책'(2000년 10월) 등이 마련된다. 또한 통합적 유역관리를 법·제도적으로 지원하기 위해 1999년 2월 '한강수계 상수원 수질 개선 및 주민 지원 등에 관한 법률'(일명 한강 수계법)의 제정을 시작으로 낙동강, 영산강, 금강 등 3대강 수계법이 2002년 1월에 제정된다(환경부, 2014). 조직 차원에서의 지원을 위해 환경부의 유역제도과 설치(2002년 8월), 국립환경연구원의 수질오염총량과 설치(2002년 8월), 4대강 물환경연구소 설치(2002년 8월) 등 다양한 물 관련 조직이 신설되며, 수변구역 제도, 수질오염총량관리제,[4] 물이용부담금, 수계관리기금,[5] 수계관리위원회 등을 바탕으로 한 유역관리 체제를 구축하게 된다.

---

3) 1990년 8월 1일에 환경보전법이 환경정책기본법, 수질환경보전법, 환경분쟁조정법, 대기환경보전법, 소음·진동규제법, 유해화학물질관리법 등 6개 법으로 분법화되었다(환경부, 2010).

4) 수질오염총량관리제는 1999년 한강수계법의 제정과 함께 한강수계(경기도 광주시, 용인시, 남양주, 가평군, 양평군, 이천시, 여주군 등 7개 시·군)에서 의무제가 아닌 임의제로 처음 도입되었다. 2002년 3대강 수계법의 제정으로 낙동강수계, 금강수계, 영산강·섬진강수계에서 본격적으로 도입되고, 진위천수계에는 2007년에 실시되었다. 그 후 2010년 한강수계법의 개정으로 한강수계에서도 전면적으로 실시하게 되었다(환경부, 2010: 328-329; 환경부, 2015). 2015년 1월 기준으로 한강수계, 낙동강수계, 금강수계, 영산강·섬진강수계, 진위천수계에서 지자체의 75%가 수질오염총량관리제를 추진하고 있다(환경부, 2015).

5) 수계관리기금은 물이용부담금으로 조성되며, 수질보전·주민 지원에 필요한 수계관리 재원으로 활용된다. 물이용부담금은 "공공수역에서 취수된 원수를 집적 또는 정수하여 공급받는 최종 수요자에게 물 사용량에 비례하여 부과"되며, 일반적으로 수도요금과 함께 부과된다(환경부, 2014a).

제 3 절 사례의 전개 과정: 하수도정책의 변화 과정

1. 하수도의 개념 및 개괄적 역사

하수(下水)란 상수(上水)에 대응하는 용어로 오수(汚水)·우수(雨水)·공장 폐수 등을 말한다. '하수도법'(2015년 2월 개정) 제2조에서는 하수를 "사람의 생활이나 경제 활동으로 인하여 액체성 또는 고체성의 물질이 섞이어 오염된 물(이하 "오수")과 건물·도로 그 밖의 시설물의 부지로부터 하수도로 유입되는 빗물·지하수"라고 정의하고 있으며, 하수도는 "하수와 분뇨를 유출 또는 처리하기 위하여 설치되는 하수관로·공공하수처리시설·간이공공하수처리시설·하수저류시설·분뇨처리시설·배수설비·개인하수처리시설 그 밖의 공작물·시설의 총체"라고 규정하고 있다. 하수도는 '지방자치단체가 설치 또는 관리'하는 공공하수도와 '건물·시설 등의 설치자 또는 소유자가 당해 건물·시설 등에서 발생하는 하수를 유출 또는 처리하기 위해 설치하는 배수 설비·개인하수처리시설과 그 부대시설'을 의미하는 개인하수도로 나뉜다.

하수도는 오수(汚水)·우수(雨水)를 배제하거나 처리하기 위해 설치되는 배수설비, 하수관거(혹은 하수관로), 하수처리장으로 구성된다. 여기서 배수설비는 "건물·시설 등에서 발생하는 하수를 공공하수도에 유입시키기 위하여 설치하는 배수관과 그 밖의 배수시설"을 말한다. 하수관거는 건물·시설 등의 배수시설에서 배출되는 오수(汚水)·우수(雨水)를 모아서 처리장 및 방류수역까지 유하시키는 역할을 하며, 하수를 배제하는 방법에는 분류식 하수 시스템과 합류식 하수 시스템으로 구분된다.[6] 하수처리장에서는 하천, 바다, 기타 공유수면에 방류하기 전에 하수에 함유되어 있는 오염물질을 제거한다.

우리나라 하수도 역사는 조선 시대 태종 12년(1412년)에 도성을 관통하는 청

---

6) 분류식 하수 시스템에서는 오수와 하수도로 유입되는 우수·지하수가 각각 구분되어 흐르도록 하는 방식인 반면, 합류식 하수 시스템에서는 오수와 우수·지하수를 함께 흐르도록 하는 방식을 말한다.

계천 공사를 시작으로 보고 있다(국가기록원 홈페이지). 근대적 개념의 최초 하수도는 일제 식민지 기간 중 시가지의 범람, 하수의 정체, 오염물질 및 방류분뇨 처분을 목적으로 설치된 것으로, 1918년부터 1943년까지 22년 동안 네 차례에 걸쳐 총 225km의 간선 및 지선 하수도에 합류식 하수관거가 건설되었다. 하지만 1960년 이전까지는 도시계획 정비의 일환으로 하수관거가 건설되었고, 본격적으로 하수도 관련 업무 및 토목사업이 실시된 것은 제1・2차 경제개발계획이 추진되면서부터라고 할 수 있다(환경부, 2010: 396; 여수시 상하수도사업단 홈페이지).

사회간접자본(SOC)으로서 상하수도에 대한 관심과 투자는 일반적으로 도시의 생성 및 발전과 그 궤를 같이한다. 과거 도시에서는 가정용수, 소화용수 등을 대부분 지하수로부터 공급받아 왔지만, 급격한 도시화의 진행으로 지하수의 수량이 부족해질 뿐만 아니라 부족한 지하수마저 폐수 등에 의해 오염되었다. 이에 위생적인 물을 공급하는 시설로 각 도시에 상수도의 필요성이 높아지게 되었고 도시의 보건위생에 있어 상수도는 중요한 시설이 되었다. 또한 상수도는 공업용수 공급이나 화재 발생 시 수압에 의한 소방펌프의 사용 등 도시계획이나 운영에 중요한 기반이 된다. 그 밖에도 도로 청소, 냉난방, 연못 등 사람들이 살아가는 데 그 수요량과 중요성은 앞으로 더욱 커져가고 있다(Bae, 2007; Tarr, 1984, 1985). 이와 더불어 오수를 비롯한 하수 역시 전염병을 발생시키는 유해물질, 부패되기 쉬운 물질 등을 포함하고 있어 보건위생 측면에서뿐만 아니라, 수질 악화, 악취, 오염 등의 환경 문제를 일으킬 수 있다. 따라서 하수를 배제해 하수처리장으로 보내 오염물질을 처리하는 하수도 관련 정책들은 자연생태계, 인간의 생명 등을 보전하는 중요한 역할을 하고 있다(환경부, 2010: 396-411; Bae et al., 2012).

2003년 미국 공학한림원(National Academy of Engineering: NAE)은 20세기의 가장 중요한 공학적인 성과는 정수 및 하수처리 시스템 기술의 발전이라고 밝히고 있으며, 2007년 영국의 유명한 의학 잡지인 『브리티시 메디컬 저널(*British Medical Journal*)』은 약 150여 년 동안 공중보건에서 의학이 이뤄낸 가장 중요한 성과를 물 공급 및 하수도 체계라고 언급하고 있다(Daiger, 2008; 장덕진, 2013 재인용). 산업혁명 이전까지만 해도 인간의 평균수명은 30~40세 정도로 낮았지만, 19세기 공중보건법의 제정과 함께 하수도 시설이 설치되고 깨끗한 물을 공급해 위생 상태가 개선되면서 20세기 이후에는 평균수명 역시 크게 증가했는데(한무영, 2005), 이는 하수도 설치를 통해 오물 및 하수가 주거지역으로부터 배제되면서 과거 많은 생명을 앗아갔던 콜레라, 장티푸스와 같은 수인성 질병(waterborne diseases) 발생률이 급격하게 감소했기 때문이다. 그러나 아직도 깨끗한 물을 공급받지 못하는 인구는 약 8억 8,400만 명에 달하며, 개발도상국에서 발생하는 질병의 80%는 수인성 질병에 기인하고 있다(조선일보, 2012. 03.27). 많은 생명을 앗아갔던 2010년 아이티(Haiti) 대지진의 경우에도 지진 이후 깨끗한 식수가 제때 공급되지 않은 상황에서 발생한 수인성 질병으로 인해 아이들의 사망률이 증가했다. 이는 인간이 살아가는 데 하수도가 중요한 역할을 하고 있다는 것을 시사한다. 〈표 9-3〉은 하수도의 세대 구분에 따른 목적과 내용을 보여준다.

표 9-3 하수도의 세대 구분과 현황

구분	목적	내용
1세대 하수도	생활환경 개선 및 침수 방지	하수관거 시설
	우수 및 오수의 배제	
2세대 하수도	공공수역의 수질 보전	하수처리장 시설
	오수 처리	
3세대 하수도	폐자원 회수 및 개발	고도처리시설
	처리수 및 슬러지의 자원화	
4세대 하수도	하수도의 다용도화	• 처리장 공간의 휴식공간화 • 하수관거의 통신관로화 • 도시 치수사업과 연계 (예) 대심도 하수도 터널

출처: 김응호(2006)의 "〈표 1〉 도시하수도의 세대론적 구분과 정비 상황"에서 재인용.

1세대 하수도의 경우, 생활환경 주변에 시궁창을 없애고 집중호우로 인한 피해를 방지하기 위한 목적으로 하수관거시설을 잘 조성해 하수를 배제하는 데 초점을 둔다. 2세대 하수도의 경우, 상수도 보급에 따른 수세식 변기 보급으로 하수가 제대로 처리되지 않고 공공수역으로 유입되면, 바다, 하천 등 공공수역의 수질오염이 발생하기 때문에 수질 보전을 위해 하수처리장시설의 정비가 하수도의 새로운 목적으로 추가된다. 우리나라의 경우 짧은 기간 내에 큰 성공을 거둔 부분이라고 할 수 있다.

2세대 하수도를 통해 공공수역의 수질은 개선되었지만, 댐, 호수, 내만 등의 폐쇄성 수역에서 부영양화(富營養化) 방지에는 큰 효과가 없으므로 수자원의 안정적인 확보에 문제가 야기될 수 있다. 이에 따라 3세대 하수도는 하수에 섞여 있는 질산, 인산염 등과 같은 물질들을 제거할 수 있는 고도 처리시설의 설치를 목적으로 한다. 4세대 하수도는 2000년대에 들어 새롭게 확장된 개념이다. 여기에는 ① 하수관거 공간을 광케이블 부설 통로 등 정보고속화를 위한 수단으로 활용하고, ② 집중호우 등으로 인한 도시 저지대 침수 피해를 막기 위한 방재시설로 하수도 터널을 활용하고, ③ 하수처리장의 주변 공간을 휴식공간으로 활용하는 등 하수도의 기능 및 역할이 더욱 다양해지고 있다.

김갑수(2010)는 하수도의 발전 단계에 따라 5세대로 구분해 설명하고 있다. 〈표 9-4〉에서 보는 바와 같이, 1세대 하수도에서는 오수와 우수를 깨끗한 물로부터 배제시키는 데 초점을 둔다. 2세대 하수도의 경우 단순히 오수와 우수의 배제 단계를 넘어 유기오염물질 처리에, 3세대 하수도의 경우 영양염류 처리에 중점을 두어 공공수역의 수질 보전을 위한 기능을 수행한다. 4세대 하수도의 경우, 폐자원 회수 및 개발, 처리수 및 슬러지의 자원화 등 자원 재활용에 초점을 맞추고 있다. 다음 5세대 하수도의 경우에는 미량 유해물질의 처리 단계까지 진일보하고 있다. 오래전부터 하수도에 대한 투자가 이뤄져 온 선진국들은 4세대 하수도에서 5세대 하수도로 전환하고 있다. 우리나라는 아직까지 2세대 하수도에서 4세대 하수도에 걸쳐 하수도 관련 투자가 활발히 진행되고 있지만, 5세대 하수도에 대한 투자는 본격적으로 이뤄지지 않고 있다(김갑수, 2010: 73-74).

그러면, 우리나라 물환경정책, 특히 하수도와 관련된 정책 및 관리가 변화하는 시대적 상황과 맥락 속에서 어떤 방향으로 변화·발전해 왔는지 근대화가 시작된 1961년부터 현재까지 법·제도의 변화 과정, 조직의 변화 과정, 정책·관리에서의 성과 등을 중심으로 좀 더 상세하게 고찰하고자 한다.

표 9-4 하수도의 발전 단계 및 현황

구분	주요 기능	현황
1세대 하수도	우수 및 오수의 배제	하수관거 보급 미흡
2세대 하수도	유기물질 처리	농어촌 지역에서 보급 저조
	우수 및 오수의 배제	
3세대 하수도	영양염류 처리	현재 보급 저조
	유기물질 처리	
	우수 및 오수의 배제	
4세대 하수도	자원 재활용	초기 단계
	영양염류 처리	
	유기물질 처리	
	우수 및 오수의 배제	
5세대 하수도	미량 유해물질 처리	미래 준비 필요
	자원 재활용	
	영양염류 처리	
	유기물질 처리	
	우수 및 오수의 배제	

출처: 김갑수(2010: 74)에서 재인용.

2. 법 · 제도의 변화 과정

일제 강점기와 동족 간의 비극적인 전쟁을 겪었던 우리나라는 1960년대 이후부터 짧은 기간 동안 비약적인 경제 성장과 급격한 근대화를 경험했다. 이러한 시대 상황 속에서 물환경정책과 관련해 '공유수면관리법(公有水面管理法)'(1961년 12월), '하천법(河川法)'(1961년 12월), '수도법(水道法)'(1961년 12월) 등이 제정된다. 특히 '수도법'의 경우, 수도에 관한 종합적인 계획을 수립하고, 수도의 합리적인 설치 및 관리를 통해 공중위생의 향상과 생활환경의 개선을 목적으로 한다. 이는 국가 차원에서의 물 관리가 국민들의 삶에 실질적인 영향을 준다는 점을 인지하고 본격적인 물 관리를 위한 법률적 근거와 토대를 마련한 것이다. 다음 해인 1962년을 시작으로 실시된 제1차 경제개발계획으로 인해 빠른 경제 성장과 근대화가 진행되면서 수질오염 문제가 사회적으로 대두되기 시작했다.

하수도의 경우, 도시인구 팽창으로 오수·폐수 발생량이 증가하면서 하천오염 문제가 심각하게 제기되었고, 이에 따라 대한민국 최초의 환경법이라 할 수 있는 '공해방지법(公害防止法)'이 1963년 11월에 제정된다. 이것은 우리보다 공업화가 더 앞서 이뤄졌던 일본의 공해법보다 4년이나 빠른 것이나, 제정 후 바로 시행되지 못하고 4년이 지난 1967년에 비로소 시행규칙이 제정되고 당시 보건사회부(현재 보건복지부)에 환경위생과 공해계가 설치되어 체제를 갖추게 되며, 이후에도 법안이 제대로 시행되지 못하고 '환경보전법'(1977년 12월)으로 대체되었다는 점에서 한계가 있다(환경부, 2010). 또한 1966년 8월에 '하수도법'이 제정되는데, 동법에는 도시 하수를 배제·처리하는 공공하수도 설치 및 관리 사항 등의 내용이 명시되어 하수도의 본격적인 체제 정비가 시작되었다고 볼 수 있다. 이후 1973년 2월에 '하수도법' 1차 개정이 이뤄지는데, 하수도 사용료 징수 범위, 수입의 타용도 사용 제한 등 주된 내용으로 한다. 이는 열악한 지방재정 여건으로 공공하수도시설의 투자가 어려운 상황에서 하수도 설치 및 개량, 유지관리 업무의 개선을 위한 재원 확보에 초점을 둔 것이다(환경부, 2006). 이 시기에는 정부가 하수도 관련 정책의 중요성을 인지하고 좀 더 효율적으로 운영하려고 하나, 여전히 개발에 더 중점을 두고 물환경의 보전과 관리에는 소극적·방어적 접근에 치중했음을 알 수 있다.

반면 1977년 12월에 제정된 '환경보전법'[7]은 다음 세대의 국민 건강까지 고려해서 제정되었다는 점에서 물환경정책이 전반적으로 성장한 모습을 보여주고 있다.[8] 1980년대로 들어서면서 '하수도법'의 제2차 개정(1982년 12월)이 이뤄진다. 이는 하수도 정비를 위한 기본계획의 수립 근거 및 하수도 사용 조례에 관한 사항을 포함하고 있는데, 장래 하수도 계획에서 체제 정비 근거를 마련한 것으로 평가된다. 이어서 1986년 5월에 '공중위생법'이 제정되면서 간이급수시설 설치·관리에 관한 법률적 근거가 마련된다.[9]

---

7) 이후 '환경보전법'은 1991년 2월 '환경정책기본법'의 제정으로 폐지되었다.

8) 이 즈음에 환경영향평가제도가 처음으로 도입되었다. 환경영향평가제도는 '환경보전법'에 근거해 1982년부터 본격적으로 실시되는데, 환경 파괴와 환경오염이 갈수록 악화되는 상황에서 오염물질을 처리하는 등의 사후관리적인 대책만으로는 근본적인 문제 해결이 어렵다는 인식에서 시작된 것이다(석인선, 2007).

9) 또한 1961년 12월에 제정된 '오물청소법'이 폐지되고 '환경보전법'에서 분산되어 있던 폐기물 관련 규

이와 더불어, '지하수법'(1993년 12월), '소하천정비법'(1995년 1월), '먹는 물관리법'(1995년 1월) 등이 제정되면서 오수, 하수, 지하수 등에 관한 법령과 제도가 더욱 구체화된다. 또한 1994년 8월에 이뤄진 '하수도법' 제4차 개정을 통해 하수도 관련 업무가 건설부에서 환경처로의 이관으로 일원화되고, 하수도 정비기본계획 수립이 20년 단위에서 5년 단위로 변경되었으며, 하수처리구역 내 재래식 변소를 사용 개시일로부터 3년 이내에 개조하도록 하는 의무 조항이 신설되었다. 이에 더해, 하수처리구역에서 오수정화시설 또는 정화조를 설치하지 않을 경우 시설 설치비용의 일부 혹은 전부를 부담하도록 규정되었다(김갑수, 2010: 61-62). 연이어 1997년 3월에 이뤄진 '하수도법' 제5차 개정에서는 농어촌 지역에 마을 단위로 설치하던 마을하수도가 공공 하수도로 수용되고, 하수관거 설치인가권이 시・도 지사로 이양되며, 개선명령 위반 시 벌칙을 강화하는 등 이행수단이 강화되었다(김갑수, 2010: 62).

1980~1990년대에는 법・제도적인 측면에서는 체계적인 모습을 갖추게 되었으나, 실질적인 기술 수준, 재정 여건, 하수도에 대한 국민의 인식 수준 등이 높지 않은 상황이었기 때문에 여전히 낙후된 모습을 보여준다. 이후 정부는 2002년을 '하수관거 정비 원년'으로 설정해 '하수관거 정비 종합대책'을 수립・추진해 단순히 법과 제도의 마련뿐만 아니라 실질적인 정책 추진・관리에 노력을 경주하게 된다. 하수도 관련 정책의 패러다임은 2005년을 기점으로 수질의 보전・관리에서 수생태계의 관리 기반 구축으로 변화한다. 특히 2007년 5월 '수질환경보전법'이 '수질 및 수생태계 보전에 관한 법률'로 개정되면서 수질오염 방지 중심에서 물환경 보전 및 관리로 패러다임이 전환되었으며, 이에 따라 수생태계 관리기반 구축을 위한 여러 방안이 제시되었다(환경부, 2010). 이와 더불어, 2007년 10월에 '국가하수도 종합계획', 2008년 1월에는 '국가하수도 종합계획 세부시행계획'이 수립되고, '하수도법' 시행규칙이 여러 차례 개정되는 등 다양한 노력이 기울여졌으며, 기존에 '하수도법'과 '오수・분뇨 및 가축분뇨의 처리에 관한 법률'로 이원화되어 있던 하수와 오수 관련 정책 및 관리가 2007년 '하수도법'으로 통합되는 등 하수도 관련 법・제도가 좀 더 체계화되었다(환경부, 2010: 399).[10]

정들이 '폐기물관리법'(1986년 12월)으로 통합되면서 폐기물 관리 체계가 본격적으로 구축된다.

10) 이로써 오수처리시설, 단독정화조, 중수도 등 개인적 의무에 해당하는 시설을 '개인하수도'라 하여

3. 조직의 변화 과정

태종 11년(1411년)에 설치된 개천도감(開川都監)은 우리나라에서 하천, 하수 등 물환경을 담당하는 최초의 조직이라고 볼 수 있다. 태종 11년에 개천(開川, 오늘날 청계천)의 준설, 제방 축조 및 유지관리를 위해 개천도감을 설치하고, 개천 공사 이후 행랑조성도감(行廊造成都監)으로 개칭된다. 영조 36년(1760년)에 개천(開川)의 준설 및 관리, 백악산(白岳山), 인왕산(仁旺山), 목멱산(木覓山, 오늘날 남산), 낙산(駱山) 등 4산의 나무 보호를 위해 준천사(濬川司)를 설치한다(김갑수, 2010: 63-64; 한국민족문화대백과사전 홈페이지).

일제 식민지 기간에도 물환경을 담당하는 조직의 변천이 몇 차례에 걸쳐 이뤄진다. 먼저 조선총독부 출범 당시인 1910년 10월에는 내무부 지방국 토목과로 출발했는데, 1912년 4월에는 총독관방 토목국 조리과로, 1915년 4월에는 총독관방 토목국 토목과로 개편된다. 이후 1935년 8월 내무국 토목과로, 1942년 12월 광무국 토목과로, 1944년 11월 토목과가 건설과로 명칭이 변경된다. 그러다가 1945년 4월 광무국 동원과의 한 계(係)에서 상하수도 관련 토목 업무를 담당하게 된다(김갑수, 2010: 64).

1960년대 이후 비약적인 경제 성장과 급격한 근대화 속에서 물환경 정책 및 관리는 1961년에 경제기획원 소속 국토건설청 산하 수자원국이 처음으로 들어서면서 본격적으로 발전하기 시작하며, 얼마 후인 1968년에 물 관리와 관련해 수자원국 내에 재해대책본부가 설치된다. 또한 정부는 중화학 공업을 육성하고 산업구조를 근대화하기 위한 '국토종합개발계획'을 수립한 후 산업기지 개발, 신도시 건설, 수자원 다목적 개발을 위한 전문기관으로 1967년에 한국수자원개발공사(현재 한국수자원공사)가 설립된다. 이후 1974년 산업기지개발공사로 명칭을 변경한 후 국내 토목 분야에서는 유일한 국가기관으로 활동을 했다. 1988년에 한국수자원공사로 명칭이 재변경되어 오늘에 이른다(국가기록원 홈페이지). 또한 1970년에 농업진흥공사(현재 농어촌공사)를 발족하는 등 물환경정책과 관련해 조직 차원에서 한층 더 체계적으로 정비해 나가려는 노력을 보였다.

지방자치단체의 해당 업무인 '공공하수도'로 분리했으며, '가축분뇨의 이용 및 관리에 관한 법률'(2006년 9월)을 제정해 가축 분뇨에 대한 규정을 새로 마련했다(환경부, 2010: 399).

조직의 변화 과정에서 가장 주목해야 할 점은 1980년에 있었던 환경청의 발족이다. 환경청의 발족은 1960~1970년대 보건사회부 시대로부터 1980년대 환경청 시대가 열렸음을 의미한다. 이에 따라 1978년에 설립된 국립환경연구소가 보건사회부에서 환경청으로 소속이 변경되고,[11] 환경오염도 측정과 측정자료 관리를 위해 서울, 춘천, 대전, 광주, 대구, 부산에 6개 환경측정관리사무소가 신설된다. 이 시기까지는 하수도 관련 전담부서나 전문 인력이 존재하지 않았으나, 1984년 건설부 산하에 상하수도국이 신설되면서 비로소 하수도 관련 업무를 담당하게 된다.

이후 1987년 3월에 한국오염방지사업단이 설립되었다가 같은 해 11월에 환경관리공단으로 개편된다. 1990년 1월에 환경청이 환경처로 승격됨에 따라 그 조직과 기능이 크게 확장된다. 환경처에서는 수질보전국이 신설되고, 수질보전국 내 수질관리과를 폐수관리과와 오수관리과로 분리해 수질 관련 업무의 전문성을 높이고자 한 것이다(환경부, 2010: 103-104). 또한 환경청의 승격 이후 공공수역에서의 수질 상태 조사와 자료 확보를 위해 수질측정망을 운영하기 시작했으며, 2013년 12월 기준으로 전국에 1,994개의 수질측정망을 운영하고 있다(환경부, 2014a: 140). 1991년에는 건설부의 공단폐수처리시설 업무가 환경처로 이관되고, 1992년 하수처리장 설치 및 운영의 정책적 지원을 목적으로 시설기술국 내에 하수처리시설과가 신설되며, 6개 지방환경청이 4대강 환경관리청으로 개편된다.

정부의 물관리 기능 체계 조정에 따라 당시 건설부 및 보건사회부가 관장하던 수질 관련 업무가 1994년 9월 4일에 환경처로 일원화되면서 1994년 12월 23일에 환경부로 승격하게 된다.[12] 이렇게 정부가 수질 관련 업무를 환경부로 일원화시킨 주된 계기는 1991년 이후 계속된 식수 및 수질오염사고 때문이다.[13] 특히 우리나라 물환경 정책사에서 1991년 '낙동강 페놀오염사고'는 국민들에게 안겨다준 충격과 고통뿐만 아니라 정부로 하여금 물환경 오염의 심각성을 깨닫게 하고 물환경의 중요성을 제대로 인식시켜 준 사건이라 할 수 있다. 1991년 3월 16일

11) 국립환경연구소는 1978년에 환경 분야의 조사·연구 업무를 담당하기 위해 국립보건연구원으로부터 분리·설립된다(환경부, 2010: 100).

12) 1994년에 환경처에서 환경부로 승격되었으나, 조직이나 정원의 변화는 없었다(환경부, 2010: 107).

13) 1991년과 1994년 두 차례에 걸친 낙동강 식수오염사고에 대해서는 김정수(2008), 환경부(2010: 352-353), 워터저널(2010.4.13일자) 등을 참조해 작성했다.

두산전자공장에서 원료인 페놀을 공급하는 파이프 라인의 이음새가 파열되어 30톤가량의 페놀 원액이 낙동강 지류인 옥계천으로 유입되었다. 페놀의 유출로 인해 오염된 낙동강 물이 며칠 뒤 대구시 수돗물 공급의 70%를 담당하는 '다사수원지'에 유입되어 대구시에 공급되었다. 이로 인해 시민들은 구토·설사·복통 등의 심각한 증세를 겪었고, 수돗물로 만든 두부·김치 등의 음식은 악취로 인해 폐기 처분하게 되는 결과를 가져왔다. 이를 '1차 페놀오염사고'이라고 한다. 이러한 과정에서 정부는 오염된 물이 염소소독제와 결합할 경우 악취가 1만 배나 증가하는 클로로페놀이 생성된다는 사실을 인지하지 못하고 소독제만 지속적으로 사용하는 과오를 저질렀고, 심지어 한 달 동안의 조업 정지는 수출 타격이라는 명분으로 보름 만에 다시 재개되었다. 하지만 조업이 재개된 지 5일 만인 1991년 4월 22일에 '2차 페놀오염사고'가 발생했다. 소량의 페놀 유출로 인해 약 14시간 동안 대구시의 수돗물 취사가 중단되는 사태가 일어난 것이다.

낙동강 페놀오염사고 외에도 1994년 1월 3일부터 1월 8일까지 경북 달성군 논공정수장에서부터 경남 양산시 물금정수장에 이르는 구간에서 취수한 수돗물에서 악취가 심해 식수로 이용되지 못한 사건이 발생했고, 그중 일부 구간에서는 벤젠, 톨루엔 등 유해화학물질까지 검출되었다. 또한 1994년 4월 13일에는 전남 나주시 지석천과 영산강의 합류 지점에서부터 영산교에 이르는 약 5km 구간에서 물고기 수천 마리가 폐사하는 사건이 발생했다. 이는 미처리한 하수와 하상의 퇴적물이 강우로 인해 일시적으로 부상해 용존 산소가 부족하게 되면서 대규모 폐사에 이른 것이다. 이로써 몽탄취수장의 오염이 우려되어 약 53시간 동안 취수가 중단되었다(환경부, 2010: 353).

이와 같은 일련의 수질오염사고를 겪으면서 수질 관련 물 관리 기능이 환경처(후에 환경부)로 일원화되며, 이와 동시에 당시 건설교통부(현재 국토교통부) 상하수도국(수도정책과, 하수도과, 수도관리과)과 보건사회부 내의 음용수관리과가 환경부로 이관되어 상하수도국이 신설된다. 또한 수질보전국 내에 상수원관리과가 신설되며, 폐수관리과와 오수관리과는 산업폐수과와 생활오수과로 각각 명칭이 변경되고, 하수처리시설과는 폐지된다.

문민정부 기간(1993~1998)인 1996년에 환경부 소속 해양보전과가 신설된 해양수산부로 이관되고, 환경부의 상수원관리과가 폐지된다. 국민의 정부 기간

(1998~2003)인 1999년에는 대대적인 조직 개편이 이뤄졌다. 물환경 관련 조직 개편을 중심으로 살펴보면, 수질보전국의 환경조사과가 폐지되고, 상하수도국의 상수도과와 음용수관리과가 수도관리과로 통폐합된다. 또한 팔당호 등 한강수계 상수원 보호를 위해서 한강환경관리청이 한강유역환경관리청으로 변경되고, 한강환경감시대가 정규 조직화된다. 또한 2002년 '낙동강·영산강·금강수계 물관리 및 주민 지원 등에 관한 법률'의 제정으로 환경부 수질보전국 내에 유역제도과가 신설된다. 이와 더불어, 지방환경관서의 재편이 이뤄지는데, 환경관리청은 유역환경청으로, 지방환경관리청은 지방환경청으로 각각 명칭이 변경된다.[14)]

참여정부 기간(2003~2008)인 2004년 3월에는 환경부 내의 수도정책과와 생활오수과가 수도정책과로, 하수도과와 생활오수과가 생활하수과로 각각 통폐합되고, 2014년 12월에는 환경부 수질보전국 내에 수질총량제도과가 신설된다. 2007년에는 상하수도국에 물산업육성과가 신설되며, 수질보전국의 유역제도과와 수질총량제도과가 유역총량제도과와 수생태보전과로, 수질보전국의 산업폐수과가 산업수질관리과로 변경된다.

이명박 정부 기간(2008~2013)인 2008년 2월에 수질보전국과 상하수도국이 물환경정책국으로 통합·개편되며, 상하수도정책관과 물산업육성과가 신설되었다. 2009년 2월에는 물환경정책국의 산업수질관리과가 폐지되고, 해당 업무가 물환경정책과와 수생태보전과로 이관된다.

박근혜 정부 기간인 2015년 4월 현재 환경부 물환경정책국과 상하수도정책관의 7개과에서 물환경 정책 및 관리를 담당하고 있다. 구체적으로 살펴보면, 물환경정책국 내에 물환경정책과, 유역총량과, 수생태보전과, 수질관리과 등 4개과와 상하수도정책관 내에 수도정책과, 생활하수과, 토양지하수과 등 3개과가 물환경 정책 및 관리 업무를 담당하고 있다. 하수도정책 관련한 주된 업무는 생활하수과에서 관장하고 있다.

---

14) 2002년 8월에 한강유역환경관리청은 한강유역환경청, 낙동강환경관리청은 낙동강유역환경청, 영산강환경관리청은 영산강유역환경청, 금강환경관리청은 금강유역환경청으로 명칭이 각각 변경된다. 또한 원주지방환경관리청은 원주지방환경청, 대구지방환경관리청은 대구지방환경청, 전주지방환경관리청은 전주지방환경청으로 명칭이 각각 변경된다(환경부, 2010: 1194).

4. 하수도 관련 정책 · 관리에서의 성과

1962년부터 시작된 경제개발계획 추진과 더불어, 산업화와 도시화가 급격하게 진행되면서 상수 사용량과 함께 하수 발생량이 빠르게 증가했고, 이에 따라 하수도의 확충과 체계적인 관리의 필요성이 증대되었다. 이에 1966년 8월 '하수도법'이 제정되면서 하수도 행정 체제가 본격적으로 구축되기 시작했다(워터저널, 2010.06.30; 환경부, 2010: 396-397). 이에 하수도 관련 정책 및 관리의 변화 · 발전 과정을 하수도 보급, 하수 처리시설, 하수관거의 정비 및 확충, 분뇨 처리시설, 방류수 수질 기준 등에 초점을 두어 좀 더 상세하게 살펴보고자 한다.

1) 하수도 보급

환경청이 출범한 1980년에 우리나라 하수처리 시설용량은 822,000톤/일으로 하수도 보급률은 8%에 불과했고, 4개의 하수처리장만이 있었다.[15] 하지만 1988년 서울올림픽을 앞둔 시점에서 하수처리장이 대대적으로 확충되면서 하수도 보급률은 급격하게 증가했다. 정부는 '맑은 물 공급종합대책', '수질개선대책', '4대강 물관리 종합대책' 등을 적극적으로 추진함으로써 하수 처리시설의 확충과 함께 하수도 보급률을 높여 나갔다. 이에 따라 1996년에는 하수처리 시설용량이 11,452,000톤/일으로 하수도 보급률은 52.8%로 급격히 증가했으며, 2005년 하수처리 시설용량은 22,568,000톤/일, 하수도 보급률은 83.5%로 빠른 속도로 증가했다. 이는 1996년에 비해 시설용량에서 약 2배, 하수도 보급률에서 약 1.5배에 달하는 증가세를 보인 것이다.

〈표 9-5〉는 우리나라 상수도 · 하수도 보급률 추이를 보여준다. 1980년에 하수도 보급률은 상수도 보급률에 비해 7배 가까이 낮았지만, 1995년 이후로 그 격차가 빠르게 줄어들었다. 2013년 말 기준으로 하수도 보급률은 92.1%로 상수도 보급률(98.5%)과 비교해 큰 차이를 보이지 않게 되었다.

---

15) 서울시의 중계천하수처리장 · 중랑천하수처리장, 부산시의 용호하수처리장, 경주시의 경주하수처리장을 말한다(환경부, 2010: 400). 1981년 하수도 보급률은 8.3%였고, 1987년 이전까지 10% 미만에 불과했다.

표 9-5 상수도 · 하수도 보급률 추이

구분 \ 연도	1980	1995	2000	2005	2008	2010	2013
상수도 보급률 (%)	55	83	87	90.7	92.7	97.7	98.5
하수도 보급률 (%)	8	45.4	70.5	83.5	88.6	90.1	92.1

출처: 환경부(2010), 환경부(2014b)와 환경부(2014c).

2) 하수 처리시설

앞에서 살펴보았듯이, 우리나라 하수도 보급률이 1988년 서울올림픽을 준비하는 과정에서 급격하게 증가하게 된 이유는 하수 처리시설의 확충에 기인한 바가 크다. 우리나라는 산업화와 도시화에 따른 상수 사용량의 증가와 함께 하수 발생량도 빠르게 증가해 수질오염이 날로 악화되었다. 정부는 하수도 보급률을 획기적으로 높이기 위한 방안으로 하수관거의 정비 및 확충보다는 하수처리장의 확충에 우선적으로 투자하게 된다(환경부, 2010: 397).

〈표 9-6〉은 500톤/일 이상의 하수처리 시설용량을 보유한 하수처리장과 전체 시설용량을 보여주고 있다. 우리나라는 1980년에 하수처리장 4개, 하수처리 시설용량은 822,000톤/일에 불과했으나, 2013년 말 기준으로 569개소의 하수처리장에서 하수처리 시설용량은 25,330,000톤/일에 이르게 된다.

정부는 제5차 '경제사회발전 5개년계획' 기간인 1984~1988년 동안 하수처리

표 9-6 하수처리장 및 하수처리 시설용량 추이[16]

구분 \ 연도		1980	1985	1990	1995	2000	2005	2010	2013
하수 처리장	개소	4	24	45	71	172	294	470	569
	증가율(%)	-	500.0	87.5	57.8	142.3	70.9	59.9	21.1
하수처리 시설용량	천 톤/일	822	5,776	8,817	16,848	18,400	22,568	25,118	25,330
	증가율(%)	-	602.7	52.6	91.1	9.2	22.7	11.3	0.8

출처: 환경부(2010)와 환경부(2014c).

16) 『2013 하수도통계』(환경부, 2014c)에 따르면, 2013년 말 기준으로 500톤/일 미만의 하수처리장은 총 3,205개소였다.

장의 확충을 위해 반월·구미·창원·울산 등 국가공단이 있는 지역에는 전액 국비로 지원했고, 서울과 부산에는 지방비로 자체 부담하게끔 했으며, 기타 도시에서는 지방양여금이나 국고보조금을 통해 지원했다. 그 이후로도 국고보조금 지원을 통해 하수처리장을 확충하고자 노력했다. 1991년 3월과 4월에 발생한 '낙동강 페놀오염사고'로 대구지역 상수원 오염 문제가 심각하게 제기되면서, 직할시 이상의 상수원보호구역의 지정·관리 업무와 하수 처리시설 관련 업무[17]를 건설부(현재 국토교통부)에서 환경처로 이관하게 된다.[18] 또한 1996년부터는 지방비 부족으로 인해 하수 처리시설의 확충에 어려움을 겪던 지방자치단체들에게 민간투자사업으로 관련 업무를 추진할 수 있도록 허용했으며, 이는 BTO(Build-Transfer-Operate) 방식[19]으로 시행되었다.

농어촌 마을하수도사업은 2006년 이전까지 행정자치부의 농어촌 주거환경 개선사업, 농림부의 농어촌 생활환경 정비사업 등에 의해 추진되었으나, 행정자치부와 농림부, 환경부, 기획예산처, 국가균형발전위원회의 합의를 통해 2007년부터는 농어촌 마을하수도 업무가 환경부로 이관되었으며, 1일당 50톤 미만의 농어촌 마을하수도는 2010년부터 공공 하수도로 관리하도록 했다. 이후 2009년에는 농어촌 하수도 보급률을 향상시키고 농어촌 마을하수도 시설의 효율적인 유지 및 관리를 위한 '농어촌지역 하수도정비 종합계획'을 수립·추진했다(환경부, 2010: 404).

3) 하수관거의 정비 및 확장

우리나라는 빠른 산업화와 도시화로 인해 기존의 도심지역에 오수만을 수집, 처리하는 분류식 하수관거를 설치하는 데 많은 어려움이 있어, 오수와 우수를 함께 수집하는 합류식 하수관거를 주로 설치할 수밖에 없었다. 그리고 앞서 언급한

17) 이때 하수관거 관련 업무는 이관 대상에서 제외되었다.

18) 1992년부터 1996년까지 76개소의 하수 처리시설 확충을 위해 2조 3,573억 원을 투자했다. 1996년부터 2006년까지 전체 하수처리 시설용량 2,077만 톤/일의 하수처리장 279개소 확충을 위해 총 14조 7,267억 원의 투자계획을 세워서 추진하게 된다(환경부, 2010: 402-403).

19) BTO 방식은 하수처리장의 준공 이후 시설의 소유권은 해당 지방자치단체에 귀속되지만, 사업 시행자가 일정 기간 동안 시설의 운영·관리와 함께 사용료를 받아 사업자금을 회수하는 방식을 말한다(환경부, 2010: 404).

바와 같이, 정부는 하수도 보급률을 단시간에 높이기 위해 하수관거의 정비 및 확장보다는 하수처리장의 확충에 집중적으로 투자하게 된다. 구체적으로 살펴보면, 2000년 말까지 투자된 금액인 총 16조 3,718억 원 중에서 약 69%에 해당하는 11조 2,248억 원이 하수처리장 확충에 투자되고, 하수관거의 정비 및 확장에는 5조 1,470억 원(약 31%)이 투자되었다. 하지만 2000년대에 들어오면서 정부는 하수관거의 대대적인 정비와 확장을 위한 정책적 노력을 기울이기 시작하게 된다. 특히 2002년을 '하수관거 정비 원년'으로 선포하고 '하수관거 정비 종합대책'을 수립해 추진했다(환경부, 2010: 397).

〈표 9-7〉에서 하수관거 계획 연장, 하수관거 확충, 하수관거 보급률의 변화를 살펴볼 수 있다. 2000년에 하수관거가 총 68,195km 연장되는데, 이 중에서 합류식 하수관거는 약 63%를 차지하는 반면, 나머지 약 37%는 분류식 하수관거였다. 2013년에는 총 126,605km가 확장되는데, 합류식 하수관거가 약 36%, 분류식 하수관거가 약 64%를 차지하게 된다. 다시 말해, 하수관거 확충의 경우 기존에

표 9-7 하수관거 보급 현황

구분 \ 연도		2000	2005	2006	2007	2008	2009	2010	2011	2012	2013
계획 연장(km)		-	137,471	141,156	145,563	150,540	156,444	159,050	161,321	162,633	165,479
시설 연장	총계 (km)	68,195	85,755	91,098	96,280	102,078	107,843	113,494	118,329	123,309	126,605
	합류식 (km)	42,878	48,257	48,966	49,636	49,460	49,386	47,976	47,510	45,683	45,415
	합류식 (%)	62.9	56.3	53.8	51.6	48.5	45.8	42.3	40.2	37.0	35.9
	분류식 (km)	25,317	37,498	42,132	46,644	52,618	58,457	65,518	70,819	77,626	81,190
	분류식 (%)	37.1	43.7	46.2	48.4	51.5	54.2	57.7	59.8	63.0	64.1
하수관거 보급률(%)		-	62.4	64.5	66.1	67.8	68.9	71.4	73.4	75.8	76.5

출처: 김갑수(2010: 77)의 〈표 3-44〉와 환경부(2014c).

는 합류식 하수관거를 위주로 확장되었으나, 2008년을 기점으로 분류식 하수관거 위주로 확장하고 있음을 알 수 있다. 하수관거 보급률이란 '하수도정비 기본계획'에 제시된 하수관거 계획 연장에서 실제로 착수된 시설 연장이 차지하는 비율을 의미하는 것으로, 하수관거 보급률은 2005년 약 62.4%에서 2013년 약 76.5%로 점점 증가하게 된다.

4) 분뇨 처리시설

우리나라는 1950년 이전까지 분뇨를 자연적으로 부식시켜 비료로 재활용했고 수세식 변소가 적어 분뇨 처리는 큰 문제가 되지 않았다. 하지만 1960년대부터 화학비료의 사용, 분뇨 수거 인력 부족 등으로 인해 각 도시에서는 분뇨 저장탱크를 설치해 분뇨를 부식시킨 후 우천시 하천에 방류했다. 이후 1971년 서울시와 부산시가 외국의 차관으로 분뇨처리장을 건설한 것을 시작으로 1980년대와 1990년대를 거치면서 분뇨 처리시설 수와 시설용량이 빠르게 증가하게 된다. 〈표 9-8〉에서 보는 바와 같이, 분뇨 처리시설은 1980년대와 1990년대에 집중적으로 신규 설치되었음을 알 수 있다. 우리나라는 2008년 기준으로 총 196개소의 분뇨 처리시설이 운영되고 있으며, 처리 용량은 39,732톤/일에 달한다.

표 9-8 분뇨 처리시설 설치 추이

구분 \ 연도	1980	1985	1990	1995	2000	2005	2006	2007	2008
시설 수(개)	104	149	158	184	187	195	195	196	196
용량(톤/일)	6,735	12,936	15,183	23,808	31,740	36,736	38,906	38,821	39,732

출처: 환경부(2010: 1205)의 "4. 분뇨종말처리시설 설치 증가 추이(1980-2008)."

5) 방류수 수질 기준

〈표 9-9〉에 제시된 바와 같이, 하수처리시설의 방류수 수질 기준은 1964년 10월 '공해방지법' 시행령 제정 이후 계속 강화되어 왔다. 그렇지만 주요 상수원인 하천의 수질을 개선하기 위한 많은 정책적 노력에도 불구하고, 1990년대 들어서면서 하천의 수질이 오히려 악화되고 호소의 부영양화 현상이 심각하게 나타나

표 9-9 하수 처리시설의 방류수 수질 기준의 변화 과정

방류수 수질 기준	근거 법령
- 하수 처리 방법에 따라 다르게 규정	1964년 10월 '공해방지법' 시행령
활성오니법이나 표준살수여상법의 경우: BOD 20mg/L 이하, SS 70mg/L 이하, 총대장균군수 3,000개/ml 이하	
고속살수여상법/ 수정폭기법의 경우: BOD 60mg/L 이하, SS 120mg/L 이하, 총대장균군수 3,000개/ml 이하	
침전법의 경우: BOD 120mg/L 이하, SS 150mg/L 이하, 총대장균군수 3,000개/ml 이하	
- BOD 30mg/L 이하, SS 70mg/L 이하	1978년 7월 '환경보전법' 시행규칙
- BOD와 함께 COD를 규제하기 시작함.	1991년 2월 '수질환경보전법' 시행규칙
- BOD 30mg/L 이하, SS 70mg/L 이하 (1995년 12월까지 시행)	
BOD 20mg/L 이하, COD 50mg/L 이하, SS 20mg/L 이하, T-N 120mg/L 이하, T-P 8mg/L 이하 (1996년 1월부터 시행)	
BOD 30mg/L 이하, COD 50mg/L 이하, SS 70mg/L 이하 (1995년 12월까지 시행)	1993년 7월 '수질환경보전법' 시행규칙
BOD 20mg/L 이하, COD 40mg/L 이하, SS 20mg/L 이하, T-N 60mg/L 이하, T-P 8mg/L 이하 (1996년 1월부터 시행)	
팔당호특별대책지역 및 잠실수중보지역은 2002년부터 적용 4대강 수계의 취수 지점 상류지역은 2004년부터 적용 기타 지역은 2008년부터 적용	2001년 10월 '하수도법'과 시행규칙 개정
BOD 10mg/L 이하, COD 40mg/L 이하, SS 10mg/L 이하, T-N 20mg/L 이하, T-P 2mg/L 이하	
총대장균군수는 2003년부터 3,000개/ml 이하로 적용 특히 청정지역·취수 지점 상류 15km까지 1,000개ml 이하로 적용	
생태독성(TU)을 방류수 수질 기준으로 추가(2011년 1월 1일부터 시행): 1 TU 이하	2008년 '하수도법' 시행규칙

출처: 환경부(2010: 408-409)를 토대로 작성.

면서 방류수 수질 기준의 규제 항목을 추가하거나 기존의 수질 기준을 강화할 필요성이 높아졌다. 이에 따라 생물화학적 산소요구량(BOD)과 함께 화학적 산소요구량(COD), 총질소(T-N), 총인(T-P)을 규제 항목으로 추가하게 된다. 또한 2011년부터는 생태독성(TU)을 새로운 규제 항목으로 추가해 방류수 수질 기준을 강화했다(환경부, 2010: 408-409).

〈표 9-10〉은 2015년 현재 공공하수 처리시설의 방류수 수질 기준을 보여준다. 하수 처리용량이 500톤/일 이상인 하수 처리시설의 경우, 네 개의 지역으로 구분・관리하고 있다. 먼저 상수원보호구역, 수질보전 특별대책지역, 새만금사업지역으로의 유입하천이 있는 지역 등은 I 지역으로 BOD 5mg/L 이하, COD 20mg/L 이하, SS 10mg/L 이하, T-N 20mg/L 이하, T-P 0.2mg/L 이하, 총대장균군수 1,000개/㎖ 이하, TU 1 이하로 가장 엄격하게 관리하고 있다. 나머지 II 지역, III 지역, IV 지역에서는 I 지역에 비해 상대적으로 덜 엄격한 기준을 적용하고 있다.

표 9-10 공공하수 처리시설의 방류수 수질 기준(2015년 현재)

구분		생물화학적 산소요구량 (BOD) (mg/L)	화학적 산소요구량 (COD) (mg/L)	부유물질 (SS) (mg/L)	총질소 (T-N) (mg/L)	총인 (T-P) (mg/L)	총대장균 군수 (개/㎖)	생태 독성 (TU)
하수처리 용량 500톤/일 이상	I 지역	5 이하	20 이하	10 이하	20 이하	0.2 이하	1,000 이하	1 이하
	II 지역	5 이하	20 이하	10 이하	20 이하	0.3 이하	3,000 이하	
	III 지역	10 이하	40 이하	10 이하	20 이하	0.5 이하		
	IV 지역	10 이하	40 이하	10 이하	20 이하	2 이하		
하수 처리용량 500톤/일 미만~50톤/일 이상		10 이하	40 이하	10 이하	20 이하	2 이하		
하수 처리용량 50톤/일 미만		10 이하	40 이하	10 이하	40 이하	4 이하		

출처: '하수도법' 시행규칙(2014년 7월) 개정.

제 4 절 사례의 쟁점

우리나라는 급격한 산업화와 도시화를 겪으면서 수량 확보와 수질 개선 측면 모두에서 많은 문제점이 나타나게 되었다. 상수도 분야에 비해 하수관거, 하수처리시설 등 하수도에 대한 투자가 상대적으로 뒤늦게 이뤄졌으나 짧은 기간 내에 비약적인 발전을 달성해 왔다. 2013년 말 기준으로 하수도 보급률은 92.1%로 상수도 보급률(98.5%)에 비교해 크게 뒤지지 않는다. 그럼에도 불구하고, 우리나라는 먹는 물의 안전 문제,[20] 수질오염, 수생태계 파괴 등 여전히 많은 과제를 안고 있으며, 기후 변화와 지구 온난화에 따른 빈번한 홍수, 폭우, 가뭄 등으로 인해 물환경 정책 및 관리의 중요성은 나날이 커지고 있다. 아래에서는 하수도를 중심으로 물환경 정책 및 관리에서의 주요 쟁점 및 장래 방향성에 대해 논의하고자 한다.

첫째, 무엇보다도 통합적인 물환경 정책 및 관리가 제대로 이뤄지지 못하고 있다. 상수도와 하수도를 포함한 물환경 관련 업무들이 환경부, 국토교통부 등 여러 부처와 공공기관에 분산되어 있다. 〈표 9-11〉에서 보는 바와 같이, 수량 관련 업무는 환경부 · 국토교통부 · 농림축산식품부 · 행정자치부 · 산업통상자원부 · 국가안전처 등 6개 중앙부처가 관여하고 있으며, 여기에 한국수자원공사 · 농어촌공사 등 공공기관까지 고려하면 더욱 복잡해진다. 수질 관련 업무는 환경부 · 농림축산식품부 등에서 담당하고 있다. 이와 같이, 물관리 체계가 분산되어 있어 부처 간의 업무 협조가 제대로 이뤄지지 못하고 물환경 정책 및 관리의 일관성과 통일성이 결여되어 있으며, 물관리 업무를 둘러싼 부처들 간의 갈등과 대립이 지속적으로 발생하고 있다(김철회, 2013; 최동진, 2013).

이와 더불어, 〈표 9-1〉에서 이미 살펴본 바와 같이, 물환경정책에 관련된 여러 법안이 난립해 상호연관성이 낮고, 일관성 있고 체계적인 규제 기준을 마련하지

20) 예를 들어, 1990년 수돗물에서 발암물질인 트리할로메탄(THM) 검출 파동, 1991년 낙동강 페놀오염사고, 1997년 수돗물 바이러스 검출 등은 먹는 물에 대한 불안을 가중시켰다(배수호 · 한준섭, 2012).

표 9-11 물 관리 행정 체계의 부처별 기능 현황

행정부처	수질관리	수량관리
환경부	수질보전정책 수립 유역별 통합수계 관리 먹는 물, 하천/호소수, 지하수 등 수질관리 하/폐수처리장 건설 등 생활오수, 산업폐수, 축산폐수 관리	지방상수도 및 농어촌 간이상수도 개발/관리 대체수자원 개발 먹는 샘물 개발/관리
국토교통부		- 수자원 개발정책 - 다목적댐 - 광역상수도 - 하천 및 홍수 관리 - 지하수 수량관리 - 친수구역 개발/관리
농림축산식품부	- 농업용수 수질오염 방지 대책	- 농어촌용수개발 - 농업용 댐 - 농업용 지하수 - 새만금사업
행정자치부		- 지방하천관리 - 비상급수시설 및 온천관리
산업통상자원부		- 발전용 댐 건설 및 관리
국가안전처		- 재해 대책

출처: 김철회(2013)의 "〈표 4〉 우리나라 물 관리 행정체계의 부처별 기능 현황"을 토대로 연구자가 재작성.

못한 경우가 많다. 이에 따라 '물기본법'(가칭)의 제정을 통해 좀 더 통합적인 법체계를 마련해야 한다는 주장이 제기되고 있다(경기연구원 홈페이지; 환경운동연합 홈페이지). 즉, 물관리의 효율성을 높이고 수량·수질·재해에 대한 통합적인 물환경 정책 및 관리를 위한 구체적인 법적·제도적 방안이 절실히 요구되는 실정이다.

둘째, 오늘날 물환경 정책 및 관리에서 유역 중심의 통합적 접근 방식과 관리가 중요하게 부각되고 있다. 유역(watershed)은 수리학적 경계로 둘러싸여 있으며 지표수, 지하수, 토양, 식생, 동물, 사람 등을 모두 아우르는 개념이다(환경부, 2002). 따라서 실효성 있는 유역관리가 이뤄지기 위해서는 행정구역 단위를 넘어 정책이 형성되고 조정 및 집행될 필요가 있다. 특히, 이러한 통합적 유역관리(integrated watershed management)가 제대로 정착되기 위해서는 다양한 이해당사자들의 참여와 의견 개진이 보장되는 협력적 거버넌스적인 사고와 접근 방식이 절실히 요구된다. 하지만 지방자치단체의 지역이기주의, 지방자치단체들 간의 갈등 혹은 중앙과 지방 간의 갈등은 빈도나 강도 모두에서 첨예하게 나타나고 있는 실정이다.[21)]

셋째, 상수도와 하수도를 비롯한 물환경 정책 및 관리는 과거의 공급 중심(supply-side) 패러다임에서 수요 중심(demand-side)의 패러다임으로 전환되어야 할 것이다. 우리나라는 홍수 조절, 생활용수 · 농업용수 · 공업용수의 확보 등 수량적인 측면에서 많은 정책적인 노력을 기울여 왔고 상대적으로 상당한 성공을 거뒀다고 평가된다. 하지만 요금 현실화, 물 절약 · 재이용 등 수요관리 중심으로의 전환을 적극적으로 추진할 필요가 있다. [그림 9-1]에서 보는 바와 같이, 2013년 현재 우리나라의 하수도요금 현실화율은 38.3%로 2004년의 62.5%에 비해 오히려 낮아지고 있다. 이와 같은 낮은 요금 현실화율은 소비자가 물을 절약하거나 재이용하도록 하는 유인을 감소시키고, 하수관거 확충이나 하수 처리시설의 개보수 등 하수도에 대한 재투자를 어렵게 만드는 원인이 된다.

넷째, 하수도 서비스의 지역 간 격차 문제이다. 일반적으로 도시 지역에서 하수도 서비스의 접근성은 높은 반면, 농어촌 지역에서는 매우 낮은 실정이다. 〈표 9-12〉에서 보는 바와 같이, 2013년 말 기준으로 면 단위의 하수도 보급률은 44%로 평균 하수도 보급률인 92.1%에 비해 매우 낮고 특 · 광역시의 하수도 보급률인 99.4%에 비해 크게 밑도는 수치이다. 면 단위의 하수관거 보급률(64%)은 특 · 광역시를 포함한 시지역(78.5%)에 비해서도 낮게 나타났다. 우려스러운 점은 낮은 하수도 및 하수관거의 보급은 농어촌 지역에서 수질오염을 더욱 악화시킬 수 있다는 것이다. 다른 한편, 하수도요금 현실화율은 지역적으로 큰 격차를 보이고 있다. 2013년 말 기준으로 특 · 광역시의 요금 현실화율은 대체적으로 높은 편으로, 대구광역시가 59.3%로 가장 낮고 인천광역시는 76.7%로 가장 높게

21) 최근 갈등 · 분쟁 사례에는 수자원공사-서울시상수도사업본부 간의 물값 분쟁, 부산시-경남도 간의 남강댐 물 사용 갈등, 충북 제천시-강원도 영월군의 장곡취수장 설치 갈등, 한탄강댐 건설 갈등 등이 있다(배수호 · 한준섭, 2012).

나타났다. 이에 비해 세종시는 8.5%, 전라남도는 14.1%로 매우 낮으며, 경기도 역시 32.8%로 상대적으로 낮은 실정이다. 앞으로 하수도요금의 지역 간 격차를 해소하기 위한 정책적 노력이 요구된다.

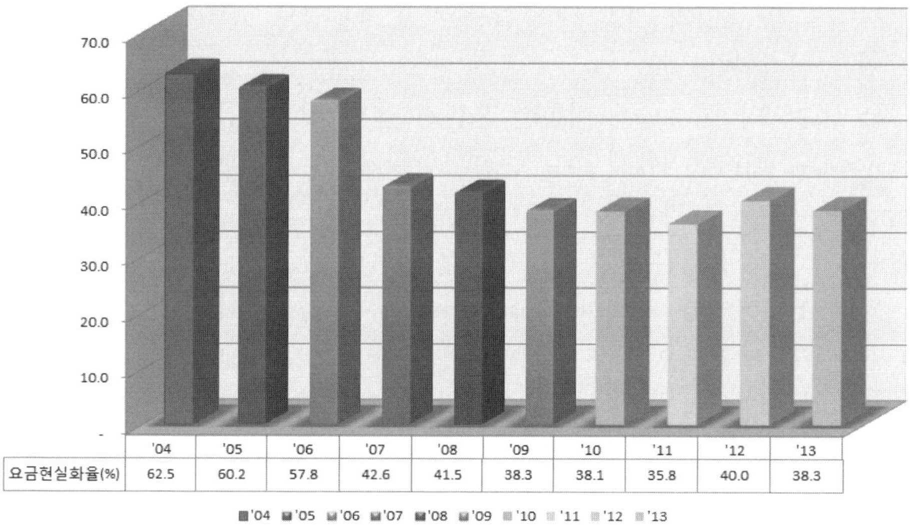

그림 9-1 하수도요금 현실화율

출처: 환경부(2014c).

표 9-11 하수도 보급률 및 하수관거 보급률 현황(2013년 현재)

구분	하수도 보급률(%)					하수관거 보급률(%)				
	시군 전체	시지역	군지역			시군 전체	시지역	군지역		
			전체	읍	면			전체	읍	면
총계	92.1	94.9	63.7	84.6	44.0	76.5	78.5	69.3	73.5	64.0
특·광역시	98.9	99.4	80.2	-	-	79.0	79.0	79.0	-	-
도지역	86.5	90.6	61.2	84.6	44.0	75.4	78.2	68.2	73.5	64.0

출처: 환경부(2014c).

다섯째, 하천, 호소 등에서 수질오염은 물환경정책 측면에서 매우 민감하고 중요한 문제이다. 수질 개선을 위한 다양한 정책적 노력에도 불구하고, 생활하수,

산업폐수, 축산폐수, 농약 · 비료의 과다 사용으로 인해 수질이 더욱 악화되고 있는 실정이다. 이는 결국 수생태계의 건전성을 해치고 먹는 물의 안전까지 위협할 수 있다. 특히 유해 화학물질은 시간이 지나더라도 분해되거나 제거되지 않고 수생태계와 인간의 건강에 심각한 위협을 줄 수 있기 때문에 방류되기 전에 철저하게 처리 · 관리가 되어야 할 것이다. 또한 항생제에 강한 면역성을 지닌 슈퍼박테리아가 수생태계를 교란하고 수생생물에 큰 위협이 될 수 있으므로 하천, 호소 등에 방류되는 물에 대한 좀 더 철저한 관리 · 감독이 요구된다.

제10장

서남권 광역 화장장 입지 갈등 사례*

오재록 · 박치성 · 윤향미

제 1 절 들어가는 글

이 글은 전북 지역의 서남권 광역 화장장 입지 갈등 사례를 분석한 것이다. 종래의 연구들이 갈등 원인보다는 갈등 과정 및 해결에 초점을 맞췄다면, 이 글은 정책 정당성 이론이라는 새로운 프레임을 적용해 정책 갈등 연구에 새로운 시각을 보충해 주는 의미가 있다. 아울러 정책의 내용적 정당성과 절차적 정당성을 원만히 확보하기 위해 정책 추진 주체(각급 정부: 중앙정부, 광역자치단체, 기초자치단체)가 무엇을 중시해야 하는지에 대해 일러준다는 점에서 현실적 유용성이 있다.

정부(보건복지부)는 늘어나는 화장 수요에 대응하기 위해 화장시설을 증설할

* 이 글은 오재록 · 윤향미 · 박치성(2014), "서남권 화장장 입지 갈등 사례 연구: 정책 정당성 이론을 중심으로", 「한국행정연구」, 23(3): 111-130을 수정, 보완한 것임.

계획으로 화장시설이 없는 시·군을 중심으로 지리적, 생활권역이 인접한 지방자치단체 간 공동 화장시설 설치를 유도하겠다는 '장사시설 수급 5개년 종합계획'을 2012년에 발표했다(보건복지부, 2012). 2014년 현재 전국에 운영 중인 화장장은 54개소로, 폭증하는 화장 수요를 감당하기에 턱없이 부족한 실정이기 때문에 정부의 이러한 계획은 일면 타당하다. 그런데 화장시설은 주민복리와 편의를 위해 없어서는 안 될 중요한 공공시설이면서도 동시에 비선호시설(Locally Unwanted Land Uses: LULUs)[1]로서 님비(NIMBY) 갈등을 발생시키는 대표적 사례이기도 하기 때문에(최응섭, 1993; 김형구, 1994) 좀 더 주의깊은 정책 추진이 필요하다.

이 글에서 다루고자 하는 갈등 사례는 사업 착수 당시 3개 자치단체가 합의해 비선호시설을 공동으로 추진하는 모범적인 사례로 꼽히기도 했었다. 그런데 어느 날 갑자기 첨예한 갈등이 촉발되어 많은 사람을 의아하게 만들기도 했다. 그리고 2년여의 첨예한 갈등을 겪다가 2014년 말 극적으로 갈등이 타결되어 정책이 재추진되기에 이르렀다. 이러한 일련의 과정은 상당히 특이하고 이례적이어서 깊이 들여다볼 필요가 있다. 사실 2013년 초부터 2014년 말까지 2년에 걸친 갈등 기간 동안은 이 사업은 재추진되기 어려울 것으로 내다보는 관측이 우세했다. 부지 선정을 원점에서 재검토되지 않으면 갈등 해소의 길이 사실상 없다고 볼 만한 객관적인 정황들이 많았기 때문이다. 그러나 문제는 의외로 쉽게 풀렸다. 애초부터 정읍시가 김제시를 이해관계자 범주에 넣고 원만하게 협의를 진행했더라면 갈등 자체가 촉발될 일이 없었기 때문이다. 결국 서남권 광역 화장장 입지 갈등의 원인은 일선 정책 추진 주체였던 정읍시가 이해관계자의 범위 설정을 잘못하면서 정책 정당성을 제대로 확보하지 못한 데서 비롯되었던 것이다.

따라서 이 글은 기존 화장시설 정책갈등 사례연구(김강민, 2010; 김관보·이선영, 2010; 박종구·최재실, 2009; 백종섭, 2002; 심준섭·김지수, 2010; 양은주 외, 2012; 이만형 외, 2007 등)의 대부분이 갈등의 원인보다 갈등 과정이나 해결에 이르기까지의 과정에 초점을 맞춰 연구를 진행해 이 사례를 효과적으로 설명

1) 비선호시설(LULUs)이란 국가적·사회 전체적 또는 지역적으로는 필요성이 일반적으로 받아들여지나 해당 입지 지역 차원에서는 해악성이 강하게 부각되는 양면성을 지닌 시설을 의미한다(박주용, 2003).

해 주지 못하는 한계가 있다고 보고 갈등 원인을 '정책 정당성'을 중심으로 분석함으로써 갈등 연구에 새로운 시각을 제공하고 관련 연구의 지평을 넓히고자 했다.

제 2 절 사례의 배경 및 전개 과정

1. 정책의 추진 배경

우리나라의 화장률은 1992년 18.4%, 2000년 33.7%, 2002년 42.6%, 2005년 52.6%, 2008년 61.9%, 2011년 71.1%, 2012년 74.0%로 매년 큰 폭으로 증가해 왔다. 이에 그치지 않고 2017년에는 80%에 달할 것으로 추정된다(박복순, 2012; 연합뉴스, 2013.10.28). 특히 대도시를 중심으로 화장 수요가 급증하고 있는데, 울산 지역의 경우에는 2012년에 이미 81.8%의 화장률로 80%를 상회해 전국 최고를 기록한 바 있다. 울산 지역은 2015년에는 90%를 넘어설 것으로 추정될 정도이다(울산매일, 2013.10.29).

이렇게 우리나라 장묘문화의 급변으로 화장 수요가 날로 폭증하고 있지만 이를 감당할 화장시설은 님비(NIMBY) 갈등을 불러일으켜 장사시설 확충에 많은 어려움이 초래되고 있다. 최근 우리나라의 인구 증가는 급격히 둔화되는 반면, 노인 인구와 사망자 수는 지속적으로 증가하는 추세이기 때문이다. 장사문화도 과거 매장 위주에서 점차 화장 위주로 급격히 전환되고 있는 것도 중요한 원인이다. 이에 따라 정부(보건복지부)는 2012년 '장사시설 수급 5개년 종합계획'을 발표해 화장시설이 부재한 기초자치단체를 중심으로 광역 공동 화장시설 설치를 유도하고 있다. 화장률이 갈수록 높아지고 있는 상황에서 화장시설을 갖추지 못해 애로를 겪고 있는 기초지자체에 화장시설 확충 여건을 마련, 지원하겠다는 정책이다.

정읍시·고창군·부안군은 이에 따라 양해각서(MOU)를 체결한 뒤 정읍시(감곡면 통석리)에 광역 화장장을 공동으로 건설하기로 합의하고 각종 행·재정적 절차를 거쳐 2014년까지 광역 화장장 설치를 마무리짓기로 했다. 화장시설이 전무한 정읍시의 경우 2012년 화장률은 70%에 달했다. 매년 700기에 달하는 사망자 시신이 정처없이 화장시설을 찾아 떠돌아 다녔다(정읍시, 2013a, 2013b). 전북 지역에 화장장이 있는 지역은 전주시(승화원), 군산시(승화원), 익산시(정수원), 남원시(승화원) 4곳에 그쳤고, 이 지역들도 이미 급증하는 자기 관내의 화장 수요조차 감당하기 벅찰 정도였다. 이에 따라 정읍시 · 고창군 · 부안군민들은 화장할 곳이 없어 전주, 군산, 익산, 남원을 찾아 헤맸고 그곳마저 여의치 않으면 전라남도나 충청도까지 손을 벌려야 하는 상황이 지속되었다. 그만큼 이 지역의 주민들에게 화장장은 반드시 필요한 공공시설이었고, 이들 지역 주민을 위한(for the people) 정책이라고 할 수 있었다(Sharpf, 1998).

2. 입지 선정 과정

이 사업의 공식 명칭은 '서남권 광역 공설화장장 공원화사업'이다. 이 사업의 역사는 2006년으로 거슬러 올라간다. 정읍시는 2006년에 화신공원묘역에 화장장을 건립하려다 무산된 바 있다. 이번 사업은 이를 딛고 2011년 새롭게 공동 사업으로 광역 화장장 건립을 추진한 것으로 1단계 실패 이후의 2단계 사업이었던 셈이다.[2] 사업 기간은 2012년부터 2014년까지로 계획되었고, 총 사업비는 118.5억 원(국비 43.5, 도비 9.4, (정읍)시비 38.6, (고창)군비 13.5, (부안)군비 13.5) 수준으로 책정되었다. 설치 예정지는 전라북도 정읍시 감곡면 통석리 290-2 일대(39,731m^2)로 결정되었고, 1차로 화장로 3기, 봉안시설, 자연장지 등이 조성되고 향후 확대하는 내용이다(정읍시, 2013a, 2013b).

이때까지만 해도 이 사업 추진과 관련한 갈등은 전혀 불거지지 않았다. 정읍시를 중심으로 고창군, 부안군이 절차적 · 내용적으로 모두 동의한 상태였고 입지

2) 2006년 화신공원묘역(화장장) 조성사업을 추진했다가 좌절된 경험이 있는 정읍시는 자체적으로 기금을 축적해 오면서 2단계 사업의 기회를 엿보고 있었다. 마침내 2011년 3월 정읍시, 고창군, 부안군 3개 자치단체장이 업무교류 협약을 체결하면서 2단계 사업은 본격 추진되었다. 부지 선정을 위한 4차례의 공모를 거쳐 부지가 선정되었고, 2012년 10월 행정안전부 투융자심사 승인, 2013년 3월 정읍시의회 공유재산관리계획 승인을 거쳐 사업계획이 확정되었다(정읍시 당국자 인터뷰; 정읍시, 2013a, 2013b).

선정도 원만하게 결정된 것으로 여겨지기에 충분했기 때문이다. 관련 지역 주민들의 반대도 특별히 없었고 지역 언론도 문제삼는 케이스가 거의 없었다. 정읍시 당국자 인터뷰[3]는 이를 잘 보여준다.

> 정읍시 입장에서는 부지 선정을 위해 10개월 간 4차례에 걸쳐 공모를 실시했고 적법절차에 따라 합리적으로 진행했기 때문에 문제될 것이 전혀 없다고 봅니다. 특히 설치 예정지(정읍시 감곡면) 주민들이 연명으로 공모에 응했고 공정하고 적법한 절차에 따라 부지를 선정했으며, 안전행정부 투융자심사, 정읍시의회 승인, 국비 및 도비 확보, 도시계획 및 실시설계 용역 등 필요한 법적, 행·재정적 절차가 완비되었기 때문에 입지 선정 과정에 시비를 거는 것은 부당하다고 생각합니다.

그러나 정읍시의 적법절차 및 행·재정정적 절차 완비 주장에는 잘 알려지지 않은 결정적인 문제들이 잠복해 있었음이 뒤늦게 드러났다. 그것은 부지로 선정된 곳이 이 사업에 참여하지 않은 김제시 인접 지역이었다는 점이다. 특히 이 지역이 정읍시 쪽에서 보면 숨어 있고 김제시 쪽에서 보면 훤히 트여 있는 곳이라는 지리적 특수성이 있어 김제시와 긴밀한 사전 협의가 필요했다는 점이다. 이는 행정안전부(2012)의 지방재정 투융자 심사 결과에도 그대로 적시되어 있다. 행정안전부는 정읍시에 심사 결과를 통보하면서, "동 시설 이용 등에 대해 김제시와 협의 노력"할 것을, 그리고 전라북도에 "조건부 사업은 심사 결과에 기재된 조건이 반드시 충족된 후에 예산 반영 등이 이뤄지도록 지도에 철저를 기"할 것을 명시적으로 주문했다. 사업 시행을 위한 최소한의 행정절차가 충족되었을지라도 사업 착수를 위한 국비 및 도비 지원과 관련해서는 정읍시가 김제시와 협의를 이루지 않은 상태에서 예산을 반영하는 것이 불가하다는 입장을 분명히 한 것이다(황선철, 2013). 그러나 정읍시는 이를 도외시한 채 사업을 일방적으로 밀어붙였고, 전라북도도 중앙정부의 명시적 요구를 충실히 이행하지 않았다. 즉, 중앙정부는 김제시를 '이해관계자'의 범주에 포함시켜 협의를 진행할 것을 주문했으나, 정읍시와 전라북도가 이를 따르지 않았고, 그 결과 정책의 절차적 정당성 확보에 중요한 실패가 노정되고 만 것이다.

---

3) 2013년 12월 16일 정읍시 담당과장 및 담당실무자 전화 인터뷰 내용이다.

정읍시는 애초부터 김제시와 관련 지역 주민들을 '비(非)이해관계자'로 의도적으로 잘못 인식한 채 자치단체장의 시간적 조급증을 해소하기 위한 차원의 정책 추진에 매몰된 측면이 있다. 이들을 애초부터 '비활동적 이해관계자'로 분류하고 정책 정당성 확보 작업에 진정성 있게 나섰더라면 갈등을 미연에 방지할 수 있었을 것이다. 정읍시는 적법절차를 거쳤다는 형식 논리를 앞세워 이 점을 애써 외면하려고 했지만, 중앙정부(안전행정부)가 이미 명백하게 짚어준 실질적 절차를 이행하지 않은 책임이 컸다.

김제시 주민들 중 금산면을 제외한 대부분의 주민은 '비이해관계자'로 화장장 건립에 대해 지식도 없고 관여하려는 동기도 없는 사람들이 애초에 더 많았다. 김제시 주민들 중 금산면 소재지 및 설치 예정지 근접 주민들도 애초 이 사안에 대해 이해도가 낮고 정책 과정에 관여하려는 동기도 낮은 '비활동적 이해관계자'였다고 할 수 있다. 그러나 이들은 갈등 촉발 이후 관련 지식을 접하게 되면서 부정적 인식을 (자각적 이해관계자 또는 활동적 이해관계자들로부터) 공급받음으로써 점차 '환기된 이해관계자'로 전화(轉化)해 갔고, 처음부터 '환기된 이해관계자'들과 '활동적 이해관계자'들이 이들과 함께 어우러져 집단행동에 나서게 되었다고 하겠다. 따라서 입지 갈등이 크게 비화된 데는 '비활동적 이해관계자'와 '비이해관계자', 심지어 제3지대의 '자각적 이해관계자'들까지 '활동적 이해관계자' 내지 '환기된 이해관계자' 대열에 편입시키는 잘못을 범한 일선 정책 추진 주체(정읍시)의 책임이 가장 크다고 하지 않을 수 없다.

3. 갈등 촉발 및 심화

화장장 입지 갈등이 촉발된 이유는 내용적 정당성보다는 절차적 정당성 측면에서 더 찾을 수 있다. 김제시 금산면 주민들은 이 사업이 자신들이 속해 있는 기초자치단체의 사업도 아닐뿐더러 인근에 화장장이 들어온다는 정보를 충분히 전달받지 못했기 때문에 이 사업에 대한 기본적인 이해가 부족할 수밖에 없는 형편이었다. 이와 같은 점은 한 김제시민과의 인터뷰에서 잘 드러난다.

정읍시에 화장장이 들어선다는 이야기는 들었지만, 이것이 우리 동네 근처에 생길 줄은 몰랐습니다. 그간 소문으로만 들었지, 공식적으로 화장장이 어디에 건설된다고 하는 이야기를 들어본 적이 없었으니까요. 아니, 어떻게 우리 동네 근처에 화장장을 짓겠다고 하면서 우리들한테 한 마디 상의조차 하지 않았는지 이해가 가지 않습니다.[4)]

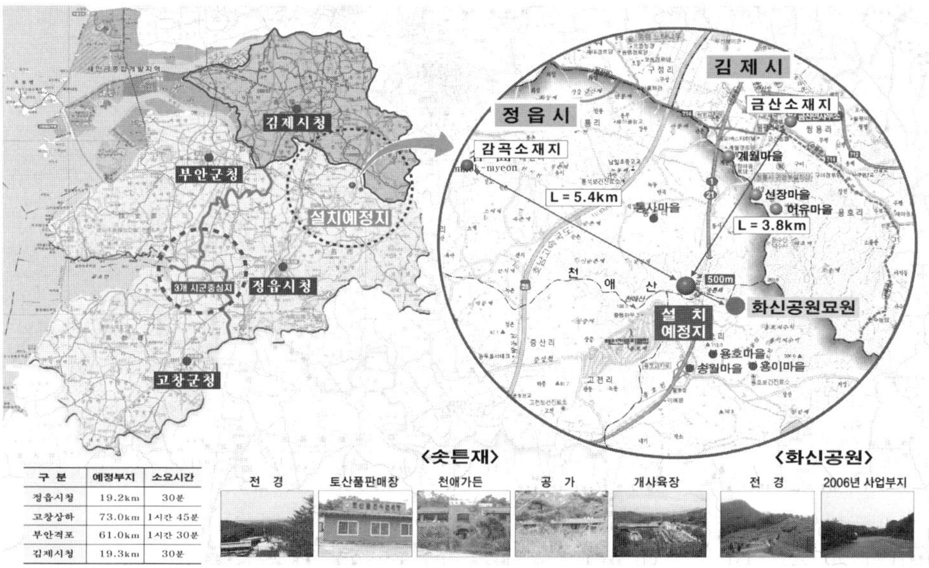

그림 10-1 화장장 설치 예정 지역

출처: 김제시(2013).

자기 동네 근처에 화장장이 입지하게 되었다는 소식을 전해들은 김제시 금산면 주민들은 하나둘 '환기된 이해관계자'로 전화(轉化)되어 갔고, 김제시 당국도 적극적인 대응에 나서기 시작했다. 김제시는 [그림 10-1]과 같이 화장장 설치 예정지의 지리적 근접성과 지역적 특수성을 들어 김제시 금산면 주민들에게 실질적·정서적 피해가 불가피하다는 점을 분명히 했다. 다음의 김제시(2013) 내부 자료는 이를 구체적으로 설명한다.

---

4) 2013년 12월 16일 김제시 금산면 거주 50대 남성 주민 인터뷰 내용이다.

> 화장장 설치 예정지(정읍시 감곡면 통석리)가 정읍시(감곡면 소재지)보다는 김제시(금산면 소재지)에 실질적으로 더 가깝다. 해발 198m의 고지대(솟튼재)에 위치하고 있고, 김제시(금산면 소재지)에서 보면 한눈에 보이고 정읍시(감곡면 소재지)에서는 눈에 띄지 않는 특수한 지형이다. 바람도 연중 김제시 쪽으로 불어 다이옥신, 중금속 등의 피해가 우려되며, 정서적 혐오감도 불가피하고 주민 생활에도 부정적인 영향을 미쳐 보건·위생적 피해가 예상된다. 기본권, 환경권, 행복추구권이 침해되고 청정 농축산물 이미지에도 타격이 불가피해 경제적 피해가 클 것으로 예상된다. 주변 종교 문화유적지(금산사 등) 방문객도 줄어 지역경제에 악영향을 끼칠 가능성도 크다. 특히, 절차적 측면에서 정읍시가 김제시에 아무런 설명 없이 사업을 추진한 것은 형식 논리에만 치우친 부당한 처사이며, 화장장 건립이 필요하다면 3개 시군 중심지 등 다른 지역으로 설치 예정지를 변경해야 한다.

이에 대한 정읍시의 반응은 냉랭했다. 적법절차를 충족했고 남의 지역 일인데 웬 상관이냐는 반응이었다. 이는 정읍시 당국자 인터뷰에 고스란히 나타난다.

> 적법절차를 다 거쳤는데, 김제시가 무슨 권리로 반대를 하는지 모르겠다. 우리가 우리 관할구역 안에 필요 시설을 알아서 짓겠다는데, 다른 자치단체가 무슨 권리로 이에 대해 왈가왈부하는지 이해할 수 없다. 이미 6억 원의 사업비가 투입된 마당에 김제시 주장대로 설치 예정지를 변경한다면 행정의 일관성과 신뢰성이 떨어질 뿐더러 또 다른 민원의 소지도 있고 효율성도 저해되기 때문에 받아들일 수 없다. 김제시와 사전에 협의하지 않은 것이 문제라면, 김제시 주민들도 같은 불편을 겪는 만큼 이 사업에 동참하면 될 일 아닌가. 대승적 차원에서 함께하자.[5]

김제시의 요구를 이렇게 정읍시가 사실상 수용하지 않자 마침내 양측의 갈등은 격하게 터져 나왔다. 김제시는 사업 추진 반대 입장을 공식화했고, 김제시민들은 정읍시로 몰려가 피켓 시위 등 집단행동에 나섰다. 시간이 지날수록 갈등 양상은 더욱 증폭되고 첨예화되었다.

상황이 악화되자, 전라북도는 도지사 직속으로 '갈등조정자문위원회'를 구성하고 중재에 나섰다. 현장 조사와 청문 절차 등 수개월 간의 논의 끝에 2013년 12

---

5) 2013년 12월 16일 정읍시 담당과장 및 담당실무자 전화 인터뷰 내용이다.

월 최종 조정권고안을 발표하기에 이르렀다. 그러나 이는 갈등의 해소는커녕 갈등을 더욱 키우는 결과를 초래하고 말았다. 화장장 반대 주민들은 이 조정권고안 채택의 절차적 문제(표결 처리 방식의 부당성), 내용적 문제(일방적 편들기에 그쳤을 뿐이라는 인식), 인적 구성의 문제(특정 학교 인맥의 영향력 과다) 등을 들어 수용 불가 입장을 천명하고 저항 수위를 높였다. 이들은 청와대 및 국회 진정, 감사원 감사 청구, 소송 제기 준비 등 모든 수단을 총동원해 전면적 저항운동에 나섰다. 갈등 국면은 최악의 투쟁 상황으로 치달았다.

여기서 살펴볼 점은 적법절차에 하자가 없었다는 정읍시의 주장, 즉 정책의 절차적 정당성을 충분히 확보했다는 주장이 과연 타당한가 하는 점이다. 정읍시(2013a)는 "주민 신청에 의해 공정하고 적법한 심사 과정을 통해" 건립 부지를 선정했다고 밝혔으나, 4차례의 공모 과정에서 처음 2차례는 응모가 없었고 나중 2차례에 응모자가 나타났다.[6] 그나마 한 곳(정읍시 감곡면 통석리)은 정읍시 공무원들이 적극 나서 응모가 어렵사리 이뤄졌다. 그리고 가까스로 최소 요건을 채워 응모한 지역이 바로 지금의 설치 예정지이다. 문제는 이 과정이 처음부터 자발적인 주민 신청에 의해 이뤄진 응모라고 보기 어려운 점이 있다는 데 있다. 좀 더 진실한 측면은 최소한의 형식적 조건을 겨우 맞춘 수준이었다고 할 만하다. 그 근거는 설치 예정지 주민들 중 정읍시 공무원들이 제공한 잘못된 정보에 의해 주민 동의 서명을 자신의 진실한 의사에 반해 하게 되었다고 주장하는 사람들(서남권 화장장 반대대책위의 감곡면 주민들)이 다수 존재한다는 사실에 있다. 이들은 2012년 6월 25일 서남권 화장장 부지 제4차 공모 신청 최종일에 정읍시 감곡면사무소 직원들로부터 호별 방문을 받고 '화장장이 들어서면 주민들 통장에 수천만 원이 입금된다'는 감언이설에 회유되어 동의서에 날인했을 뿐이라고 주장한다. 감곡면 통사마을 주민 25명은 (그 말이 사실이 아님을 알게 된 직후) 2013년 1월 30일과 3월 11일, '화장장 건립 무효화' 및 '주민 동의 무효'를 요구하는 진정 및 내용 통지를 정읍시와 정읍시 의회에 제출했다. 이를 놓고 김제시(2013)는 "주민 동의 과정에서 수천만 원의 돈을 미끼로 한 주민 동의는 주민을 기망한 행위로 절차상 하자이며 원인 무효"라고 주장한다.[7] 이상의 사실을

6) 부산추모공원의 경우 응모지가 18곳이었던 것과 비교할 때 지나치게 적은 수라고 할 수 있다.
7) 그러나 정읍시 당국은 이들 주민 배후에 김제시가 있다고 의혹을 제기했다(정읍시 당국자 인터뷰).

놓고 볼 때, 정책의 절차적 정당성을 충분히 확보했다는 정읍시의 주장은 설득력이 약하다.

4. 갈등 조정의 실패

정읍시와 김제시의 상급 자치단체인 전라북도는 갈등을 미연에 방지할 수 있는 능력을 보유하고 있었고, 갈등 발생 이후 갈등을 조정할 수 있는 힘도 있었다. 애초부터 전라북도는 중앙정부(행정안전부)의 조건부 승인 조치 이행 여부를 제대로 확인하지 않은 채 예산을 반영해 준 잘못이 크다. 국비 지원 주체(중앙정부)가 절차적 정당성을 담보하라고 요청했음에도 불구하고 도비 지원 주체(전라북도)가 책임있는 행정행위를 제대로 다하지 못한 것이다. 이는 정책 추진 주체(정읍시)가 설령 이해관계자의 범위를 제대로 설정하지 못한 과오를 저질렀다 하더라도, 문제를 사전에 인지시켜 갈등을 미연에 방지할 수 있는 기회를 상실케 한 것이기 때문에 그 잘못이 중대하다고 할 수 있다.

또 갈등 조정에 나선 전라북도가 조정 역할을 제대로 수행하지 못해 사태를 더욱 악화시킨 측면도 있다. 전라북도 갈등조정자문위원회는 도지사 자문기구에 불과하므로 최종권고안이 나오는 과정에서, 그리고 권고안이 나온 이후 양측을 중재하는 과정에서 도지사(김완주)가 전면에 등장할 필요가 있었다. 그러나 도지사는 적극적인 역할에 나서지 않았다. 그 사이 갈등조정자문위원회는 갈등 '조정'에 어울리지 않는 '표결'로 최종 의사 결정을 내렸고, 그렇지 않아도 위원 구성 및 논의 과정에 대한 각종 의혹이 제기되던 차에 강행된 그와 같은 의사 결정 방식은 위원회에 대한 중재자로서의 신뢰를 크게 실추시켰다. 그로 인해 중립적 판단을 구했던 이해관계자들을 더욱 들끓게 하고 말았다.

요컨대, 전라북도 역시 정책의 절차적 정당성과 내용적 정당성 확보에 둔감했던 것이 결정적인 문제였다고 할 수 있다. 정책의 절차적 정당성은 물론 내용적

그렇지만, 관련 주민들의 그간 행적으로 볼 때, 정읍시의 그러한 주장은 설득력이 떨어진다. 전라북도 도시계획시설 결정 심의 중지 요청, 보건복지부 특별 감사 요청, 국비 지원 중단 요구, 청와대·국회·안전행정부 민원, 감사원 감사 청구, 정읍시 불법행정 고발 등은 누군가의 사주를 받고 움직인 것으로 보기에는 과하고 준엄하기 때문이다.

정당성을 확보하기 위한 노력, 예를 들면 공공재 확충에 저해되는 사회적 편견을 없애고 화장장에 대한 사회적 구성(social construction)을 긍정적인 방향으로 선회하게 하는 노력 등에 소홀했다.

그런데, 이러한 점은 중앙정부(보건복지부)도 마찬가지라는 데 문제의 핵심이 자리하고 있다. 비선호시설에 대한 일반 국민의 인식은 사회적으로 구성된 패턴이기 때문에 이러한 인식 패턴의 변화를 가져올 수 있게 하는 국가적 작용은 무엇보다 중요하다. 즉, 화장시설에 대한 내용적 정당성을 중앙정부가 나서서 처음부터 제대로 확보했어야 한다는 뜻이다.[8)]

중앙정부(보건복지부)는 화장장 확충 계획을 추진하면서 사회적 구성을 긍정적 방향으로 선회하게 하는 적극적 작용에 상당히 둔감했다. 화장시설의 양적 확충에 주로 관심을 갖고 국비를 지원하는 데 그쳤을 뿐, 이를 추진 과정에서 나타날 수 있는 내용적 정당성 확보 미흡 문제에 대해 선제적으로 대응하지 못했던 것이다. 사회적 편견과 차별적 대우를 받는 화장장에 대한 국민의 수요가 날로 커지고 있면, 중앙정부는 님비시설의 건립에 필요한 내용적 정당성을 확충하는 방향으로 국민적 관심을 환기시키는 제반 노력(캠페인, 언론 보도, 홍보, 교육 등)을 사전에 적극적으로 펼쳤어야 했다. 이것을 일선 기초자치단체에 맡겨놓고 국비만 지원하는 역할에 그쳐서는 아니 될 일이었다.

제 3 절 사례의 쟁점: 정책 정당성

1. 정책 정당성 이론

어떤 정책의 성공과 실패를 평가하는 데 정당성의 시각에서 논의하는 것은 매우 중요한 의미를 지닌다(Wallner, 2008). 정책이 국민들에게 받아들여질 수 있는 정당한(justificatory) 원칙으로 구성되었을 때 정책은 정당하다고 할 수 있으

8) 미국의 경우, 장묘시설과 묘지는 대개 주거지역과 인접한 공원으로 조성되어 있어서 상대적으로 혐오시설로 인식하는 정도가 낮다.

며, 정당한 원칙에 대한 의사소통을 통해 정책을 둘러싼 관계자들이 상호 공유할 수 있는 믿음이 생기게 될 때 정책 정당성이 확보된다(Obradovic, 1996). 정부의 정책(공공 서비스의 공급)은 사회의 정책 수요에 부합하는 정책이어야만 하지만, 정부 입장에서 바람직하거나 정의로운 정책이라고 해서, 사회적으로 반드시 정당한 것만은 아니다. 누구의 시각에서 정의롭고 바람직한가의 문제는 여전히 제기될 수 있는 것이고, 관련 이해당사자가 충분히 동의하고 있는가의 문제도 뒤따를 수 있기 때문이다.

이러한 측면에서 정책 정당성(policy legitimacy)이란 정책 과정에서 해당 정책과 연관되어 영향을 주거나 받게 되는 모든 이해관계자의 선호가 반영될 수 있어야 한다는 것을 의미한다(Boedeltje & Cornips, 2004). 즉, 특정 정책과 관련해 최소한 이에 의해 영향을 받는 모든 이해관계자의 참여를 통해 해당 정책이 집행되었을 때 정책이 가지고 올 수 있는 결과에 대한 긍정적 상호 신뢰가 구축될 수 있으며, 동시에 정책의 공급과 수요 간 적절한 조율이 가능해지는 것이다. 이러한 정책 정당성을 확보하려는 노력은 정책 갈등을 최소화하거나 예방할 수 있는 최선의 길이 될 수 있고, 정책 성공의 가능성을 높이는 방편이 될 수 있다.

어떤 정책과 연관된 가능한 한 모든 이해관계자의 선호가 반영되게 하려면 사회적으로 적절한 메커니즘이 구축되어 있을 필요가 있는데, 참여 민주주의(participatory democracy)에 기반한 거버넌스 체제는 이를 위한 중요한 선결 요건으로 꼽힌다(Barber, 1984). 정책결정자 및 관료는 이해관계자들의 참여를 보장하는 거버넌스 체계에 근거해 정책 정당성을 획득해야만 정책 갈등을 최소화할 수 있다. 특히 비선호시설(LULUs)에 대한 정책에서는 정책 갈등이 발생할 가능성이 상당히 높기 때문에 정책 정당성을 확보하는 것이 무엇보다 중요한 요소임을 중시해야 한다. 그렇다면, 이러한 정책 정당성은 어떻게 정의될 수 있으며, 구체적으로 무엇을 말하는 것인가?

몽프티(Montpetit, 2008), 샤프(Sharpf, 1997), 스모크(Smoke, 1994), 월너(Wallner, 2008) 등은 국민 또는 다양한 정책 이해관계자들과의 의사소통을 통해 정책에 대한 동의를 확보하는 것을 정책 정당성으로 규정하면서, 이를 확보하려면 정책의 내용과 절차 두 가지 측면이 모두 정당해야 한다고 제시했다. 정책 갈등을 미연에 방지하기 위해서는 정책의 내용적 정당성(output or substantive legitimacy)과 절차적 정당성(input or procedural legitimacy)[9]이 충분히 확보되어 있어야 한다는 것이다.

정책의 절차적 정당성이란 정책 과정에서 민주성과 관련된 정당성을 의미한다. 즉, 정책 과정에 해당 이해관계자들이 참여할 수 있는 민주적인 거버넌스 체제가 구축되어 있는지 여부, 그리고 정부 권력은 이러한 이해관계자의 선호에 의해 행사되어야만 한다는 것이다. 다시 말해서 절차적 정당성이란 정책이 국민에 의해(by the people) 결정되어야 한다는 것을 의미하는 것이다. 이를 담보하기 위해서는 정책에 의해 영향을 받는 모든 이해관계자가 가능한 한 정책 과정에 최대한 참여할 수 있는 기회를 제공해야 한다.

정책의 내용적 정당성이란 정책의 내용이 국민을 위한(for the people) 정책인가에 관한 문제를 말한다(Sharpf, 1998). 실질적으로 특정 정책에 영향을 받는 이해관계자들이 가지고 있는 지배적인 가치 정향 태도와 정책의 내용이 얼마나 잘 조화를 이룰 수 있는가의 문제를 가리키는 것이다(Wallner, 2008). 정책의 내용적 정당성을 확보하기 위해서는 이해관계자들을 설득시키고 이들의 정당한 요구를 적절히 절충·조정해 정책 목표와 조화를 이룰 수 있도록 포용하는 것이 무엇보다 중요하다. 이러한 과정에서 내용적으로 누락되는 부분이 생기면 정책 갈등은 피하기 어렵게 된다(Montpetit, 2008; Sharpf, 1997; Smoke, 1994; Wallner, 2008).

서남권 화장장 입지 갈등 사례는 이와 같은 점에서 다룰 만한 가치가 있다. 화장시설을 설치하려는 정부 정책에 대해 이 시설과 관련된 이해 관계 주민들이 화장시설에 대해 얼마나 필요성을 느끼는가, 화장장이라는 시설 자체에 대한 지배적인 시각은 무엇인가, 강력한 문제 제기를 한 시민들은 왜 떨쳐 일어나게 되었는가, 무엇이 어떻게 문제가 되었는가, 당국의 책임은 어디에 있는지 등을 설명하기에는 기존 연구에 모자람이 많다. 갈등 원인에 주목한 연구도 희박한 상황이라서 새로운 시각과 차별적 접근을 시도할 필요가 있다.

그렇다면, 많은 갈등 원인 중 왜 정책 정당성에 초점을 맞췄는가? 그 이유는 다음과 같다. 님비시설 유치 갈등의 원인 중 시간적 조급성(촉박함) 때문에 이해

9) 정책 정당성을 구성하는 요소에 대한 각 학자의 명칭은 일치하지는 않으나, 절차적인 측면과 내용적인 측면에 대한 정당성으로 정리할 수 있다.

관계자 참여가 보장되지 않는다는 점에 주목할 필요가 있다. 특히, 정책 추진 주체인 선출직 자치단체장들이 시설 유치를 정치적인 목적으로 활용하는 경우가 많은데,[10] 임기 내 가시적인 성과를 보여주려는 유인이 발생해 시설 유치와 관련된 내용적 정당성과 절차적 정당성을 충분히 확보하지 않은 채 정책을 추진하는 경향이 있다. 관련 이해관계자들에게 고려할 만한 충분한 시간과 절차를 부여하지 않은 채 일방통행 식으로 밀어붙이는 사례가 빈번하게 발생하는 것이다. 따라서 이 글은 정책의 내용적·절차적 정당성이 진정성 있게 확보되지 않은 채 정책이 추진될 경우 불필요한 갈등이 생길 수 있고, 시간적·경제적으로도 더 많은 비용이 소요될 수 있음을 일깨우게 한다는 점에서 논의의 차별성과 의의를 갖는다.

2. 정책 이해관계자의 범위

정책 정당성, 특히 정책 이해관계자들로부터 동의를 얻었다고 판단된 경우에도 정책 갈등이 발생할 가능성은 남는다. 그 이유는 여러 가지 측면에서 찾을 수 있겠지만, 이 글에서는 이해관계자의 적절한 범위 설정 실패라는 측면에 초점을 맞췄다. 즉, 정책결정자 입장에서 해당 이해관계자라고 판단되는 시민들과의 적극적이고 밀접한(intensive) 상호 조율 노력을 통해 정당성을 확보했을지라도, 미처 생각하지 못한 주요 이해관계자가 나타날 수 있다는 점을 고려할 수 있어야 하는데, 이 점을 간과해 이해관계자의 범위 설정을 적절하게 하지 못할 때도 정책 갈등이 나타날 수 있다는 점을 환기시키고자 함이다.

원칙적으로 정책 정당성을 담보하기 위해서는 정책 결정을 담당하는 정책결정자(선출직 공직자 및 직업관료)를 포함해, 의회, 언론, 이익집단, 그리고 직·간접적으로 편익 또는 피해를 입는 일반 대중으로부터 정책에 대한 광범위한 공감대를 이끌어 내야 한다(Hanberger, 2003). 그러나 자원의 희소성, 정책의 시급성 등의 이유로 말미암아 가능한 모든 이해관계자를 정책 과정에 참여시키는 것은 여러모로 힘들다. 그럼에도 불구하고 정책결정자는 어떤 상황에서도 가장 효율

10) 기존 연구에서 갈등 원인으로 정치적 원인에 주목한 연구는 드물다.

적인 방법을 찾아내 이해관계자의 범위를 최대한 추정해 내지 않으면 안 되는 책임이 있다.

정책 이해관계자 유형 분류는 정책 과정의 이해관계자들의 범위와 구성 방식을 이해하는 데 유용하게 사용될 수 있다. 왜냐하면 정책 이해관계자들의 범위 및 특성을 파악해야 정책의 내용적 및 절차적 정당성의 확보 여부를 판단할 수 있기 때문이다. 즉, 정책 이해관계자 유형의 전모를 파악할 수 있어야 정책으로 인해 이익이나 손해를 보는 집단이 하나라도 있는지 점검할 수 있는 것이다. 만약 잠재적 이해관계자를 미연에 파악하지 못해 갈등이 발생할 경우 정책 정당성에 문제가 생기고 예상치 못한 사회적 비용이 소요될 수밖에 없기 때문에 정책 이해관계자 유형 분류는 상당히 중요한 의미를 지닌다.

이 글에서는 정책 이해관계자 유형 분류를 위해 정책 PR에 나타난 공중(公衆)의 특성에 따른 핼러한(Hallahan, 2000)의 분류 방법을 원용하고자 한다(박치성 · 명성준, 2007). 즉, 정책 이해관계자가 특정 사안에 대해 보여주는 두 가지 특성(① 정책에 대한 관여 정도, ② 정책에 대한 지식 수준)을 기준으로 〈표 10-1〉과 같이 다섯 가지 유형을 분류하고자 하는 것이다. 여기서 '관여'는 이해관계자가 정책에 얼마나 관심이 있고 정책 과정에 참여하려고 하는가와 관련된 개인의 동기(motivation)와 관련된 변수, '지식 수준'은 정책에 대해 얼마나 많은 지식을 가지고 있는지, 정보 처리 능력이 뛰어난지와 관련된 변수를 말한다.

표 10-1 정책 이해관계자 유형 분류

구분	저관여	고관여
높은 지식 수준	자각적 이해관계자	활동적 이해관계자
낮은 지식 수준	비활동적 이해관계자	환기된 이해관계자

비이해관계자(지식/관여도 없음)

* 출처: Hallahan(2000: 504).

첫째, '자각적 이해관계자'는 정책 사안에 대해 상당히 높은 수준의 지식을 보유하고 있으나, 정책 과정에 관여를 하는 정도가 낮은 이해관계자를 말한다. 사회적 위치나 교육 수준이 높은 전문가집단이 이에 해당한다. 정책 과정에 관여하는 정도는 낮지만, 이들의 의견이 다른 이해관계자들에게 큰 영향력을 미칠 수 있다는 점에서 중요한 이해관계자라고 할 수 있다.

둘째, '활동적 이해관계자'는 정책 사안에 대해 상당히 높은 수준의 지식을 보유하고 있고, 관여하는 정도도 상당히 높은 이해관계자를 말한다. 이들은 특정 정책에 의해 직접적 혜택 또는 피해를 보게 되는 행위자들이다. 그렇기 때문에 관련 지식 및 관여 수준이 높고, 이해 관계를 공유하는 사람들과 함께 조직화함으로써 집단행동을 하는 경우가 많다. 따라서 정책 과정에서 가장 먼저 고려해야 할 대상이 된다.

셋째, '환기된 이해관계자'는 정책 사안에 대한 지식 수준 또는 정보 처리 능력이 상대적으로 낮으나, 정책 과정에 관여하려는 동기는 상당히 높은 이들을 말한다. 이들은 특정 정책에 대해 지식 수준은 낮으나 잠재적인 문제나 쟁점을 인식하고 있어 추가적인 정보가 제공된다면, 얼마든지 활동적 이해관계자로 변환될 소지가 높다는 점을 특징으로 한다.

넷째, '비활동적 이해관계자'는 정책 사안에 대한 지식 수준 또는 정보 처리 능력이 상대적으로 낮고 정책 과정에 관여하려는 동기도 상당히 낮은 이들을 말한다. 이들은 특정 정책에 대해 최소한의 지식 정도는 있으나, 그 정책이 자신과 무관하다고 생각하기 때문에 관여를 하려는 동기가 결여되어 있는 특성이 있다. 그러나 이들은 특정 계기(예를 들어, 이들의 지역이 정책 영향력에 포함되었다고 뒤늦게 인지하거나, 자각적 이해관계자들에 의해 지식 수준이 높아지는 경우 등)가 있을 경우, '환기된 이해관계자' 내지 '활동적 이해관계자'로 얼마든지 전환될 수 있는 잠재적 이해관계자들이다. 그러므로 외견상 혹은 형식 논리상 직접적 이해관계자로 여겨지지 않을 수 있지만 그 잠재성을 보아 이해관계자 범위 설정에서 결코 제외되면 안 되는 이들이다(Grunig & Hunt, 1984).

다섯째, '비이해관계자'는 특정 정책에 대해 아는 바도 없고 관여하려는 동기도 없는 이들을 가리킨다. 예를 들면, 화장장 입지 선정의 경우, 입지 지역과 아무런 관련이 없는 지역에 살면서 장묘문화나 화장 등에 전혀 관심이 없는 사람들이 여기에 해당한다.

3. 정책적 함의

이상에서 살펴본 서남권 광역 화장장 입지 갈등 사례는 정부의 입장에서 공공재(화장장)의 확충을 위해 정책적으로 무엇을 교훈삼아야 하는지 잘 보여준다. 그것은 정부가 비선호시설 확충에 필요한 정책 정당성 확보 전략, 혹은 대응 전략에 더욱 더 많은 관심과 노력을 기울일 필요가 있다는 점이다.

첫째, 정책의 내용적 정당성 확보에 만전을 기해야 한다. 정부(보건복지부)는 화장시설의 확충을 위한 국비 지원 역할에 머물러 있지 말고 추진 과정에서 나타날 수 있는 내용적 정당성 확보 미흡 문제에 더욱 책임 있는 자세로 나서야 한다. 국민들의 독특한 장묘문화로 인해 화장시설에 대한 불필요한 오해와 부정적 인식이 확산되어 있는 상황에서, 사회적 편견을 없애고 화장장에 대한 사회적 구성(social construction)을 긍정적 방향으로 선회하게 하는 노력을 일선 지자체에만 맡겨두는 것은 부적절하다. 화장률의 급증과 장묘문화의 급변 추세, 그리고 장차 장묘대란에 대한 우려 등을 고려할 때 다양한 방법(캠페인, 언론 보도, 홍보, 교육 등)으로 화장장에 대한 국민들의 지배적 가치 정향 태도와 인식을 바꿀 수 있도록 좀 더 적극적인 역할에 나서야 한다.

둘째, 정책의 절차적 정당성 확보에도 만전을 기해야 한다. 앞에서 제시한 핼러한(Hallahan, 2000)의 정책 이해관계자 유형 분류에 입각할 때, 행위 주체별 절차적 정당성 확보 전략을 정리하면 〈표 10-2〉와 같이 정리될 수 있다. 먼저, 서남권 광역화장장의 실질적인 추진 주체인 정읍시는 김제시(민)을 '활동적 이해관계자'로 간주하고 행정 협의에 나서는 참여를 적극 보장해 주어야 한다. 특히 '활동적 이해관계자'로 집단행동에 나선 정읍시 반대 주민들(서남권 화장장 반대 대책위 감곡면 주민들)의 저항에 비춰볼 때, 입지 선정을 다시 할 필요성도 있는 것으로 판단된다. 만일 입지 선정을 원점에서 재검토한다면 부산추모공원 사례처럼 절차적 정당성을 확보하기 위한 실질적인 과정에 더욱 더 충실할 필요가 있다. 아울러 전라북도는 행정안전부(2012)의 "조건이 반드시 충족된 후에" 예산 반영이 이뤄지도록 하라는 요청에 적극 부응하고, 중앙정부도 그 이행 여부를 반드시 확인해 조치할 필요가 있다.

표 10-2 절차적 정당성 확보 전략

구분	해당자	절차적 정당성 확보 전략	
		실제 사례	제언
비활동적 이해관계자	김제시(민)	없었음 (비이해관계자로 간주했음)	'활동적 이해관계자'로 간주하고 적극적인 참여를 보장해야 함
자각적 이해관계자	중앙정부 전라북도	조건부 이행 조치 시달 및 미이행	조건부 이행 조치 충족토록 지도
환기된 이해관계자	고창군(민) 부안군(민)	자기 지역에 설치되지 않기에 설치 동의	공동의 문제 해결을 위한 협력 강화
활동적 이해관계자	정읍시(민)	설치 예정지 반대 주민의 격렬한 저항	입지 선정부터 원점에서 재검토 필요

한편, 김제시는 화장장이 부재해 주민 불편이 가속화되고 있다는 사실을 언제까지 외면할 수는 없다는 점에서, 인근 지역들과 협력해 화장장 문제에 대한 합리적 대안을 도출하는 노력을 병행할 필요가 있었는데, 2014년 말 만시지탄이 있지만 갈등이 해소되어 다행스럽다. 그러나 그 이전에 정읍시의 절차적 정당성 확보 미흡 문제를 침소봉대하거나 월권적 입지 이전 요구를 이어간 것은 바람직하지 못했다.

물론 정책 정당성이 충분히 담보될 경우에도 님비시설에서 정책 갈등이 발생할 가능성은 여전히 상존한다. 그러나 정책 과정에서 내용적 및 절차적 정당성이 확보되는 경우에는 갈등이 발생하더라도 어느 일방의 주장이 최소화됨으로써 갈등의 수준을 낮출 수 있는 효과가 있다는 점은 분명하다. 또 님비시설과 관련된 잠재적 피해자 또는 수혜자가 정책입안 단계에서부터 주요 변수로 고려될 수 있기 때문에, 예기치 못한 갈등의 비화를 방지하는 효과도 어느 정도 거둘 수 있는 여지가 있다. 따라서 정책 추진 주체는 정책 정당성을 확보하기 위해 가능한 한 모든 이해관계자의 범위를 최대한으로 설정하고 이들이 정책 과정에 참여할 수 있도록 보장하는 노력에 좀 더 적극적인 관심을 보일 필요가 있다.

제 4 절 나오는 글

이 글은 화장시설을 확충하고자 할 때 흔히 나타날 수 있는 입지 갈등 문제를 정책 정당성 이론에 입각해 분석해 보았다. 이 글의 구체적인 대상이 된 서남권 광역 화장장 입지 갈등 사례는 정책 결정 과정에서 반드시 포함되어야 하는 정책 이해관계자가 누락되었을 때, 정책 정당성이 제대로 확보되지 못해 예기치 못하게 정책 추진이 표류할 수 있음을 보여주는 좋은 사례라고 할 수 있다. 또 정부의 입장에서 공공재(화장시설)의 확충을 위해 정책적으로 무엇을 교훈삼아야 하는지도 선명하게 보여준다는 점에서 의미가 있다. 특히, 이 사례는 사업 착수 당시 3개 기초자치단체가 합의해 비선호시설을 공동으로 추진한다는 점에서 지역 거버넌스의 성공 사례(갈등 해소 면에서)로 꼽혔던 것이 느닷없이 갈등 국면으로 빠져들고 만 매우 이례적인 사례라는 점에서 연구 가치가 높았다. 다행히 2014년 말 극적으로 갈등이 타결되어 2년 만에 다시 사업이 재추진되었지만, 불필요한 갈등 발생으로 인한 사회적 비용은 이미 치를 만큼 치른 뒤였다.

이 사례에 대해 핼러한(Hallahan, 2000)의 정책 이해관계자 유형에 따라 정책 정당성 확보 여부를 분석해 보았더니, 일선 정책 추진 주체(정읍시)가 절차적 정당성을 제대로 확보하지 못하고 범정부적으로도 내용적 정당성을 제대로 확보하지 못해 불필요한 갈등이 촉발된 측면이 크다는 점을 알 수 있었다. "목적이 수단을 정당화할 수는 없다"는 유명한 철학적 명제가 있다. 제아무리 긴요한 정책 목적이라도 정책 과정과 내용 등 정책 수단에 하자가 있을 경우 결코 정당화되기 어렵다는 점을 이 사례는 똑똑히 보여주었다.

부산추모공원 조성사업의 경우는 이 사례와 달리 상당히 모범적이었다. 사업 착수 당시 최초 25개의 예비 후보지를 검토해 5개 추천 후보지를 선정하고 장묘시설조성추진위원회가 이를 심층 분석했고, 공모에 응한 18개소와 병합해 심사한 다음 10개소로 압축한 다음 이들을 다시 정밀 평가해 3개 후보지를 선정하고, 부지선정심사위원회 재심의(3회) 후 무기명 투표로 최종 후보지(경남 기장군 정관면 두명리 일대)를 선정하는 등, 정책의 절차적 정당성을 확보하는 데 만전을

기했던 것이다(손고익, 2008; 정동규, 2009). 부산추모공원 조성사업의 추진 주체(부산시)는 정책의 내용적 정당성 측면도 충분히 확보함으로써 사업을 성공으로 이끌 수 있었다. 부산 지역은 1995년 38%이던 화장률이 2002년 66%로 급증해 전국 최고를 기록했고, 기존 영락공원 납골당이 수용 능력에 한계를 보였기 때문에 화장장을 추가로 건립하지 않을 수 없었다. 화장장 추가 건립 정책의 내용적 정당성은 충분했던 것이다. 그러나 인근 양산군 주민들의 반대로 갈등이 비화되고 있었던 것이 가장 큰 문제로 떠올랐다. 이에 대해 부산시는 자치단체 간 행정협의체를 가동하고 간부공무원 간담회, 지역 주민 간담회 등을 무수히 열어 주민 고충 해결과 숙원사업 지원을 약속하는 등 진정성 있는 소통 노력을 기울여 반대 주민들의 인식 전환을 가져오게 했다. 특히, 이해 관계 주민들과 340회에 걸쳐 간담회를 실시했고, 반대 분위기가 고조될 때마다 주민설명회를 열어 납골시설이 혐오시설이나 기피시설이 아닌 안식과 휴식을 위한 공간으로 느끼도록 인식을 전환하는 데 많은 공을 들였다.[11] 정책의 내용적 정당성을 확보하기 위해 많은 노력을 기울인 것이다.

청주 화장장 추가 건립사업도 정책 정당성 확보가 왜 중요한지 일러준다. 청주시는 종전 화장장의 노후화로 화장장 추가 건립 정책의 내용적 정당성은 충분히 갖추고 있었다. 그러나 청주시가 종전 화장장 지역(월오동)과 인근 지역(청원군 낭성면) 주민들의 동의를 구하는 절차를 거치지 않으면서 갈등이 발생했다. 뒤늦게 잘못을 깨달은 청주시는 자치단체장이 직접 나서 정책의 내용적 정당성을 알리고 반대 주민들의 인식을 전환하는 데 많은 애를 썼다.[12] 청주시는 충청북도와 청원군에 협조를 구하며 대화와 설득을 병행했다. 월 1회 주민 대표들과의 약속사업 월례회의를 개최해 추진 상황을 설명하기도 했다. 이러한 노력은 정책 정

11) 지역 주민 87명을 초청해 국내 선진 화장장을 돌아보게 하고, 33명을 구성해 일본과 대만의 선진 납골공원을 견학할 수 있게 함으로써 납골시설에 대한 인식 전환을 가져오게 하였다. 봉안당 사용료 50% 감면, 화원 운영권, 현지 주민 고용 보장 등 지원책도 마련했다. 진입도로 확장, 마을 이주, 주민자치회관 건립, 공공공지 조성, 농어민 저온창고 건립 등 지역개발 지원책도 강구했다(손고익, 2008).

12) 반대 주민들을 국내 선진 화장장에 견학 보내는 등 주민들의 인식 전환과 불신 해소에 적극 나섰다. 특히 폭설 피해로 관련 주민들이 어려움을 겪자 청주시가 적극 복구 지원에 나서 주민들의 지배적인 가치 정향 태도를 바꾸게 했다. 농로 포장 및 진출입로 확장, 화장장 이용 편익사업의 운영권 부여 등 지원책도 제시했다(정동규, 2009).

당성과 신뢰성을 유지해 나가는 데 중요한 요소로 작용했다(정동규, 2009).

화장장 입지 갈등 문제를 종합적으로 분석한 이만형 외(2007)는 화장장 입지 갈등 요인을 내부 요인과 외부 요인으로 크게 나누고, 주민의 이해 정도, 보상에 대한 기대심리, 주민 찬성 비율, 언론의 태도, 환경단체의 활동 등 제반 요소를 검토할 수 있는 개념적 틀을 제시했다. 입지 선정 시 관련 주민 의견 수렴 절차가 중시되지 않으면 입지 갈등이 첨예화하고, 환경영향평가 시 주민 의견 수렴이 부족하거나 신뢰할 만한 자료 제공이 미흡한 경우 입지 갈등이 높게 형성된다는 것이다. 또 지역의 이익을 위해서는 필요한 시설이지만 일부 '자각적 이해관계자' 들이 반대집단을 형성해 여론을 환기할 경우, 그리고 일부 정치인의 무책임한 공약이나 환경단체들의 비현실적 호도, 또는 언론매체의 부적절한 보도 등도 입지 갈등을 부추기는 요인으로 지적되었다(이만형 외, 2007).

이상은 정책의 정당성 확보가 무엇보다 중요하다는 점을 재차 확인시켜 준다. 특히, 서남권 화장장 입지 갈등의 경우 정책 이해관계자를 애초부터 잘못 파악한 채 정책을 추진하는 바람에 갈등이 격화된 측면이 크다. 비록 서남권 광역 화장장 입지 갈등이 2년 만에 해소되었지만, 중앙정부(보건복지부, 안전행정부), 광역자치단체(전라북도), 기초자치단체(정읍시, 김제시, 고창군, 부안군)가 정책의 절차적 정당성과 내용적 정당성을 확충하기 위한 노력에 더욱 만전을 기해야 한다는 점을 이 사례는 잘 일깨워 주었다. 특히, 많은 정책 당국자가 형식적인 최소한의 요건만 갖추면 정책 추진에 별다른 문제될 것이 없다는 자세로 행정을 할 때, 갈등과 혼란은 막을 수 없다는 점을 각급 정부(중앙 · 지방정부)와 행정가들은 깊이 성찰할 필요가 있다.

화장장은 사회적 편견과 차별적 대우를 받는 천덕꾸러기이면서도 국민의 수요가 날로 커지고 있는 이중적 존재이다. 따라서 정부의 지혜롭고 신중한 접근이 요구된다. 그렇게 할 때 공공재의 합리적 공급과 복리후생의 증진도 성공적으로 달성될 수 있을 것이다. 그러므로 정부는 화장장에 대한 사회적 편견을 없애는 방향으로 사회적 구성을 전환하는 노력에 더 많은 관심과 주의를 기울이고 선제적으로 대응할 필요가 있다. 그렇게 해야만 사회적 갈등 비용도 최소화될 수 있다.

제11장

행정개혁에 대한 지방공무원들의 반응: 정부 3.0을 중심으로*

정주용 · 남태우

제 1 절 들어가는 글

행정개혁은 새로운 대통령이 취임하면 어김없이 등장하는 단골 메뉴와도 같다. 어떤 정부도 완벽하지 않고, 개선해야 할 여지가 있음을 감안한다면 당연한 이치일지도 모른다. 이러한 행정개혁은 국정 운영의 핵심 어젠다이고, 정부가 출현한 이래로 계속적으로 추진해 왔던 자기 변혁적 산물이다. 박근혜 정부도 취임 직후 정부 3.0이라는 행정개혁을 추진하면서 더 나은 행정 서비스를 제공하기 위해 행정의 운영 방식을 변화시키고자 노력하고 있다. 그러나 아쉽게도 모든 정권의 행정개혁은 성공했다는 평가를 받기보다는 실패했다는 평가가 지배적이다.

* 이 글은 2014년 한국정책학회 하계학술대회에서 "중앙의 정책 추진과 지방공무원의 반응: 정부 3.0 (○○시 종합일자리지원센터 개소) 사례를 중심으로"라는 제목으로 발표되고, 동년 12월, 「한국자치행정학보」 제28권 제4호에 "중앙의 정책 추진과 지방공무원의 반응: 지역일자리 사업 통합 사례를 중심으로"라는 제목으로 게재된 논문 중 교육용 사례를 위주로 재구성한 것임.

매번 바꿔보려고 노력하지만 '개혁'이라는 용어에 걸맞지 않게 대대적인 변화를 만들어내지 못하고 있는 것이다.

물론 과거 권위주의 정부에서는 행정개혁이 어느 정도 성공을 거두었다. 개혁과제의 논의와 선정이 개혁의 적극적인 추진을 의미하는 것이었고, 행정 운영 방식의 실질적인 변화를 유도하는 성과를 만들어내기도 했다. 그러나 민주화 이후의 행정개혁은 이 같은 방정식이 성립되기 어렵다. 개혁에 대한 방향성과 개혁과제를 선정하는 것도 의견이 분분하고, 방향성과 과제에 대한 합의가 있다손 치더라도 이것이 어떻게 집행될지는 여전히 불확실하기 때문이다. 여기서 주목해야 할 것은 바로 관료들의 반응이다. 특히, 행정개혁의 실패를 관료들의 저항으로 보고 있어(조성한, 2005: 24) 집행의 주체인 관료들의 반응을 살펴보는 것은 매우 의미 있는 작업이라고 할 수 있다.

행정개혁을 추진하는 과정은 정책 집행 과정으로 볼 수 있고, 집행의 주체는 중앙정부, 지방정부, 공공기관 등에 해당한다. 그런데, 특징적인 것은 정책 집행 주체인 관료들은 정책집행자인 동시에 정책 대상 집단이 된다. 행정개혁은 일선 행정 현장에서의 행정절차 개선을 수반하기 때문이다. 즉, 바꿔야 할 주체도 관료이고, 바뀌어야 하는 대상도 관료인 셈이다. 이러한 특징은 다양한 궁금증을 불러일으킨다. 과연 관료들은 왜 바뀌려 하지 않고 저항하는가, 저항의 이유는 무엇인가, 과연 저항이라고 말할 수 있는가, 구조적인 모순이 저항으로 매도되는 것은 아닌가? 우리는 이러한 질문에 관심을 기울일 필요가 있다.

이 글에서는 박근혜 정부가 추진하고 있는 정부 3.0에 대한 지방공무원들의 반응에 주목함으로써 행정개혁의 문제점을 토론해 보고자 한다. 사례분석을 통해 지방공무원들이 중앙정부가 추진하는 행정개혁에 대한 시각을 엿볼 수 있을 것이고, 중앙정부의 지시에 어떠한 반응 행태를 보이는지를 논의할 것이다. 또한, 이들의 반응이 어떤 상황에서 어떻게 변할 수 있는지도 논의하게 될 것이다. 이러한 논의들을 종합해 보면 행정개혁 집행 과정에서 공무원들의 반응을 체계화하는 데 도움을 줄 수 있을 것으로 본다.

제 2 절 정부 3.0의 추진 배경과 사례의 개요

1. 정부 3.0의 추진 배경

박근혜 정부는 정부개혁을 위한 새로운 국정 어젠다로 정부 3.0을 지향하면서 이를 구체화하기 위해 투명한 정부, 유능한 정부, 그리고 서비스 정부를 추진전략으로 제시했다(우윤석, 2013: 22). 정부 3.0은 정보통신기술(ICT)을 바탕으로 정부 내부는 물론 민간과의 협업을 통해 국민 개개인에게 맞춤형 서비스를 제공하는 것을 목적으로 하고, 정부의 운영 방식을 국가 중심에서 국민 중심으로 바꾸는 전면적인 패러다임 전환을 강조한 것이다(이영, 2013).

정부는 추진전략으로 내세운 세 가지 미래형 정부를 만들기 위해 열 가지 중점 과제를 마련했다. 첫째, 소통하는 투명한 정부를 만들기 위해 ① 공공정보의 적극적 공개로 국민의 알 권리를 충족하고, ② 공공 데이터의 민간 활용을 활성화하며, ③ 민・관 협치를 강화하는 전략을 선택했다. 둘째, 일 잘하는 유능한 정부를 만들기 위해 ④ 기관 내 칸막이 해소, ⑤ 협업・소통 지원을 위한 정보 시스템의 개선, ⑥ 빅 데이터를 활용한 과학적 행정 구현 전략을 선택했다. 셋째, 국민 중심의 서비스 정부를 만들기 위해 ⑦ 수요자 맞춤형 서비스 통합 제공, ⑧ 창업 및 기업 활동 원스톱 지원 강화, ⑨ 정보 취약계층의 서비스 접근성 제고, ⑩ 새로운 정보기술을 활용한 맞춤형 서비스 창출 전략을 제시했다.

한편, 행정개혁의 핵심적인 추진 주체인 안전행정부는 정부 3.0의 4대 가치인 개방, 공유, 소통, 협력이 자치단체 차원에서 구체적인 실현될 수 있도록 하고, 지방정부의 적극적인 참여를 유도하기 위해 지방 3.0의 필요성을 강조했다(이영, 2013: 373). 이는 지방정부에서 행정개혁을 성공하지 못하면 정부 3.0이 실효성을 거두지 못할 것이라는 판단에서였을 것으로 보고 있다. 특히, 자치단체 차원에서 실시되는 정부 3.0을 '지방 3.0'이라고 명명하면서 지방자치단체의 적극적인 참여를 유도하고 있다. 2013년 6월 19일 '정부 3.0 비전 선포식' 직후에는 '2013년 지방 3.0 공모과제 선정 실시계획'을 발표하면서 지방정부로 하여금 행정개혁 과제를 스스로 발굴하는 상향식 접근 방법도 동시에 활용했다.

상향식 접근 방법은 자치단체로 하여금 행정개혁에 적극적 동참을 강조하는 한편, 지방의 우수한 과제를 전국적으로 확산시켜 행정개혁의 실효성을 거두겠다는 의지의 표현이었다. 물론, 자치단체 차원에서의 부정적인 반응도 있었다. 정부 3.0이 실질적이라기보다 상징적인 것이고, 기존 행정개혁과 차별성이 존재하지 않으며, 현재의 관행과 절차를 무시할 수 없다는 비판과 함께 상향식 아이디어 수집에 대한 거부감과 지방정부가 추진하기에는 한계가 있다는 지적 등 다양한 반응이 나타났다(정주용, 2013). 그러나 안전행정부의 상향식 개혁 과제 선정 방법은 어느 정도 성과를 보였다. 기초자치단체 수준에서 경쟁을 거치고, 다시 광역자치단체에서 경합한 154건의 개혁 과제가 접수되었기 때문이다.

이후 안전행정부는 자치단체의 응모 과제를 정부 3.0과의 부합성, 서비스의 효과성 등을 기준으로 심사했고, 2013년 9월 12일 60개의 선도 과제를 발표했다. 또한, 9월 27일에는 17개 시・도 부단체장, 지방공무원 등 130여명이 참여하는 '지방 3.0 사례 발표 및 토론회'를 개최함으로써 정부 3.0을 본격적으로 확산시키기 위해 노력했다(안전행정부 보도자료, 2013.09.27). 아래에서 분석될 ○○시 종합일자리지원센터도 남양주시의 성공 사례를 전국적으로 확산시킨 것으로, 상향식 접근 방법을 통해 마련된 구체적인 정책 사례를 다시 하향식으로 확산시킨 과정을 거친 것이다.

2. ○○시 종합일자리지원센터 개소 과정의 개요

○○시 종합일자리지원센터는 2013년 6월 안전행정부가 정부 3.0 비전 선포식을 치르고 자치단체로 하여금 지방 3.0 공모 과제를 응모받는 과정에서 최초로 언급되었다. 그러나 최초의 정책 제안은 공무원이 아닌 일반 시민에 의해서였다. ○○시 시장과 친분 관계가 있고, 지역 사정에 밝은 것으로 알려져 있는 M씨는 2013년 7월 가칭 '워킹노믹스(Workingnomics)'라는 통합일자리지원조직을 제안했다. 최초 제안된 '워킹노믹스'는 ○○시에 흩어져 있는 일자리 지원 행정 서비스를 하나로 통합해 관리하는 것으로, 여기에서 기업이 원하는 인재의 교육과 일자리 연계를 동시에 추진하자는 것이었다.

○○시는 인구 20만 정도의 소도시로 과거 별다른 지역 발전의 동력이 없었지만 2000년대 이후로 고속도로가 개통되면서 산업시설의 입지가 유리해졌고, 이 때문에 기업들이 선호하는 지역으로 성장해 왔다. 그러나 여전히 기업들이 원하는 인재를 적기에 공급하지 못하고 있다는 문제를 안고 있었고, 이는 향후 기업 유치에 적신호가 켜지는 것이나 다름없어 교육과 취업을 동시에 연계하는 행정 서비스의 제공이 필요했다. ○○시가 이러한 고충을 겪고 있는 상황에서 M씨가 시장에게 '워킹노믹스'를 제안한 것은 상당한 의미가 있었다. 특히 중앙정부가 부서 간의 칸막이 해소를 통해 행정 서비스의 질을 극대화시키고자 했던 정부 3.0을 추진하고 있었기 때문에 시장은 이를 적극적으로 받아들였다.

시장이 M씨의 제안을 받아들인 이후 이 업무는 경제과에서 검토했으나 불가하다는 의견을 내놓았고, 이후 정부 3.0 전담부서가 검토에 들어갔다. 정부 3.0 업무담당자는 일자리 창출과 관련된 노인과, 경제과, 그리고 여성과의 담당자들을 만나 일자리 지원 업무의 통합 의견을 물었다. 그러나 3개 과는 각각 업무를 처리하는 시스템이 달라 통합 운영이 어렵다는 의견을 내놓았다. 경제과의 경우 고용노동부의 국비지원사업과 시청 차원의 일자리 창출 업무를 수행하고 있었고, 관련 시스템으로 자체 홈페이지와 고용노동부의 'Work-net'을 활용하고 있었다. 여성과는 여성가족부의 국비지원사업의 일환으로 여성일자리 창출을 담당하고 있는데, 관련 시스템으로 'e-새일'을 활용하고 있었다. 그리고 노인과는 국비지원사업의 일환으로 노인을 대상으로 하는 일자리 창출 업무를 맡고 있었고, 한국노인인력개발이 운영하는 '새누리' 시스템을 활용하고 있었다.

이처럼 국비지원사업과 시 차원의 일자리 창출사업은 복잡하게 얽혀 있었고, 제각기 다른 시스템의 운영으로 일자리 창출 업무에 대한 성과평가 체계도 달랐다. 국비지원사업의 경우 성과평가에 따라 다음 연도 사업비가 반영되기 때문에 정부 3.0 담당부서 공무원이 일자리 창출을 통합적으로 하자는 제안을 했을 때 이를 쉽게 받아들일 수 없었던 것이다. 정부 3.0 담당부서는 면담을 통해 일자리 창출 업무를 완전히 통합할 수 없음을 인지하고, 이후 3개 과 담당자들에게 실질적인 통합이 아닌 공간적인 통합만이라도 할 수 있으면 좋겠다는 의견을 내놓았다. 그러나 3개 과 담당자들은 모두 불가능함을 통보했다. 결국, 일자리 통합 지원조직을 만들어야 한다는 제안은 해당 부서 공무원들의 반대 의견에 부딪혀 실현되지 못했다.

그러나 이렇게 사장되고 말 것 같았던 일자리 통합 지원 업무는 2014년 1월 6일 '남양주 고용·복지 종합센터'가 개소되면서 급격하게 변했다. 남양주시가 고용과 복지 영역에 흩어져 있던 일자리 지원 업무를 통합하기로 했기 때문이다. 특히, 안전행정부는 '남양주 고용·복지 종합센터' 개소에 대해 '정부 3.0의 가장 모범적인 사례'라고 강조하면서 향후 자치단체에 이를 확산시키겠다고 공언했다(정부합동 보도자료, 2014.01.07). 한편 이날 개소식에는 안전행정부 장관, 고용노동부 장관, 보건복지부 장관, 여성가족부 장관, 경기도지사, 남양주시장, 지역 출신 국회의원 등 70여명의 거물급 인사가 참석했다.

남양주 고용·복지 종합센터 개소 이후 ○○시의 움직임은 달라졌다. 안전행정부가 이를 모범 사례로 전파하기 시작했고, 개소 후 1개월 만에 가시적인 실적도 나타났기 때문이다. 실제로 방문객이 기존보다 5.7배 늘어났고, 취업 실적도 전년 동월 대비 110% 상승하는 성과가 나타났다. 이러한 실적 향상에 안전행정부는 고용·복지 서비스뿐만 아니라 문화·창조경제 관련 서비스까지 통합적으로 제공하는 좀 더 업그레이드된 지역종합서비스센터를 전국적으로 확산시킬 것을 천명했고, 이를 위해 2월 6일 정부대전청사에서 전국 시·도, 시·군·구의 고용·복지·문화 관련 담당자 등을 대상으로 설명회를 갖기도 했다(뉴스1, 2014.02.14).

남양주시의 성공은 3월 12일 고용노동부 주관으로 서울 중소기업중앙회에서 개최된 전국지방자치단체 일자리대상 시상식에서 대상을 수상하는 성과도 올렸다(경기일보, 2014.03.13). 이 때문에 여러 자치단체에서 종합일자리 지원센터를 만들어야 한다는 의견이 나오기 시작했고, ○○시도 더 이상 이를 미룰 수 없는 상황에 이르게 되었다. 불과 수개월 전까지만 해도 업무 처리 방식과 시스템이 달라 통합할 수 없음을 주장하던 3개 과는 3월 27일 '○○시 종합일자리지원센터'를 시청에 개소했고, 4월 23일 일자리 관련 6개 유관 기관과 업무 협약을 추진했으며, 이들 업무가 실질적으로 통합될 수 있도록 실무협의회도 구성했다. 5월 28일에는 제1차 실무회의를 개최하는 등 적극적인 움직임을 보였다.

그러나 ○○시 3개 과의 업무 담당자들은 일자리종합지원센터가 여전히 한계가 있음을 지적하고 있는 실정이다. 또한, 업무의 성격이 다르고, 성과 입력 시스템이 달라 화학적인 통합이 어려움을 주장하고 있다. 남양주시 고용·복지 종합센터에 대해서도 여전히 비판적인 입장을 견지하고 있다. 중앙정부 차원에서 업무를 통합한 것처럼 보이지만 여전히 중앙부처의 시스템이 통합되지 않아 공간적인 통합 이상의 의미를 가질 수 없다는 의견이고, 결국 실패로 귀결될 것이라고 보고 있다.

제 3 절 '○○시 종합일자리지원센터' 개소 과정에서 공무원들의 반응

이 글은 행정개혁에 대한 지방공무원들의 반응을 분석하기 위해 ○○시 종합일자리센터 개소 과정을 분석했다. 사례분석은 모두 3단계로 실시했는데, 이는 다음과 같다. 첫 번째 단계는 중앙정부가 정부 3.0을 지방정부로 하여금 추진하도록 하는 시기로, 안전행정부가 정부 3.0의 핵심적인 가치를 설정하고 지방정부에 하향식으로 전파하는 과정이다. 두 번째 단계는 중앙정부의 행정개혁 추진에 대한 지방정부 공무원들의 반응이 본격적으로 나타나는 시기이다. 안전행정부가 행정개혁 과제를 지방정부로부터 받아들이는 상향식 접근 방법을 활용하면서 지방공무원들이 우수 개혁 과제를 발굴하려고 노력하는 과정이 포함된다. 세 번째 단계는 지방정부에 의해 구체화된 행정개혁 과제를 중앙정부가 다시 여러 지방정부에 확산시키는 시기로, 다시 하향식 접근 방법으로 행정개혁을 추진하는 과정이다.

1. 구체성이 부재한 상태에서 하향식 행정개혁과 지방공무원들의 반응

2013년 2월 25일 박근혜 정부가 출범한 이후 안전행정부는 정부 3.0이라고 명명된 행정개혁을 본격적으로 추진하기 시작했다. 이를 위해 정부 내에는 정부 3.0 추진회의(안전행정부 장관 주관, 차관급) 및 실무회의(안전행정부 차관 주관, 실장급)를 구성해 운영했고, 외부에는 민간자문단을 구성해 민간의 의견을 적극적으로 반영하기로 했다. 또한 안전행정부 창조정부전략실이 중앙부처, 지방자치단체, 교육청, 공공기관 등을 총괄 지휘토록 하고, 각각의 기관에는 '정부 3.0 책임관'을 두도록 함으로써 정부 3.0의 가치를 공유·확산할 수 있도록 했다(관계부처합동, 2013: 31). 한편, 행정개혁이 전정부적으로 확산될 수 있도록 하기 위해서는 정부 3.0추진회의 및 정부 3.0실무회의에서 분기별로 성과보고대회를 개최하기로 했다.

그러나 정부 3.0을 추진했던 초기 명확한 행정개혁 과제가 만들어진 것은 아니었다. 2013년 6월 19일 정부 3.0 비전 선포식 때 관계 부처 합동으로 발간한 「정부 3.0 추진 기본계획」에 따르면 2013년 상반기에는 행정개혁을 추진하기 위한 기반을 마련하고, 하반기부터 추진하며, 본격적인 확산 및 정착을 2014~2017년까지로 계획하고 있었기 때문이다. 즉, 행정개혁을 추진하는 초기에 조직 혹은 정책 목표는 매우 추상적이었고, 정책 수단이 제대로 개발되지 않아 무엇을 어떻게 해야 할지 모르는 상태였다. 이 때문에 중앙정부에 의해 하향식으로 추진된 정부 3.0에 대한 지방공무원들의 반응은 비판적이었다. ○○시 정부 3.0 업무를 맡았던 공무원 K씨와 C씨, 그리고 M씨는 당시를 아래와 같이 회고했다.

> 중앙정부가 과거처럼 행정개혁을 추진하고 있는데, 사실 정부 3.0이 뭔지도 모르고 너무 어려워서 어떻게 해야 할지 모르겠다. 다른 업무를 맡아오다가 ○○과로 왔는데, 갑자기 정부 3.0을 추진하라고 하니 난감할 뿐이다. 다 좋은 말이고, 그렇게 하는 것이 옳다고는 생각하지만 구체적으로 무엇을 해야 하는지를 모르겠다. 중앙정부에서 지방정부에 정부 3.0 계획을 제출하라고 하는데, 어떤 것이 정부 3.0으로 추진될 수 있는지를 몰라 이렇게 전문가들에게 자문을 구하고 있는 것이다(2013년 10월 K씨 인터뷰).

> 정부 3.0에 대해 지방공무원들의 관심은 그리 높지 않다. 중앙정부가 정부 3.0을 이론적으로 접근하다보니 이해가 쉽지 않기 때문이다. 구체적인 목표와 수단을 주고 하라고 하면 차라리 편하겠지만 그렇지도 않다. 사실 지방자치제를 실시하고 있지만 자치라고 볼 수도 없다. 중앙정부의 일을 국비 예산을 받아 집행하는 것이 너무 많기 때문이다. 이런 상황에서 지방이 할 수 있는 일은 거의 없다. 중앙정부 차원에서 3.0을 추진하고, 시스템 상의 통합을 하면 자연스럽게 지방정부가 움직이는 것이다(2014년 6월 5일 C씨 인터뷰).

> 정부 3.0에 대해서는 취지는 사실상 공감한다. 하지만 정부 3.0 자체는 어렵고, 또 와 닿지도 않는다. 지방자치단체에 근무하는 입장에서 보면 중앙부터 하라는 것이다. 중앙이 하면 우리는 자연스럽게 따라갈 수밖에 없다. 이것을 중앙부처가 모를 리도 없고, 다 알고 있을 것이다. 구체적인 방법은 지방정부가 할 수 있는 것이 아니다. 중앙에서 구체적으로 정해주면 지방이 따라가는 것이다(2014년 5월 23일, M씨 인터뷰).

위의 인터뷰 내용들을 살펴보면 중앙과 지방이 조직 목표를 서로 다르게 해석할 가능성이 존재함을 알 수 있다. 중앙정부에서 추진하는 정부 3.0의 가치를 인정한다고 할지라도 행정 일선에서 이를 실질적으로 추진하는 지방공무원들은 무엇을, 어떻게 해야 할지 모르고 있기 때문이다. 즉, 동일한 목표인 정부 3.0을 추진하고 있음에도 서로 지각하는 내용이 다르기 때문에 목표에 대한 모호성이 발생하고 있음을 알 수 있다. 중앙정부가 정부 3.0 선포식을 갖고 이를 지방정부에 하달했지만 지방정부 공무원들은 구체적인 목표가 하달되지 않은 상태이기 때문에 무엇을 어떻게 추진해야 할지 갈피를 잡지 못하고 있는 상황에 해당한다. 이처럼 대부분의 행정개혁은 구체성보다는 추상성이 높고, 대선 과정에서의 정치적 수사를 상징적인 표현 방식으로 바꾸고 이를 행정개혁으로 추진하기 때문이다.

2. 상향식 개혁 과제 발굴 과정에서 지방공무원들의 반응

정부 3.0을 실시한 이후 지방정부는 무엇을 해야 할지 갈피를 못 잡고 있었지만 안전행정부의 상향식 접근 방법, 즉 지방정부로 하여금 정부 3.0 실천 과제를 스스로 찾도록 하는 방법은 공무원들이 구체적인 실행 방법을 탐색하도록 유도했다. 실제로 ○○시 정부 3.0 추진부서의 공무원들은 자체적으로 정부 3.0 추진 과제를 만들기 위해 노력했고, 이를 통해 중앙정부가 제공하는 국비지원사업을 따내기 위해 노력했다. 이를 위해 인근 대학의 전문가들을 초청해 간담회를 갖기도 했고, 개별 업무 단위 조직을 접촉해 정부 3.0을 추진하기 위한 구체적인 아이디어를 제안해 줄 것도 요청했다.

○○시 종합일자리지원센터에 대한 초기 모델인 '워킹노믹스(Workingnomics)'는 지방정부 내부에서 정부 3.0 추진 과제를 탐색하던 2013년 7월에 처음 제안된

것이었다. ○○시를 자주 드나드는 시민 M씨는 시장에게 시 차원에서 일자리 서비스를 종합적으로 운영하는 조직을 만들어서 지역에 입주한 기업들이 필요로 하는 맞춤형 인재를 공급할 것을 제안했다. 이후 시장은 일자리 창출을 담당하는 경제과에 실무적인 검토를 지시했고, 경제과는 실행이 어렵다는 입장을 내놓았다. 그러나 안전행정부가 지방정부로 하여금 지방 3.0 선도 과제를 공모하는 과정에서 정부 3.0 담당부서가 시 차원에서 이 문제를 검토했고, 일자리 창출 업무를 수행하고 있던 경제과, 여성과, 노인과 공무원들과 접촉해 일자리 지원 업무를 종합적으로 추진하는 조직을 만들자고 제안했다.

그러나 정부 3.0 담당부서의 이 같은 노력은 3개 과 담당자들의 강력한 반대에 부딪혔다. 이는 외부적으로는 중앙정부의 목표와 지방정부의 목표를 연계하려는 노력이었지만 지방정부 내부적으로 조직 간의 목표 불일치 현상이 나타났기 때문이다. 3개 과가 일자리 업무를 통합하는 데 반대했던 이유는 다음과 같다. 먼저, 여성과의 경우는 여성일자리 창출의 고유한 특성, 국비로 사업을 추진한다는 점, 성과 입력 시스템이 다르다는 점을 들어 종합일자리지원센터 설립에 반대 입장을 표명했다. 아래의 인터뷰는 여성과 공무원 M씨가 당시 종합센터 설립에 반대했던 이유를 설명한 것이다.

> 국비를 받아 운영하는 경우 취업 연계 실적이 중요하다. 구직자 등록 건수, 취업 연계 실적 등을 우리가 입력하고, 우수기관에 대해서는 여성가족부가 표창을 한다. 또 실적에 따라 향후 인센티브를 부여하고, 실적이 저조할 경우 지원을 안 해줄 수도 있다. 이 때문에 국비 지원이 없으면 시비 지원도 못하는 것이다. 중앙정부가 자료 공유를 실시하면 우리도 할 수 있다. 그러나 평가 때문에 여성가족부와 고용노동부, 보건복지부의 서로 다른 시스템에 따로 입력할 수밖에 없다. 그래서 지자체 내부에서도 정보 공유를 하지 않는 것이다. 다른 과에 정보를 달라고 해도 실제로 안 되고 있는 것이 현실이다. 중앙 자체가 통합이 안 되면 우리도 어렵다. 예산이 따로따로이고, 실적도 따로 잡아야 하기 때문이다. 실적은 예산 반영을 의미하는 것이기 때문이다. 물론 실적을 무시하고 통합하면 되겠지만 예산을 따와야 하는 문제가 발생한다(2014년 5월 23일 M씨 인터뷰).

실제로 여성과는 여성가족부의 경력 단절 여성을 위한 일자리 연계 프로그램을 운영하고 있었는데, 이 프로그램은 국비와 시비 각각 50%가 들어가고 여성가족부의 'e-새일' 시스템을 통해 정보 및 상담 실적, 연계 실적 등을 입력하고 있었다. 또한 ○○시 '여성새로일하기센터'에 위탁하는 방식을 취하고 있었다. 이처럼 지방정부 내에서 구체적인 조직 체계를 제안했음도 불구하고, 이를 행동지침으로 전환하는 데는 '시스템 차이'가 나타났던 것이다. 즉, 목표를 구체적인 행동지침으로 전환하는 과정에서 문제가 발생한 것이다. 그뿐만 아니라 중앙정부의 서로 다른 부처 업무를 위임받은 상태였기 때문에 목표 달성에 대한 평가 체계의 불일치도 존재할 수밖에 없었고, 이것이 반발로 이어진 것으로 볼 수 있다.

다음으로, 노인과는 노인 일자리 창출은 시가 자체적으로 사업계획을 세우지 않고, 모든 사업이 국가예산으로 운영되는 점, 노인일자리 업무의 전문성과 차별성, 서로 다른 시스템의 사용, 실적 문제 등을 이유로 종합일자리지원센터 설립에 반대했다. 실제로 노인과의 노인일자리 관련 사업은 보건복지부로부터 국비 50%를 지원받아 5개의 사업 유형(공익형, 교육형, 복지형, 시장형 공동작업형, 시장형 제조판매형)에 33개의 다양한 프로그램을 운영하고 있으며, 이 프로그램은 6개 기관에 위탁해 운영하고 있었다. 또한, 각각의 프로그램마다 실적평가 지표가 다르고, 위탁기관의 자체평가-시청의 평가-한국노인인력개발원의 평가 등 평가 체계도 달랐다. 실적을 입력하는 시스템도 한국노인인력개발원이 운영하는 '새누리'를 활용하고 있었다. 이는 여전히 다양한 모호성이 해소되지 않은 상태라고 할 수 있고, 이러한 상황은 아래의 노인과 공무원 R씨와의 인터뷰에 잘 나타나 있다.

> ○○과에서 일자리 창출하는 것은 읍면동에서 쓰레기 줍는 사람들을 고용하는 것이다. 우리는 사업이 전혀 다르기 때문에 같이 하기 어렵다. ○○과는 단순하지만 우리는 다양하다. 한국노인인력개발원에서 일자리 유형을 개발해 우리에게 주면 그에 맞는 사업을 한다. 우리는 다른 과에서 하는 일과는 차원이 다르다. 좀 더 전문성이 있다고 볼 수 있다. 또 굉장히 다양한 사업을 하고 있다. 다양한 만큼 필요할 때마다 아이템을 개발하려고 노력하고 있다. 그리고 우리는 프로그램을 연중, 상시적으로 관리하는 체제이기 때문에 시스템을 다른 곳과 통합하는 것도 쉽지 않다. 우리의 일자리는 다른 과처럼 생계형 일자리 창출이 아니다. ○○과는 단순히 취업을 연계하는 부서이다. 이 때문에 통합한다는 것 자체가 불가능하다. 단순취업이라면 통합이 가능

> 하겠지만 노인은 특성에 맞는 것을 해주는 것이기 때문이다. 또, 국가에서 떨어지는 사업은 어쩔 수 없다(2014년 5월 23일 R씨 인터뷰).

마지막으로, 경제과도 일자리 창출의 대상, 예산의 차이, 시스템 관리상의 차이 등을 이유로 종합일자리센터 구성에 반대 의견을 표명했다. 실제로 경제과의 일자리 창출은 여성과 노인 등 특정 계층을 대상으로 한 일자리가 아닌 청장년의 고용을 촉진하기 위해 시가 자체적으로 구인-구직을 연계하는 업무였다. 또한, 고용노동부에서 국비지원사업으로 실시하는 2개 사업과 시가 자체적으로 운영하는 사업으로 구분되어 있다. 시가 자체적으로 구인-구직을 연계하는 것은 별도의 홈페이지를 통해 관리하고, 고용노동부 사업은 'Work-net' 시스템을 통해 성과를 입력하는 방식이었다. 아래는 경제과 공무원 J씨와의 인터뷰 내용이다.

> 예산 자체가 다르기 때문에 아우를 수 없는 것이다. 사실 미미한 갈등이 있다고 보겠지만 상당한 갈등이 존재한다. 복지부와 노동부, 여성부가 하는 일을 서로 터치하지 못하는 것처럼 우리도 다른 과에서 하는 일을 터치하는 것이 쉽지 않다. 그래서 실제로 상당한 갈등이 존재하고, 정보 공유를 하자고 해도 실적 때문에 정보를 주지 않는다. 자신들의 사업이고 자신들의 실적이니 우리에게 정보를 주지 않는 것이다. 정부가 3.0을 강조하면서 칸막이를 없애라고 하고, 그것이 핵심임을 알고 있다. 그러나 여성, 노인들의 일자리가 있고, 폴리텍과 고용부의 고용센터 등 다양한 일들이 흩어져 있어 이를 실질적으로 통합하기는 어렵다. 서로 상생해야 하는데 이것이 쉽지 않다. 우리 과는 실적에 그리 민감하지는 않다. 물론 시비가 투입되어 실적 부담이 전혀 없는 것은 아니지만 다른 과들하고는 다르다. 특정 계층을 대상으로 하는 것이 아니고 시민 전체를 위해 일자리를 연계하는 것이기 때문이다. 실적평가는 하지만 성과평가로 이어지지는 않는다. 그러나 다른 과들은 성과평가로 이어질 수도 있다(2014년 5월 22일 J씨 인터뷰).

이처럼 3개 과의 업무는 서로 다른 특성을 갖고 있고, 예산도 시비, 도비, 국비 등으로 구분되어 있다. 그뿐만 아니라 국비 예산의 경우에도 하나의 부처가 아닌 보건복지부, 고용노동부, 여성가족부 등으로 나뉘어 있다. 실적 입력 시스템도 자체 홈페이지, Work-net, e-새일, 새누리 등으로 흩어져 있었다. 결국, 자치단체 차원에서 정부 3.0을 추진할 수 있는 종합일자리지원센터의 설립은 서로 다른 3개 과 공무원들의 반발로 더 이상 추진되지 못했다. 정부 3.0을 자치단체 차원에서 구현하기 위해 일자리 서비스의 통합이라는 구체적인 제안이 있었지만 시 차원의 목표가 부서 목표와 결합되지 않아 결국 실패한 것이었다.

3. 구체적인 개혁 과제의 하향식 지시에 대한 지방공무원들의 반응

최초 정부 3.0은 무엇이 목표인지 몰라 공무원들의 불만을 만들어 냈지만 이후 구체적인 실천 방안이 제시되었을 때도 여전히 부서 간의 입장 차이로 갈등이 발생되었고, 결국 종합일자리지원센터 설립은 무산되었다. 그러나 2014년 1월 6일 남양주시가 '남양주 고용·복지 종합센터'를 개소하면서 새로운 전기를 맞이하기 시작했다. 안전행정부는 남양주시 사례를 정부 3.0의 우수 사례로 홍보하기 시작했고, 전국의 지방자치단체 공무원들을 대상으로 설명회를 개최하면서 사례의 확산을 추진했기 때문이다. 아래는 ○○시 정부 3.0 담당자 C씨와의 인터뷰인데, 이를 보면 남양주시 종합센터의 개소로 ○○시 3개 과의 내부 갈등이 조직 간의 이기주의와 할거주의라는 비판을 피하기 어려운 상황이었다.

> 우리 시에서 종합일자리지원센터를 만든 것이 내부적인 필요에 의한 것이라고 얘기하고 있지만 이러한 설명은 사실이 아닐 수 있다. 실질적으로 센터 개소를 추진한 공무원의 말에 의하면 남양주시 사례가 촉발 기제로 작용했다고 들었다. 안전행정부가 시의 조직담당 공무원과 일자리 담당공무원을 모아놓고 우수 사례임을 강조했고, 이를 적극적으로 전파시키겠다고 했기 때문에 더 이상 반대할 수 없었던 것이다. 언론에 장관 4명, 도지사, 국회의원 등이 개소식에 참석했고, 이러한 상황은 중앙의 강력한 의지 표명이었으며, 이 때문에 더 이상 자신들의 입장을 주장하는 것은 어려웠을 것이다(2014년 6월 5일 C씨 인터뷰).

이후 남양주시에서 종합센터를 전국적으로 확산시키겠다는 안전행정부, 고용노동부, 보건복지부, 여성가족부 등의 발표가 잇따랐고, 종합센터 설립 이후 상담 건수와 취업 실적이 급상승했다는 언론 보도도 이어졌다(뉴스1, 2014.02.14). 특히, 안전행정부는 2월 정부대전청사에 자치단체공무원들을 불러 설명회를 개최하는 등 사례 전파에 적극적으로 나서기도 했다. 이러한 노력들은 서울시, 경상북도, 충청남도 등 광역자치단체 차원에서 일자리 종합센터 설립 움직임을 만들어냈고, 동두천시, 시흥시, 구미시, 서산시, 아산시 등 기초자치단체 차원의 센터 설립을 견인했다.

상황이 급변하자 ○○시도 일자리 종합센터 설립을 더 이상 미룰 수 없었다. 이미 정부 3.0의 모범 사례를 구축하기 위해 시 내부에서 논의가 있었던 상황이어서 센터 설립은 탄력을 받기 시작했고, 그 결과 3월 27일 '○○시 종합일자리지원센터'를 정식 개소했다. 이 과정에서 일자리 창출 업무를 담당하는 3개 과의 특별한 반발은 나타나지 않았다. 이미 공감하고 있는 상황이었기 때문이 아니라 중앙정부 차원에서 추진하는 것이니 어쩔 수 없이 따라가야 한다는 반응이 지배적이었다. 남양주시의 선례가 일자리 창출에 실질적인 효과를 보고 있는 상황에서 반발하는 것은 더 이상 유효한 대응 방법도 아니었기 때문이다.

남양주시의 모범 사례는 그동안 문제가 되었던 개혁 과제의 구체성을 어느 정도 해소시켜 주는 것이었고, 중앙정부의 강력한 사례 확산 의지는 지방정부의 반발 가능성을 낮추는 데 영향을 미쳤기 때문이다. 또한, 그동안 반대 입장을 명확히 표출했던 3개 과도 중앙정부의 목표와 지방정부의 목표가 동일한 상태에서 더 이상 반발할 수 없었다. 현재는 경제과를 중심으로 종합센터가 운영되고 있고, 고용센터, 폴리텍, 여성새일센터, 시니어클럽, 일자리지원센터 등이 업무협약을 맺고 실무협의회를 구성한 상태이다. 그러나 불만 요소가 완전히 제거된 것은 아니고 여전히 부정적인 입장을 견지하고 있다. 아래의 인터뷰는 3개과의 종합센터에 대한 불만을 잘 나타내 주고 있다.

남양주의 센터 설립은 의미가 있다. 그러나 실제적인 통합이 아니라 단순히 공간을 통합한 수준이라고 볼 수 있다. 문제는 협업은 이뤄질 수 없다는 것이다. 실제 통합이 이뤄져야 하지만 현재의 구조로는 불가능하다. 종합센터가 모든 것을 아우르고 싶지만 포괄적으로 일자리 문제를 해결할 수는 없다. 예산 자체가 다르기 때문에 아우를 수 없는 것이다. 실질적인 업무 통합은 불가능하다. 일자리 창출은 소통이라고 생각한다. 장기적으로 고용부나 복지부 중 어디가 주도하든지 간에 하나로 통합하는 것이 필요하다. 어느 부처가 주도하든 간에 합치면 우리의 일도 쉽게 합칠 수 있다. 실질적인 협업은 기대하지도 않는다. 중앙부처에서 통합, 협업이 불가능한데 우리가 가능하겠는가?(2014년 5월 22일 경제과 J씨 인터뷰)

이미 짜여진 예산과 계획으로 가고 있는데, 종합센터가 생겼다고 해서 통합되지는 않을 것이다. 우리는 이미 나름의 시스템이 잡혀져 있기 때문에 더욱 그렇다. 실적이 저조하면 개발원에서 위탁기관을 컨설팅한다고 한다. 즉, 실적이 저조하면 잘못했으니 컨설팅한다는 개념이다. 이 때문에 민감할 수밖에 없다. 또 평가지표에는 수요조사가 필수이고, 수요처의 만족도 조사도 필수이다. 수시로 모니터링 하는 상황이다. 이런데 어떻게 합칠 수 있겠는가? 같은 공간에 가서 일은 할 수 있다. 그러나 의미가 있을까? 우리 시스템에 입력하면 다른 시스템에 입력되지 않아서 실적을 가지고도 서로 다툼이 발생할 수 있다(2014년 5월 23일 노인과 R씨 인터뷰).

중앙 자체가 통합이 안 되면 우리도 어렵다. 현재 우리 시가 종합센터를 만들어 놓았지만 예산이 따로따로고, 실적도 따라 잡아야 하기 때문에 문제가 된다. 실적은 예산 반영을 의미하는 것이기 때문이다. 물론 실적을 무시하고 통합하면 되지만 예산을 따와야 하는 문제가 발생된다. 사실 일자리 업무만이 아니라 다른 업무도 마찬가지이다. 어린이 보육 업무를 보면 교육부, 보건복지부, 여성가족부가 다 하고 있다. 앞으로 종합센터에서 공동 업무를 수행하면 다양한 문제가 있을 것이다. 실적 때문에 정보를 주지 않을 것이기 때문이다. 누구의 실적으로 할 것인지를 결정하는 것은 쉽지 않다. 한곳에 모아놓았으니 협업이라고 해도 될 것이다. 그리고 정부 3.0 우수 사례라고 발표하면 그만이다. 시스템을 통합하지 않고도 우수 사례인 것이다. 결국 중앙이 시스템을 통합시키지는 않을 것이다(2014년 5월 23일 여성과 M씨 인터뷰).

위와 같은 인터뷰 내용으로 본다면 개혁 과제의 구체성이 높아졌지만 여전히 부서들 간의 평가 체계 등의 문제가 개입되어 있음을 알 수 있다. 물론 구체적으로 종합센터를 만들었고, 행동지침이 나오겠지만 이를 실무적으로 통합하는 것은 여전히 문제가 있음을 알 수 있다. 또한 서로 다른 각각의 상급기관이 존재하는 상황에서 예산 확보로 인한 성과평가 문제는 여전히 해결될 수 없는 문제라고 보고 있다. 즉, 중앙정부 차원에서 일자리 업무를 통합하지 않는다면 지방공무원들의 부정적인 반응이 완전히 해소될 수 없음을 알 수 있다. 종합센터가 본격적으로 업무를 수행할 때에는 업무의 우선순위에서도 문제가 발생할 수밖에 없다. 3개 과의 평가 방법이 다르기 때문에 실적에 대한 경쟁이 발생할 수도 있다. 실적이 곧 다음해의 사업 지속 여부를 결정하는 것이기 때문에 갈등의 개연성은 늘 존재할 수밖에 없다.

제 4 절 공무원들의 반응에 대한 해석

위의 사례에서 쟁점 사안으로 부각될 수 있는 것은 정책의 모호성과 밀접한 관련을 맺고 있다. 구체적인 행정개혁 과제가 도출되지 않은 상태에서 발생하는 모호성뿐만 아니라 구체적인 행정개혁 과제를 도출하는 과정에서 나타나는 모호성, 그리고 구체적인 행정개혁 과제를 집행하는 과정에서 나타나는 모호성 등 다양한 모호성이 지방공무원들의 반응과 연결되기 때문이다. 사실 정책은 그 자체로 모호하고, 복잡하고, 불확실하다는 특징을 지닌다. 특히, 행정개혁을 하나의 정책으로 본다면 정책 목표에 대한 모호성이 강하게 나타날 수밖에 없다. 행정개혁이 대체로 상징적인 방법을 통해 정부의 구조를 재설계하고, 새로운 관리기술을 도입하는 방식이기 때문이다.

이러한 정책 목표의 모호성에 대해 최근 행정학계에서는 네 가지 차원의 모호성을 설명하고 있다(전영한, 2004: 54-57). 첫째, 사명 이해 모호성(mission comprehension ambiguity)은 어떤 조직의 사명을 이해하고 설명하고 의사소통할 때 발생하는 경쟁적 해석의 정도를 의미한다. 즉, 사명의 개념이 명확하지 않아 서로 다른 해석이 가능하다면 사명 이해 모호성이 높은 것이다. 사명은 조직 내외에 공표해 조직의 존재 이유를 정당화하고, 조직구성원들의 동기 부여를 촉진하며, 외부로부터 자원의 획득을 용이하게 하려는 것인데 이것이 모호할 경우 조직구성원들의 적극적인 반응을 이끌어 내기 어렵고, 결국 정책은 성공적으로 집행되기 어렵다.

둘째, 지시적 모호성(directive ambiguity)은 어떤 조직이 사명이나 목표를 달성하기 위해 행동지침을 만드는 과정에서 발생하는 경쟁적 해석의 정도를 의미한다. 즉, 사명이나 목표를 실제의 행동으로 옮기는 과정에서 서로 다른 해석이 존재하는 것이 지시적 모호성이고, 지시적 모호성이 강할 경우 구체적인 정책 집행에 필요한 행동을 유도하기 어렵다.

셋째, 평가적 모호성(evaluative ambiguity)은 어떤 조직의 사명을 얼마나 달성했는지, 즉 그 결과를 평가할 때 발생하는 경쟁적 해석의 정도를 의미한다. 조직의 성과를 평가할 때 조직의 사명은 성과지표로 전환되는데(Grizzle, 1982), 사실상 관료제 조직은 민간 기업조직에서처럼 객관적인 성과지표를 발견하기 어렵다는 한계가 있다. 문제는 객관적인 성과지표가 존재하지 않기 때문에 성과에 대해 경쟁적 해석도 늘어나고, 다양한 조직에서 대립되는 경쟁적 해석을 내놓을 경우 정책 집행 과정에서 갈등의 개연성은 높아진다. 반면, 조직의 성과지표가 분명할 때도 문제가 발생할 수 있다. 공통의 업무를 여러 부서가 집행할 경우 서로 다른 성과지표 때문에 갈등이 발생할 수도 있기 때문이다. 즉, 누구의 성과로 할 것이냐의 문제가 결부될 경우 평가적 모호성이 커질 수 있다.

넷째, 우선순위 모호성(priority ambiguity)은 다수의 조직 목표 중 우선순위를 결정할 때 발생하는 경쟁적 해석의 정도를 의미한다. 어떤 조직의 사명이 이해하기 쉽고, 일상적 의사결정을 위한 구체적 행동지침을 제공하며, 사명 달성 여부의 판단이 객관적으로 이뤄질 수 있더라도 다수의 조직 목표 혹은 성과지표가 존재할 경우 어느 목표를 더 우선할 것인가에 대한 경쟁적 해석이 나타날 수 있다. 이러한 우선순위 모호성은 서로 다른 여러 조직이 유사한 업무를 수행할 때 조직 전체의 목표에 우선순위를 둘 것인지, 아니면 부서의 목표를 최우선 과제로 할 것인지를 두고 딜레마에 빠지는 것과 마찬가지이다. 즉, 2개 이상의 경쟁적인 목표가 공존해 목표 간 우선순위 설정에서 갈등을 겪는 상황이 나타날 수 있는 것이다. 이러한 정책 목표의 모호성을 위의 사례를 통해 해석해 본다면 다음과 같다.

먼저, 구체적인 개혁 과제 없이 중앙정부가 정부 3.0을 지방정부에게 하달하는 과정에서는 사명 진술 모호성이 결부되었음을 알 수 있다. 중앙정부가 정부 3.0 선포식을 갖고 이를 지방정부에 하달하는 것을 정부의 사명 진술(mission statement)이라고 본다면 당시의 상황은 중앙정부가 설정한 목표인 사명 진술의 추상성을 지방공무원들이 매우 높게 인지하고('무엇을', '어떻게') 있었던 것이다.

또한, 사명 진술이 조직의 존재 이유를 정당화함으로써 조직구성원들의 동기 부여를 촉진하고, 조직 외부로부터 자원 획득을 용이하게 하려는 목적을 갖는다는 것을 감안해 볼 때 행정개혁의 실질적인 추진 주체인 지방공무원들을 적극적으로 설득하지도 못했음을 알 수 있다. 즉, 지방공무원들이 정부 3.0을 구체적인 행동지침으로 전환할 수 있도록 유도하지도 못한 상황이었다. 물론 상세하게 지시된 목표가 지역의 요구와 결합되지 않을 경우 집행의 자율성을 저해할 수도 있다. 그러나 지방공무원들은 목표의 구체성이 높고, 실행 수단도 명확해야 집행할 수 있다고 판단하고 있다. 이러한 상황은 단지 '지시된 사항이나 따를 수밖에 없는 상태'와 마찬가지이다.

결국, 정부 3.0 추진의 초기 과정은 중앙정부의 하향식 지시를 지방정부가 일방적으로 받아들여야 한다는 입장에서 지방공무원들은 '순응(loyalty)'이라는 반응을 보였다. 개혁에 공감하거나 공감 여부와는 상관없이 상부기관의 방침이니 따를 수밖에 없다는 공무원들이 반응 양태가 고스란히 드러났다고 할 수 있다. 물론 순응적인 태도만 있었던 것은 아니다. 겉으로 표출하지는 않지만 내부적으로 다양한 불만 의견이 나왔기 때문이다. 이 때문에 구체화된 조직 목표가 없는 중앙정부의 하향식 지시에 대한 반응은 순응과 함께 '방관(neglect)'적인 태도로 볼 수도 있다. 즉, 정부 3.0에 동의하지는 않지만 돈줄을 쥐고 있는 중앙정부가 지시한 것이니 적극적으로 저항하지 않고, 마지못해 소극적으로 따르는 태도를 보였다고 해석해 볼 수 있다.

다음으로 중앙정부가 지방정부로 하여금 상향식으로 행정개혁 과제를 구체화시키는 과정에서는 지시적 모호성과 평가적 모호성이 결부되어 부정적인 반응을 유도했음을 알 수 있다. 조직구성원들은 특정 시점에서 복수의 조직 목표들 중 어느 목표가 다른 목표들보다 우선되어야 하는지를 결정해야 한다. ○○시 공무원들도 정부 3.0 담당부서의 목표와 자신들이 소속된 부서의 목표가 다르다고 인지했기 때문에 종합일자리지원센터 설립에 반대했을 것으로 해석할 수 있다. 특히, 중앙정부로부터 떨어진 사명인 '정부 3.0'을 구체적인 행동지침인 '일자리 업무 통합'으로 전환하는 데 서로 다른 경쟁적 해석이 존재하는 것으로 목표 모호성의 한 유형인 지시적 모호성이 나타난 것으로 볼 수 있다. 그뿐만 아니라 ○○시 전체 시각에서 '일자리 창출'이라는 목표가 설정되어야 하지만 개별 조직들이 서로 다른 예산과 평가 체계를 가지고 있어 평가에 대한 경쟁적 해석이 존재하는 평가적 모호성도 결부되어 있었던 것으로 볼 수 있다.

이러한 상황은 지시적 모호성과 평가적 모호성이 결합될 경우 조직 간 갈등이 발생할 수 있음을 암시한다. 또한, 갈등이 발생되었을 때 나타나는 전형적인 공무원들의 반응은 '발언(voice)'과 '방관(neglect)'적 태도임을 알 수 있다. 즉, 조직의 목표를 구체적인 행동지침으로 전환하는 과정에서 평가 체계에 대한 서로 다른 해석 체계가 경합함으로써 통합 업무 체계의 수립에 반대했다고 볼 수 있다. 이는 개혁에 대한 저항과 반발을 발언의 형태로 표출한 것이라고 할 수 있고, 3개과 모두가 제안된 통합 업무 체계를 수용하지 않음으로써 방관의 강도를 더욱 높인 것이라고 볼 수 있다. 한편, 이론적으로 발언은 이탈에 앞서 시도되는 반응이지만 공무원들의 특성상 함부로 이탈하는 경우는 드물고, 그 대신 방관의 강도를 강화시키는 행태를 보인 것으로 판단된다.

마지막으로 남양주시의 모범 사례가 전파되었을 때에는 지시적 모호성과 평가적 모호성이 여전히 해소되지 않은 상태에서 우순순위 모호성까지 결부될 수 있음을 알 수 있다. 중앙정부에 의한 모범 사례의 확산은 사명 이해의 모호성을 어느 정도 해소시키는 듯했고, 이 때문에 지방공무원들이 표면상으로는 종합센터의 설립을 받아들이는 '순응'적 태도를 보이고 있는 것처럼 보였다. 하지만 중앙정부의 예산 집행을 통한 일자리 창출 업무가 지속되고, 서로 다른 성과평가 입력 시스템이 통합되지 않는 한 내부적인 저항의 표출인 '발언'은 지속적으로 나타날 것으로 예상된다. 즉, 사명 이해의 모호성을 제외한 지시적 모호성, 평가적 모호성, 우선순위 모호성은 해소되지 않은 상태로 순응적인 태도를 보이고 있는 상황으로 이해할 수 있다. 물론 지방공무원들의 이 같은 발언이 이탈로 이어지지는 않을 것으로 보고 있다. 일자리종합센터가 내부의 의견 조율에 의해 만들어진 것이기보다는 외부적인 힘에 의해 설립된 것이기 때문이다. 결국, 반대 의견이 있을지라도 소극적인 발언에 그칠 것이고, 반대임에도 상부의 방침이니 따라야 한다는 입장을 보이고 있기 때문에 소극적 순응으로 일관되고 있는 것이다. 그러나 이 같은 순응, 즉 반대 입장을 분명히 하면서 소극적으로 순응하는 것은 행정개혁의 성공적인 집행을 어렵게 만들 것이다.

이와 같은 분석은 행정개혁을 추진하는 데 일선관료들의 목소리를 듣고, 개혁을 순차적으로 진행시켜야 한다는 함의를 갖는다. 행정개혁은 그 자체로 행정 현장을 접목시키는 데 상당히 시간과 노력을 필요로 하는 것이고, 일선공무원들의 지원과 협조가 필요하기 때문이다. 위에서 분석된 ○○시 종합일자리지원센터 개소 사례는 행정개혁에 대한 일선공무원들의 반응을 체계적으로 듣고, 이를 해소하는 방법을 찾아야 함을 강조하고 있다. 또한 이 사례는 비록 개혁의 속도가 늦어지고, 이로 인해 개혁의 성과가 낮아질 수 있지만 대통령 임기 내에 개혁을 완성시키겠다는 것은 신화에 불과할 수 있음을 인식케 만든다. 과연 행정개혁의 성공은 가능한지에 대한 의구심과 함께 무엇보다 중요한 것은 공무원들의 태도와 반응을 살펴야 함을 시사한다.

이 글에서 다루고 있는 종합일자리센터 개소 사례는 아주 작고 사소한 지방공무원의 반응일지도 모른다. 그러나 이 사례가 갖는 학문적 의미가 전혀 없다고 볼 수는 없다. 행정개혁을 실시하고자 할 때는 구체성을 높여야 지방공무원들의 실질적인 순응을 확보할 수 있고, 중앙정부 수준에서의 구체적인 노력과 실행이 뒷받침되지 않을 경우 지방공무원들의 행정개혁에 대한 반응은 냉소적이고, 비판적이며, 저항을 수반할 수밖에 없다는 것이다. 그뿐만 아니라 외견상으로 나타나는 순응이 반드시 행정개혁의 성공을 보장하지도 않음을 알 수 있다. 소극적인 반대일지라도 행정개혁에 대한 발언을 지속적으로 파악하지 않는다면 적극적인 순응은 결코 나타나지 않을 것이다. 냉소와 저항이 포함된 순응을 적극적으로 관리할 때 행정개혁은 성공 가능성을 높일 수 있는 것이다.

제12장

정책사례의 축적과 공유를 위한 제언

하민철 · 최진욱

제 1 절 우리에게 부족한 정책사례 연구 유형은 무엇인가?

이 책의 집필 목적을 제1장에서 정책사례의 교육 및 공유에 기여하는 것이라고 밝힌 바 있다. 그리고 이러한 목적을 달성하기 위해 정책사례의 축적이 필요하다고 주장했다. 우리는 현재 상당한 정책사례들을 축적해 공유하고 있다. 매년 많은 연구자가 새롭고 흥미로운 정책사례들을 발굴해 학술대회에서 발표하고 관련 학술지에 게재하고 있다. 현재 우리가 공유하는 정책사례 연구들은 대부분 연구자가 정책사례를 발굴해서 엄격한 방법을 활용해 분석한 것들이다. 이렇게 분석된 글들이 학술지에 게재되기 위해서는 익명의 심사자들의 날카로운 심사를 통과해야 한다. 그 과정에서 정책사례 연구는 더욱더 이론적 '분석'이 강화된다. 그리고 이러한 정책사례는 앞으로도 계속 축적되고 공유될 것이다. 그렇다면, 현재 우리에게 필요하지만 부족한 정책사례 유형은 무엇인가? 어떠한 유형의 정책사례 연구가 많고, 어떠한 유형의 정책사례 연구가 부족한가?

윤견수와 은재호(2014)는 정책사례 연구의 유형을 학계 연구자와 정책 현장의 실무자를 화자(narrator)와 청자(audience)라는 비유를 통해 네 가지 유형으로 구분해 제시했다. 정책사례 연구의 네 가지 유형에 대한 재검토를 통해 현재 우리에게 부족한 정책사례 연구의 유형을 검토하고 대안을 모색하기로 한다.

표 12-1 정책사례 연구의 유형

청자 \ 화자	연구자	실무진
연구자	Ⅰ. 연역적 사례 - 정당화 목적: 이론의 검증과 개발 방법: 이론과 분석의 엄밀성	Ⅱ. 귀납적 사례 - 발견 목적: 경험 자료의 제시와 발견 방법: 경험의 개념화와 맥락화
실무진	Ⅲ. 제안적 사례 - 처방 목적: 효율적인 처방 제시 방법: 성공 사례 비교연구	Ⅳ. 교육적 사례 - 학습 목적: 대리학습의 기회 제공 방법: 정책의 제약 조건 제시

출처: 윤견수·은재호(2014a: 20).

첫째, 유형 I의 경우, 연구공동체 내에서 화자인 연구자가 청자인 다른 연구자들을 염두에 두고 자신이 발굴한 정책사례를 '분석'해서 제시하는 경우이다. 이 유형의 정책사례 연구는 학술논문의 형태로 제시되고 있다. 연구자들은 자신의 학문적 성취도를 높이기 위해 자발적으로 정책사례 연구를 활발하게 진행하고 있다. 여기에서 핵심적인 것은 표준화된 엄격한 방법론을 준용해서 정책사례를 '분석'하고, 그것을 바탕으로 기존 이론을 검증하거나 반증하는 등의 이론적 기여를 하는 것이다. 이때, 기존 이론의 확장이나 새로운 이론의 개발에 공헌할수록 좋은 사례연구가 된다. 이러한 이론적 '분석' 작업이 이뤄지지 않으면 학술논문으로서 가치를 인정받지 못한다. 이 유형의 정책사례 연구는 앞으로도 수많은 연구자에 의해 자발적으로, 그리고 지속적으로 축적되고 공유될 것이라는 점에서 전혀 문제되지 않는다.

둘째, 유형 Ⅱ의 경우, 화자인 정책실무자가 청자인 연구자를 염두에 두고 자신이 다뤘던 정책사례를 '분석'해서 제시하는 경우이다. 이 유형의 정책사례 연구의 전형적인 예는 '학위논문'의 형태로 제시되며, 종종 '학술논문'으로도 축약되어 제시되기도 한다. 최근 정책실무자들이 자신의 경력 개발을 위해 학위과정을 이수하는 경우가 많아지면서 이러한 유형의 정책사례 연구가 많이 제시되고 있다. 여기에서 흥미로운 것은 정책사례 연구의 성격이 '집필'에서 '분석'으로 전환되는 과정을 거친다는 점이다. 정책실무자는 학위논문 작성을 시작할 때, 논문심사위원회의 연구자들로부터 자신이 다뤘던 정책사례에 대한 경험을 스토리텔링(storytelling)하도록 권유받는다. 즉, 자신이 담당했던 정책사례의 대두 배경부터 정책 결정과 집행, 결과에 대한 상세한 내용에 대해 이야기를 구성하도록 권유받는다. 그 다음 정책실무자는 그 이야기를 특정 이론과 연결시켜 이야기를 쪼개고 가지치기하는 작업을 하도록 권유받는다. 이때 정책실무자들은 상당한 어려움을 경험한다. 매우 복합적이고 풍부한 이야기의 덩어리를 이론의 고정된 틀에 억지로 맞추는 것과 같은 작업을 하는 것에 대해 부담을 경험한다. 이때, 학위논문은 더 이상 '집필'이 아닌 '분석'의 세계로 들어가게 된다. 정책실무자는 자신이 경험하고 잘 알고 있는 그 풍부한 이야기 덩어리를 모두 다루지 못해서 아쉬워한다. 그런데 그 아쉬움이 길어지면 길어질수록 학위논문의 취득은 지연된다. 아쉽지만 학위논문을 취득하기 위해 표준화된 엄격한 연구방법론에 따라 이야기의 뼈대만을 추려서 다뤄야 한다. 이렇게 '분석'이 진행되면서 점점 더 이론적 체계성은 강화되어 가지만 이야기의 풍부함과 생생함은 그만큼 줄어들게 된다. 결국 유형 Ⅱ의 정책사례 연구는 '집필'에서 시작되었지만 '분석'으로 마무리되는 것으로 볼 수 있다. 여하튼 이러한 유형의 정책사례 연구들은 자신의 경력개발을 위해 노력하는 정책실무자들이 있는 한, 비록 더디기는 하지만 향후 더 많이 축적되고 공유될 것으로 기대된다는 점에서 긍정적이다.

셋째, 유형 Ⅲ의 경우, 화자인 연구자가 청자인 정책실무자로부터 의뢰를 받아 정책 문제의 해결 방안을 발견하거나 고안해 제시하는 것이다. 이 유형의 정책사례 연구는 일반적으로 '연구보고서'의 형태로 제시되며, 종종 학술논문으로 전환되어 제시되기도 한다. 이 유형에서 연구자는 국내외 유사 정책사례들과 현재의 정책 문제를 비교 분석하고, 그에 따라 적절성과 실현가능성을 갖춘 처방을 도출하기 위해 노력한다. 화자인 연구자는 기본적으로 이론적 '분석'을 바탕으로 정책대안을 도출하려는 방향을 설정하는 경우가 많다. 여기에서 종종 화자인 연구자와 청자인 정책실무자 사이의 긴장이 유발되기도 한다. 청자는 실제로 문제 해결에 사용할 수 있는 실행력이 높은 대안을 요구하는 반면, 연구자는 나름대로 현실적 대안을 도출하기 위해 노력함에도 불구하고 종종 이론적 분석에 치우친 연구보고서를 제출하는 경우가 많다. 정책실무자들이 종종 대학 연구자들에게 연구 용역을 의뢰하는 것에 대해 회의적 시각을 표출하는 것은 이러한 결과들이 누적되어 나타나는 현상으로 볼 수 있다. 결국 실제로 정책 현장에서 사용할 수 있는 연구보고서를 위해서는 이론적 분석에 치우치기보다는 정책 현장의 실제를 잘 반영하려는 노력이 필요하다. 이러한 점에서 정책실무자들이 상대적으로 '집필'의 성격이 강한 국책연구기관의 연구보고서나 동향 분석 등을 더 많이 참고하는 것은 눈여겨볼 대목이다. 여하튼 연구보고서와 같은 이 같은 정책사례 연구는 그것의 적절성과 실행력 여부를 떠나서 앞으로도 계속 축적되고 공유될 것이라는 점은 분명하다.

넷째, 유형 Ⅳ의 경우, 정책 현장에서 화자인 실무자가 청자인 다른 실무자들을 염두에 두고 자신이 담당했던 정책사례를 작성해서 제시하는 경우이다. 실무자가 정책사례를 구체적으로 작성했다는 것은 크게 두 가지 형태로 구분해 볼 수 있다. 하나는 공무원 교육훈련기관에서 활용하는 교육 자료이고, 다른 하나는 정책 문제에 대한 정부부처 조직의 대응 방안을 담은 정책문서이다. 먼저 공무원 교육훈련기관에서 활용하는 교육 자료는 교육의 필요성이 인정된 분야에서 표준화된 교육과정의 개설에 따라 정책 현장의 실무자 중 역량이 뛰어나다고 평가받은 실무자가 자신의 업무 수행 경험을 정리해서 다른 실무자들에게 전달하는 것이다. 이 경우 집필자인 실무자의 시행착오의 경험이 실제 업무 수행에 얼마나 도움이 되었는가의 여부가 중요하다. 집필된 사례가 다른 실무자들에게 학습의 기회를 제공할 수 있으면 성공한 것으로 평가할 수 있다(윤견수 · 은재호, 2014a: 19-20). 이러한 정책사례 연구는 그것이 얼마나 파급력을 가질 것인가의 문제를 떠나서 공유의 가능성을 가지고 있다.

한편 정책문서는 정부부처 조직의 정책문제에 대한 대응 방안을 담고 있고, 실제로 정책 문제를 해결하기 위해 해당 조직 구성원들의 인식과 행동을 담은 연속성을 가진 문서의 총체이다. 각각의 정책 문제에 대한 조직의 대응 방안을 담은 보고서들은 하나의 파일로 묶여 있고, 이것들은 어느 실무자 개인이 단독으로 집필한 것이 아니라 특정 기간 동안 해당 조직의 구성원들이 집합적으로 작성한 결과물이다. 해당 정책문제에 대한 책임을 가진 정책실무자는 과거부터 이어져 온 누적된 정책문서들을 검토하고, 부서 내 토론 및 이해관계자와의 면담 등을 통해 자신만의 설득력 있는 정책 스토리를 재구성한다. 이 과정에서 실무자는 상급자 혹은 전임자로부터 정책문서에는 담겨져 있지 않지만 미묘한 뉘앙스나 암묵적 지식(tacit knowledge) 등을 전달받는다. 이러한 것을 종합적으로 검토하고 숙고해 새로운 정책문서를 작성한다. 이 정책문서가 상급자들의 승인을 얻게 되는 경우, 부서의 공식문서로 채택되고 기존의 정책문서 파일에 추가된다. 정부부처 조직의 사무실에는 이러한 정책문서 파일이 어마어마하게 존재한다. 이것들은 모두 정책사례 연구의 1차 자료들이다. 즉, 정부부처 조직의 정책문서 파일들은 한마디로 정책사례의 보고인 셈이다. 그런데 이러한 정책사례들은 쉽게 공유되지 못하고 있다. 이 중 극히 일부만이 정부의 성공적 정책사례로 홍보되거나 어느 실무자의 학위논문 주제로 제시되기도 한다. 그러나 이렇게 공유되는 것은 전체 사례 중 극히 일부에 지나지 않으며, 대부분 서류함 속에 묻혀 있다. 특히 실패 사례라고 평가될 수 있는 것들은 더욱 깊은 곳에 묻혀 있다. 이러한 정책사례들을 발굴해서 축적하고 공유하는 것이 필요하다.

종합적으로 볼 때, 유형 Ⅰ, Ⅱ, Ⅲ에 해당하는 정책사례 연구들은 모두 사례의 축적이 자발적으로 이뤄지고 공유되고 있는 유형들이라고 할 수 있다. 반면 유형 Ⅳ는 사례의 축적이 실무자들 내부에서만 이뤄지고 연구자 및 전공 학생들에게는 공유되고 있지 못하는 상황이다. 그리고 정책실무자들 내부에서만 축적된 사례들이기 때문에 종합적이고 체계적으로 정리되어 '집필'되었다고 보기 어렵다. 그런데 바로 이 유형 Ⅳ의 정책사례들은 매우 방대하고, 그중에는 정말 중요한 정책사례들이 있을 것이라는 점에서 중요하다. 특히 성공 사례들은 자연스럽게 부각되고 공유되는 길을 찾을 수 있지만 실패 사례들은 그렇지 못하고 갇혀 있기 십상이다. 정책사례 연구로서 공유되어야 할 필요성은 성공 사례나 실패 사례나 동일하다. 따라서 지금 정책실무자들 내부에서만 공유되고 있는 정책사례들을 발굴하는 것이 필요하다.

한편 유형 Ⅰ, Ⅱ, Ⅲ에 해당하는 정책사례 연구들은 각각 그 정도는 다르겠지만 이론적 '분석'의 성격이 강한 사례연구라고 할 수 있다. 반면 유형 Ⅳ는 상대적으로 '집필'의 성격이 강한 사례연구라고 할 수 있다. 현재 우리에게 부족한 정책사례는 '분석'의 결과물이 아니라 '집필'의 결과물이라는 점에서 특히 유형 Ⅳ의 정책사례는 중요한 원천이 된다. '분석' 지향의 정책사례 연구는 이미 상당하게 축적되어 있고, 앞으로도 자연스럽게 축적될 것으로 기대된다. 따라서 우리에게 필요한 것은 '집필'의 성격이 강하고, 정책실무자 내부에서만 공유되고 있는 정책사례들을 발굴해 '집필'하는 것이다. 지금도 중앙정부의 부처들과 지방자치단체들은 많은 정책 문제를 해결하기 위해 고군분투하고 있다. 어떤 정책 문제들은 성공적으로 해결되고 있을 것이고 어떤 정책 문제들은 그다지 성공적이지 못할 것이다. 바로 정책실무자들 사이에서만 공유되는 이 정책사례들을 모두의 정책사례로 끄집어내어 공유할 필요가 있다.

제 2 절 정책사례의 축적과 공유를 위한 제언

윤견수와 은재호(2014b: 309-310)는 2014년에 출간된 『정책사례 연구』에서 정책사례의 축적과 공유가 안 되는 이유를 사례 집필에 대한 편견이 존재하기 때문이라고 진단하고, 그것을 크게 세 가지로 나눠서 제시한 바 있다. 첫째, 정책사례 연구를 이론 개발을 위한 연구방법론으로 받아들이거나 지나치게 피상적으로 기술되는 에피소드로만 받아들이는 경향이 있다는 것이다. 둘째, 특정한 학문분야나 특정 이론에 적합한 사례가 별도로 존재한다고 보기 때문에 사례연구가 지나치게 이론이나 개념 위주로 흐르는 경향이 있다는 것이다. 셋째, 연구된 정책사례를 분석의 결과물로 간주하고 분석을 위한 자료로는 보지 않는 경향이 있다는 것이다. 정책사례 연구에 대한 이 세 가지 편견에 대한 진단은 타당하며, 따라서 이러한 편견을 극복하는 노력이 필요하다. 이 편견들에서 벗어나기 위해서는 정책사례 연구의 가치에 대한 공감대 형성이 필요하다. 그런데 이러한 공감대 형성은 사실 지난한 작업이다. 정책사례 연구의 진정한 가치에 대해 연구자와 실무자 모두에게 꾸준하게 설득하는 작업이 필요하다.

이론 검증이나 개발을 위한 '분석' 지향의 정책사례 연구에서 벗어나야 하고,

에피소드에 수준에 머무르지 않고 다른 연구자나 실무자들에게 새로운 '아이디어'와 '영감'을 줄 수 있는 '집필' 지향의 정책사례 연구를 해야 한다는 것이다. 그런데 현재 상태에서 중요한 것은 새로운 형태의 정책사례 연구가 잘 이뤄질 수 있는 동기 구조가 형성되어 있지 않는다는 것이다. 이러한 집필 노력은 결코 쉽지 않음에도 불구하고, 그 집필 노력에 대한 보상이 거의 없다는 것이다. 그래서 이처럼 정책사례집을 펴내기 위해 한국정책학회가 별도의 기획을 하고, 집필자들을 어렵게 섭외하는 노력이 필요한 것이다. 결국 좋은 정책사례 연구를 축적하기 위해서는 연구자가 되었건 실무자가 되었건 정책사례 연구에 대한 관심을 가지고 헌신하는 집필자들이 필요하다. 왜냐하면 정책사례 연구는 집필자에게 일종의 희생을 요구하는 것이기 때문이다.

먼저 연구자의 입장에서 볼 때, 정책사례를 발굴해서 이론 검증이나 개발에 초점을 맞추지 않고 순수하게 정책사례를 집필하는 것은 연구자의 연구 업적에 별 도움이 되지 않는다. 물론 연구자들이 정책사례를 집필한 후 다시 나름의 이론 검증과 개발을 위한 학술논문으로 발전시킬 수 있겠지만 이것은 이중적인 작업을 필요로 하는 것이다. 연구자에게 시간은 매우 소중하기 때문에 이러한 이중적인 작업을 자발적으로 할 것을 요구하는 것은 매우 어려운 일이다. 대학 강의실과 공무원 교육 현장에서 좋은 정책사례들이 필요한 것은 분명하지만 이것이 연구자의 정책사례 집필을 이끌어내는 것으로는 자동적으로 연결되지 못하는 것이 현실이다. 연구자의 입장에서는 자신의 정책사례 연구 결과물이 학술논문으로서 가치를 인정받는 것이 중요하다. 현재 연구공동체에서 학술논문으로 가치를 인정받기 위해서는 타당성과 신뢰성을 갖춘 엄격한 연구 방법을 통해 이론적 검증 혹은 개발에 기여한 분석적 논문을 써야 한다. 그런데 이러한 분석적 정책사례 연구는 우리가 지금 논의하고 축적되기를 희망하는 그런 정책사례 연구가 아니다. 즉, 우리가 원하는 정책사례 연구는 학술논문으로서 가치를 인정받기 위한 '분석' 지향의 사례연구가 아니라 '집필' 지향의 사례연구이다. 여기에 존재하는 괴리를 해결하기 위해 특별한 노력이 필요하다.

한편 정책실무자 역시 자신이 다루는 정책사례를 정교하게 집필하는 것은 매우 어려운 일이다. 중앙정부의 정책 현장에서 근무하는 몇 명의 고위공무원들과 인터뷰를 통해 확인한 결과, 정책실무자들에게는 정책사례를 집필하기 어려운 몇 가지 현실적인 이유가 있다. 물론 자신이 담당하고 있는 정책사례 중 중요한 것을 잘 정리해서 학계 연구자 및 다른 정책 영역의 실무자들과 공유하는 것이 필요하다고 생각하느냐는 질문에 대해 공감을 표명하지만 현실은 그런 작업을 하기에 적절하지 않다는 대답이다. 그 이유를 간단하게 몇 가지로 요약할 수 있다.

첫째, 시간이 너무 부족하기 때문에 차분하게 정책사례를 집필할 여유가 없다는 것이다. 정책실무자들은 자신이 책임지고 있는 정책 문제를 해결하기 위해 다양한 정책문서들을 검토하고, 관련되는 다른 부처 실무자들과 협의를 수행해야 하며, 관련 이해당사자들을 만나서 의견을 수렴해야 한다. 게다가 관련되는 정책 영역에서 사건사고와 같은 현안이 발생하면, 그 문제에 대해 신속하게 대응해야 한다. 예컨대 사건사고가 발생하면 그에 대한 신속한 대응과 사후 수습 등에 많은 역량을 투입해야 한다. 그러므로 정책실무자들의 입장에서 정책사례를 발굴해서 정교하게 집필하는 것은 사실 '한가한 소리'를 하는 것에 해당한다.

둘째, 연구자나 다른 실무자의 관심을 끌 만한 중요한 정책사례들은 일반적으로 정책 문제의 크기가 매우 크다. 어떤 중요한 정책의 성공 사례가 있다고 할 때, 정책실무자 개개인은 전체 정책의 일부를 담당하는 것에 머무른다. 따라서 일반적으로 정책사례는 정책실무자 개인이 책임지고 만들어낸 개인 작품이 아니라 부서 전체가 함께 책임지고 만들어낸 공동의 작품인 셈이다. 따라서 어느 정책실무자 개인이 전체 정책 과정을 종합적이고 구체적으로 이해하지 못할 수도 있고, 비록 이해했다고 하더라도 정책사례에 대한 수미일관된 정교한 집필이 어려울 수 있다. 물론 어떤 특정 정책 문제를 정책실무자 개인이 모두 다루는 경우도 있을 수 있다. 그러나 그러한 경우는 매우 드물다. 비록 그런 경우가 있다고 하더라도 그것은 매우 특수한 경우이다. 그리고 잘 살펴보면 사실상 국민의 삶과 관계없는 것일 가능성이 높다는 것이다.

셋째, 일반적으로 정책실무자들은 자신이 담당했던 정책에 대해 공개적으로 나서서 소개하는 것에 대해 상당한 심리적 부담을 가지고 있다. 정책실무자들의 입장에서 공개적으로 조직 내부의 이러저러한 상황을 글로 쓴다는 것은 매우 부담스러운 행동인 것이다. 그리고 그것이 공개하기 어려운 실패 사례이거나 민감한 사례일 경우 더욱 그렇다. 종종 정책실무자들이 현직에 있으면서 개인적인 차원에서 '회고록'과 유사한 책을 펴내는 경우도 있다. 그러나 우리나라 정부조직 문화에서 그것은 그리 권장되는 것은 아니다. 정책실무자에게 이러한 이유들은 매우 실질적이고 중요한 의미를 가지고 있다.

'분석'의 결과물이 아니라 '집필'의 결과물로서 새로운 형태의 의미 있는 정책사례를 집필한다는 것은 그 집필자가 연구자가 되었건 실무자가 되었건 자신이 추구하는 가치나 목적과 별도로 개인적인 노력을 많이 투입해야 하는, 그래서 희생이 수반되는 일이다. 이러한 개인적인 노력에 대해 적절한 보상이 주어지지 않는 상태에서 그러한 노력을 요구할 권리는 어느 누구도 갖고 있지 않다. 그러므로 개별 집필자들이 개인적 차원에서 정책사례들을 자발적으로 축적하고 공유하는 노력을 기울인다는 것은 자연스럽게 이뤄지지 않는 일이다. 이러한 어려움을 극복하기 위해서는 누군가가 나서서 우리에게 필요하지만 부족한 정책사례 집필의 필요성을 설득하고, 공감대를 형성하려는 노력을 기울여야 하는 것이다. 이처럼 개별 연구자들이 자발적으로 수행하기 어렵기 때문에 학회와 연구기관들이 정책사례의 축적을 위한 장을 마련해야 하는 것이다. 바로 이 책은 이러한 노력의 일환으로 기획되고 만들어진 결과물이다. 그리고 이러한 노력은 계속되어야 하며, 좀 더 체계적이고 다양하며 세련된 형태로 이뤄질 필요가 있다.

우리가 원하는 수준의 정책사례 연구를 축적하고 공유하기 위해서는 연구자와 정책실무자로 하여금 정책사례를 발굴하고 집필하도록 유도하기 위한 특별한 노력을 투입해야 한다. 연구자로 하여금 연구 업적에 별 도움이 되지 않을 수 있는 새로운 형태의 정책사례 집필을 수행하도록 유도해야 하고, 실무자로 하여금 정책 현장에서 맞닥뜨리는 여러 어려움을 극복하면서 정책사례 집필을 수행하도록 유도해야 한다. 특히 정책실무자들이 내부에서 공유하고 있는 어마어마한 정책사례들을 발굴하는 것이 무엇보다 중요하다. 어떻게 이들 정책사례를 끄집어내어 공유할 수 있을까? 이에 대한 좀 더 체계적이고 전략적인 접근이 필요하다. 예컨대 시범적으로 한국정책학회가 몇몇 정부부처와 협의를 통해 해당 부처의 정책사례들을 체계적으로 발굴하고 정리하는 노력이 필요하다. 그 과정에서 연구자와 정책실무자가 공동으로 집필하는 '협업적 집필'을 모색하는 것이 필요할 수 있다. 향후 정책사례 집필을 위한 다양한 형태의 실험을 시도하기를 기대한다.

참고 문헌

국내 문헌

경기연구원. 물기본법 제정이 필요한 10가지 이유. http://grikr.tistory.com/m/post/806 (2015년 4월 29일 자료 접근).

고용노동부 보도자료(2014.01.23). 고용·복지 종합센터, 조기에 전국 확산 추진!

곽선화·김미희·강승화·류정란(2011). 2010년 사회적기업 성과분석. 서울: 고용노동부·한국사회적기업진흥원.

관계부처합동(2013). 「정부 3.0 추진 기본계획」.

교육개혁위원회(1996). 「세계화 정보화 시대를 주도하는 新교육체제 수립을 위한 교육개혁 방안(Ⅱ)」.

교육인적자원부(2002). 「의·치의학 전문대학원 도입 기본계획」.

———(2006). 「의·치의학 전문대학원 체제 정착 추진계획」. 보도자료.

국가기록원. 하수도사업. 자료: http://www.archives.go.kr/next/search/listSubjectDescription.do?id=000626 (2015년 1월 20일 자료 접근).

국가기록원. 한국수자원공사. 자료: http://www.archives.go.kr/next/search/listSubjectDescription.do?id=003905 (2015년 3월 5일 자료 접근)

국가에너지위원회 갈등관리전문위원회(2008). 「사용후핵연료 공론화를 위한 권고보고서」.

국회경제과학위원회 국정감사회의록(1990.12).

그린코리아21포럼(2011). 「사용후핵연료 관리대안 수립 및 로드맵 개발 보고서」.

기획재정부(2012). 「물의 세계적 중요성 및 시사점」.

——— 보도자료(2013.12.2.). 「기본법 시행 1년, 다양한 분야에서 협동조합 설립·운영」.

길종백·정병걸(2009). 녹색성장과 환경·경제의 통합: 변형과 전환 사이에. 「정부학연구」, 15(2): 45-70.

김갑수(2010). 「2010 한일 하수도의 현황 및 미래」. 서울시정개발연구원.

김강민(2010). 공공분쟁 해소를 위한 분쟁현황판 연구: 부천시·하남시 화장장 사례를 중심으로. 「한국거버넌스학회보」, 17(2): 23-58.

김관보 · 이선영 (2010). 화장장 건립 분쟁 사례에 대한 제도론적 고찰: IAD 분석틀의 '부천화장장 게임 상황'을 중심으로. 「한국행정학보」, 44(4): 261-284.
김병수 외 (2004). 의학전문대학원의 교육제도의 비교 연구. 「학술원논문집」, 제43호.
김선기 (2011). 자립형 지역공동체(마을기업) 활성화 방안.
김영평 (1991). 「불확실성과 정책의 정당성」. 서울: 고려대학교출판부.
김응호 (2006). 서울특별시 하수처리체계 개선 방안. 「서울특별시의회 건설위원회 토론회 자료」. 2006년 9월 18일. 서울특별시의회별관 2층 대회의실.
김재홍 · 이재기 (2012). 사회적기업 지원 예산이 고용 창출 및 기업 성과에 미치는 영향 분석. 서울: 국회예산결산특별위원회.
김정수 (2008). 오염물질 확산 방지 및 제거 방법과 주요 수질오염 사고 사례. 「수질오염사고 대비 시군 담당자 워크숍 자료」. 2008년 6월 27일. (전라남도 보건환경연구원 홈페이지 2015년 4월 16일 자료 접근).
김정욱 (2010). 4대강 사업의 문제점과 진정한 강 살리기. 「환경과 생명」, 161-175.
김정원 (2011). 자활공동체 활성화 방안에 대한 탐색. 「자활 Review」, 2011-4호.
김정원 · 전세나 · 김정자 · 조성은 · 백학영 · 김경휘 (2013). 「2012년 지역자활센터 자활사업 참여자 실태조사 보고서」. 자활정책연구소.
김제시 (2013). 갈등자문위원회 조정권고 후 주민 반향. 내부자료.
김철회 (2013). 물 관리 행정체계, 왜 변하지 않는가: Mahoney의 자기강화모형 관점에서. 「행정논총」, 15(4): 167-194.
김형구 (1994). 도시 비선호시설 정책집행의 영향 요인. 부산대학교 박사학위 논문.
김혜영 (2006). 정책목표 모호성이 정책집행에 미치는 영향, 「국가정책연구」, 20(1): 73-96.
김훈기 (2005). 「생명공학과 정치」. 서울: 휘슬러.
노대명(2007). 한국 사회적 경제의 현황과 과제: 사회적 경제의 정착 과정을 중심으로. 「시민사회와 NGO」, 5(2): 35-71.
노철화 · 김정인 (1999). 유전자 변형 농산물의 안전성 문제와 경제적 문제. 「경영경제연구」, 18: 21-48.
대법원. 2015.11.19. 2015두295.
대 · 중소기업 상생협력 촉진에 관한 법률 (개정 2012.1.17, 법률 제11173호).
대한민국헌법 (개정 1987.10.29, 헌법 제10호).
도수관 · 박경하 (2014). 사회적기업에 대한 재정 지원과 고용 창출 간의 관계 분석: 2007~2011년 인증 사회적기업을 중심으로. 「한국행정학보」, 48(3): 495-520.
류만희 (2012). 사회적기업의 지역개발 기능과 시장 형성에 관한 연구: 원주 협동사회경제네트워크를 중심으로. 「비판사회정책」, 36: 75-104.
문명재 · 이철주 · 주기완 · 하연희 · 곽연륜 (2007). 대형 국책사업 집행 실패의 영향요인 분석. 「한국

정책학회보」, 16(2): 179-202.
박복순(2013). 우리나라 화장률 변화와 관련 요인. 인제대학교 박사학위 논문.
박용하(1998). 유전자 변형된 생물체(LMOs)의 안전성 확보 방안: 생명공학안전성의정서에 대한 환경정책을 중심으로. KEI/1998/RE-25, 한국환경정책평가연구원.
박윤흔(1981). 행정법의 의의와 범위. 「고시계」, 290: 51-58.
박종구·최재실(2009). 비선호시설의 입지 선정 갈등 발생 요인에 관한 연구: 장사시설의 입지 찬성 인식 형성 영향 요인을 중심으로. 「한국지방자치학회 동계학술대회 논문집」.
박주용(2003). 비선호시설의 입지정책을 둘러싼 갈등에 관한 연구. 고려대학교 석사학위 논문.
박창근(2009). 녹색성장 정책과 4대강 살리기 사업의 문제점: 토목공학의 관점. 「경제와 사회」, 가을호: 117-142.
박천오(2002). 김대중 정부의 행정개혁에 대한 공무원의 반응: 실증적 연구. 「한국행정학회 2002년 하계학술대회 발표논문집」.
박치성·명성준(2007). 정책 PR 네트워크 모형을 통한 정책 관계 관리에 관한 연구: 정책·PR·네트워크 이론의 학제간 접근을 중심으로. 「행정논총」, 45(3): 207-230.
배수호·한준섭(2012). 노자 『도덕경』에서 물에 대한 은유 및 관점: 수자원정책 및 관리에 주는 함의와 시사점을 중심으로. 「한국행정학보」, 46(2): 293-314.
백종섭(2002). 서울시 추모공원 건립정책의 갈등 원인과 해결 방안. 「한국 사회와 행정연구」, 13(2): 191-216.
법원조직법(개정 2014. 12. 30, 법률 제12885호).
보건복지부(2012). 장사시설수급 5개년 종합계획.
———(2013a). 「2012 보건복지백서」.
———(2013b). 「2013 보건복지통계연보」.
———(2013c). 2013년 자활사업안내.
사용후핵연료 정책포럼(2012). 사용후핵연료 관리정책 수립과 공론화를 위한 권고보고서.
새교육공동체위원회(1999a). 「의학교육제도 개선을 위한 학사 후 의학교육 제도의 도입」. 설명 자료.
———(1999b). 「'학사 후 의학교육제도' 모형 개발 및 실행 방안에 관한 연구」.
———(2000). 「지식기반사회의 교육공동체 구축을 위한 교육정책보고서」.
서울특별시 강동구 유통기업 상생발전 및 전통상업 보존구역 지정 등에 관한 조례(개정 2012.3.26, 조례 제987호).
석인선(2007). 「환경권론」. 이화학술총서. 서울: 이화여자대학교출판부.
설동섭(1982). 유전공학육성법 제정에 즈음하여: 추진 경로와 배경. 「유전공학」, 1: 12-15.
손고익(2008). 부산추모공원 조성사업 갈등 극복 사례 및 추진 성과. 「대한건축학회지」, 52(3): 102-108.
신명호(2009). 한국의 '사회적 경제' 개념 정립을 위한 시론. 「동향과 전망」, 75: 11-46.

신좌섭 (2006). 의학전문대학원 제도 추진 경과에 대한 고찰. 「한국의학교육」, 18(2): 121-132.
심준섭 · 김지수 (2010). 갈등 당사자의 프레임과 프레이밍 변화 과정 분석: 청주시 화장장 유치 사례. 「행정논총」, 48(4): 229-261.
안전행정부 보도자료 (2013.09.27). 17개 시 · 도 부단체장, 지방 3.0 사례 발표 및 토론회 개최.
안형기 (2009). 물관리정책의 진화 과정과 4대강 정비사업. 「한국정책과학학회보」, 13(4): 143-170.
양용희 (2009). 우리나라 사회적 기업의 현황과 전망. 한국로고스경영학회 학술발표대회 논문집: 70-80.
양은주 · 강인성 · 안이숙 (2012). 정책갈등의 원인과 주요 영향 요인에 관한 연구: 하남시 광역화장장 사례를 중심으로. 「공공정책과 국정관리」, 6(1): 3-28.
여수시 상하수도사업단. 우리나라 하수도의 연혁. 자료: https://www.yswater.go.kr/alrim__css/start.php?&Click=%B3%BB%BF%EB&Al__dgu=104&Al__c1=65530&Al__deep=0&Algub=&Ser=&Ppg (2015년 2월 7일 자료 접근).
오경현 (2001). 의학전문대학원에 대한 고찰. 「의학교육논단」, 3(1): 107-114.
우윤석 (2013). 정부 3.0 관련 주요 국가의 정부개혁 동향과 시사점, 「한국행정학회 추계학술대회 발표논문집」.
원자력위원회 제220차 회의록
——— 제221차 회의록
——— 제226차 회의록
——— 제253차 회의록
유통산업발전법 (개정 2012.1.17, 법률 제11175호).
유통산업발전법 시행령 (개정 2012.5.1, 대통령령 제23759호).
윤견수 (2008). 사례연구: 분석의 세계에서 집필의 세계로. 「한국정책학회보」, 17(4): 63-87.
윤견수 · 은재호 (2014a). 제1장 정책사례 집필의 기준과 원칙. 정윤수 외, 「정책사례 연구」. 서울: 대영문화사.
———(2014b). 제14장 정책사례의 축적과 보급을 위한 제언. 정윤수 외, 「정책사례 연구」. 서울: 대영문화사.
윤태웅 · 임승빈 (2012). 4대강 개발사업의 정책갈등 사례 비교에 관한 연구. 「한국정책과학학회보」, 16(3): 29-59.
의학전문대학원 추진위원회 (2001). 「의학전문대학원 시행 연구」.
이만형 · 이중훈 · 권혁일 (2007). 화장장시설에 관한 입지갈등 관리모형 구축. 「한국시스템다이내믹스 연구」, 8(1): 67-95.
이무상 (2012). 1990년대 이후 의학교육제도 개선에 관한 고찰. 「의학교육논단」, 14(1): 37-49.
이상무 · 장종익 · 정관영 · 양희택 · 유혜인 (2012). 「사회적 협동조합에 관한 기초연구: 사회복지 분야를 중심으로」. 경기복지재단.

이성해 (2011). 4대강 살리기의 추진 현황과 향후 방향. 「국토」, 5-9.

이순자 (2010). 수질환경 보전을 위한 4대강 사업과 현행 제도의 검토. 「환경법과 정책」, 51-108.

이영 (2013). 정부 3.0과 연계한 지방 3.0 추진에 대한 고찰 및 제언. 「한국정책학회 동계학술대회 발표논문집」: 365-386.

이용훈 (2013). 공공갈등의 원인과 해결 과정에 관한 연구: 4대강사업 갈등 사례를 중심으로. 「한국공공관리학회보」, 27: 1-26.

이원영 · 박태현 (2009). 대의민주주의 원리로 본 '4대강사업'의 문제점. 「국토계획」, 44(7): 31-42.

이인식 (1999). 생명공학의 발전 현황과 문제점. 「환경과 생명」, 21: 24-33.

이인재 (2010). 「사회서비스정책과 자활정책의 연계, 사회서비스와 자활사업」. 한국사회서비스학회 추계학술대회 자료집.

이종엽 (1997). 입지정책의 결정과 집행 과정에서의 정책수용성에 관한 연구. 충남대학교 박사학위 논문.

이진규 (2005). 비선호시설 입지 선정을 위한 갈등 해소 방안에 관한 연구: 방사성폐기물처리장 입지정책을 중심으로. 숭실대학교대학원 박사학위 논문.

이철선 · 노대명 · 김태완 · 권소일 (2013). 2013년 협동조합 실태조사. 기획재정부 · 한국보건사회연구원.

이혜경 (1999). 시민운동 속의 생명공학. 「진보의 패러독스: 과학기술의 민주화를 위하여」. 참여연대 과학기술민주화를 위한 모임 편. 서울: 도서출판 당대.

임정빈 (2013). 정부간 관계와 국책사업 갈등: 4대강사업 갈등 사례를 중심으로. 「한국정책연구」, 13(4): 149-171.

장덕진 (2013). 지속가능성 측면에서 바라본 우리나라 하수도. 「첨단환경기술」, 10월호. 자료: http://www.envitop.co.kr/13chumdan/10/sp1.htm (2015년 1월 27일 자료 접근).

장원 (1997). 생명공학의 환경적 위험. 생명공학의 올바른 방향에 대한 시민 · 사회단체 토론회 발제문.

장원봉 (2006). 「사회적 경제의 이론과 실제」. 서울: 나눔의 집.

——— (2008a). 새로운 고용전략으로서 사회적 경제: 노동통합 사회적 기업을 중심으로. 「보건복지포럼」, 2008년 10월호: 55-63.

——— (2008b). 「한국의 사회적 경제에 대한 이해와 실천」. 한일 사회적 경제 연구교류 심포지엄 발표자료집.

장호민 · 김홍열 · 한용현 (1998). 생명공학안전성 의정서 국가대응 방안Ⅱ : 국내외 LMOs 개발 동향과 생명공학안전성의정서 국가 대응 방안. 「생명공학동향」, 6(3 · 4): 110-122.

전병유 · 김성기 · 반정호 · 신현구 · 오창호 · 이병희 · 이혜정 · 이인재 · 장종익 · 장홍근 · 황덕순 · 허동한 (2012). 「사회적기업 실태조사 연구보고서」. 한국사회적기업진흥원 · 한신대학교.

전영한 (2004). 공공조직의 목표모호성: 개념, 측정, 그리고 타당화. 「한국행정학보」, 38(5): 49-65.

정동규 (2009). 혐오시설 갈등 극복: 부산추모공원과 청주 화장장 건립. 「통일한국」, 9월호.
정동효 · 윤백현 (2008). 「물의 과학과 문화」. 서울: 홍익재.
정병걸 · 길종백 (2010). R&D 메가 프로젝트의 패러독스와 관리적 함의. 「행정논총」, 48(3): 251-273.
정부합동 보도자료 (2014.01.07). '이제는 고용과 복지 서비스를 한 곳에서! —남양주 고용 · 복지 종합센터 개소'
정읍시 (2013a). 시장님 도 갈등조정 자문위원회 참석 설명자료: 서남권 광역 공설화장시설 건립. 내부자료.
———(2013b). 서남권 광역 공설화장장 갈등조정 관련 참고자료. 내부자료.
정주용 (2008). 정책수용성 급반전 현상에 관한 연구: 방사성폐기물처리장 입지정책을 중심으로. 고려대학교대학원 박사학위 논문.
———(2013). 정부 3.0과 지역정책혁신. 「충북행정학회 · 강원행정학회 · 경인행정학회 공동학술세미나, 2014는 춘계학술대회 발표논문집」.
조성한 (2005). 수사적 행정개혁과 문화적 갈등. 「한국사회와 행정연구」, 15(4): 23-47.
최동진 (2013). 새 정부에 제안하는 물 정책 핵심 의제. 〈새정부에 제안하는 물관리 정책 방향〉. 「워터저널」, 2013년 3월호.
최응섭 (1993). 정책집행 과정에서 나타나는 NIMBY 현상에 관한 연구. 연세대학교 석사학위 논문.
한국민족문화대백과사전. 준천사(濬川司). 자료: http://encykorea.aks.ac.kr/Contents/Index?contents_id=E0001723 (2015년 3월 7일 자료 접근).
한국방사성폐기물관리공단 (2009). 「사용후핵연료 공론화 프로그램 상세설계 보고서」.
한국의학교육협의회 (1996). 「의학교육 학제 개선을 위한 대토론회 자료집」.
한달선 외 (1997). 「의학전문대학원 제도연구」.
한대호 · 최지용 (2009). 「물환경 기준의 통합적 관리 방안에 관한 연구」. 한국환경정책 평가연구원.
한무영 (2005). 20세기 인류 최대 신화를 만들다: 상하수도 공학. 「상하수도학회지」, 19(3): 255-259.
행정소송법 (개정 2002.1.26, 법률 제6627호).
행정안전부 (2011). 「2011 행정안전백서」.
———(2012). 2012년 제3차 지방재정 중앙 투 · 융자사업 심사 결과 통보. 공문.
행정자치부 (2005). 「2005년 진단 · 혁신관리매뉴얼」. 행정자치부.
행정절차법 (개정 2011.12.2, 법률 제11109호).
홍원식 · 이상호 (2008). 경부대운하 프로젝트와 낙동강 개발에 대한 '인문생태'적인 접근. 「한국학논집」, 36: 39-64.
환경부 (2002). 「유역관리시스템의 이해」. 2002년 10월. PPT 자료. (환경부 홈페이지 2015년 4월 13일 자료 접근).
———(2010). 「환경30년사」.

———(2014a). 「유역관리정책 '상생의 강, 화합의 강으로'」. 2014년 7월. (환경부 홈페이지 2015년 4월 14일 자료 접근).
———(2014b). 「2013 상수도통계」.
———(2014c). 「2013 하수도통계」.
———(2015). 「수질오염총량관리제도」. 2015년 1월. 환경부 홍보책자.
환경운동연합(2015.3.27). 물 기본법 제정을 위한 시민사회 토론회. 자료: http://kfem.or.kr/?p=149068 (2015년 4월 29일 자료 접근).
황선철(2013). 서남권 광역 공설화장시설 설치 관련 자문요청 건. 변호사 황선철 법률사무소 자문의견(김제시 의뢰).

국외 문헌

Appleby, P. (1949). *Policy and Administration.* Tuscaloosa: University of Alabama Press.
Bae, S. (2007). Explaining Geographical Differences in Water Prices: Do Institutional Factors Really Matter? *Review of Regional Studies,* 37(2): 207-250.
Bae, S., S. Gen, & S. G. Moon (2012). Institutional, Geographic, and Facility Factors Affecting Differences in Prices for Wastewater Services. *Annals of Regional Science,* 49: 767-788.
Barber, B. R. (1984). *Strong Democracy: Participatory Politics for a New Age.* University of California Press.
Boedeltje, M. & J. Cornips (2004). Input and output legitimacy in interactive governance. NIG Annual Work Conference, at Rotterdam. Available at https://ep.eur.nl/bitstream.
Daiger, G. T. (2008). New Approaches and Technologies for Wastewater Management. *The Bridge,* 38(3): 38-45.
Dunleavy, P. & B. O'Leary (1987). *Theories of the State: The Politics of Liberal Democracy.* London: The Macmillan Press Ltd.
Eberhard, M. L., E. Ruiz-Tiben, D. R. Hopkins, C. Farrell, F. Toe, A. Weiss, P. C. Withers, M. H. Jenks, E. A. Thiele, J. A. Cotton, Z. Hance, N. Holroyd, V. A. Cama, M. A. Tahir, & T. Mounda (2014). The Peculiar Epidemiology of Dracunculiasis in Chad. *American Journal of Tropical Medicine and Hygiene,* 90(1): 61-70.
Flyvbjerg, Bent, N. Bruzelius, & W. Rothengatter (2003). *Mega-Projects and Risk: An Anatomy of Ambition.* New York: Cambridge University Press.
Grunig, J. & T. Hunt (1984). *Managing Public Relations.* New York: Holt, Rinehart & Winston.
Gulick, L. & L. Urwick (eds.) (1937). *Papers on the Science of Administration.* New York:

Columbia University, Institute of Public Administration.

Hallahan, K. (2000). Inactive Publics: The Forgotten Publics in Public Relations, *Public Relations Review*, 26(4): 499-515.

Hanberger, A. (2003). Public Policy and Legitimacy: A Historical Policy Analysis of the Interplay of Public Policy and Legitimacy. *Policy Sciences*, 36: 257-278.

Hirschman, A. (1970). *Exit, Voice, and Royalty: Responses th Decline in Firm, Organizations, and States*, Cambridge, Mass.: Harvard University Press.

Hood, C. (1991). A Public Management for All Seasons? *Public Administration*, 69: 3-19.

Hopkinson, Gillian C. (2003). Stories from the Front-line: How they Construct the Organization, *Journal of Management Studies*, 40(8): 1943-1969.

Hummel, Ralph P. (1991). Stories Managers Tell: Why They Are as Valid as Science, *Public Administration Review*, 51(1): 31-41.

Ingraham, P. & D. Rosenbloom (1990). Political Foundations of the American Federal Service: Rebuilding a Crumbling Base. *Public Administration Review*, 50(2): 210-219.

Kingdon, J. W. (1995). *Agendas, Alternatives, and Public Policies*. 2nd ed. New York: Harper Collins.

Krasner, S. D. (1988). Sovereignty: An Institutional Perspective, *Comparative Political Studies*, 21(1): 66-94.

Montpetit, E. (2008). Policy design for legitimacy: Expert knowledge, citizens, time and inclusiveness in the United Kingdom's biotechnological sector. *Public Administration*, 86(1): 259-277.

North, D. (1990). *Institutions, Institutional Change and Economic Performance*. Cambridge: Cambridge University Press.

Obradovic, D. (1996). Policy Legitimacy and the European Union. *Journal of Common Market Studies*, 34(2): 191-221.

Priemus, Flyvbjerg & Bert Van Wee (2008). *Decision-Making on Mega-Projects: Cost-Benefit Analysis, Planning and Innovation*. Edward Elgar.

Rohr, J. (1985). Professionalism, Legitimacy, and the Constitution. *Public Administration Quarterly*, 8(4): 401-418.

――― (1986). *To Run a Constitution*. Kansas: University Press of Kansas.

Rosenbloom, D. (1983). Public Administrative Theory and the Separation of Powers. *Public Administration Review*, 43(3): 219-227.

Rosenbloom, D. & C. Obuchowski (1977). Public Personnel Examinations and the Constitution: Emergent Trends. *Public Administration Review*, 37(1): 9-18.

Rosenbloom, D. & D. Goldman(1998). *Public Administration: Understanding Management, Politics, and Law in the Public Sector*. New York: McGraw-Hill.

Sayre, W. (1958). Premises of Public Administration: Past and Emerging. *Public Administration Review*, 18(2): 102-105.

Scharpf, F. W. (1997). *Games Real Actors Play. Actor-centered Institutionalism in Policy Research*. Boulder, CO: Westview Press.

———(1998). Interdependence and Democratic Legitimation, MPIfG(Max Planck Institute for the Study of Societies) Working Paper 98/2.

Shafritz, Jay M., E. W. Russell, & Christopher Borick (2007). *Introducing Public Administration*(5th ed.). Pearson Longman.

Smoke, R. (1994). On the importance of policy legitimacy. *Political Psychology*, 15(1):97-110.

Tarr, J. A. (1984). The Evolution of the Urban Infrastructure in the Nineteenth and Twentieth Centuries. In R. Hanson (ed.), *Perspectives on Urban Infrastructure*. Washington, D. C.: National Academy Press.

———(1985). Building the Urban Infrastructure in the Nineteenth Century: An Introduction. In *Infrastructure and Urban Growth in the Nineteenth Century*. Chicago: Public Works Historical Society.

Wallner, J. (2008). Legitimacy and public policy: Seeing beyond effectiveness, efficiency, and performance. *The Policy Studies Journal*, 36(3): 421-443.

White, L. (1926). *Introduction to the Study of Public Administration*. New York: The Macmillan Company.

Wilson, J. (1989). *Bureaucracy: What Government Agencies Do and Why They Do It*. New York: Basic Books.

Wilson, W. (1887). The Study of Administration. *Political Science Quarterly*, 2: 197-222.

城山英明(編)(2008). 科学技術のポリティクス. 東京大学出版会.

기타, 신문기사 자료

경남도민일보. 2013.10.22. 4대강사업 물 부족 해소도 거짓말 들통.

———. 2012.02.13. 낙동강 살리기 위법 첫 판결.

경향신문. 2014.09.25. 4대강 녹조 '보가 원인 제공' 외국선 상식.

———. 2014.09.26. 4대강 공사 완료시점 시간끌기 편법.

———. 2014.10.29. 4대강, 바닥도 썩고 있다.

———. 2014.11.06. 국민 56% "4대강 보 철거해야."

———. 2014.12.18. 환경부 "큰빗이끼벌레, 4대강 보 설치로 유속 느려져 창궐."
내일신문. 2008.06.14. 한반도 대운하 찬성 11.2% 불과.
———. 2010.04.12. 4대강 국민여론은 확고한 반대.
뉴시스. 2012. 12.09. 충주시-대형마트 月2회 장날 의무휴업 합의.
(http://news.naver.com/main/read.nhn?mode=LSD&mid=sec&sid1=102&oid=003&aid=0004869808)
동아일보. 2012a. 10.16: B4. 대형마트 규제법안 중복-탁상행정 수두룩.
———. 2012b.05.15: A8. 대형마트 주말 영업시간 규제 어떻게 생각하십니까.
———. 2014.07.31. 수공 4대강 빚 8조 폭탄 돌리기?
매일경제. 2012.06.24: A2. 40대 직장女, 일요일 저녁 장 보러 갔다 '덜컥'.
———. 2010.03.22. 민주당 4대강 반대 선동정치 중단해야.
부산일보. 2012.10.23: 14. 대형마트 "자발적 출점자제 · 월2회 자율휴무."
서울경제. 2014.08.06. 농어촌공, GS · 한양 · SK건설 등과 유착.
서울신문. 2006.10.26. 경부운하 신의주까지 이을 것.
———. 2012.08.15. '대형마트 의무휴업' 공방 2라운드: 일부 지자체 법원 판결 후 조례 개정 · 단속 강화 나서. (http://go.seoul.co.kr/news/newsView.php?id=20120815015005)
시사매거진. 2008.12.16. 고부가가치 원천신기술로 해수담수화 시장 선도. 자료: http://www.sisamagazine.co.kr/news/articleView.html?idxno=3224 (2015년 2월 15일 자료 접근).
아시아경제. 2011.03.17. 대형마트 매출-SSM 점포 수 급증. 재래시장 매출 급감.
(http://www.asiae.co.kr/news/view.htm?idxno=2011031708323903787)
———. 2012.10.14. 휴일 대형마트 42곳 문 닫아...코스트코 '배짱' 영업.
아시아뉴스통신. 2010.03.26. 국민 4대강 찬성 37% < 반대 50%.
(http://www.asiae.co.kr/news/view.htm?idxno=2012101416295097700)
———.2012.09.21. 청주지법, 충주시-대형마트 의무휴업 중재 나서.
(http://www.anewsa.com/detail.php?number=395846&thread=09r02)
연합뉴스. 2012a.10.23. 중소상인 · NGO, "대형마트 '상생안'은 꼼수."
(http://news.naver.com/main/read.nhn?mode=LSD&mid=sec&sid1=101&oid=001&aid=0005890319)
———. 2012b.10.10. 서울시, 코스트코 불법행위 41건 무더기 적발.
(http://news.naver.com/main/read.nhn?mode=LSD&mid=sec&sid1=101&oid=001&aid=0005863958)
오마이뉴스. 2009.06.22. 4대강사업 제대로 모르면서 말하는 건 폭력.
워터저널(Water Journal). 2010.04.13. 물환경 정책 · 관리 변천사. 〈특별기획: 환경부 물환경보전 30년사〉. 자료: http://www.waterjournal.co.kr/news/articleView. html?idxno=10253 (2015년 3월 16일 자료 접근).

이데일리. 2012.07.24. 국민 70% "경제민주화-재벌개혁 필요성 공감."
(http://www.edaily.co.kr/news/NewsRead.edy?SCD=JF21&newsid=01558006599597800&DCD=A00602&OutLnkChk=Y)

———. 2013.10.29. 조달청, 대-중소기업 입찰제한 차별.

이코노미세계. 2012.04.26. 대형마트-SSM 솜방망이 규제로 꼼수 성행.
(http://economysegye.segye.com/articles/view.html?aid=20120426000791&cid=7111010000000)

이투데이. 2012a.07.23. 대형마트 의무휴업일 절반이 영업, 영업규제 2라운드…: 지자체 조례 개정으로 의무휴업 강제…체인스토어협은 재소송 추진.
(http://www.etoday.co.kr/news/section/newsview.php?TM=news&SM=2310&idxno=611770)

———. 2012b.07.04. 여야, 대형마트 규제 법안 경쟁적 발의: 19대 국회 들어 유통산업발전법 개정안 7건 국회에 제출.
(http://www.etoday.co.kr/news/section/newsview.php?TM=news&SM=2201&idxno=604697)

조선비즈. 2012.11.23. 홈플러스 신규 출점 논란…유통산업발전협의회 출범 전부터 '삐그덕.'
(http://biz.chosun.com/site/data/html__dir/2012/11/12/2012111200744.html)

조선일보. 2012.03.27. 개도국 빈곤층 돕기 '깨끗한 물 공급' 가장 시급. 자료:
http://news.chosun.com/site/data/html__dir/2012/03/26/2012032601955.html(2015년 2월 15일 자료 접근).

중부일보. 2012.09.17. 광명, 고양 김포 SSM 조례 개정 나서.,
(http://www.joongboo.com/news/articleView.html?idxno=809270)

충청일보. 2012.10.23. 대형마트 '상생안'은 위선: 충북경실련, 지경부 전시행정 비판.
(http://www.ccdailynews.com/sub__read.html?uid=298034&section=sc3)

파이낸셜뉴스. 2012.09.23. 대형마트.SSM 의무휴업 적용. "서울 전통시장 매출 증가."
(http://www.fnnews.com/view?ra=Sent1201m__View&corp=fnnews&arcid=201209230100193270011704&cDateYear=2012&cDateMonth=09&cDateDay=23)

———. 2013.10.21. 환경부 4대강 사업 후 녹조 증가 보고서 은폐.

한겨레. 2010a.11.17. 16개 대형 물그릇에 물 가둬두면 썩는다.

———. 2010b.11.18. 강 생태계 97% 정상 확인하고도 삽질 강행.

———. 2010c.11.18. 홍수는 지류서 심한데 본류부터 거꾸로 정비.

———. 2011.09.25. 보 닫고 담수 땐 물 썩을 우려.

———. 2013.11.01. 4대강 녹조 지속 땐 보 해체 검토해야, 국책연구기관이 복원 필요성 첫 언급.

———. 2014.07.09. 정부가 4대강 입찰 담합 묵인.

한국경제. 2012.11.22. 뿔난 대형마트 협력업체, "유통법 개정안은 갈등 야기하는 악법."
(http://www.hankyung.com/news/app/newsview.php?aid=201211221307g)
한국일보. 2011.06.24. 4대강 일자리 34만개? 실제 4000여개뿐.
———. 2012.02.21. 비판 전문가 싹 빼고 4대강 특별점검단 구성.
———. 2012.09.24:12. 강제휴업 피하려 '편의점' 간판 달고 편법 영업.
———. 2012.11.10. 박근혜-문재인-안철수, 비슷한 공약 이렇게 많았나.
(http://news.hankooki.com/lpage/politics/201211/h2012111008142712975 0.htm)
———. 2014.04.04. 몸 속에서 1m넘게 자라 피부 뚫고 나오는 '기니아충'은 완전 퇴치 눈앞. 자료: http://m.hankooki.com/app/paper/pdfView.php?pdfKey=hk20140404A14&num=1 (2015년 2월 15일 자료 접근).
환경미디어. 2013.12.28. 2013년 안녕하지 못한 4대강, 그리고 안녕한 그들.
KBS. 2013.10.21. 환노위 4대강 사업으로 수질 악화 질타.

서울고등법원. 2014.12.12. 2013누29294.
서울행정법원. 2012.04.27. 2012아1234.
———. 2012.06.22. 2012구합11676.
———. 2013.09.24. 2012구합43352.
헌법재판소. 2013.12.26. 2012헌마162.
———. 2013.12.26. 2012헌마308.
———. 2013.12.26. 2013헌마269.

찾아보기

ㅅ

ㅇ

ㅈ

집필진 소개

길종백
고려대학교 행정학 석사
쓰쿠바(筑波)대학교 법학 박사
순천대학교 행정학과 교수

김수빈
성균관대학교 국정전문대학원 행정학 석사

남태우
고려대학교 행정학 석사
인디애나대학교 행정학 석사
뉴욕주립대학교(Albany) 행정학 박사
명지대학교 행정학과 조교수

도수관
고려대학교 행정학 석사
조지메이슨대학교 정책학 박사
대구가톨릭대학교 행정학과 교수

박경하
서강대학교 사회복지학 석사
서울대학교 사회복지학 박사
부산복지개발원 부연구위원

박치성
연세대학교 행정학 석사
피츠버그대학교 행정학 박사
중앙대학교 공공인재학부 부교수

박현신
성균관대학교 행정학 석사
성균관대학교 행정학 박사
동덕여자대학교 교양교직학부 조교수

배수호
텍사스대학교(Austin) 행정학 석사
노스캐롤라이나대학교(Chapel Hill) 정책학 박사
성균관대학교 행정학과/국정전문대학원 부교수

서혁준
고려대학교 행정학 석사
고려대학교 행정학 박사
고려대학교 정부학연구소 선임연구원

오재록
연세대학교 행정학 석사
연세대학교 행정학 박사
전주대학교 행정학과 부교수

오철호
서울대학교 행정대학원 석사
일리노이대학교(Urbana) 행정학 박사
숭실대학교 행정학부 교수

윤남희
서울대학교 사회복지학석사
펜실베이니아대학교, school of social policy and practice 석사

임팩트스퀘어 수석연구원

윤수경
서울대학교 사회복지학 석사
서울대학교 사회복지학 박사 수료

윤향미
원광대학교 유아교육학 석사
원광대학교 사회복지학 박사
전주대학교 행정학과 객원교수

이현미
서울대학교 사회복지학 석사
한국노인인력개발원 연구원

정주용
고려대학교 행정학 석사
고려대학교 행정학 박사
한국교통대학교 행정정보학과 부교수

최성락
서울대학교 행정대학원 석사
서울대학교 행정대학원 박사
Assist 경영학 박사
동양미래대학교 경영학부 교수

최용선
고려대학교 행정학 석사
고려대학교 행정학 박사
고려대학교 정부학연구소 연구교수

최진욱
고려대학교 행정학 석사
시카고대학교 정치학 박사
고려대학교 행정학과 교수

하민철
고려대학교 행정학 석사
고려대학교 행정학 박사
청주대학교 행정학과 부교수

정책학 사례연구

펴낸날 제1판 제1쇄 2016년 1월 25일
지은이 한국정책학회
펴낸이 임춘환
펴낸곳 도서출판 대영문화사
주소 서울특별시 용산구 청파로 61길 5(청파동 1가) 제일빌딩 2층
등록 1975년 12월 26일 제3-16호
전화 (02)716-3883, (02)714-3062
팩스 (02)703-3839
홈페이지 http://www.dymbook.co.kr

ISBN 978-89-7644-540-7
값 16,000원